国家社科基金项目“英国煤炭污染治理史研究”（批准号

英国煤炭工业转型研究

（1979—1992）

高麦爱　著

科学出版社

北　京

内 容 简 介

本书通过梳理与分析英国煤炭工业转型的因素、过程、后果等，对1979—1992年英国煤炭工业转型进行了深入的研究。20世纪70年代初，英国以煤炭工业为首的工业发展受到全球经济萧条的影响和本国工业内部因素的制约，出现了较大的滑坡。为了振兴本国工业体系，英国政府自20世纪60年代末就开始尝试多种改革方案，截至20世纪70年代末，这些改革收效甚微。玛格丽特·撒切尔上台后，从多个方面对煤炭工业进行改革，采取一系列改革措施，使英国彻底摆脱了煤炭工业的困扰。玛格丽特·撒切尔政府改革产生的效应引起人们的长期争论和深刻思考，同时也为其他国家的工业改革提供了镜鉴和警示。

本书可供世界史领域的学者及相关专业的学生阅读与参考。

图书在版编目（CIP）数据

英国煤炭工业转型研究：1979—1992 / 高麦爱著. —北京：科学出版社，2019.10

ISBN 978-7-03-060136-0

Ⅰ. ①英… Ⅱ. ①高… Ⅲ. ①煤炭工业－转型经济－研究－英国－1979-1992 Ⅳ. ①F456.162

中国版本图书馆 CIP 数据核字（2018）第 281010 号

责任编辑：任晓刚 / 责任校对：王晓茜

责任印制：张　伟 / 封面设计：润一文化

科学出版社出版

北京东黄城根北街 16 号

邮政编码：100717

http://www.sciencep.com

北京中石油彩色印刷有限责任公司 印刷

科学出版社发行　各地新华书店经销

*

2019 年 10 月第　一　版　开本：720×1000　B5

2019 年 10 月第一次印刷　印张：19 1/2

字数：310 000

定价：89.00 元

（如有印装质量问题，我社负责调换）

序

探讨英国煤炭工业转型是一个很有意义的题目，它对于我们深刻认识当代英国的社会、政治与经济结构及其内在的运行规律都具有十分重要的价值，对我国如何改造老工业基地，更好地谋求新的发展也具有很强的现实意义。尽管这只是一个技术和经济方面的题目，却具有跨学科的性质，涉及经济、政治和社会等诸多领域的知识，既要求作者具有广泛的知识积累，又要求作者有相当的理论造诣，目前国内还没有同行做类似深入的专题研究，而我国在21世纪经济转型时期又急需这一方面的专题研究，以提供某种可以借鉴的实例，本书在一定程度上为这一领域的研究做了建设性的工作。

实际上，如何解决英国煤炭工业的相关问题一直是英国史研究的热点之一。因为这一领域涉及经济之外的多个领域：①政府在这一过程中的作用，是否应该主导？如何主导？②工会问题，如何在解决经济问题时保证工会的正当权益？工会的正当权益与社会公共利益是否冲突？③资源型的企业应该如何发展，当资源耗尽时如何转型和善后？这一系列问题不仅在英国是个头痛的事情，就是其他国家的资源型产业也面临同样的麻烦。一个不争的事实是，这一系列问题只能由政府出面来解决。玛格丽特·撒切尔执政伊始即开始积极地调整英国工业结构，几乎所有的国有化工业都成为政府改革的对象，煤炭工业也不例外。政府对煤炭工业提出改革的主要依据是其成本过高，政府无法再为煤炭工业的巨额亏损买单。事实上，导致英国煤炭工业必须转型的实际原因比政府的公开陈述要复杂得多。

英国煤炭工业发展到 20 世纪 70 年代末，已历经几百年。它推动了英国的工业化，为英国的现代化做出了巨大的贡献。然而，煤炭工业作为资源消耗型工业，受煤炭储量限制，它的衰落不可避免。随着新开采技术的出现，工人的尘肺病比例增加了，新能源的使用降低了煤炭工业的地位，而政府改革煤炭工业的另一个主要原因与全国煤矿工人工会（National Union of Mineworkers）有关。全国煤矿工人工会不但要求矿工的待遇保持绝对不变，而且要求煤炭工业的优先发展战略不变，这种要求显然是非理性的。作者围绕着这些问题展开了深入的探讨。作者认为煤炭工业的转型是英国去工业化（De-Industrialization）过程中的必然产物，同时也是推动新经济发展的动力，这样的看法是合理的。作者最大的创新之处在于将煤炭工业的转型与英国工会、英国政党以及煤炭工业本身的可持续发展问题联系起来进行分析，认为作为一种资源型的行业，煤炭资源枯竭是迟早的事情，因此，英国煤炭工业的转型具有必然性。同时，作者还根据自己的研究提出了我国可以采取的相应的变通措施，具有很强的针对性。综合来看，本书还有以下几个特点：

第一，将英国煤炭工业的转型与工会、政府之间的关系联系起来，并分别对煤炭行业发展的客观趋势、工会的诉求和政府的政策进行了论述，力求从一种较为客观的历史角度考察这一巨大的社会变化。以这样的方式论述英国煤炭工业的转型是一种全新的视角。

第二，在论述英国煤炭工业转型的过程中涉及很多资源型企业在发展过程中具有的结构性矛盾，并对这些矛盾进行了实事求是的分析，对学术界能够从历史的角度把握资源型企业的发展脉络十分有益。

第三，煤炭工业转型也是各种势力的利益博弈过程，如何在转型中保障弱势群体的利益，使社会得以平稳发展，是本书提出并进行了深入分析的十分有价值的问题。

在资料的收集上，作者大量收集了英国史的一手资料，包括各种官方资料，还充分地利用了网络资源，对相关的外文专著和各类论文也进行了仔细的研读。所以，本书的另一个特点是，读者可以将本书作为一种资料型的专著存览。

更重要的是，本书触及了一个深层次的问题：在一个现代化浪潮激荡全球的时代，我们应该如何理解发展？应该如何发展？毫无疑问，我们应该追求的是绿色发展和可持续发展。然而，比重视制造业、重视产业转型、重视高新技术应用更重要的是，我们或许更需要调整的是一种坦然的心态。我们没有必要拼命消耗资源而追求所谓上档次的生活，也没有必要炫富而大手大脚地浪费。毕竟，自从英国爆发工业革命以来，人类已经把大自然历经沧海桑田而积累的矿产消耗了大半，其他的祖宗留下的遗产，甚至包括各种生物的种类，也都处于迅速的崩塌溃陷之中。因此，经济在高速发展之余，或许更应该思考的是，现代化是不是意味着要拼命消耗地球的资源，现代文明的精髓是不是意味着人类应该更有节制地生活，而不是肆意挥霍大自然提供给我们的生存资源？毕竟，目前还只有一个地球可以供我们立足。

因此，从这个意义上看，探讨资源枯竭型行业的转型并不是一个简单的经济或社会问题，而是人类是否具有真正意义上的理性的问题：任何资源都是有限的，只有人类的贪欲是无限的。抑制人类的贪欲，保护资源，保护环境，是一项功在千秋的伟大事业，这项事业需要全世界不同国度和地区的人民的共同努力。同时，世界其他地区解决相应问题的经验都不可能替代我们自己的探索，中国人必须在这项伟大的事业中留下自己的足迹。高麦爱同志的工作在这方面迈出了扎实的一步，我衷心地祝贺她的成果能够顺利出版。同时我也期望这样的工作只是一个开始，以后能有更多的学者将自己的关注点集中到这一问题上来。毕竟，这是一项需要集中中华民族的集体智慧才能做好的工作。

以为序。

陈晓律

2018 年 6 月 5 日于南京龙江小区阳光广场 1 号

目　　录

导　　论

一、缘起

英国经济自第二次世界大战后仍然沿着工业现代化的道路前行。在这段时期内，英国在工业领域里有老工业的延伸，如煤炭工业、钢铁业、纺织业、造船业、国防业、机械业等，也有新工业的崛起，如电子业、汽车业等。但是在20世纪70年代初，英国的工业发展受到全球经济萧条的影响和本国工业内部因素的制约，出现了较大的滑坡。为了振兴本国工业，英国政府自20世纪60年代末以来尝试了各种各样的改革方案。工党政府主要通过对老工业的财政补贴维持它们的发展，但财政补贴主要源于纳税人，这给英国政府带来了极大的财政压力。反过来，财政补贴又使政府获得了大量的选票。保守党政府上台之后，对此政策进行了调整，但迫于工会的压力，取得的效果微乎其微，甚至对它的执政也带来了麻烦。例如，发生在1971—1972年的罢工，爱德华·希思（Edward Heath）的保守党政府通过全盘接受全国煤矿工人工会的高额工资要求而与其达成妥协。1974年，爱德华·希思政府因为拒绝该工会提出的31%的工资增长额的苛刻条件而垮台。尽管之后工会支持的工党仍然沿用了财政补贴的方式维持老工业的发展，但是这种方式从根本上导致"英国病情"的恶化。1979年，以玛格丽特·撒切尔为领袖的保守党执政后，坚决推行改革老工业的措施。此后十几年间，英国作为工业大国的面貌几乎全然改观。

玛格丽特·撒切尔政府的改革持续时间长，涉及面非常广泛，并且，政府根据不同的工业类型采取了不同的改革措施。这场声势浩大的改革并非一帆风顺，而是充满波折。改革也是一把双刃剑，既对英国经济产生了负面影响，又产生了积极影响。截至目前，改革产生的长期效应仍然使人感受深刻，改革引起人们长期争论和深刻思考，改革也对其他国家的工业改革有一定的镜鉴和警示作用。

正因为改革涉及英国庞大的工业群体，非笔者目前能力所及，当然也无全面论述的必要。笔者也考虑到研究的精、准、深，如果选择整体工业作为研究对象，则难免会显得大、空、泛。同时，在选择哪种工业作为研究对象的问题上，笔者主要考虑到撒切尔时期发生的一场由全国煤矿工人工会领导的、长达一年的矿工大罢工不仅给英国带来了较大的影响，而且震惊了全球。因此，笔者打算以此次大罢工作为一个主要节点来研究英国煤炭工业的变化。另外，考虑到煤炭工业作为英国最古老的工业，不仅导致了英国工业革命的发生，而且在英国的发展道路上的战略作用始终非常重要。因此，本书选择煤炭工业作为研究玛格丽特·撒切尔政府工业转型的对象，这更有助于我们探寻或触及玛格丽特·撒切尔政府工业转型的本意，也将更有力地回答我们提出的各种问题。

二、研究状况

（一）国内研究状况

自玛格丽特·撒切尔政府对英国煤炭工业改革以来，国内学者开始将关注的目光投向这一论题，至今已有多篇关于英国煤炭工业的学术论文。国内学者对这一论题的研究主要集中在以下几个方面。

1. 从技术层面关注玛格丽特·撒切尔执政以来英国煤炭工业的变化

国内学者对英国煤炭工业的研究从 20 世纪 90 年代中后期开始，起步较晚，且大多集中在应用型研究领域。

（1）简单介绍煤炭工业发展的概况。英国煤炭工业发展了几个世纪之后，自 20 世纪 80 年代以来发生了较大的变化。学术界将关注的焦点大多聚集在它的变化和发展上。《世界煤炭工业发展报告》课题组介绍了英国煤炭工业发展的概况、煤炭在能源系统中的地位、煤炭工业政策的调整、私有化，以及生产和技术开发等方面，提出了解决煤炭工业现存问题的建议和方案。[①]尽管该文内容较为全面，但因篇幅所限，仍然显得过于简单，且研究主要集中在工业生产和发展本身结构调整方面，而疏漏了工业转型的原因和工业中一些特殊问题。杨敏英通过回顾英国煤炭的发展历程，提出了我国煤炭企业的战略调整方案。[②]然而作者仅通过一篇几千字的文章来探讨如此宏大的内容，不免使文章显得空洞，结论显得单薄无力。

（2）关注生产、安全问题。英国煤炭工业因其生产效率低下、成本过高等因素促使政府和管理者注意改良生产设备及规范安全防范体制。赵康源在《近年来英国煤矿的一些变化》一文中主要介绍了 1984 年以来英国煤矿生产中采用的支护锚杆化、连续采煤机、用电牵引采煤机等技术设备提高了矿井生产的安全和效率情况。[③]田宝余通过考察英国矿山安全立法、职业安全卫生监察、英国工会的劳动安全卫生监督、英国职业安全卫生协会（IOSH）、英国煤矿科技水平、粉尘监测等领域，指出中国必须健全和规范矿井安全和卫生体制。[④]另外，对英国矿山安全事务及体制的作用和影响进行研究的还有窦永山、王万生等学者。[⑤]董维武则综合介绍了 2006 年英国煤炭开采使用的机械化设备、安全开采方法、煤矿安全监管机制、安全监察方法以及煤矿安全和健康活动，是我们了解英国煤炭工业近况较为前沿的资料。[⑥]

（3）关注洁煤技术的发展。英国煤炭在衰落过程中亦受到环境因素的制约，如何减少燃煤引发的污染问题成为英国煤炭工业转型的主要任务。因此，洁煤技术成为英国煤炭转型道路上必须攻克的难关。正是基于这一形势，英国的洁煤技术才一直处于世界领先水平。如果说 20 世纪 90 年代中后期洁煤技术在英国煤炭科技政策中占有重要地位的话[⑦]，那么到世纪之交时，英国洁煤技

① 《世界煤炭工业发展报告》课题组：《英国煤炭工业》，《煤炭科学技术》1999 年第 5 期，第 48—50 页。

② 杨敏英：《从英国煤炭工业发展历程看我国煤炭企业的战略调整》，《数量经济技术经济研究》2001 年第 8 期，第 9—14 页。

③ 赵康源：《近年来英国煤矿的一些变化》，《中国煤炭》1996 年第 4 期，第 63—66 页。

④ 田宝余：《赴英矿山安全卫生科技考察与借鉴》，《中国安全科学学报》2000 年第 2 期，第 40—46 页。

⑤ 窦永山、王万生：《英国的煤矿安全监察体制》，《当代矿工》2002 年第 4 期，第 34—35 页。

⑥ 董维武：《英国煤炭开采技术和安全生产现状》，《中国煤炭》2008 年第 1 期，第 77—79 页。

⑦ 窦庆峰、胡予红：《英国煤炭科技政策和发展战略》，《中国煤炭》1997 年第 11 期，第 44—47 页。

术已取得较大的成就。[①]为了保持在洁煤技术领域研发的领先水平，英国煤炭工业在 21 世纪又开始本着更加环保、节约的理念，将“清洁化石燃料技术”转向着重研究和发展“二氧化碳减排技术”。李宏军、刘文革等人介绍了这一技术变革取得的成就：英国在经济总量增长了 28%的同时，温室气体排放量却减少了 8%。[②]这种成就确实值得关注。

2. 煤炭工业仅作为英国工业中的一个方面有所提及

陈晓律等人的《当代英国——需要新支点的夕阳帝国》[③]，罗志如、厉以宁所著的《二十世纪的英国经济——“英国病”研究》[④]，钱乘旦、陈晓律等人的《日落斜阳——20 世纪英国》[⑤]，王振华的《撒切尔主义——80 年代英国内外政策》[⑥]以及吴学成的《战后英国经济》[⑦]等著作，都对第二次世界大战后英国煤炭工业的衰落进行了简略的叙述和分析。

3. 对煤炭工业中的某些问题深入探究

陈晓律的论文《资本主义的历史发展与大罢工的使命——1926 年英国大罢工失败的启示》通过比较 1926 年和 1984 年矿工大罢工，指出现代资本主义体系中劳资对立关系始终不可调和，失业问题依然存在；其工薪阶层并没有推翻现存制度的愿望和打算。[⑧]笔者也尝试着对此问题进行了初步探究，并发表了几篇文章，拙文一《试析英国全国煤矿工人工会在 1984—1985 年罢工中失败的原因》，对全国煤矿工人工会与政府的对峙进行了分析[⑨]；拙文二《煤矿工人尘肺病与英国的福利国家政策》，就煤炭工业中职业疾病的发展

---

① 胡予红：《英国的洁净煤计划及技术进展》，《中国煤炭》2000 年第 12 期，第 51—52 页。

② 李宏军、刘文革、孙欣等：《英国碳减排技术的发展》，《中国煤炭》2008 年第 10 期，第 106—109 页。

③ 陈晓律、陈祖洲、刘津瑜等：《当代英国——需要新支点的夕阳帝国》，贵阳：贵州人民出版社，2001 年。

④ 罗志如、厉以宁：《二十世纪的英国经济——“英国病”研究》，北京：人民出版社，1982 年。

⑤ 钱乘旦、陈晓律、陈祖洲等：《日落斜阳——20 世纪英国》，上海：华东师范大学出版社，1999 年。

⑥ 王振华：《撒切尔主义——80 年代英国内外政策》，北京：中国社会科学出版社，1992 年。

⑦ 吴学成：《战后英国经济》，北京：中国对外经济贸易出版社，1990 年。

⑧ 陈晓律：《资本主义的历史发展与大罢工的使命——1926 年英国大罢工失败的启示》，《当代世界与社会主义》1997 年第 2 期，第 41—45 页。

⑨ 高麦爱、陈晓律：《试析英国全国煤矿工人工会在 1984—1985 年罢工中失败的原因》，《世界历史》2010 年第 5 期，第 53—63 页。

对英国福利国家政策的影响进行了分析[①]；拙文三《试析玛格丽特·撒切尔执政时期英国煤炭工业收缩中的环境因素》，对英国煤炭工业造成的环境污染问题进行了分析。[②]

综上所述，中国学者对玛格丽特·撒切尔时期煤炭工业发生变化的研究呈现出以下特征：其一，中国学者更多地关注英国煤炭工业收缩后的先进技术和安全机制。其二，中国学者中仅有几篇相关的史学论文，但关注的视角要么是资本主义体制下的劳资关系，如上文中陈晓律的论文；要么是英国煤炭工业发展中的重大事件或煤炭工业中的某个问题，如笔者的三篇拙文。其三，简单介绍英国煤炭工业的发展变化，如《世界煤炭工业发展报告》课题组的报告、杨敏英的文章等。因此，国内学术界关于英国煤炭工业尚缺乏系统深入的研究。本书则从历史的视角，纵深地剖析英国煤炭工业在玛格丽特·撒切尔时期发生变化的原因、过程、结果，以期获得有益于我国工业建设的启示。

（二）国外研究状况

国外学者关于英国煤炭工业转型的研究主要体现在以下几个方面：第一，英国煤炭工业转型的原因。第二，英国煤炭工业转型的过程。第三，英国煤炭工业转型的结果及影响等。为了从中得到对此问题的客观看法与判断，并从中汲取有益于我国经济改革和振兴老工业基地的经验和教训，很有必要对国外研究状况进行梳理。

1. 对英国煤炭工业转型原因的探讨

煤炭工业曾经在英国能源结构、能源战略中的地位非常重要。而在玛格丽特·撒切尔上台执政后，英国政府对煤炭工业的发展战略发生了较大的转变。英国政府关于转型的说辞引发了各方力量的争论。

（1）围绕煤炭工业成本形成的几种不同的观点。20 世纪 70 年代后期，英国煤炭工业高昂的生产成本使英国政府背上了沉重的财政包袱。因此，玛格丽

① 高麦爱：《煤矿工人尘肺病与英国的福利国家政策》，《南京大学学报》（哲学·人文科学·社会科学版）2011 年第 6 期，第 29—36 页。

② 高麦爱：《试析玛格丽特·撒切尔执政时期英国煤炭工业收缩中的环境因素》，《淮阴师范学院学报》（哲学社会科学版）2011 年第 6 期，第 747—751 页。

特·撒切尔政府上台之后便制定出在短期内使煤炭工业达收支平衡的计划。如何实现这一目标成为学术界争论的主要话题。L. J. 汉迪（L. J. Handy）试图通过矿工工资结构改革阐释煤炭工业成本过高形成的主要原因。他指出，自国有化以来，全国煤炭委员会（National Coal Board）实行统一的工资体制仅对很少产生利润且成本最高的煤矿有效。①作者的言外之意是统一工资体制抑制了大多数工人的生产积极性，间接地导致了煤炭生产成本过高。

面对煤炭工业生产的高成本问题，更多的学者提出了自己的主张。一些学者认为应该对煤炭工业成本过高的问题进行改革。杰拉尔德·曼纳斯（Gerald Manners）认为，英国煤炭成本偏高导致未来英国煤炭在发电中的地位不确定，一旦国际煤炭贸易中英国的煤炭成本过高，就不得不进口海外煤炭。因此，英国煤炭必须提高产品质量和降低成本，这就必须在设施上投资，也必须关闭高成本矿井，并协调全国煤炭委员会与全国煤矿工人工会之间的权力关系。②十年之后，作者对煤炭工业的看法并没有发生改变。他经过对煤炭工业的长期研究之后仍然声称煤炭工业必须要有优先发展权，英国煤炭公司（British Coal Corporation）必须加大长期投资的力度，不仅要在短期内提高其生产效率，而且要降低成本，才能在未来的市场中占据一定的份额。③威廉·阿什沃思（William Ashworth）等人也赞同这种观点。他在《英国煤炭工业史》第五卷中认为，在英国煤炭工业国有化初期，煤矿工人中患有职业疾病人数、死亡人数的增加，第二次世界大战结束后大量战时应征入伍的矿工离开煤炭工业，招募和培训新矿工难度加大，煤矿工人罢工运动等因素均促使工业生产能力下降、劳动成本增加，因此，政府及其他组织应继续加大对煤炭工业的投资，使其走上良性发展道路。④

而科林·鲁滨逊（Colin Robinson）等学者则主张“转型方能降低成本”的观点。科林·鲁滨逊等人在《能源危机和英国煤炭：20 世纪 70 年代及其以后的燃料市场经济状况》（*The Energy* “*Crisis*” *and British Coal*：*The*

① Handy L J. *Wages Policy in the British Coalmining Industry: A Study of National Wage Bargaining*, Cambridge, London, New York: Cambridge University Press, 1981, p. 272.

② Manners G. *Coal in Britain,* London, Boston: George Allen and Unwin, 1981, pp. 99-102.

③ Pearson P. *Prospects for British Coal*, London: Palgrave Macmillan, 1991, pp. 41-55.

④ Ashworth W, Pegg M. *The History of the British Coal Industry, Volume 5: 1946-1982: The Nationalized Industry*, Oxford: Clarendon Press, 1986, pp. 163-190, p.670.

Economics of the Fuel Market in 1970s and Beyond）一书中指出，英国对煤炭工业的保护性政策既增加了机会成本①，又增加了投资成本，而拒绝进口较为便宜的石油，很显然增加了经济运行的成本，导致英国陷入能源危机，因此，英国政府应该取消对煤炭工业的保护性政策，才能获得较安全的能源资源。②基思·博伊菲尔德（Keith Boyfield）则对全国煤炭委员会《1974 年煤炭计划》（*Plan for Coal 1974*）目标与实际进行比较之后指出，在国有化体制下，全国煤炭委员会缺乏对煤炭生产成本的控制能力，因此，英国煤炭工业应该采取阶段性私有化措施以提高煤炭工业的竞争性。③随后，科林·鲁滨逊森等人在《私有化煤炭：获得国际竞争力》（*Privatise Coal：Achieving International Competitiveness*）一书中亦指出，自 1947 年国有化以来，英国煤炭公司的高成本生产导致了英国制造业的下降和失业率的上升，对英国煤炭工业本身而言，它失去了应有的市场份额，而当务之急是对煤炭工业进行全面的私有化，以增强它在国际市场中的竞争力。④以约翰·切斯希尔（John Chesshire）为代表的学者则提出"先降低成本再确定转型"的折中观点。约翰·切斯希尔在《英国煤炭：转型和不确定因素》（*British Coal：Transition and Uncertainty*）一文中认为，煤炭工业的高成本是煤炭工业转型的障碍，英国煤炭公司必须降低成本，提高财务的自给率，只有这样才能使英国煤炭工业成功转型。⑤以托尼·库特（Tony Culter）等人为代表的学者则直接否认英国煤炭工业存在高成本且没有利润的煤矿。托尼·库特、科林·哈斯拉姆（Colin Haslam）、约翰·威廉斯（John Williams）和卡雷尔·威廉斯（Karel Williams）等人通过对煤矿的实际考察及对全国煤炭委员会的账目和报告核查后指出，全国煤炭委员会用来决定关闭无利润矿井的成本数据是经不起推敲的；煤矿矿井不能轻易地关闭，除非是地质上的耗尽，因为被关闭的煤矿不可能被重新经营。⑥很显

① 机会成本（opportunity cost）是指为了得到某种东西而所要放弃另一些东西的最大价值。

② Robinson C. *The Energy "Crisis" and British Coal: The Economics of the Fuel Market in the 1970s and Beyond*, London: Institute of Economic Affairs, 1974, pp. 42-47.

③ Boyfield K. *Put Pits into Profit: Alternative Plan for Coal*, London:Centre for Policy Studies, 1985, pp. 29-32.

④ Robinson C, Sykes A. *Privatise Coal: Achieving International Competitiveness*, London: Centre for Policy Study, 1987, pp. 64-65.

⑤ Pearson P. *Prospects for British Coal*, pp. 144-150.

⑥ Culter T, Haslam C, Williams J, et al. *The Aberystwyth Report on Coal*, Aberystwyth: University College of Wales, 1985, P. 50.

然，作者代表矿工及工会的利益而反对关闭高成本矿井的做法。煤矿工人社区运动协会（Coalfield Communities Campaign）则从侧面呼应托尼·库特的观点，针对玛格丽特·撒切尔政府对核能的优先战略，亦针对政府要在萨默塞特（Somerset）的欣克利角（Hinkley Point）建立一个核电站的规划，从 1988 年 11 月开始到 1989 年 4 月，该协会对此进行了调查，并根据调查结果指出火力发电厂的成本明显低于核电站；从消费成本而言，也应该修建火力发电厂。①

（2）围绕全国煤矿工人工会形成的几种观点。学术界从不同角度和立场对煤炭工业存在的高成本问题进行激烈辩论。与此同时，关于全国煤矿工人工会的势力与煤炭工业发展的大争论也在进行。早在 20 世纪 70 年代末期，尼古拉斯·亨德森（Nicholas Henderson）就认为，工会为了谋取本身利益而损害其他行业或整个企业利益也是英国衰落的主要原因之一。②杰拉尔德·曼纳斯也认为英国煤炭工业的政治决策权力受到全国煤矿工人工会的牵制，因此，协调全国煤炭委员会与全国煤矿工人工会的权力关系是煤炭工业发展的措施之一。③赞成这种看法的学者还有金·豪厄尔斯（Kim Howells），他也认为全国煤矿工人工会的政治力量是制约英国煤炭工业活力的一个因素。④

玛格丽特·撒切尔政府的能源大臣、财政大臣奈杰尔·劳森（Nigel Lawson）认为，全国煤矿工人工会阻碍了英国煤炭工业的发展，更重要的是威胁到了政府的政治权力，促使政府转变了煤炭工业的发展方向。⑤当时的首相玛格丽特·撒切尔则认为，全国煤矿工人工会是英国煤炭工业繁荣发展的最大障碍。⑥ L. J. 汉迪从工资体制改革的角度论证了在煤炭工业国有化之后，全国煤炭委员会实行的统一工资结构促进了全国煤矿工人工会凝聚力的增大，对煤炭工业的发展构成了威胁。⑦威廉·阿什沃思则对上述观点予以否定。他

① Fothergill S, Andrews S, Barrett M. *The Case for Coal: Evidence Presented by CCC to the Hinkley Point "C" Nuclear Power Station Inquiry*, Barnsley: Coalfield Communities Campaign,1989, p.19.

② 〔英〕尼古拉斯·亨德森：《英国的衰落及其原因和后果——亨德森爵士的告别报告》，林华清、薛国成译注，上海：上海外语教育出版社，1985 年，第 51 页。

③ Manners G. *Coal in Britain*, p. 99.

④ Pearson P, *Prospects for British Coal*, pp. 80-85.

⑤ Lawson N. *The View From No. 11: Memoirs of a Tory Radical*, London, New York: Bantam Press, 1992, pp. 140-142.

⑥ Thatcher M. *The Downing Street Years*, London: Harper Collins Publisher, 1993, p. 340.

⑦ Handy L J. *Wages Policy in the British Coalming Industry: A Study of National Wage Bargaining*, pp. 215-232.

声称全国煤矿工人工会的谈判力量随着大量矿井的关闭和大量岗位的消失被削弱了，因此，工会是工业收缩的牺牲者。[①]吉姆·菲利普斯（Jim Phillips）也认为，从 20 世纪 60 年代以来，英国政府加速关闭矿井削弱了工会力量。[②]如此看来，关于煤炭工业收缩与工会力量之间的因果关系学术界也一直存在争议。

（3）围绕英国煤炭工业与环境污染之间的关系形成的几种观点。造成英国煤炭工业衰落的多重因素使学术界的争论此起彼伏，英国煤炭与污染问题成为 20 世纪 80 年代中后期这种争论中的一个焦点话题。

第一，燃煤存在环境污染问题。科林·鲁滨逊认为来自煤炭资源污染的危险将在很长时期内比能源短缺的问题更严重；政府对煤炭工业的支持力度过大而导致政府无法更好地选择安全的、相对无污染的能源资源。[③]约翰·切斯希尔认为酸雨以及温室效应都对煤炭工业的未来走向产生了极大的影响。[④]M. J. 帕克（M. J. Parker）也指出，正是由于人们对环境关注的增长——首先是酸雨，接着是全球变暖等问题—— 使煤炭工业的运营雪上加霜。[⑤]肯尼斯·威格利（Kenneth Wigley）也指出，煤炭工业发展对气候环境影响较大，未来煤炭工业发展中净化煤炭的技术必须要考虑在内。[⑥]玛格丽特·撒切尔也声称，与相对较为洁净的核能相比，煤炭工业则对环境造成了极大的污染。[⑦]毫无疑问，玛格丽特·撒切尔首相的言下之意是英国政府打算放弃煤炭工业的优先发展权。

第二，燃煤污染较小，政府的政策是英国环境恶化的根源。从 1988 年 11 月开始到1989年4月，煤矿工人社区运动协会对政府修建核电站影响周围环境的调查结果显示，核能对环境的影响及其所隐藏的风险是无法通过经济损失来

---

① Ashworth W, Pegg M. *The History of the British Coal Industry, Volume 5: 1946-1982: The Nationalized Industry*, pp. 289-316.

② Phillips J. Workplace Conflict and the Origins of the 1984-85 Miners' Strike in Scotland, *Twentieth Century British History*, Vol. 20, No. 2, 2009, pp. 152-172.

③ Robinson C. *The Energy "Crisis" and British Coal: The Economics of the Fuel Market in the 1970s and Beyond*, pp. 40-55.

④ Pearson P. *Prospects for British Coal*, pp. 155-156.

⑤ Parker M J. *Thatcherism and the Fall of Coal,* Oxford: Oxford University Press, 2000, p.78.

⑥ Pearson P. *Prospects for British Coal*, pp. 77-78.

⑦ Thatcher M. *The Downing Street Years,* p. 640.

估量的，火力发电厂对环境存在较小的风险，从而否定了玛格丽特·撒切尔的观点。[①]威廉·阿什沃思论述了“伦敦烟雾事件”与政府出台的《1956 年空气洁净法案》的因果关系。[②]这也从侧面说明政府一直在积极地治理燃煤引起的环境污染问题。斯蒂芬·P. 萨维奇（Stephen P. Savage）和林顿·罗宾斯（Lynton Robins）声称，正是政府大量关闭矿井导致英国不得不燃烧含硫量较多的煤炭，从而造成了整个英国的环境污染。[③]

从上述争论可以看出，双方争论的焦点已不是燃煤是否对环境造成了污染这样一个问题，而是政府在环境问题中应该如何对待煤炭工业的问题。

（4）围绕煤矿工人尘肺病（Pneumoconiosis）问题形成的几种观点。尘肺病是煤矿工人的职业疾病，伴随煤炭工业机械化作业程度的提高，矿工尘肺病的流行也加快了速度。因此，矿工尘肺病对英国煤炭工业的影响远远超出了普通职业疾病的范畴。

第一，尘肺病问题造成了煤炭产量的下降。可能与英国的人本主义传统有关，英国学术界中持这一观点的学者并不多，仅 H.汤森-罗斯（H. Townshend-Rose）认为第二次世界大战后英国的煤炭工业中以尘肺病为首的职业疾病是促成英国煤炭产量下降的原因之一。[④]

第二，矿工尘肺病的发展情况。英国学术界更多的学者关注矿工尘肺病的发展情况。A. L. 科克伦（A. L. Cochrane）等人通过对朗达凡切（Rhondda Fach）地区的居民进行肺结核及尘肺病流行情况调查后得出，朗达凡切地区大约 30%的矿工身患尘肺病，15%的矿工尘肺病病情已处于非常危险的阶段。[⑤]洛林·E. 科尔（Lorin E. Kerr）通过对 1934—1976 年患有尘肺病矿工的数量变化和福利待遇的比较，认为全国煤炭委员会在预防煤矿工人尘肺病方面取得了重大的进步。[⑥]威廉·阿什沃思通过考察国有化时期英国煤炭工业中尘肺病

---

① Fothergill S, Andrews S, Barrett M. *The Case for Coal: Evidence Presented by CCC to the Hinkley Point "C" Nuclear Power Station Inquiry*, p.39, p.33.

② Ashworth W, Pegg M. *The History of the British Coal Industry, Volume 5: 1946-1982: The Nationalized Industry*, pp. 246-247.

③ Savage S P, Robins L. *Public Policy under Thatcher*, p. 83.

④ Townshend-Rose H. *The British Coal Industry,* London: George Allen and Unwin, 1951, pp.125-126.

⑤ Cochrane A L, Cox J G, Jarman T F. Pulmonary Tuberculosis in the Rhondda Fach: An Interim Report of a Survey of a Mining Community, *The British Medical Journal,* Vol. 2, No. 4789, 1952, pp. 843-853.

⑥ Kerr L E. Black Lung, *Journal of Public Health Policy,* Vol. 1, No. 1, 1980, pp. 50-63.

的发展情况指出，第二次世界大战前煤炭工业引入的机械化作业导致了尘肺病在矿工中大规模流行，而国家尘肺病联合委员会（National Pneumoconiosis Joint Committee）建议对所有煤矿工人进行医学检查，是抑制和控制尘肺病流行的一个方法；尘肺病实地研究（Pneumoconiosis Field Research）和周期性医学检查长期比较结果显示英国矿工尘肺病呈现出下降的趋势。①A. J. P. 多尔顿（A. J. P. Dalton）认为，20 世纪 90 年代尘肺病、慢性支气管炎（Chronic Bronchitis）以及肺气肿（Emphysema）疾病在煤炭工人中的余威犹存，如果要有效地根治，只有完全涉及工作场所和社区的安全、卫生和环境风险预防方案才是有效的。②

第三，矿工尘肺病大量流行的原因。阿瑟·麦克沃尔（Arthur McIvor）等人对包括尘肺病在内的煤矿工人呼吸系统疾病进行的研究认为，英国工人在 19 世纪和 20 世纪由于吸入灰尘而导致的呼吸疾病，在煤炭工业中比其他任何工业更流行，也更致命。作者认为，当时英国医学知识的发展拖延了政府对煤矿工人尘肺病的认可和补偿；医学专家确定了疾病性质，使矿工尘肺病在 1943 年得到了政府的认可和补偿；全国煤炭委员会站在国家和煤矿主的立场，在工作场所采取的灰尘控制战略收到了一定的积极作用，但是全国煤炭委员会试图降低矿井的灰尘标准措施仅仅具有象征意义；全国煤矿工人工会优先考虑工资、岗位和煤炭工业的生存，而不是考虑矿工的健康问题，工会早期积极的职业疾病预防政策主要集中在补偿方面而不是预防策略的制定；工人自身特有的男子汉气概使他们长时期暴露在高风险的灰尘中，从而摧毁了身体；矿主的管理风气也忽视了井下职工的健康和安全，摧毁了工人的健康体魄。③

从上述情况可以看出，目前学术界对矿工尘肺病问题的研究主要依据医学知识和其他科学知识的发展进行，因此，对待矿工尘肺病的观点较为一致。

（5）围绕全国煤炭委员会的管理问题形成的几种观点。全国煤炭委员会是国有化以来英国煤炭工业的管理机构，自从该委员会接管煤炭工业以来，在

---

① Ashworth W, Pegg M. *The History of the British Coal Industry, Volume 5: 1946-1982: The Nationalized Industry*, pp. 560-569.

② Dalton A J P. *Safety, Health and Environmental Hazards at the Workplace*, London, New York: Cassell, 1998, p. 6.

③ McIvor A, Johnston R. *Miner's Lung: A History of Dust Disease in British Coal Mining,* Aldershot, Burlington: Ashgate, 2007, pp. 94-271.

经过第二次世界大战后初期短暂的美好景象之后，工业的衰落成了一种常态。因此，工业衰落的原因与全国煤炭委员会的管理是否有关的争论非常热烈，形成了否定与肯定两种截然相反的观点。

一是否定全国煤炭委员会的管理。有学者认为全国煤炭委员会的管理不科学造成了煤炭生产的高成本，从而产生了一系列影响。尼古拉斯·亨德森认为，英国整个工业部门在管理方面缺乏职业精神，缺乏优秀的管理人才，行业待遇差导致人才外流等不科学因素致使英国煤炭工业停滞不前。①威廉·阿什沃思直接指出全国煤炭委员会只追求产量而不顾成本问题，同时，全国煤炭委员会内部缺乏管理人才等因素是煤炭工业衰落的原因之一。②科林·鲁滨逊和艾伦·赛克斯（Allen Sykes）也认为，英国煤炭公司自 1947 年国有化以来的高成本生产导致了英国制造业的下降和全国失业率的上升，对英国煤炭工业本身而言，使它失去了应有的市场份额。③约翰·切斯希尔也指出，英国煤炭公司多年以来只考虑煤炭产量而不顾成本，给政府财政背上了沉重的负担。④还有学者认为，全国煤炭委员会缺乏灵活、周全的战略计划，也是煤炭工业衰落的原因之一。杰拉尔德·曼纳斯认为，20 世纪 70 年代，全国煤炭委员会不仅制定的计划不切实际，而且还对计划执行不力，同时全国煤炭委员会的决策权受到全国煤矿工人工会的约束也是煤炭工业衰落的原因。⑤斯蒂芬·威特（Stephen Witt）则对 1985—1991 年煤炭工业转型过程中英国煤炭公司关于裁员、矿工培训、矿井关闭以及就业宣传等战略加以否定。⑥

二是肯定全国煤炭委员会的管理。面对 20 世纪末英国舆论界认为煤炭工业包括管理者和煤矿工人是它自身毁灭的根本原因，M. J. 帕克则指出，首先，全国煤炭委员会的管理者在罢工之前按照煤炭生产计划的规定追求利润的投资政策，也有计划地巩固了英国煤炭的战略地位。其次，进一步削减无利润矿井的

---

① 〔英〕尼古拉斯·亨德森著：《英国的衰落及其原因和后果——亨德森爵士的告别报告》，林华清、薛国成译注，第 51 页。

② Ashworth W, Pegg M. *The History of the British Coal Industry, Volume 5: 1946-1982: The Nationalized Industry*, pp. 163-205.

③ Robinson C, Sykes A. *Privatise Coal: Achieving International Competitiveness*, pp. 64-65.

④ Pearson P. *Prospects for British Coal*, p. 144.

⑤ Manners G. *Coal in Britain*, pp. 15-22.

⑥ Witt S. *When the Pit Closes: The Employment Experiences of Redundant Miners*, Barnsley: Coalfield Communities Campaign, 1990, pp.46-47.

过剩人力资源有利于节约成本，同时，面对工人要求大幅度提高年度工资，并以罢工相威胁时能够维持和平；从大罢工到英国煤炭工业的私有化之间的十年中，英国煤炭公司将煤矿平均运营成本下降了将近60%，从这个层面上讲，作为管理者的全国煤炭委员会或英国煤炭公司，并不是英国煤炭工业毁灭的根本原因。①

从上述的争论情况来看，M. J. 帕克的回击并没有解开对方的疑惑，只是通过描述全国煤炭委员会恪尽职守的画面为其辩护。

（6）政府政策导致了煤炭工业的衰落。学术界在指责全国煤炭委员会对煤炭工业管理不力的同时，也将矛头对准了英国政府。查尔斯·J. 波特（Charles J. Potter）在《欧洲的煤炭问题》一文中指出了英国煤炭产量超低的原因：英国政府在战时将大量的熟练矿工调去前线，致使英国煤炭产量下降；重税和国有化的意图使煤矿主认为生产前景不明。②尼古拉斯·亨德森爵士也指出，政府对煤炭工业征收重税，工人待遇差，再加上缺乏长期的工业战略政策，导致了煤炭工业的衰落。③科林·鲁滨逊则声称，在 20 世纪 70 年代之前，英国能源政策在保护核能和天然气的情况下，主要支持煤炭工业，而在此之后，情况发生了变化。④从客观上讲，英国工业的衰落与政府的战略决策不无关系。

（7）能源多元化导致煤炭工业的衰落。长期以来，英国煤炭在能源结构中处于首位。而在第二次世界大战后，国际能源市场的变化也影响了英国的能源消费结构。特别在20世纪70年代中后期，英国本土石油、天然气的大量开采与供应对煤炭工业的冲击具有决定作用。

第一，国际能源市场的多元化。艾伦·A. 卡鲁思（Alan A. Carruth）和安德鲁·J. 奥斯瓦尔德（Andrew J. Oswald）指出，第二次世界大战后能源的多样化，特别是石油和天然气的使用对煤炭需求量的冲击，导致英国煤炭

---

① Parker M J. *Thatcherism and the Fall of Coal*, pp. 211-214.

② Potter C J. Europe's Coal Problem, *Proceedings of the Academy of Political Science,* Vol. 21, No. 4, 1946, pp. 28-40.

③〔英〕尼古拉斯·亨德森：《英国的衰落及其原因和后果——亨德森爵士的告别报告》，林华清、薛国成译注，第 50—51 页。

④ Robinson C. *The Energy "Crisis" and British Coal: The Economics of the Fuel Market in the 1970s and Beyond*, pp. 40-41.

工业衰落。[①]戴维·沃丁顿（David Waddington）等人认为，国际石油价格的下降以及能源市场的多元化导致了英国煤炭工业的衰落。[②]

第二，本土能源供应的多元化。简·罗伯兹（Jane Roberts）等人则认为，随着庞大的北海石油和天然气储量的探明、开采及核能的投入运营，英国煤炭工业出现了衰落的局面。[③]本·法恩（Ben Fine）声称，政府要确保核能发电至少占据能源供应20%的比例，从而对煤炭工业产生了较大冲击。[④]杰拉尔德·曼纳斯也指出，1973—1978 年，英国煤炭消费从 1.31 亿吨下降到 1.20 亿吨，而天然气从 44 亿立方米增长到 65 亿立方米，核能为英国能源供应贡献了 3 亿立方米，石油的需求也上升了。[⑤]奈杰尔·劳森指出，自 20 世纪 70 年代后期以来，英国能源供应的多元化加速了煤炭工业的衰落。[⑥]

从上文可以看出，关于英国煤炭工业转型的原因，学术界众说纷纭。这种局面符合煤炭工业衰落的原因：煤炭工业作为资源消耗型产业，其储量是有限的，它经历了几百年的发展之后必定面临枯竭、矿井关闭的局面，然而围绕枯竭的标准，各利益集团却产生了较大的分歧；英国工会的力量在工业发展及政府政策的转变中扮演着相当重要的角色，当然也存在其他诸如污染、以尘肺病为主的职业疾病问题、管理者的失误和能源市场多元化等因素。无论它们在英国煤炭工业衰落中的作用如何，它们都是煤炭工业中引人注目的问题。因此，围绕这些问题的争论也自然存在。

2. 煤炭工业的转型过程

玛格丽特·撒切尔政府对煤炭工业转型的措施以及转型过程中工会与政府之间的冲突又引发了学术界的大论战。

（1）围绕煤炭工业转型的动机形成的几种观点。玛格丽特·撒切尔政府

---

① Carruth A A, Oswald A J. Miners' Wages In Post – War Britain: An Application of a Model of Trade Union Behaviour, *The Economic Journal,* Vol. 95, 1985, pp. 1003-1020.

② Waddington D, Critcher C, Dicks B, et al. *Out of the Ashes?: The Social Impact of Industrial Contraction and Regeneration on Britain's Mining Communities,* London: The Stationery Office, 2001, p. 11.

③ Roberts J, Elliott D, Houghton T. *Privatising Electricity: The Politics of Power,* London, New York: Belhaven Press, 1991, p. 49.

④ Fine B. *The Coal Question: Political Economy and Industrial Change from the Nineteenth Century to the Present Day*, London, New York: Routledge, 1990, p. 141.

⑤ Manners G. *Coal in Britain*, pp. 32-43.

⑥ Lawson N. *The View From No. 11: Memoirs of a Tory Radical,* pp. 163-188.

针对煤炭工业转型的措施和政府对工会的看法引起学者对政府的动机产生了争论，形成了多种观点。

①削弱工会势力。斯蒂芬·P. 萨维奇和林顿·罗宾斯指出，保守党政府的新经济政策是放弃煤炭工业部门，而代之以石油和服务部门以及以小企业为主的商业行为，取消工会权力的政治化。①罗伊斯·特纳（Royce Turner）在《转型中的英国经济：从旧到新？》（*The British Economy in Transition: From the Old to the New?*）一书中也持同样的观点。②玛格丽特·撒切尔政府的财政大臣奈杰尔·劳森也声称，英国政府在煤炭工业中采取的一系列措施，主要为了应付与全国煤矿工人工会的冲突。③

②提高煤炭工业的市场竞争力。M. J. 帕克则对上述观点加以驳斥，他认为玛格丽特·撒切尔政府早期对煤炭工业政策是基于打破过分强大的工会势力的原则，以及提高煤炭工业的竞争性和自由市场的目的。④玛格丽特·撒切尔声称，煤炭工业的主要目标是要实现运营收支平衡，政府不再愿意对其进行财政补贴，而工会势力成为煤炭工业转型道路上首个要解决的问题。⑤

③兼具削弱工会势力与煤炭工业市场化的动机。迈克·帕克（Mike Parker）和约翰·萨利（John Surry）认为，政府关于煤炭工业政策的根本目标是要打破全国煤矿工人工会的势力，并且在当时国际能源价格降低时，要将煤炭工业置于市场力量的控制之下，等其成本下降到一定程度时，再对其进行最大的私有化。⑥

（2）围绕煤炭工业转型的方向形成的几种观点。玛格丽特·撒切尔政府一方面打算在短期内对煤炭工业实行转变；另一方面又迫于工会力量等因素在具体的步骤、方向及措施方面显得模棱两可、谨小慎微。这种情况刺激了各方力量、各种学说的博弈。

①降低煤炭成本。杰拉尔德·曼纳斯认为，全国煤炭委员会计划的不切实

---

① Savage S P, Robins L. *Public Policy under Thatcher*, 1990, pp. 53-57.

② Turner R. *The British Economy in Transition: From the Old to the New?* London, New York: Routledge, 1995, pp.23-30

③ Lawson N. *The View From No. 11: Memoirs of a Tory Radical,* pp. 140-158.

④ Parker M J. *Thatcherism and the Fall of Coal,* p. 204.

⑤ Thatcher M. *The Downing Street Years*, pp. 340-341.

⑥ Parker M, Surry J. *Unequal Treatment: British Policies for Coal and Nuclear Power, 1979-92,* Brighton: University of Sussex, 1992, pp. 8-12.

际，英国煤炭成本偏高、投资低、矿井资源枯竭，在政治决策权力方面受到全国煤矿工人工会的牵制等问题，因此必须对英国煤炭工业加大投资，关闭高成本矿井，协调全国煤炭委员会与全国煤矿工人工会的权力关系，促使煤炭开采向着低成本方向发展。①

②强调市场化、自由化和私有化。与杰拉尔德·曼纳斯的协调观不同，彼得·威尔希尔（Peter Wilsher）等人认为，煤炭工业市场化是政府对煤炭工业转型的方向。②威廉·阿什沃思指出，煤炭工业在任何阶段都需要政府、全国煤炭委员会、工会之间持续的合作和积极地寻求解决问题的新途径。③基思·博伊菲尔德提出了英国煤炭工业应该在以下几个方面加强和改革：第一，结束政府对它的补贴。第二，建立各种供应资源。第三，在生产和分配方面创建竞争性自由市场。第四，重构符合市场条件的煤炭工业。第五，应该通过消除对自由经营者的约束，结束对进口的阻碍，出售全国煤炭委员会关联产业，将其区域公司转为各个地方公司，加大力度对不能产生利润的矿井进行关闭，建立英国煤矿管理的新机构，引入阶段性私有化的方案，加强新区域的发展，以提高煤炭工业的竞争力。④以科林·鲁滨逊为代表的学者强调以竞争为基础的市场自由化将对英国煤炭工业的良性发展产生有益的影响。克利斯皮安·豪特森（Chrispian Hotson）通过对英国政府的煤炭私有化政策、英国煤炭公司的战略以及电力供应工业中发生的变化分析后指出，良好的环境和煤炭工业所有从业人员是决定这份国有资产的价值能否实现的决定因素。艾伦·赛克斯宣扬私有化的好处，认为在重要的国际煤矿公司参与市场竞争基础上的有效私有化，将对英国煤炭工业提供必要的技术、市场、劳资关系经验及能力，最终将会为英国煤炭工业提供一种新的出路。⑤科林·鲁滨逊和艾伦·赛克斯从以下几个方面饱含热情地论证了英国煤炭工业进行私有化运动是必要的：第一，私有化的目标就是要通过私有化运动使其具有国际竞争力。第二，英国煤炭公司

---

① Manners G. *Coal in Britain*, pp. 91-99.

② Wilsher P, Macintyre D, Jones M. *Strike: Thatcher, Scargill and the Miners,* London: Andre Deutsch, 1985, p. xxi.

③ Ashworth W, Pegg M. *The History of the British Coal Industry, Volume 5: 1946-1982: The Nationalized Industry,* p. 443.

④ Boyfield K. *Put Pits into Profit: Alternative Plan for Coal*, pp.5-6.

⑤ Pearson P. *Prospects for British Coal*, pp. 23-35, pp. 86-132.

自 1947 年国有化以来的高成本生产导致了英国制造业的下降和全国失业率的上升，对英国煤炭工业本身而言，使它失去了应有的市场份额，这也是该行业要进行私有化的原因。第三，私有化必须在考虑那些离退休人员、下岗人员利益的前提下，充分吸收全国和国际上最好的矿井专家以提高煤炭工业的效益，以最快的速度完成煤炭工业的私有化。第四，私有化将带给消费者和纳税人切实的利益，也给经营者带来净收益，同时也会使全国的就业率有较大的上升，最终会扩大英国的煤炭市场。第五，逐个进行私有化是最好和唯一的选择，私有化不该被当作英国煤炭工业的摧毁者，而应该被看作它的拯救者。①科林·鲁滨逊在与艾琳·马歇尔（Eileen Marshall）共同撰写的《煤炭的自由化：途径和方式》（*Liberalising Coal：Ways and Means*）一文中，通过对英国煤炭工业中的煤炭产品、煤炭储备的所有制、深矿井煤矿等方面进行详细分析后指出，英国煤炭工业是政府制造的非自然垄断物，将其置于一个集中的管理者手中不太合适，必须放松现有对深层煤矿的限制，必须对新矿进行私人经营和合资经营，必须出售现存煤矿，从而使英国的煤炭市场自由化，这是英国大多数人的希望。②彼得·克拉克（Peter Clark）也对私有化抱有极大的热情和信心，认为旧的政治学已经衰退，市场正在代替民主或平等的幻想，而具有市场竞争性的私有化将会在全世界推行，因为它将极大地丰富社会中的产品和服务，因此，也将会消除社会中的暴力、无知、贫穷、贿赂和浪费。③

③反对玛格丽特·撒切尔政府的私有化。对于基思·博伊菲尔德、科林·鲁滨逊和艾伦·赛克斯等人关于英国煤炭工业私有化的观点，本·法恩反驳道：他们（指基思·博伊菲尔德、科林·鲁滨逊和艾伦·赛克斯等人——笔者注）认为煤炭工业私有化带来的好处很明显是不符合实际情况。第一，他们仅仅将反映一种煤炭价格下降的变化说成是一种好处。第二，在许多事情中声称利润仅仅是由于提高了生产力和管理效率的结果，然而这些结果是将成本强加在劳动者身上的。第三，即使英国煤炭公司经过积极努力而增加的资产价值

---

① Robinson C, Sykes A. *Privatise Coal: Achieving International Competitiveness*, pp. 66-70.

② Veljanovski C. *Privatisation and Competition: A Market Prospectus,* London: Institute of Economic Affairs, 1989, pp. 144-158.

③ Neuberger J. *Privatisation: Fair Shares for or Selling the Family Silver?* London: Papermac, 1987, pp. 66-91.

与私有化无关，这在一定程度上也被算作是私有化的一种好处。第四，根据他们的假设，可能唯一的明智之举就是进口较为便宜的煤炭和对没有利润的矿井进行关闭。[①]另外，约翰·伦图尔（John Rentoul）对玛格丽特·撒切尔政府的“私有化”从词义上进行否定，接着他又通过比较保守党政府对私有化的解释和实施的具体措施，指出私有化是经济学上贪婪的“化妆舞会”，是“富人对穷人的剥削”[②]。玛格丽特·撒切尔政府官员伊恩·吉尔摩（Ian Gilmour）则认为，以19世纪自由主义理念为核心，让市场力量处于完全支配地位的撒切尔主义，是基于人性过分单纯的观点为依据的，这完全不可信，因为它太悲观地假设每个人是被自私的动机驱使的，同时它又太过乐观地断言每个人以一种理性的方式追求自私的利益。[③]

④赞成国有化。与本·法恩、约翰·伦图尔等人不同的是，德里克·埃兹拉男爵（Lord Derek Ezra）公开称赞国有化。德里克·埃兹拉认为国有工业、地方机构和英国国民健康保险机构如果在自由的、政府少干预的环境中，通过一定的法令规定进行正确的经营还是很有效的。[④]金·豪厄尔斯与凯文·巴伦（Kevin Barron）坚持煤炭工业的国有化，金·豪厄尔斯指出，只要提高煤炭工业的灵活性、消除全国煤矿工人工会的政治力量以及理顺国内煤炭的供应，就能使英国煤炭工业充满活力。杰拉尔德·曼纳斯在时隔十年之后撰文指出，煤炭工业必须要有优先发展权，英国煤炭公司必须加大长期投资的力度，要在短期内提高它的生产效率，降低它的成本，才能在未来的市场中占据一定的份额。[⑤]

综上所述，学术界关于煤炭工业转向私有化道路还是继续走国有化道路的白热化大论战，确实使英国政府在对待这一问题时审时度势，无法贸然行事。因此，英国政府采取了迂回前进的路线。即使如此，英国政府的一举一动仍然受到各种力量的高度关注。

---

① Fine B. *The Coal Question: Political Economy and Industrial Change from the Nineteenth Century to the Present Day*, p. 184.

② Neuberger J. *Privatisation: Fair Shares for or Selling the Family Silver*, pp. 1-35.

③ Gilmour I. *Dancing with Dogma: Britain Under Thatcherism,* New York, London: Simon & Schuster, 1992, pp. 15-331.

④ Neuberger J. *Privatisation: Fair Shares for or Selling the Family Silver*, pp. 92-107.

⑤ Pearson P. *Prospects for British Coal*, pp. 41-55, pp. 80-85.

（3）围绕英国政府对煤炭工业其他政策、措施形成的几种观点。①反对矿井关闭的标准。玛格丽特·撒切尔执政之初，要求煤炭工业的财政收支必须在 1983—1984 年实现平衡。根据这项政策，全国煤炭委员会制定了矿井关闭的标准，此举招致各方反对声浪。戴维·库珀（David Cooper）和特雷弗·霍珀（Trevor Hopper）等人则通过应用经济学和会计学、财政学的知识对英国煤矿矿井的经济状况、管理和政府的能源政策进行了分析，指出关闭矿井的标准不该以全国煤炭委员会提出的财政收支不平衡和全国煤矿工人工会提出的矿井在地质上应该耗尽为准，而应该是在财政生存能力的丧失和资源耗尽之间的某个点上。[①]

②反对玛格丽特·撒切尔政府的核工业发展政策。玛格丽特·撒切尔政府对核工业的发展情有独钟，在该届政府执政早期，核工业发展迅猛。1976 年，英国核工业发展资金为 1.1 亿英镑，1979 年达 1.455 亿英镑，1982 年达 2.148 亿英镑。[②]这种趋势引起更多组织和学者的反对。迈克·帕克和约翰·萨利认为英国政府对煤炭工业和核工业的待遇不平衡：全国煤炭委员会受到严格的财政约束，而核工业的成本被隐藏在电力委员会的账目中；政府积极地支持核工业发展，却对煤矿矿井加大关闭的步伐。[③]与迈克·帕克的观点相似，托尼·库特、科林·哈斯拉姆等人也认为，核能未来的发展前景并不明朗，不应该给予过分关注；基于过去二十年就业形势的变化，被裁减煤矿工人的再就业前景是渺茫的；矿井不可轻易地关闭；核能发电肯定要比煤炭发电更昂贵、存在更大的风险，因此应该选择使用煤炭发电。[④]煤矿工人社区运动协会也从核能发电的成本、煤矿工人社区的就业、核能的风险、核能对环境的影响等方面论证并支持托尼·库特等人的观点。[⑤]戴维·库珀和特雷弗·霍珀等人并没有直接否定政府的核工业政策，他们辩论道："煤炭工业私有化除了信仰自由市场的合理性以及对自由市场方案的分配效应的认可外，应该考虑

① Cooper D, Hopper T. *Debating Coal Closures: Economic Calculation in the Coal Dispute 1984-5,* Cambridge, New York: Cambridge University Press, 1988, p. 25.

② Roberts J, Elliott D, Houghton T. *Privatising Electricity: The Politics of Power*, p. 141.

③ Parker M, Surry J. *Unequal Treatment: British Policies for Coal and Nuclear Power, 1979-92*, pp. 58-60.

④ Culter T, Haslam C, Williams J, et al. *The Aberystwyth Report on Coal*, pp.48-49.

⑤ Fothergill S, Andrews S, Barrett M. *The Case for Coal: Evidence Presented by CCC to the Hinkley Point "C" Nuclear Power Station Inquiry*, p. 19, p. 53.

到工业的相互依靠、地区政策以及投资战略和能源政策等因素；政府有义务确保能源资源的协调使用，确保对核电站的决定不会对煤炭工业以及公共财政产生可怕的问题。”①

从上述观点可以看出，这一时期，英国政府在矿井关闭、发展核工业以及培训失业工人方面采取的方案和措施均受到人们的否定和怀疑。这有助于我们理解工会与政府最终会发生冲突的原因。

（4）围绕政府与煤矿工人工会的冲突形成的几种观点。即使玛格丽特·撒切尔政府对煤炭工业采取渐进的改革措施，也终究造成了政府与全国煤矿工人工会之间的摩擦。1984—1985 年煤矿工人大罢工就是这种冲突的集中体现。围绕罢工事件，史学界展开了激烈的大论战。

①大罢工前政府对工会的措施。史学界认为政府在大罢工前的很多措施均是针对工会的。除奈杰尔·劳森持这种观点之外②，埃里克·维加姆（Erig Wigham）也指出，在 1984—1985 年罢工前，政府对工会的新立法约束了工会对玛格丽特·撒切尔政府实施经济政策的阻力；通过大规模的失业和削减对罢工者家属的可支付补充救济金来驯服工人对政府的对抗心理。③弗朗西斯·贝克特（Francis Beckett）与戴维·亨克（David Hencke）认为，从 1982 年秋天开始，政府开始准备对煤炭工业进行收缩，而关闭矿井的名单，伊恩·麦格雷戈（Ian MacGregor）接任全国煤炭委员会的主席，1983 年玛格丽特·撒切尔重新调整内阁班子以及工会内部因罢工而进行的争论等事件，均表明双方对罢工的准备已经达白热化程度。④

②谁为罢工负责。1984 年 3 月，由于全国煤炭委员会关闭科顿伍德（Cottonwood）矿井引发了全国煤矿工人工会领导的罢工。罢工持续一年，在这次罢工中，各种力量卷入其中。究竟有哪些力量促成了罢工或成为罢工的主要责任者，学术界围绕这一主题进行了长期的辩论。

第一，政府负主要责任说。理查德·海曼（Richard Hyman）认为，1969 年到 1974 年的罢工以及玛格丽特·撒切尔政府上台以来规模最大的罢工原因在

---

① Cooper D, Hopper T. *Debating Coal Closures: Economic Calculation in the Coal Dispute 1984-5*, p.248.

② Lawson N. *The View From No. 11: Memoirs of a Tory Radical*, pp. 140-158.

③ Wigham E. *Strikes and the Government 1893-1981,* London: Macmillan, 1982.

④ Beckett F, Hencke D. *Marching to the Fault Line: The 1984 Miners' Strike and the Death of Industrial Britain*, London: Constable and Robinson, 2009, pp. 36-40.

于新保守党政府抛弃了正式的收入政策机制，削减薪水，而私人雇主却受到政府的鼓励与政策支持，政府旨在禁止罢工而故意建立大量的失业和反工会法，政府的这种措施是通过保持大量的失业，摧毁大多数工人的集体力量最终促成“强制性和解”①。杰弗里·古德曼（Geoffrey Goodman）也将煤矿工人与政府发生冲突的主要责任归咎于玛格丽特·撒切尔政府。②

第二，工会与政府均对罢工负责任说。弗朗西斯·贝克特与戴维·亨克认为，在阿瑟·斯卡吉尔（Arthur Scargill）和玛格丽特·撒切尔各自摆好架势数月之久，罢工仅需要一个火花，而 1984 年被误会的科顿伍德矿井关闭计划仅在“刺杀弗迪南大公”的意义上引发了罢工。③也就是说，科顿伍德矿井关闭一事只不过充当了劳资冲突发生的导火索而已。

第三，工会、政府及媒体均对罢工负责任说。马丁·阿德尼（Martin Adeney）和约翰·劳埃德（John Lloyd）认为，阿瑟·斯卡吉尔和伊恩·麦格雷戈（Ian MacGregor）代表对立的双方都对拖延罢工的时间、提高罢工的风险负有一定的责任；政府没有故意激起与全国煤矿工人工会的冲突，但存在一种应付冲突的战略，如通过立法的手段鼓励个人工会成员挑战不允许个人投票的集体机构，在罢工中政府并非没有介入，而是让相应领域的机构介入，如加强全国煤炭委员会的关闭政策造成煤矿工人家庭的悲惨遭遇等；在这次纠纷中，新闻媒体并不是一种附属的东西，它们影响了公众的看法。④

第四，警察、工会、新闻媒体、政府负责说。彭妮·格林（Penny Green）通过劳资冲突刑事学理论对 1984—1985 年罢工中的政府、全国煤炭委员会、警察、法律、工会、新闻媒体与煤矿工人之间的监控与被监控关系进行重新审视后指出，在罢工中警察不是中立和自发地服务于公共利益的力量，而是代表了政府和资方的阶级利益来对罢工中的煤矿工人和社区进行监控，由于这种监控伴随着残忍的镇压行为、集权化和阶级偏爱的特点，因此警察的监控刺激了整个煤矿工人社区的阶级意识，并引导工人对新犯罪审判体系的理解；1984—

---

① Hyman R. *Strikes*, London: Macmillan. 1989, pp.198-199.

② Goodman G. *The Miners' Strike*, London, Sydney: Pluto Press, 1985,pp.195-204.

③ Beckett F, Hencke D. *Marching to the Fault Line: The 1984 Miners' Strike and the Death of Industrial Britain*, p. 48.

④ Adeney M, Lloyd J. *The Miners' Strike 1984-5: Loss without Limit*, London: Goutledge & Kegan Paul, 1986, pp. 201-218.

1985 年罢工代表了一种偏离英国传统的监控，对罢工中监控的研究显示刑法和民法为政府的整体战略服务：法律不断地将对煤矿工人的监控高压合法化，并批准警察限制工人纠察队的权力，支持警察建立道路障碍的合法权力，而煤矿工人的待遇没有根据他们个人的要求被保障，因此法律对政府打破罢工的战略而言是关键的，它也被当作一种阶级镇压的工具；在罢工中政府的不介入政策并没有让煤矿工人和煤矿工人社区感到政府是中立的仲裁者。相反，由于警察的出现和煤矿工人家庭救济金的下降以及政府通过确保其他工会不采取劳资冲突的措施，而使煤矿工人认为政府与法律制定者、雇主和大商人的利益是一致的；工会作为集体组织存在保护工人利益的义务，在劳资冲突的规范中是一个决定因素，然而他们反对资本主义剥削的努力只存在于资本主义框架内，也就是说，工会努力提高工人被剥削的条件，而不是结束那种剥削，因此工会的角色在监控工人罢工方面遭到工人的质疑；罢工中新闻媒体作为监控中的关键机构对煤矿工人和社区以及事件的监控中存在意识形态的成分，致使煤矿工人的声音受到了大量新闻媒体的忽视和攻击，而对政府大臣、全国煤炭委员会官员、警察和独立工作的煤矿工人的论点进行大加宣扬。①

第五，新闻媒体负责说。尼古拉斯·琼斯（Nicholas Jones）根据广播和电视等新闻媒体传输的快速、直接、覆盖面大等特点，对劳资纠纷中新闻媒体的介入进行了评价，他指出由于新闻媒体参与到劳工纠纷中来，管理者可直接通过新闻媒体劝说罢工者返回岗位工作，雇主越来越求助于咨询通信和广告的企业；工会的领导角色被新闻媒体技术绕过，不再依赖工会的劳资关系专家解决较为困难的问题；工会和雇员对广播的使用也对公众的影响很大；记者和广播人员也要遭受来自较快的新闻信息传输的压力；1984—1985 年，在全国煤矿工人工会罢工中新闻媒体的作用是不言而喻的，全国煤炭委员会和政府越来越依靠广告咨询和专家以及那些非常精通新闻管理艺术的人提供的建议，而全国煤矿工人工会主席阿瑟·斯卡吉尔仍日复一日地单打独斗，甚至向煤矿工人致辞时斥责所有的记者、广播人员和技术人员，斥责他们总是支持玛格丽特·撒切尔，结果全国煤炭委员会和政府占据极大的优势地位，而全国煤矿工

---

① Green P. *The Enemy Without: Policing and Class Consciousness in the Miners' Strike*, Milton Keynes, Philadelphia: Open University Press, 1990, pp. 75-129.

人工会滑向失败。①另外，比尔・施瓦兹（Bill Schwarz）和阿兰・福勒（Alan Fountain）也认为，新闻媒体对待煤矿工人及其领导人的观点主要建立在两党制的基础上，因此掩蔽了大量的事实和细节。②

第六，否认新闻媒体负责说。盖伊・坎伯巴奇（Guy Cumberbatch）等人从新闻媒体对1984—1985年煤矿工人罢工的影响进行调查分析之后认为，新闻媒体的直观性、缺乏深度的特点决定了观众对罢工中诸如谈判、工人纠察队的暴力事件等附带现象的关注，掩蔽了罢工的真正原因，从而影响了事件的结果；而新闻媒体并没有对公众理解事件真实的原因设置障碍，他们通过调查数据发现情况恰恰相反，是每一个观众带着一定的感情倾向看待新闻报道中的事件。③

③罢工胜利或失败的原因。1984年煤矿工人大罢工历时一年之久，最终以全国煤矿工人工会的失败而告终。围绕罢工的结果，史学界又拉开新一轮论战。

第一，政府周密的准备决定了罢工的结局说。玛格丽特・撒切尔政府的能源大臣、财政大臣奈杰尔・劳森声称，1981年2月，玛格丽特・撒切尔政府遭遇了工会罢工的威胁后"不战而降"，之后，该届政府做了一系列准备工作以防备工会的罢工，包括在一些工会力量温和的地区开拓新煤矿，以加大对抗时期的煤炭生产量；增加火力发电厂的煤炭产量，以增强冲突中政府的持久忍耐力；成立特别委员会来研究对付工会罢工的策略；更换全国煤炭委员会主席等；在对付1984—1985年的全国煤矿工人工会大罢工中，英国政府的这些未雨绸缪的措施发挥了很大的作用，给全国煤矿工人工会的势力造成重创。④

第二，政府的侥幸胜利说。M. J. 帕克指出，奈杰尔・劳森的观点过于简单，这种简单表现在：即便说玛格丽特・撒切尔政府从一开始对煤炭工业有一个"政治议程"是合理的，也没有证据能证明其政府在1979年执政时拥有一

---

① Jones N. *Strikes and the Media: Communication and Conflict,* Oxford, New York: Basil Blackwell, 1986, pp.200-215.

② Beynon H. *Digging Deeper: Issues in the Miners' Strike,* London: Verso, 1984, pp. 123-129.

③ Cumberbatch G, McGregor R, Brown J, et al. *Television and the Miners' Strike: A Report from the Broadcasting Research Unit*, London: Broadcasting Research Unit, 1986, pp.135-136.

④ Lawson N. *The View From No. 11: Memoirs of a Tory Radical*, pp. 140-158.

个要实现这种目标且清晰透彻的总体规划，更不用说有任何导致矿井收缩规模的计划，政府对 1984—1985 年全国煤矿工人工会罢工的胜利是一次幸运的胜利，而不是运筹帷幄的结果。[①]

第三，政府和工会两方面原因说。伊恩·吉尔摩则指出，政府在罢工中取得胜利的最主要因素在于它使用的法律武器导致了纠纷的延长，而工会失败的主要原因在于阿瑟·斯卡吉尔错误地将内部矛盾当作一次革命性的罢工，他的方法和目标阻止了其他工会对全国煤矿工人工会的支持，最终导致了罢工的失败。[②]弗朗西斯·贝克特与戴维·亨克也认为政府与工会双方不同的手段和策略导致了罢工最终的结果。他们指出，政府与全国煤炭委员会通过使用就业法案、增加裁员支付费用等周全的手段应付罢工，而工会因矿工不愿意进行一次全国性的大罢工发生较大的分裂，全国煤矿工人工会没有通过媒体做出合适的引导公众的观点，以及约克郡（Yorkshire）罢工纠察队非法行为均导致了罢工的失败。[③]

第四，警力和工会的领导能力说。杰弗里·古德曼称冲突之所以出现政府的“胜利”，并不是煤矿工人的领导被玛格丽特·撒切尔政府的聪明才智击败了，而是在整个冲突中警察被大量地用来对付活跃的工会主义者以及全国煤矿工人工会的领导自己缺乏政治智慧，甚至在关键时刻缺乏常识判断力，从而导致在这次冲突中错误地使用了他们手中的牌。[④]

第五，工会的错误领导说。迈克尔·克里克（Michael Crick）指出，在 1984 年煤矿工人罢工中，工会允许工人纠察队进入矿区是一个错误，罢工举行之前没有进行全国性的投票表决在策略上是愚蠢的，罢工应该在 1984 年 8 月达成谈判，然后解决。[⑤]

④罢工中煤矿工人的遭遇。1984 年罢工因为其持续时间较长而使卷入罢工的煤矿工人的境况发生了较大的变化。丹尼斯·斯金纳（Dennis Skinner）、托尼·本恩（Tony Benn）和鲍勃·克莱（Bob Clay）等人对 1984 年煤矿工人

---

① Parker M J. *Thatcherism and the Fall of Coal*, pp. 204-205.

② Gilmour I. *Dancing with Dogma: Britain under Thatcherism*, pp. 110-111.

③ Beckett F, Hencke D. *Marching to the Fault Line: The 1984 Miners' Strike and the Death of Industrial Britain*, p.57, p.60, p.63, p.67.

④ Goodman G. *The Miners' Strike*, p.195.

⑤ Crick M. *Scargill and the Miners*, New York: Penguin Books, 1985, p.144.

大罢工中政府对煤矿工人的待遇提出质疑，认为煤矿工人社区在此次罢工中遭受了警察的镇压和法庭的不公平待遇，全国煤炭委员会对煤矿工人进行了威吓以及矿工被全国煤炭委员会莫名其妙地解雇。[①]琼·斯特德（Jean Stead）在1984—1985 年煤矿工人工会罢工中作为英国妇女煤矿工人的代表对政府关于矿井的关闭政策提出抗议。在罢工结束后，由于政府加大矿井关闭的步伐而导致成千上万煤矿工人失业，琼·斯特德发出"让历史不再重演"的呼吁。[②]无独有偶，诺尔玛·杜比（Norma Dolby）也作为煤矿工人家庭妇女，通过日记的形式，以细腻的笔触对自己身边的煤矿工人在 1984—1985 年罢工期间及以后的遭遇表示同情。[③]

⑤工会主席阿瑟·斯卡吉尔。阿瑟·斯卡吉尔作为领导 1984—1985 年煤矿工人大罢工工会主席，成为备受学术界争论的人物。对 1984—1985 年罢工的领导人、时任全国煤矿工人工会主席阿瑟·斯卡吉尔的研究，目前最具权威的作者是保罗·劳特利奇（Paul Routledge）。他在《斯卡吉尔：一部未授权的传记》一书中分析指出，阿瑟·斯卡吉尔一方面是一位自负的、激进的工会主义者，正是这种好战的思想和言行促使他成为处在势力衰落中的全国煤矿工人工会主席，但是，这种激进主义并没有将煤矿工人带入一种他们向往的生活；而且为了实现阿瑟·斯卡吉尔个人的最高政治理想——建立共产主义的英国和永不关闭集体所有的矿井的目标，大多数煤矿工人被引入了持续一年之久的、以失败收场的罢工中。此次罢工彻底打碎了煤矿工人的梦想，加速了煤炭工业的收缩和转型，造成了煤矿工人内部的分裂。另一方面，阿瑟·斯卡吉尔在国际上具有非同凡响的影响力，他不仅主张在工会运动内部结束冷战分界线，而且在其他地区，特别在南非扮演了一名种族平等主义者的角色。他身上体现了非常健康的煤矿工人和其他工人阶级的战争精神，使"反"的精神人格化，在一定程度上挑战了主流的资本主义体系，对国际资本主义造成了一次危机。然而，他本人与生俱来的悲剧性缺点是他的思想中源自宗教的使命感与马克思主义信仰相互冲突。以所有成功的标准来衡量这位失败的人物时，阿

---

① Skinner D, Benn T, Clay B, et al. *Justice: The Miners' Strike 1984-85,* London: Verso, 1986, p. 10.

② Stead J. *Never the Same Again: Women and Miners' Strike 1984-85,* London: The Women's Press, 1987, pp. 160-169.

③ Dolby N. *Norma Dolby's Diary: An Account of the Great Miners' Strike*, London: Verso, 1987, pp. 9-123.

瑟·斯卡吉尔仍将被人们作为一个对资本主义的武装力量和政府权威说“不”的人物而被人们永远记住，并成为工人反抗精神的一个灯塔。他确保了自己在历史中的位置。[①]迈克尔·克里克在《斯卡吉尔与煤矿工人》一书中对英国煤矿工人工会主席阿瑟·斯卡吉尔以及煤矿工人在20世纪60年代、20世纪70年代和1984年的罢工进行一定的研究和考察后指出，一方面与同时期许多优秀的政治人物一样，他具备优秀的领导才能和人格魅力；但另一方面他又是一位思想激进、自负且独断专行的领导人，他在1984年罢工中缺乏正确的判断力，从而导致罢工失败。[②]

⑥支持工会发展。20世纪70年代以来，随着经济衰落，英国工会的发展受到致命性的打击。玛格丽特·撒切尔政府上台后，对工会的态度明显地充满敌意。这种状况招致许多学者对工会的同情和支持。多琳·马西（Doreen Massey）和希拉里·温赖特（Hilary Wainwright）通过大罢工中呈现出的国家权力机构之间的关系以及国家权力机构在罢工中对煤矿工人的敌对态度，提出了工会在现在和未来应该如何组织的问题；此外，他们通过大罢工中人们的经历和罢工中显示的乐观主义对民众和罢工的未来充满信心。[③]安德鲁·J. 理查兹（Andrew J. Richards）用阶级意识的观点观察和研究了1984—1985年煤矿工人罢工之后矿工的团结程度，并提出以下两点：第一，尽管工人罢工后存在分裂和失败的迹象，但煤矿工人之间团结的纽带仍然存在。第二，煤矿工人自身的经历为改变和提高阶级意识打下了坚实的基础。[④]克利斯托弗·J. 布鲁斯（Christopher J. Bruce）和乔·卡比-霍尔（Jo Carby-Hall）指出，英国在20世纪90年代支撑劳资双方谈判的体制——以罢工为基础的体制，主要是继承了19世纪的商业工会主义的体制，但这一体制在罢工中只给予了工人非常小的谈判空间，并且如果他们中断了生产，罢工本身又是无效的。同时，以罢工为基础的谈判体制降低了横向、有时是纵向的平等待遇。[⑤]

综上所述，史学界对英国煤炭工业转型过程中政府的各项措施，如关闭矿

---

① Routledge P. *Scargill: The Unauthorized Biography,* London: Harper Collins Publishers, 1993, pp. 255-276.

② Crick M. *Scargill and the Miners*, pp. 143-144.

③ Beynon H. *Digging Deeper: Issues in the Miners' Strike*, pp. 149-167.

④ Richards A J. *Miners on Strike: Class Solidarity and Division in Britain,* Oxford, New York: Berg, 1996, p. 3.

⑤ Bruce C J, Carby-Hall J. *Rethinking Labour-management Relations: The Case for Arbitration*, London, New York: Routledge, 1991, p. 66.

井、用立法约束工会行为等是否直接或间接地导致了政府与工会的冲突争论不休；与此同时，也对冲突双方的态度、策略以及手段等的认识存在分歧；对冲突双方领导人的研究存在争议；对矿工在长达一年的冲突及以后很长时间内始终处于不利地位的境况表示同情。这些都说明，对于上述有争论性的问题，我们均需要辩证地来看待，而罢工给矿工无疑带来了最惨痛的经历。那么，煤炭工业以及矿工的转型是否会带来令人满意的结果呢？

3. 转型的结果

玛格丽特·撒切尔政府对煤炭工业的转型导致国有化的煤炭工业最终在1994 年转为私有制。与此同时，全国煤矿工人工会的力量经历了 1984—1985 年的大罢工后，几乎销声匿迹。那么，煤炭工业的发展如何？煤矿工人的就业及在劳动力市场中的待遇如何？被关闭的矿井及煤矿工人社区的变化如何？围绕这些问题，史学界又出现不同的声音。

（1）围绕矿井关闭政策产生的影响形成的几种观点。①对煤矿工人社区产生了负面影响。早在煤炭工业国有化初期，L. D. 斯坦普就通过城市发展史的视角对政府关闭所有老的、没有利润的煤矿的做法提出了质疑，指出煤矿工人矿区是最早的工业化城市，关闭矿井将有可能毁灭在老煤矿区建立起来的城镇。[①]从煤炭工业国有化到 20 世纪 70 年代中后期，煤矿矿井的关闭规模已超过了历史上的任何时期。1984 年罢工时，英国有 170 个矿井，到 2010 年 3 月，仅有 15 个深矿井。[②]矿井关闭后煤矿工人社区的情况究竟如何呢？

1975 年，约翰·休厄尔（John Sewel）对矿井关闭后煤矿工人社区的情况曾有过论述，他通过考察 20 世纪五六十年代南威尔士的一个煤矿，指出煤矿工人的工作以及他们生活的社区因当地煤炭工业的严重收缩而受到了极大的冲击：绝大多数年轻人被转移到山谷邻近的煤矿工人社区，老年人成为被裁减的对象；居住在一起的人们将不再有相同的职业背景。[③]戴维·沃丁顿通过实例考察了玛格丽特·撒切尔保守党政府后期被关闭的、位于德比郡（Derbyshire）

① Stamp L D. Britain’s Coal Crisis: Geographical Backgroud and Some Recent Literature, *Geographical Review,* Vol. 38, No. 2, 1948, pp. 179-193.

② Coal Authority. *Summary of United Kingdom Coal Production and Manpower from 1947.*

③ Sewel J. *Colliery Closure and Social Change: A Study of a South Wales Mining Valley,* Cardiff: University of Wales Press, 1975, pp. 38-81.

北部和诺丁汉郡（Northumberland）北部交界的沃尔索普山谷（Warsop Vale）煤矿工人社区。他指出，矿井关闭后，社区人口发生了变化，降低了此地的凝聚力；保守党时期的私有化政策使此地的住房掌握在少数非常住本地的老板手中，降低了住房条件；道路和受教育条件的艰难都阻碍了当地的繁荣兴旺。[①]斯蒂芬·福瑟吉尔（Stephen Fothergill）和斯蒂芬·威特也指出，矿井关闭从长远看对经济意义不大，因为这可能导致贸易赤字的增大，使英国最大的能源储备逐渐消失，最后可能会导致较高的电力价格。[②]

从上述观点看，国有化以来包括玛格丽特·撒切尔政府时期的矿井关闭均对煤矿工人社区产生了不利的影响。而且从学者关注的焦点及考察的情况看，玛格丽特·撒切尔政府时期的矿井关闭导致煤矿工人社区经济陷入萧条。

②对煤矿工人的影响。煤炭工业经历了 20 世纪 80 年代的收缩之后，产生了各种各样的问题，其中对煤矿工人的影响更大。在 1984—1985 年罢工之后，煤矿中的人数开始大幅下降。从罢工时的 19 万多人下降到 2010 年的 3700 人。[③]矿工的遭遇引起了学术界的关注。斯蒂芬·威特指出，首先，矿井关闭造成了大批煤矿工人的失业，引起了他们之间的相互敌意，对矿井关闭的怨恨和对雇主的不信任也阻碍了工人转移到另一个矿井，从而导致在同一个地方不得不持续招募新工人以及给现有员工支付更多裁员费用等荒唐的、代价沉重的情况。其次，在矿井关闭后煤矿工人就业的总体特征是低薪、技术含量低、工种和部门单一、不稳定和不安全以及失业率极高。最后，矿井关闭对当地经济整体上进入萧条要负一种特别的责任，也降低了任何帮助行为的有效性。[④]罗伊斯·特纳将煤炭工业中发生的一系列变化放在去工业化的理论框架内进行考察分析，作者调查科克比（Kirkby）南部煤矿的重建、马克姆梅恩（Markham Main）和布罗德斯沃斯（Brodsworth）煤矿矿工状况后指出，玛格丽特·撒切尔政府在英国煤矿工业中抛弃国有化、消除工会的力量而一味地强调自由市场，这不利于煤炭工业的发展和煤矿工人社区重建工作；另外，以前依靠煤炭

---

① Waddington D. *Developing Coalfields Communities: Breathing New Life into Warsop Vale,* Bristol: the Policy Press, 2003, pp. 8-14.

② Fothergill S, Witt S. *The Privatisation of British Coal: An Assessment of Its Impact on Mining Areas*, Barnsley: Coalfield Communities Campaign, 1990, pp.6-7.

③ Coal Authority. *Summary of United Kingdom Coal Production and Manpower from 1947.*

④ Witt S. *When the Pit Closes: The Employment Experiences of Redundant Miners*, pp.46-47.

工业发展起来的地方是一种单一的经济地区，而且比较偏僻，难以进入，将煤炭工业转为其他产业的可能性很小；矿井的关闭更加大了这些地区的就业压力；大量的现代化代价落到工人身上，少数工人在安全的、高技术的公司获得体面的薪水，而更大比例的工人则被排除在劳动力市场之外，他们大多数人或者作为劳动力市场的剩余劳动力，或者被排挤出劳动力市场，这本身对政府和社会而言都是一种潜在的灾难。①

从上述情况看，由于大量矿工被裁，加之英国整体经济处在不景气的状态，作为就业的大容器——煤炭工业被“打碎”后，仍然没有找到很好地解决大量失业人员的途径，因此导致矿工在内的大量工人遭遇“艰难时世”。

③对环境的影响。矿井关闭与英国环境变化的关系也成为学术界关注的问题。斯蒂芬·P. 萨维奇和林顿·罗宾斯指责政府矿井关闭政策造成了英国不得不燃烧含硫量较多的煤炭，而使整个英国环境遭受污染。②作者的观点代表了矿井关闭初期的一种现实，然而治理环境污染必须经过长期的综合措施才能见效。

④对劳资关系的影响。吉姆·菲利普斯认为，20 世纪 60 年代以来，英国政府加速矿井关闭导致劳资关系进一步恶化。③煤炭工业国有化时期的劳资关系由三方力量介入，矿井关闭后政府撤出这种关系，必然会导致劳资关系的恶化。

（2）1984—1985 年罢工产生的影响。1984 年大罢工是工人运动史上非常悲壮的一幕。它一方面对英国的产业工人带来了极大的影响；另一方面也对英国的经济形势产生了较为深远的影响。吉姆·菲利普斯声称，1984—1985 年煤矿工人大罢工的结果对工人和工人运动来说是毁灭性的失败，但是它从根本上改变了英国后来的经济和社会轨道，加速了从制造者的特权向消费者利益的转变，在工作和就业关系领域则表现为由集权主义向个体的转变。④马丁·阿德尼和约翰·劳埃德从当时英国保守党政府、全国煤炭委员会及其领导人伊恩·麦格雷戈、全国煤矿工人工会及其领导人阿瑟·斯卡吉尔、煤矿工人等各

---

① Turner R. *The British Economy in Transition: From the Old to the New?* p. 253.

② Savage S P, Robins L. *Public Policy under Thatcher*, p. 83.

③ Phillips J. Workplace Conflict and the Origins of the 1984-85 Miners Strike in Scotland, *Twentieth Century British History,* Vol. 20, No. 2, 2009, pp. 152-172.

④ Phillips J. Workplace Conflict and the Origins of the 1984-85 Miners Strike in Scotland, *Twentieth Century British History,* Vol. 20, No. 2, 2009, pp. 152-172.

个方面入手，分析了 1984—1985 年煤矿工人工会罢工造成的影响。他们指出，尽管这次罢工使全国煤炭委员会几乎处于一种非常虚弱的状态，但它使全国煤炭委员会恢复了真正的管理权力，而全国煤矿工人工会不可能恢复它在人们心目中的威望；罢工前后全国煤矿工人工会内部的极端主义导致了工会内部力量的分裂，罢工也使工会政治化，大量的领导人和活动家远离"革命"政策；罢工后煤炭工业在能源市场中并不能独立存在，仍需要政府大量资助，大量的失业工人仍需要政府大量的补助。[①]弗朗西斯·贝克特与戴维·亨克从经济学的角度分析了 1984 年矿工大罢工造成的经济损失。他们指出，仅 1984—1985 年罢工损失即高达 38.5 亿—40.5 亿英镑（以 1980 年的物价估算），如果包括矿工生产损失在内，国家 GDP 损失将远远超过 50 亿英镑。[②]

从史学界对此次罢工的影响分析看，大罢工确实对英国劳资关系、矿工、煤炭工业的转型以及经济走向等多个方面产生了深远的影响。罢工的结果也使政府加快了收缩煤炭工业的步伐。

（3）收缩政策产生的影响和结果。基于削减政府对煤炭工业的财政补贴，玛格丽特·撒切尔政府要求煤炭工业在短期内实现收支平衡。全国煤炭委员会根据这一决策拟订了收缩煤炭工业的计划。这种收缩政策产生的影响引起了人们的质疑。

①全盘否定玛格丽特·撒切尔政府的经济政策。伊恩·吉尔摩作为保守党的下议院议员，曾在爱德华·希思政府担任国防大臣，在玛格丽特·撒切尔执政时期，从 1979 年到 1981 年他曾是内政大臣、国防大臣和掌玺大臣，他基本上否定了玛格丽特·撒切尔政府的经济政策。他在考察玛格丽特·撒切尔时期英国保守党政府的经济政策、社会福利政策等对英国社会、经济等方面的影响后认为，撒切尔主义者信仰的米尔顿·弗里德曼（Milton Friedman）的货币主义（Monetarism）政策在 1979—1981 年被证明是完全具有破坏性的，在 1981—1990 年仍然没有发挥多大的作用；在社会方面出现了财富从穷人手中较大幅度地流向富人手中的一次重新分配，而撒切尔主义者所称的经济奇迹并没有出现，并且英国经济经历了自战争以来最低的增长率；玛格丽特·撒切

① Adeney M, Lloyd J. *The Miners' Strike 1984-5: Loss without Limit*, pp. 257-302.

② Beckett F, Hencke D. *Marching to the Fault Line: The 1984 Miners' Strike and the Death of Industrial Britain*, p. 211.

尔政府初期取得的成功是对地方当局建造的简易房屋的出售和对政府权威的重申，其中工会改革是玛格丽特·撒切尔最重要的成就；在工业中关注经济活动，解决管理问题，摧毁公共部门中过分强大的工会势力，通过销售提高税收，通过大力延伸股份制使资本主义更加流行，提高保守党和政府的声望等政策部分地取得了成功；劳资关系的变化提高了生产力，在一定程度上缩小了英国与欧洲大陆之间的差距；然而，撒切尔主义政策向右转向引起了社会的退步，而不是社会的前进，所以它注定是要失败的。①

②收缩政策对煤炭工业的影响。迈克·帕克和约翰·萨利对玛格丽特·撒切尔执政以来英国的煤炭工业和核工业的发展政策进行了比较，他们指出，英国煤炭公司在英国发电厂总燃料中的份额在1979—1980年超过80%，到20世纪90年代中期则大约为25%，而20世纪90年代中期电力供应燃料的成本实际上比1979—1980年要低好多，电力供应工业有较多类型的燃料供应和来源；全国煤矿工人工会的势力被打破了；但是这一时期缺乏重要的主动性新政策，深矿井数量缩减到很少，它的恢复机会很小。②

③收缩政策对矿工就业的影响。戴维·沃丁顿等人通过对唐克斯特（Doncaster）、罗瑟勒姆（Rotherham）和诺丁汉郡地区的几个煤矿工人社区进行实地考察后认为，英国煤炭工业的收缩影响了煤矿工人与其家人的关系，也影响了煤矿工人社区的教育水平，对当地的社会秩序和经济发展产生了不良的后果。另外，他们又对20世纪90年代以来煤炭工业的重建进行了研究，认为煤矿工人的生存环境和工业遗产的前景并不乐观。最后，他们还考察了政府在煤矿工人社区的各项经济重建措施，如土地开垦、对内投资、技术培训和基于社区的首创精神计划，认为这些措施在减少失业方面产生的效力与加强煤矿工人社区生存能力方面产生的效力是不对等的，他们认为对煤矿工人及其家人待遇的改善要比其他措施更为有用。③

由上可知，英国政府对煤炭工业的收缩政策在短期内导致了煤炭工业大幅度的衰退、煤矿工人生活的艰难和煤矿社区经济的萧条。

---

① Gilmour I. *Dancing with Dogma: Britain Under Thatcherism*, pp. 331-340.

② Parker M, Surry J. *Unequal Treatment: British Policies for Coal and Nuclear Power, 1979-92*, p. 61.

③ Waddington D, Critcher C, Dicks B, et al. *Out of the Ashes?: The Social Impact of Industrial Contraction and Regeneration on Britain's Mining Communities*, pp. 211-219.

（4）政府重建措施产生的效果。面对矿井大规模关闭、矿工大量失业的局面，政府的重建措施显得尤为重要，也自然吸引了更多关注的目光。

①肯定政府的重建工作。M. J. 帕克认为，在大罢工之后，玛格丽特·撒切尔政府对煤炭工业仍然持一种谨慎的态度，政府的重点不是摧毁煤炭工业，而是要将它转向一种可持续的商业运行模式中，然而，市场存在不可预测性——石油价格的下滑、燃气电力的冲击等，在这种不利的市场条件下对煤炭工业进行完全的商业运行意味着必须提高煤炭工业的生产力，降低煤炭产量和裁减更多的工人；约翰·梅杰（John Major）政府加快解除煤炭工业中的公共所有制，到 1994 年底对煤炭工业的私有化完成，但是直到托尼·布莱尔（Tony Blair）政府时，煤炭工业仍然需要政府帮助才能运行。对重建措施表示肯定的不止M. J. 帕克一人，英国地方当局发起的一次对自玛格丽特·撒切尔政府实行私有化政策以来煤矿地区大量成功入驻的地方公司或分公司的调查指出，煤矿地区之所以吸引大批公司的移入或扩张，主要是当地具有包括大量煤矿工人在内的丰富的劳动力资源；且当地劳资关系较好，工会不仅能帮助消除车间冲突，而且也能帮助公司顺利运营；员工对公司也是一种积极的合作态度；雇主认为当地劳工的行为和动机是能够与现代工业的需求相匹配的。[①]戴维·沃丁顿认为，包括保守党在内的历届政府对衰落中的煤矿工人社区采取了一系列复兴的措施，特别是托尼·布莱尔的工党政府时期派遣的一支特遣队，在当地学者与地方居民以及当地官方机构的协作下提出了对症下药的复兴措施——提高生活质量，改善住房条件，修筑道路等，并取得了惊人的成果。[②]亨克·奥弗贝克（Henk Overbeek）通过阶级分析的方法认为，玛格丽特·撒切尔政府通过一系列重建工会的政策使工会成员数量下降幅度极大，但是这些政策加强和巩固了英国经济趋向高度发达的资本主义经济。[③]

②对重建工作存在争议并提出建议。首先，被裁矿工再培训。由于矿井的大量关闭以及全国煤炭委员会裁员政策的变化，导致许多矿工失业。1985 年，全国煤炭委员会引入了《岗位和职业变化方案》（Job and Career Change

① PA Cambridge Economic Consultants. *First Choice: Attitudes towards the Local Workforce of Companies Choosing to Set up Business in Coalfield Areas,* Barnsley: Coalfield Communities Campaign, 1990, pp. 9-12.

② Waddington D. *Developing Coalfields Communities: Breathing New Life into Warsop Vale*, p. 54.

③ Overbeek H. *Global Capitalism and National Decline: The Thatcher Decade in Perspective,* London: Unwin Hyman, 1990, p. 192.

Scheme）用来解决矿工失业问题。然而，这一方案产生的效果受到了人们的质疑。萨拉·蒙克（Sarah Monk）对该方案的内容以及培训的结果和影响进行了调查研究，得出以下结论：此方案没有充分满足被裁煤矿工人的再培训需求；再培训时间太短，再培训的内容也相当肤浅且没有针对性，很少有人对此培训方案感兴趣；培训结果没有增加更多的工作岗位；没有充足的财政支持，因此被裁减人员没有再培训的动机。因此他提出以下建议：应该改变1985年《岗位和职业变化方案》的培训内容和收入支出；增加的资金应该从欧洲煤钢共同体（European Coal and Steel Community）中获得；当地政府应该对可能的裁员再培训提供更多的机会；煤矿工人社区应该与英国煤炭公司和其他涉及岗位创造的机构紧密合作；当地政府应该监控人力资源服务委员会（Manpower Services Commission）和技术中心的就业影响以及他们对再培训的意义。①萨拉·蒙克准确、及时地指出了被裁矿工再培训方案存在的不足和需要注意的事项。

时隔几年，斯迪夫·威特的调查报告同样显示，煤矿工人社区的情况并不乐观。1991年，他在一份关于煤矿关闭之后英国煤矿工人社区被裁减矿工的就业和生活情况的调查报告中建议：第一，英国煤炭公司要确保即将关闭的煤矿工人在没有财政压力或时间限制的刺激下，自由地做出离职、转移或反对关闭的决定，从而使煤矿工人自主地考虑他们未来的生活，并且更好地准备以后的生活，也要鼓励他们转向现在需要工人的矿井。第二，英国煤炭公司应该停止使用误导煤矿工人的一些所谓“成功”的术语、定义和声明。第三，英国煤炭公司对煤矿工人的培训目标应该对准目前和未来对煤矿工人有用的技术。第四，英国煤炭公司应该确保所有接受裁员的工人得到岗位职业变化方案中可能的培训，而为了防止高质量的培训被中断，再培训的资助时间应该延伸到两年。第五，当地煤矿权力机构应该对被裁员工的帮助做出综合的估算，应该认真地考虑在煤矿地区建立企业中心。第六，欧洲共同体应该从它目前集中对裁员支付的项目中加大财政帮助的范围，作者进一步指出，如果英国煤炭公司不再提高现有的供应，煤矿工人在煤矿地区将代表慢慢衰落的遗产而不是一种未

---

① Monk S. *Retraining Opportunities for Miners Who Have Been Made Redundant: A Special Report Commissioned by the Coalfield Communities Campaign,* Barnsley: Coalfield Communities Campaign, 1986, pp. 6-26.

来的资产。[①]很显然，斯迪夫·威特经过长期调查后，非常同情被裁矿工的艰难境况。同时，他也更清楚地认识到，针对被裁矿工的培训方案及各种帮助与当地经济的转型成败休戚相关。

其次，保护煤炭工业。斯蒂芬·福瑟吉尔和斯蒂芬·威特在1989年调查了英国政府关于英国煤炭公司的私有化政策对煤矿工人社区的影响，并做出了相应的报告：第一，报告对煤炭工业在私有化和国有化中与市场的关系、对利润最大化和横向补助的态度、内部组织和效率等存在的不同运行方法进行了比较。第二，对英国煤炭工业私有化的详细经济背景进行了考察。第三，对各个地区煤炭工业的前景、进一步岗位损失可能会发生的经济背景、被私有化威胁的工作损失所采取的各种措施进行了分析。作者指出，尽管政府曾将煤炭工业私有化的时期安排在1993年以后，但1989年对煤炭工业债务的一笔勾销表明，煤炭工业私有化的开始也意味着矿井的进一步关闭，随之会导致虚弱的煤矿工人社区又将迎来大量的失业人员。作者也指出，从长远看关闭对经济意义不大，因为他们可能伴随贸易赤字的增加，使英国煤炭资源逐渐消失，最后可能会导致较高的电力价格。由此，作者提出六点保护煤炭工业的建议：第一，1995年把露天煤矿的生产量降至大约为1000万吨。第二，延期火力发电厂的煤炭进口。第三，取消赛兹韦尔B号（Sizewell B）核电站。第四，约束煤气的使用。第五，加大现代化火力发电厂的投资。第六，保持公共所有制。[②]很显然，作者认为私有化不但对英国大多数矿工的就业前景不利，而且对煤矿工人社区的经济发展不利，更对英国的能源战略不利，因此，保持煤炭工业的国有化仍是最好的选择。然而，这对已成定局的煤炭收缩政策而言并没有起到作用。

因此，史学界对英国煤炭工业收缩的结果存在各种不同的看法：有学者从城市化的角度探讨了矿井关闭对煤矿工人社区产生的负面影响；有学者从经济发展的角度否定它的成功；也有人从煤矿工人在矿井关闭前后不同的境况对比中否定了煤炭工业收缩的结果；但也有人对矿井关闭结果表示肯定。这些观点和建议都从不同的视角证明了煤炭工业在收缩过程中存在的问题和取得的成果。

---

① Witt S. *When the Pit Closes: The Employment Experiences of Redundant Miners*, pp. 46-47.

② Fothergill S, Witt S. *The Privatisation of British Coal: An Assessment of its Impact on Mining Areas*, pp. 5-7.

纵观国外学者对此问题的研究，可以看出，无论是在视角、方法、层次、范围方面，还是在内容、题材、史料方面均已取得了丰硕的成果。然而这些研究都是围绕煤炭工业转型的具体过程展开的，且主要集中在较为显著的事件和人物方面，缺乏对煤炭工业转型总体状况的研究和论述。

与西方历史学家相比，本书有以下几点创新之处：其一，笔者尝试从产业经济转型的角度探讨玛格丽特·撒切尔时期英国煤炭工业发生的变化。西方史学家对产业经济转型的研究仅体现在罗伊斯·特纳的著作《转型中的英国经济：从旧到新？》中，但是罗伊斯·特纳并没有分析英国经济存在转型的必要性，仅从转型导致大量失业工人的结果中，他便断定包括煤炭工业在内的英国产业转型等同于去工业化，是失败的举动。而笔者认为包括煤炭工业在内的英国工业体系发展到20世纪80年代时，存在诸多不利因素，其衰落已成事实，工业转型是必须的和必要的，英国煤炭工业在转型过程中，有诸多成功的经验，也存在一些失败的教训；工业转型是一个漫长的过程，它甚至需要几十年或更长的时间；能源工业的转型时间可能更长，截至目前，是否能找到一种能够代替煤炭却又可持续利用的低污染能源资源仍然没有确定的答案。从这个层面看，煤炭工业经济转型尚未有人论述。

其二，西方历史学家并没有将玛格丽特·撒切尔时期英国煤炭工业转型的研究置于较长的历史时段进行考察，因此，缺乏历史纵深感。西方历史学家对这一课题的研究大多体现在转型过程中一些重大历史事件或历史人物方面，如绝大多数西方历史学家侧重于煤炭工业转型过程中煤炭走“私有”还是“国有”道路、矿井关闭、1984—1985年全国煤矿工人工会罢工等问题以及工会主席、玛格丽特·撒切尔等人物的研究，而对煤炭工业转型的原因并没有过多地留意。笔者在对转型的原因和具体过程进行论述的同时，从宏观的角度，以煤炭工业几百年以来的发展走向为线索，将煤炭工业转型置于英国整体经济发展的历史轨迹中展开论述。在对煤炭工业历史进程的叙述中，条分缕析地探究了影响英国煤炭工业衰落的复杂原因，深刻地展示了英国煤炭工业对政治、经济产生的较大影响，以及致使爱德华·希思的保守党政府倒台，工党政府面对债台高筑的煤炭工业而无计可施，大量矿工遭受尘肺病及其他疾病的折磨等，而这种情况到玛格丽特·撒切尔时期又表现出一种绕不过去的坎。

其三，笔者有一些不同于西方学者的观点。例如，笔者认为，正是工业使英国站在了世界强国之林，而当工业成为阻碍国家前进的绊脚石时，对其进行渐进地转型是历史发展的必然，积极地寻求一种推动社会前进的新动力是符合历史发展规律的；玛格丽特·撒切尔政府对煤炭工业的转型政策正是在一种全球化的视角下依靠国际能源，破除禁锢英国经济发展道路中的障碍，试图找到英国经济活力的新支点，只是“破”的行为早已完成，并已产生了许多效应，而“立”的过程仍处在一种漫长的摸索与试验过程中。而西方学者比较认同的观点是，玛格丽特·撒切尔对煤炭工业的转型政策更多地出于政治考虑，而采取了去工会化或去工业化的行为。

综上所述，就国内外目前对玛格丽特·撒切尔时期英国煤炭工业转型的研究现状来看，无论是对煤炭工业转型的原因、过程，还是对转型的结果与启示，都需要深入系统的研究。笔者正是在此思路下展开本书的写作的。

三、本书构思

英国能成为全球第一个工业化国家，其中一个客观因素是它拥有丰富的煤炭资源。不仅如此，在 20 世纪上半期的两次世界大战中，丰富的煤炭资源明显地增加了英国的战略优势，也正是凭借煤炭资源，英国在两次世界大战后能很快恢复元气。

然而煤炭工业作为一种资源消耗型产业，它的衰落是不可避免的。加之英国煤炭工业经历了几百年的发展，到 20 世纪时产生了一系列自身无法克服的问题，如以尘肺病为代表的各种职业疾病对矿工队伍的侵扰，在煤炭开采过程中产生的环境污染和环境破坏问题，煤炭工业在发展中对其他工业的依赖以及国际能源市场的变化对它的影响等。因此，煤炭工业走向衰落也是一种必然趋势。另外，在英国煤炭工业的衰落中，出现了各种各样违背煤炭工业发展的因素，如在第二次世界大战后初期，为了通过煤炭外交增加英国控制欧洲局势的筹码，英国政府制定了一系列不切实际的煤炭生产计划，使得煤炭行业人满为患，在一定程度上破坏了煤炭工业的可持续发展。除此之外，第二次世界大战后全国煤矿工人工会在煤炭工业国有化过程中增强了自身的凝聚力，它一方面凭借自己的力量控制两党政治选举的结果；另一方面通过合法的谈判为煤矿工人谋取更多的利益。因此，煤炭工业的发展越来越受制于高昂的生产成本而显得疲弱不堪。一旦全国煤矿工人工会将自己的发展捆绑在羸弱的煤炭工业之上，当煤炭工业无法承载强大的工会力量时，全国煤矿工人工会的行为已经无益于煤炭工业的发展。在英国政治体制层面，全国煤矿工人工会的行为也超出了两党愿意合法参与选举的基本共识。

针对煤炭工业中存在的诸多问题，玛格丽特·撒切尔的保守党政府大刀阔斧地推行了改革。首先，政府制定了工业的总体发展目标，即实现收支平衡。其次，对政府而言，消除全国煤矿工人工会的影响是实现这一目标绕不开的坎。政府与工会的博弈既是一场政治对决，又是对英国煤炭工业不同发展去向的一场战略较量。在此过程中，政府主要通过法律手段将工会的诸多行为约束在法律框架内；面对工会罢工的威胁，政府既没有采取强硬的态度，也没有一味地妥协；在尽可能避免 1984—1985 年罢工失控的局面下，政府的拖延对削弱工会力量起到了预期效果。最后，政府对接受裁员的矿工进行了一系列就业再培训。1994 年 12 月，政府最终取消了英国煤炭公司对工业的管理权，而由英国煤炭局（Coal Authority）负责对 RJB 采矿有限公司、煤炭投资公司、威尔士能源公司和苏格兰采矿公司以及一些私营煤炭企业的宏观调控，煤炭从国有化管理转向了私有化控制。

英国政府对煤炭工业的转型政策在短期内造成了大量矿工的失业，也使煤矿工人社区的经济处于萧条状态。可以说，正是在这个意义上，煤炭工业的转型是建立在牺牲矿工利益的基础之上的。然而英国的重建工作已经取得了显著的成绩，转型并不意味着英国在煤炭工业领域话语权的消失。英国洁煤技术以及碳减排技术方面的领先水平已经吸引了世界更多关注的目光，目前，英国已经制定了未来几十年中大力发展植物油能源资源的总体规划，点燃了人们寻求再生性、低污染能源资源的希望，鼓舞了人们探索绿色能源的信心。几百年煤炭发展史留给英国的财富绝对不会在一夜之间消失殆尽，如英国煤炭工业发展过程中零事故率的安全机制和对矿工的福利保障等方面，仍值得我们学习和研究。然而，正如本书所述，英国煤炭工业转型是立足于能源资源全球化的背景之下，正因为如此，我们看到英国在消除本土煤炭带给它的不利影响时，却将这种危机转向了其他国家，这是我们作为发展中国家必须警惕的现象。

四、研究视角与研究方法

从英国煤炭工业的发展状况来看，它在 20 世纪初达了鼎盛状态，之后开始走向衰落。两次世界大战后，煤炭资源的基础地位受到国际市场中高效、洁净能源资源的挑战。如加拿大、澳大利亚、芬兰、瑞典等国家均受到冲击，但是，这些国家均积极地调整了其煤炭发展战略以适应这种趋势。然而，第二次世界大战后英国历届政府却出于本国能源安全战略的考虑，一味地强调优先发展煤炭工业，这种情况加剧了英国煤炭工业衰落的步伐。到了 20 世纪 70 年代中后期，英国本土的能源结构发生了较大的变化，储量丰富的石油和天然气的探明与开采使英国煤炭工业的发展雪上加霜。玛格丽特·撒切尔政府时期，燃煤导致的环境污染问题又引发了国际社会普遍的关注与争议。

玛格丽特·撒切尔政府对煤炭工业采取了较谨慎的改革态度。第一，在面对强大的全面煤矿工人工会力量的前提下确定煤炭工业的发展方向，即关闭没有利润的矿井，收缩煤炭工业的规模，进口含硫量较低的国外煤炭。第二，确定代替煤炭资源的能源目标。玛格丽特·撒切尔政府起初对发展核能满怀热情，后来终因核能的安全性备受争议而不得不降低对它的支持力度。第三，规划煤矿工人社区的重建工作。玛格丽特·撒切尔政府主要以发展当地轻工业或服务业为主，进行矿区的重建工作。在玛格丽特·撒切尔政府及约翰·梅杰首相任期内，煤炭工业的转型导致大量矿工失业、矿区经济萧条，转型结果也不甚明朗。因此，英国政府对煤炭工业的转型政策遭到许多人的否定。然而，不可否认的是，英国煤炭工业的转型产生了诸多良好的结果，如英国的环境越来越走上良性循环道路，矿工职业疾病不再威胁成千上万人的健康，英国在低污染、再生性能源资源领域的研发始终处在世界领先水平等。

另外，从发达国家对基础性资源型工业以及污染性工业的处理方式看，他们基本上均向外转移这类工业，这是一个总的趋势。没有任何一个发达国家继续在这些产业上花费巨资，英国所走的道路也不例外，这是值得我们关注的现象。

本书以历史学的研究方法为主，以相关的经济学、医学、环境学和社会学的基本原理和方法为辅。这些方法在本书中各有侧重，有的章节主要表现为单一的历史学研究方法，有的章节则交叉运用。例如，第一章、第二章具体分析影响煤炭工业衰落的主要原因时，在以历史学方法分析论证问题的同时，又交叉使用经济学、医学、环境学等方法，而在第三章的内容中主要依靠历史学的方法进行论证，第四章则以历史学方法为主，兼用社会学的研究方法。

笔者主要通过全球化的视角探究了英国煤炭工业衰落的主要原因，煤炭工业作为基础资源型工业的发展走向以及煤炭工业转型的结果和方式。第二次世界大战后，煤炭工业的衰落是全球发达国家面临的主要问题，大多数国家调整了煤炭工业的发展战略，英国在这方面的表现更为突出。然而，英国在解决本土能源安全问题之后，也在全球关注燃煤污染的呼声中，借助其他能源类型走上了收缩煤炭工业的道路。对于英国而言，转型后的煤炭工业无法与昔日的规模相提并论。但是，英国在洁煤技术和矿井安全技术领域的研究仍处在国际领先水平，值得我们学习。

五、相关概念的界定

（一）煤炭工业转型的时间

中外学者对于英国煤炭工业发生转变的时间看法并不统一。笔者认为厘清这些分歧对我们理解“转型”一词大有裨益。

1. 煤炭工业国有化终结的时间

全国煤炭委员会主席德里克·埃兹拉认为国有化的时间应该是从 1947 年到 1980 年。[①]德里克·埃兹拉以玛格丽特·撒切尔政府执政为英国煤炭工业国有化的终结点，其依据是玛格丽特·撒切尔政府对煤炭工业的收缩政策。然而，这种转变并不能成为英国煤炭工业国有化终结的依据，因为自 1981 年 2 月之后，政府迫于工会力量停止了煤炭工业的收缩政策。如果仅仅因为玛格丽特·撒切尔执政而认为是煤炭国有化的终结，这种说法更无说服力。

威廉·阿什沃思则将 1982 年看作是英国煤炭工业国有化的终结。作者根据煤炭工业中全国煤炭委员会主席和全国煤矿工人工会主席的换届、煤炭工业的萧条和煤炭工业明显下降的财政条件，将英国煤炭工业从 1947 年到 1982 年这一时期的发展划分为煤炭工业的国有化时期。[②]全国煤炭委员会主席和全国煤矿工人工会换届也不能看作是英国煤炭工业国有化的终结，因为英国任何一个组织或机构领导换届均遵循一定的法律程序，这两位领导人的年龄已经达法定退休年龄，实属正常换届退休，不能作为英国煤炭工业国有化终结的依据。

---

① Ashworth W, Pegg M. *The History of the British Coal Industry, Volume 5: 1946-1982: The Nationalized Industry*, p. vii.

② Ashworth W, Pegg M. *The History of the British Coal Industry, Volume 5: 1946-1982: The Nationalized Industry*, p. vii.

另外，英国煤炭工业的萧条由来已久，这是能源市场选择的结果，与英国煤炭工业国有化终结的关系并不密切。同样，作者将英国煤炭工业国有化与财政补贴等同起来的观念是一种先入为主的看法。

2. 私有化的时间

斯蒂芬·福瑟吉尔和斯蒂芬·威特指出，尽管政府曾将煤炭工业私有化的时期安排在 1993 年以后，但是 1989 年对煤炭工业债务的一笔勾销表明英国煤炭工业私有化的开始。①事实上，煤炭工业在较长时期内只有依靠赤字补助金（Deficit Grant）才能达收支平衡。例如，1980 年、1982 年、1984 年、1985 年，政府为煤炭工业提供的赤字补助金分别达 1.59 亿英镑、4.28 亿英镑、8.75 亿英镑、22.25 亿英镑，之后，煤炭工业财政收支才达平衡。②由此可见，将 1989 年政府对煤炭工业债务一笔勾销作为私有化开始的时间同样不具有说服力。还有学者认为全国煤炭委员会的名称改为英国煤炭公司标志着煤炭工业开始向私有化转变。③单纯从一个机构或组织的名称判断它的属性显然太过片面。M. J. 帕克认为一份对煤炭工业私有化明确的政治承诺直到 1988 年 10 月才形成，私有化运行开始于 1991 年 6 月，到 1994 年 12 月完成。④M. J. 帕克根据 1990 年颁布的《1990 年煤炭工业法案》中对露天煤矿私有化的内容提出了自己关于煤炭工业私有化的看法是具有说服力的。

杨豫、王皖强等人认为玛格丽特·撒切尔政府的私有化分为三个阶段：第一阶段是 1979—1983 年,私有化措施小心谨慎，步伐比较缓慢。第二阶段是 1984—1989 年，以英国电讯公司的出售为先声，私有化集中到英国煤气公司、英国航空公司等大型公共垄断企业。第三阶段从 1989 年底开始一直到约翰·梅杰政府时期，私有化集中在大型公共服务公司。⑤这是对玛格丽特·撒切尔政府时期整个工业体系私有化步骤的总结。赵雪梅认为私有化阶段是：第一阶段为 1979—1987 年，主要针对那些尚可获利或亏损不太严重的企业，且

① Fothergill S, Witt S. *The Privatisation of British Coal: An Assessment of Its Impact on Mining Areas*, p.10.

② *National Coal Board Report and Accounts 1984-1985, Volume II: Accounts and Statistical Tables*, London: H. M. S. O., 1985, p.59.

③ 《世界煤炭工业发展报告》课题组：《英国煤炭工业》，《煤炭科学技术》1999 年第 5 期，第 48—50 页。

④ Parker M J. *Thatcherism and the Fall of Coal*, p. 88, p. 140, p. 141.

⑤ 杨豫、王皖强：《论英国国有工业的改造》，《史学月刊》1997 年第 3 期，第 84—92 页。

多数集中在竞争性行业。第二阶段为1988—1992年，扩大到亏损较为严重的国有企业，并且较大幅度地进入公用事业及自然垄断性行业。第三阶段为1992年以后。[①]同样，作者的时段划分是对这一时期英国工业整体私有化阶段的一种总结。张麟、D. Potts认为私有化的过程有两个阶段，1983—1992年为第一阶段。1985年全国煤炭委员会改为英国煤炭公司，关闭了140个亏损煤矿，工人从20.8万人下降到5.4万人。到1992年10月，只有50个矿井在生产。露天矿和私营矿井产量比重分别为22%和5%。1992—1994年为私有化的第二阶段，即实施阶段。[②]作者将煤炭工业的收缩等同于煤炭工业私有化，笔者认为是不妥的。毛锐、赵万里在《玛格丽特·撒切尔政府私有化政策特点分析》一文中将玛格丽特·撒切尔政府私有化划分为三个阶段：1979—1983年是尝试性阶段；1984—1987年是私有化大发展阶段；1987—1990年11月是私有化深入发展阶段。[③]作者主要针对英国工业的整体发展情况，但是对于煤炭工业，这种时段的划分是不合理的。

上述学者对煤炭工业国有化阶段的划分与私有化阶段的划分均给出不同的看法。笔者在论文中主要探讨英国煤炭工业的“转型”，立足于“发展”“转变”等意义来研究这一时期煤炭工业中发生的任何变化。因此，任何涉及煤炭工业的政策、法规、组织、群体、规模、管理等方面的变动都包括在“转型”的范畴里。玛格丽特·撒切尔政府上台伊始就进行控制货币供应、降低公共部门借款需求的“货币限制”政策。这种政策是针对全国经济形势，当然也囊括了煤炭工业。这一政策与工党政府的经济政策截然相反。因此，煤炭工业的转型是总体经济转型中的一个区域。另外，1980年，玛格丽特·撒切尔政府针对煤炭工业债台高筑的状况，明确提出要使煤炭工业在1983—1984年度实现财政收支平衡，政府将不再对其提供财政补贴。[④]因此，玛格丽特·撒切尔政府从一开始就出台了不同于以往煤炭工业的政策。因此，笔者认为撒切尔时期煤炭工业的转型时间应从1979年开始。

---

① 赵雪梅：《英国国有企业私有化探析》，《经济评论》1999年第4期，第115—119页。

② 张麟、Potts D：《英国煤炭工业私有化改革过程及其经验教训》，《煤炭经济研究》1997年第8期，第40—42页。

③ 毛锐、赵万里：《玛格丽特·撒切尔政府私有化政策特点分析》，《山东师范大学学报》（人文社会科学版）2008年第6期，第76—80页。

④ Parker M J. *Thatcherism and the Fall of Coal*, p. 10.

（二）煤炭工业转型与相关概念的区别

1. 煤炭工业转型的定义

本书所指煤炭工业的转型是指玛格丽特·撒切尔政府对煤炭工业发展战略走向的转变，在此战略之下出台的具体政策措施及产生的影响及结果，具体涉及煤炭工业所有制性质发生的较大转变、煤炭工业规模的极大收缩、煤矿工人的转移及安排、煤矿工人社区的重建、可代替资源的研发和原有工业资源的再利用、管理部门和工会职责的变化等方方面面的问题。

2. 去工业化

R. E. 罗斯奥恩（R. E. Rowthorn）与 J. R. 韦尔斯（J. R. Wells）将去工业化界定为积极去工业化、消极去工业化与贸易领域去工业化三种概念：积极去工业化是指制造业部门产量增加，而就业相对下降或绝对下降，但是不会导致失业，因为来自工业部门中的下岗人员会被吸收进服务业中，因此，这种去工业化是一种实现全部就业和高度发达的经济中经济持续增长的正常结果，是经济成功的征兆；而消极去工业化是会在任何发展阶段影响经济的一种病态现象，它是经济失败的产物，当工业相当困难和经济整体表现疲软时，表现为实际收入停滞的高失业率；另一种是一个国家的对外贸易结构改变而导致的，是净出口方式远离制造业而转向其他商品和设施，从而导致劳动力和资源从制造业转向其他经济部门，结果导致制造业总就业率的下降。①作者通过贸易领域的去工业化讨论了英国自第二次世界大战结束到 20 世纪 80 年代的去工业化是失败的，因为它损害了英国的工业和经济。②

根据 R. E. 罗斯奥恩等人对去工业化的界定，罗伊斯·特纳在《转型中的英国经济：从旧到新？》一书中所指的去工业化是消极地去工业化，主要表现为去工业化导致整个经济结构中失业率的上升，煤炭工业的收缩除了使煤矿工人远离有损健康的工作之外，还导致当地经济的萧条。③

---

① Rowthorn R E, Wells J R. *De-industrialization and Foreign Trade*, Cambridge, New York: Cambridge University Press, 1987, pp. 5-6.

② Rowthorn R E, Wells J R. *De-industrialization and Foreign Trade*, p. 166.

③ Turner R. *The British Economy in Transition: from the Old to the New?* pp. 194-240.

3. 私有化

杨豫、王皖强等人认为，玛格丽特·撒切尔政府实行的私有化就是对国有工业、国有企业实行去国有化（denationalisation）、“自由化”（liberalization）、“承包”（contracting out）、“增加收费”（charging）等行为。[①]由此可见，上述学者的私有化概念包括了玛格丽特·撒切尔政府对工业采取的各项转变措施。而科林·鲁滨逊和艾琳·马歇尔在《自由化煤炭：途径和方式》一文中谈到的煤炭自由化则是针对政府及全国煤炭委员会对煤炭的垄断而言的，这里的“自由化”是“私有化”的前提。[②]

4. 可持续发展概念

1987年，世界环境与发展委员会发表的题为《我们共同的未来》的报告中指出，可持续发展是既满足当代人的需要，又不对后代人满足其需要的能力构成危害的发展；要实现可持续发展，必须从持续发展的基本概念和实现持续发展战略的共同认识出发。[③]报告进一步指出，能源可持续发展的关键取决于发展那些可以长期获取而又能不断增加其数量的能源，这些能源必须既安全可靠又不污染环境；满足能源可持续性的关键要素是：充分增加能源的供应以满足人类的需要，提高能效和采取节能措施，把一次性能源的浪费减少到最低限度；认识能源固有的对人体健康的危险以及保护生物圈和防止地区性的污染；为了使国民生产总值不受到抑制，必须把建设更多一次性能源供应设施的投资转向发展和提供高效节能的终端设备；无论采取何种政策，重要的是在所有能源部门大力推广提高能效的措施，大规模地将各种安全和有益于环境的有前途的措施以及大规模地对各种安全和有益于环境的有前途的能源，尤其是可再生能源的研究、开发和示范项目，放在优先的地位；低能源消费的道路是通向未来可持续发展的最佳道路。[④]按照世界环境与发展委员会在报告中的宗旨，当时，能源的可持续发展既是一次性能源更高效合理的开采利用，更是要将目光投向可再生能源的安全研发与使用之中。因此，英国煤炭工业的可持续发展必

---

① 杨豫、王皖强：《论英国国有工业的改造》，《史学月刊》1997年第3期，第84—92页。

② Veljanovski C. *Privatisation and Competition: A Market Prospectus*, p. 146.

③ 世界环境与发展委员会：《我们共同的未来》，王之佳、柯金良等译，长春：吉林人民出版社，1997年，第52页。

④ 世界环境与发展委员会：《我们共同的未来》，王之佳、柯金良等译，第214—259页。

须遵循这一宗旨。

笔者认为煤炭工业的去工业化、私有化、自由化、去工会化均是这一时期煤炭工业转型过程中采取的政策、措施，是煤炭工业发展变化的具体步骤，而不是目的，它们包含在“转型”这一概念里 。“转型”最主要体现在它的目的性上，也就是说，国有也好，私有也罢，它只是经营的手段，其目的要将煤炭工业转为怎样的部门。要使当地劳动力处于一种怎样的工作环境中，煤炭将被什么样的资源代替，这才是“转型”要关注的重点。笔者认为英国煤炭工业的转型已初见端倪：煤炭工业因储量下降、劳资关系恶化、环境污染、疾病滋生、管理不善等原因，规模极大地收缩，更多煤矿地区已逐步被以矿区设施为基础的服务业（旅游饭店业、煤矿文化产业以及新兴服务业部门）所代替；当地劳动力的就业也主要以服务业为核心；作为能源工业，煤炭工业的收缩使英国积极地投入到与煤炭工业有关的技术研发方面，如洁煤技术、碳减排技术，而在矿井安全技术等方面的经验也已经成为英国煤炭工业持续发展的财富；另外，研发一种低污染、再生性能源资源是英国继煤炭之后的主要目标，而且实现这一目标已并非遥不可及。

第一章

推动英国煤炭工业转型的结构性因素

英国煤炭工业在20世纪初达鼎盛，之后渐趋衰落。一方面，煤炭作为消耗型资源，受其储量的限制，走向衰落是其属性使然。另一方面，英国煤炭工业在发展中，又产生了各种不利因素。第一，在英国煤炭工业发展中，生产成本一直居高不下，造成了煤炭竞争力下降。在煤炭产量下降的过程中，煤矿工人的工资仍然节节上升，并且占据整个成本中的很大比例，几乎达60%。与此同时，煤炭工业中新矿井的建设和投资是一笔不小的费用。另外，工人的福利救济和其他费用均导致工业成本的上升。第二，进入20世纪40年代以后，以煤矿工人尘肺病为主的矿工职业疾病肆虐，造成了大量熟练矿工的伤亡，非常不利于煤炭工业的发展。第三，能源市场中洁净、高效的新型能源资源以及制造业原料技术的改良，对煤炭工业的发展造成了巨大的冲击。第四，英国煤炭工业几百年的发展历程，也是煤炭对环境污染的过程。随着20世纪英国机械化采煤的大发展，这种污染程度越来越严重。到20世纪中期，由燃煤引发的污染事件使人们深受其害。

第一节　高成本生产与煤炭工业转型

丹尼斯·W. 卡尔顿（Dennis W. Carlton）等人认为，在产业运行中，总成本是由所有固定成本和可变成本的总和构成的，其中固定成本不随产出水平而变化，可变成本随产出水平而发生变化，也就是说，总成本既取决于产量，也取决于生产要素的价格（主要指工人的工资和原材料的价格）。[①]这种生产成本理论同样适用于英国煤炭工业的生产。而关于英国煤炭工业的生产成本，各方人士都曾展开激烈的论战，并通过调查得出了各自不同的结论。全国煤炭委员会通过调查认为，煤炭工业的生产成本比收益高，并据此提出了关闭没有利润的矿井以迎合市场竞争的方案。杰拉尔德·曼纳斯认为，煤炭工业存在成本高、投资低、矿井枯竭、受全国煤矿工人工会在政治决策权力上的牵制等若干问题，指出英国煤炭必须向提高产品质量和低成本发展，这就要求加大投资，也要求关闭高成本矿井，并协调全国煤炭委员会与全国煤矿工人工会的权力关系。[②]他要求煤炭工业必须要有优先发展权，英国煤炭公司必须加大长期投资力度，要在短期内提高其生产率，降低成本，才能在未来市场中占据一定的份额。约翰·切斯希尔讨论了导致英国煤炭工业必须转型的四个因素：能源市场变化导致煤炭总需求量的下降，消费的转换市场大于直接消费市场，在煤炭供应方面的自给自足以及煤炭公司的主导作用。他指出，必须使英国煤炭公司降低成本，并提高财政的自给率才能使英国煤炭工业向成功方向转型。[③]

作为全国煤矿工人的代表——全国煤矿工人工会对此提出了异议。他们通过调查得出的结果是：关闭所谓没有利润的矿井所需各种费用要比煤矿在运营状态下所需费用大得多，因此，他们认为所有的没有利润的煤矿不存在生产成本高昂的问题，因此应该一直运营下去，直到矿井本身枯竭。埃里克·韦德（Eric Wade）以全国煤炭委员会对诺森伯兰（Northumberland）地区煤矿实行的裁减人员、关闭矿井的政策为主，分析了由于裁员以及关闭煤矿而导致的直

① 〔美〕丹尼斯·W. 卡尔顿、杰弗里·M. 佩洛夫：《现代产业组织》第4版，胡汉辉、顾成彦、沈华译，北京：中国人民大学出版社，2009年，第29—31页。

② Manners G. *Coal in Britain*, pp. 91-99.

③ Pearson P. *Prospects for British Coal*, p. 158.

接和间接财政代价大于煤矿运营的损失，同时，降低工人福利将对当地社会和经济结构带来非常严重的影响。[①]

还有一些学者从社会成本、地方经济和煤矿工人的就业问题等方面考虑，认为不应该只通过经济学数据来对待矿井，而更要关注煤矿工人社区的经济发展和矿工的社会生活。

从英国煤炭工业在过去若干年由国有化转为私有化的结果来看，很显然，以全国煤炭委员会为一方的观点获得了胜利。而本书重点在于分析煤炭工业在第二次世界大战之后产量一直持续走低而煤矿工人工资一直在增加，以及其他生产成本持续上升的情况，并试图得出正是英国煤炭工业生产成本的增加促使政府加快了转型的步伐。下文将对这些因素进行详细分析。

一、矿工工资的增加与煤炭成本的上升

英国煤炭工业在国有化之前，煤矿工人的工资体制中存在计时工资和计件工资两种结构，而且煤炭工业中曾存在6000多种名目繁杂的岗位，工资由各地区各矿主根据煤矿的经营效益发放，因此，英国煤矿工人的工资问题历来就是一个复杂的研究课题。而关于国有化以来煤矿工人工资问题的研究，史学界的研究视角和立场各异。威廉·阿什沃思等人认为，煤矿工人的工资在国有化之后到 1982 年底经历了三个阶段的变化：从国有化之初到 1957 年呈现出增加的趋势，如对按日取酬煤矿工人工资级别的调整使他们中 95%的人每班工资至少增加了 1 先令，全国最低工资率每班被提高了 1 先令 11 便士；1957—1970 年，英国煤矿工人的工资实际上是下降了，煤矿工人的周工资在 1956 年高出其他工业男性成年工人平均工资 29%，随后一直下降，1970 年下降到与其他制造业工人工资相同的水平，1969 年，煤矿工人的工资低于制造业工人平均工资 2%；1971—1982 年，煤矿工人的工资又开始上升，如煤矿工人的平均周收入从 1973—1974 年的 40.09 英镑上升到 1974—1975 年的 60.53 英镑，1977—1978 年是 90.12 英镑，1978—1979 年上升到 108.30 英镑，1980—1981 年达 150.08 英镑，1981—1982 年达 167.21 英镑。[②]L. J. 汉迪

① Wade E. *Coal Mining and Employment: A Study of Blyth Valley*, Gosforth: Open University, 1985, p. 36.

② Ashworth W, Pegg M. *The History of the British Coal Industry, Volume 5: 1946-1982: The Nationalized Industry*, p. 211, p. 304, p. 374.

主要从第二次世界大战后到1979年英国煤矿工业中工资谈判机制入手，研究了英国煤矿工业的工资变化，他认为英国煤矿工人的每人每班收入增加幅度从1948—1951年的41%变为20世纪60年代后期到70年代早期的60%多。[①]科林·鲁滨逊在调查了20世纪70年代英国的燃料市场之后认为，英国的煤炭工业中工资成本过高，不利于英国煤炭工业向市场化轨道发展。[②]H.汤森-罗斯主要围绕煤炭工业向国有化转变的情况论述了截至1951年英国煤炭工业的变化情况，其中对国有化前后几年煤矿工人的工资问题给予一定程度的关注，指出当时煤矿工人工资呈现上升的趋势。[③]由于煤矿工人的工资问题较为复杂，因此，本书主要通过国有化以来英国煤炭工业中的工资结构改革、工作时间的变化、工资数量明显的变化等方面，阐述煤矿工人工资增加导致煤炭生产成本的增加。

自国有化以来，英国煤炭工业通过工资结构改革使煤矿工人工资得到了一定程度的增加。在国有化之前，英国煤矿工业中主要针对采煤工人和部分装卸工、挖掘工和井下维修工实行计件工资；而针对托运工和大多数地面工人以及其他如代理与工头等实行计时工资（按日或按周取酬）。1942年，全国统一将按日支付改为按周支付。由于计件工资在不同的矿井和岩层其情况有所不同，因此，常常很难从总体上控制工资预算。计时工资相对而言更便于工资预算。另外，煤矿工业的工资构成也比较繁杂，由基本工资、基本工资的百分比增加额、周期性地区增加额以及各种统一增加的费用和津贴几个部分组成。

1944年，煤炭工业对此进行简化，将以前所有工资的统一费用增加额与反映地区经济情况的百分比增加额以及其他地方百分比统一到基本工资里。然而，1944年的工资整编并没有消除计时工资较低的状况，1942—1947年，工作在井下的60%的计时取酬工人工资仍然没有超过最低工资限度。同时，煤炭工业在国有化之前，由若干个雇主和工头组成多个私有化经营单位，在地理上非常分散，并且拥有强烈的地方保护主义，其经营风格迥异，也存在工资严重失真的情况，因而劳资关系也较尖锐。在国有化之后，庞大的煤炭工业转由一

---

① Handy L J. *Wages Policy in the British Coalmining Industry: A Study of National Wage Bargaining*, 1981, p. 125.

② Robinson C. *The Energy "Crisis" and British Coal: The Economics of the Fuel Market in the 1970s and Beyond*, p. 43.

③ Townshend-Rose H. *The British Coal Industry*, p. 112.

个单一雇主——全国煤炭委员会管理。因此，为了便于统一管理，全国煤炭委员会将工资体制改革事宜提上了议事日程。

全国煤炭委员会认为工资差异过大是影响劳资关系、造成分裂的因素。因此，工资改革的首要目的是要减低工资支付之间的较大差距，将煤矿工人的工资纳入全国煤炭委员会的控制范围，以消除工人中的分裂力量。

首先，全国煤炭委员会对煤矿工业中计时工资工人的收入情况逐步进行调整。在此过程中，涉及的工人工资都得到了一定的上调。1947—1955 年，有 7 次全国性工资调整是针对计时工资的，每一次都对这部分人群中最低收入者的工资根据最高限度进行上调，而那些工资在最高限度以上的工人则不包括在内。1948 年，这种调整继续向计时工资工人中的低收入熟练工人推进。全国煤炭委员会进而规定，所有工资在 1948 年全国工人工资标准以下的都上调为新标准，而在此级别以上的则保持不变。由此可见，这种改革旨在消除计时工资工人之间的收入差距。

1955 年，全国煤炭委员会对当时英国煤矿中 6000 多种名目不同的岗位进行简化，重新归类，压缩为 400 种岗位并对其进行分组，每一组规定一种包括一切的、全国性工资标准。当然，截至此时，这种措施仍然只针对计时工资的工人。根据《1955 年计时工资协定》，对井下工人计时工资的标准工资从 27 先令 9 便士上调为 31 先令 9 便士，最高限度从 30 先令上升到 39 先令 6 便士；地面工人级别工资在 24 先令 5 便士和 27 先令 5 便士之间变化，工资最高上限从 27 先令 6 便士调为 34 先令，大约 93%的计时取酬工人的工资得到上调，并且上调幅度非常可观。[①]很显然，1947—1955 年全国煤炭委员会对计时取酬工人工资的调整对国有化以来工资的趋同性奠定了坚实的基础，同时，也对工资的上限进行了上调。

这种渐进的统一工资结构在 1966 年终于以《全国动力负载协定》（National Power Loading Agreement）的议定而形成雏形。该协定首先同意在几个地区间的工资变化范围，如 1966 年 6 月，在苏格兰（Scotland）、达勒姆（Durham）、坎伯兰（Cumberland）、北威尔士（North Wales）、斯坦福德

① Handy L J. *Wages Policy in the British Coalmining Industry: A Study of National Wage Bargaining*, p. 39, p. 41.

（Staffordshire）南部和什罗普郡（Shropshire）以及南威尔士，每人每班的工资从 3.75 英镑到 4.47 英镑之间变化。按照协定规定，到 1971 年 12 月 31 日，煤矿之间要完成工资统一；动力负载操作人员的工资统一，主要通过五年内冻结本地区的最高工资支付额并提高其他相对较低地区的工资额来实现。[①]这一协定最主要的标志是开始将一部分计件工人的工资核算纳入了这一体系。

其次，全国煤炭委员会开始对计件工人的工资进行统一上调。在国有化之前，计件工人的工资非常复杂并且不合理。每个人的任务完成情况与工资级别之间有密切的联系。在一些情况下，相似的工资级别安插在任务完全不同的工人之间，而完全不同的工资级别又安插在任务相似的工人之间。这种不合理的主要原因是由于雇主之间存在不同的支付能力。而这部分人中的绝大多数都是熟练工人，如在 1955 年，大约 42%的体力劳动者是计件工资工人，其中，从事采煤工作的工人中 83%是计件工资工人。这部分人对煤炭工业的发展有一定的影响。而全国煤炭委员会在 1947—1955 年的工资调整中，并没有将这部分群体的工资体系包括在内。因此，他们的工资体系直到 1966 年《全国动力负载协定》生效之前仍没有多大变化。

尽管 1966 年 6 月实行的《全国动力负载协定》并没有直接规定计件工人工资的统一操作办法，但是，由于这一时期关闭大量矿井，从而导致这类矿工转变岗位，相应地，他们的工资体系也随即发生了变化。另外，技术的发展也使井下计件工人转向动力负载操作岗位，他们的工资结构也就自然纳入统一的动力操作人员的工资体系之中。

全国煤炭委员会对剩余的计件工人工资的调整开始于 1969 年。对计件工人的计时工资结构分为 A、B、C 三个等级。A 级别工人周薪最低为 30 英镑，B 级别为 24.925 英镑，C 级别为 23.20 英镑。[②]这种工资结构调整的原理是人们应该按照岗位而不是按照所处的矿井获得工资。计件工人的工资在此之前差距很大。而我们从上面的数据来看，三个级别之间的工资差距缩小了，特别是第二级别和第三级别的工资之间只有几先令之差。1971 年 6 月，绝对多数的工人投票赞成在整个煤矿中进行工资结构改革。至此，全国煤炭委员会实现了对全

① Handy L J. *Wages Policy in the British Coalmining Industry: A Study of National Wage bargaining*, p. 73.

② Ashworth W, Pegg M. *The History of the British Coal Industry, Volume 5: 1946-1982: The Nationalized Industry*, p. 296.

国煤矿工人工资统一规定的目标。《全国动力负载协定》在矿井开始实施。

自国有化以来，随着煤矿工人工资结构的调整，矿工工资的增长幅度也很可观。1948 年英国煤矿工人的周工资平均为 8.47 英镑，1958 年达 15.41 英镑，1968 年为 24.12 英镑，1974 年达 58.21 英镑。①第二次世界大战结束后的 7 年中，煤矿工人的工资排名从工业收入协会中的第 19 位上升到第 1 位。而且，这种增长势头确保了煤矿工人的收入在制造业和建筑业工人的收入中处于领先地位，如在 1957 年 10 月，煤矿工人的周收入比其他制造业工人的周收入高 24%，尽管这种差距在 20 世纪 60 年代有所缩小，然而除了在 1969 年和 1970 年煤矿工人的平均收入比其他制造业中的工人收入略低 2%—3%之外，其余时间一直比制造业工人的收入高，并且在 1974 年这种收入差距拉大到 9%。②

由上文可知，全国统一工资结构的规定在一定程度上有助于全国煤炭委员会对煤矿工人工资的总体调整。全国煤炭委员会起初将全国井下成年工人的最低周工资增加到 5 英镑 15 先令，将成年地面工人的最低工资增加到 5 英镑，对年龄在 21 周岁以下年轻工人的工资也给予了相应的增加。③

全国统一工资结构的改革也体现了第二次世界大战后英国建立福利国家的理念。在对所有工人、工头、代理人和有关技术人员的工资根据计时工资协定进行调整的同时，也对消极怠工者的工资进行了一定程度的增加。④而且，在以前的计件工资体制下，煤矿地面工人的工资与井下工人的工资相差甚远，但是在工资结构改革开始之后，这种差距开始减小。⑤

全国统一工资结构当时并没有缓和国有化之前煤矿工业中劳资关系的对抗状态。在最初的 1947—1966 年工资结构改革期间，计件工人的工资并没有增加，因此，他们因为待遇降低而经常进行罢工或怠工，并造成了煤矿的损失。例如，1946 年有 1329 次罢工，1947 年有 1635 次罢工，1948 年有 1528 次罢工，1951 年有 1637 次罢工，1956—1957 年则有 3771 次。1947—1951 年损失了 650 万吨煤炭，接下来的 1952—1956 年，损失了 1010 万吨煤炭，1957 年损

---

① Handy L J. *Wages Policy in the British Coalmining Industry: A Study of National Wage Bargaining*, p. 253.

② Handy L J. *Wages Policy in the British Coalmining Industry: A Study of National Wage Bargaining*, p. 253.

③ Townshend-Rose H. *The British Coal Industry*, p. 112.

④ Handy L J. *Wages Policy in the British Coalmining Industry: A Study of National Wage Bargaining*, p. 89.

⑤ Ashworth W, Pegg M. *The History of the British Coal Industry, Volume 5: 1946-1982: The Nationalized Industry*, pp. 338-339.

失了190万吨煤炭。其中，产量损失在1955年最大，超过300万吨，损失总量的1/3是由煤炭装车工的计件工资矛盾所致。1961年，约克郡损失煤炭总吨位的 40%也是由于计件工人工资纠纷导致的。①煤矿工人在第二次世界大战以后的20年中，每年罢工的次数占到了所有罢工记录总数的一半，并且在20世纪50年代中期，3/4的煤矿都有罢工记录，但是，煤矿罢工的次数却从1957年的2224次下降到1971年的135次，这个变化发生的部分原因是20世纪60年代计件工资的废除消除了一个重要的纠纷因素。②

这种由单一雇主实行的单一结构的工资规定，更便于所有煤矿工人发泄自己的不满情绪，而且力量更集中，破坏力度更大。1965年，58%的罢工只有不超过30位煤矿工人参加，68%的罢工时长不超过一个工作日；但是在20世纪60年代后期，煤矿工业中的罢工人数大幅增长，几乎每年都有一定规模的煤矿工人参与罢工，而1969年发生了国有化以来最大的一次纠纷，参加人数达121 000人，损失了将近100万个工作日，导致煤炭损失达294万吨，其破坏力度是空前的。1970年，煤矿工人发生了要求支持每周增加5英镑工资的罢工，煤炭产量损失超过300万吨。③

与此同时，统一工资结构的调整结束了任何地方煤矿工会谈判的机会，使全国煤矿工人工会的力量空前强大，导致20世纪70年代初以来全国煤矿工人工会领导的权力过分膨胀，并动辄以罢工相威胁。1970年，全国煤矿工人工会的年度大会要求每周地面工人最低工资为20英镑，井下工人为22英镑，在《全国动力负载协定》下的工人则是30英镑，如果要求得不到满足，则诉诸罢工行动。在全国煤炭委员会提供的方案中，地面工人的最低工资为18英镑，井下工人为19英镑，全国煤矿工人工会不顾大多数工人的意愿，不仅拒绝了这些条件，并决定进行投票罢工。在1972年罢工前，全国煤矿工人工会主席曾私底下透露，可能需要每周再增加大约3.5英镑便可避免一次罢工，然而，该工会却要求比这更大的数字，并且打算通过更激进的方法、尽可能强硬

① Ashworth W, Pegg M.*The History of the British Coal Industry, Volume 5: 1946-1982: The Nationalized Industry*, p. 167, p. 169, p. 300.

② Hyman R. *Strikes*, p. 30, p. 32.

③ Ashworth W, Pegg M. *The History of the British Coal Industry, Volume 5: 1946-1982: The Nationalized Industry*, pp. 299-302.

的手段以获得最大的好处。[①]全国煤矿工人工会强大的力量表现在1974年煤矿工人大罢工不仅达了预期的要求，如地面工人工资的相对指数从1973年10月的85%上升到1974年10月的105%。1974年，煤矿工人的平均收入不但提高了大约32%，而且全国煤矿工人工会还导致了爱德华·希思的保守党政府的直接垮台，直接影响了英国政局。[②]

这种工资政策没有充分体现岗位安全系数的差别、技术的熟练程度以及对煤炭工业的贡献级别等因素，在一定程度上打击了熟练工人的生产积极性，导致大量旷工行为出现。煤矿工业中总的旷工率自20世纪50年代中期以来一直上升：1958年首次超过14%，1961年超过15%，1964—1965年是16%，1965—1966年为18%，1970—1971年是19.2%，1971—1973年是17.7%。特别是采煤工人比其他煤矿工人的旷工率要高，这表现在上班天数方面：1958年每人每周上班天数下降到4.38天，1959年为4.24天，1965—1966年为4.17天。[③]

英国煤矿工人工资的上涨导致煤炭生产成本增加。煤矿工人的收入在全国工资水平中处于领先地位，1948—1974年，只有其中的两个年份，煤矿工人的工资低于其他制造业工人的工资，但仅低2%左右，在剩余的年份中都是煤矿工人的工资超过其他制造业工人的工资，并且从20世纪60年代以来，其他制造业工人的工资与煤矿工人之间的差距越来越大。1957年，煤炭工人工资已经占煤炭总成本的63.7%[④]，到了20世纪70年代时，这个问题更加严重。[⑤]

综上我们看出，全国煤炭委员会追求控制全国煤矿工人工资预算的目的并没有实现，而且还企图发动更大规模的罢工，这与当时英国煤炭工业的衰落趋势不符。同时，全国煤矿工人工会力量的膨胀，招致了玛格丽特·撒切尔上台后针对它的一系列打击活动。另外，过分注意工资的趋同性，而一味地提高地

---

① Ashworth W, Pegg M. *The History of the British Coal Industry, Volume 5: 1946-1982: The Nationalized Industry*, pp. 302-315.

② Handy L J. *Wages Policy in the British Coalmining Industry: A Study of National Wage Bargaining*, pp. 185-186.

③ Ashworth W, Pegg M. *The History of the British Coal Industry, Volume 5: 1946-1982: The Nationalized Industry*, pp. 297-298.

④ Scott W H, Mumford E, McGivering I C, et al. *Coal and Conflict: A Study of Industrial Relations at Collieries,* Liverpool: Liverpool University Press, 1963, p. 23.

⑤ Robinson C. *The Energy "Crisis" and British Coal: The Economics of the Fuel Market in the 1970s and Beyond*, p. 43.

面工人和最低收入者的工资，反而降低了其他煤矿工人的生产积极性，滋生了大量的旷工行为，进而增加了煤炭生产成本。因此，全国煤炭委员会又开始积极地寻求解决这些问题的途径，1974 年之后出台了鼓励性工资方案。

最后，全国煤炭委员会引入鼓励性工资方案。统一工资结构引入之后，并没有产生预期的效果，反而引来了上述的诸多麻烦。因此，在 1972 年《威尔伯福斯报告》（*Wilberforce Report*）和 1974 年《工资委员会报告》（*Pay Board Report*）的督促下，全国煤炭委员会试图通过引入鼓励性工资方案以提高工人的生产积极性。工会起初担心这种机制会在一定程度上削弱全国煤矿工人工会的权力而反对。然而，1977 年工会所辖的 22 个地区中有 15 个赞成这一方案；1978 年 3 月，鼓励性工资方案已在 177 个矿井开始实行，两个月后，几乎在整个行业中全面实行。

根据这一工资方案，在全国范围内为超过基本任务的每一个百分点设立一定的比例工资，其中工人的基本任务被定为标准任务的 75%，而奖金率作为鼓励工资的一种百分比，井下工人和采煤技术工人定为 100%，完成采煤培训的人为 75%，其他被安排在采煤的工人为 65%，井下工人为 50%，地面工人为 40%。[①]尽管这种工资方案在全国范围内按统一标准实施，但在实施过程中，它仍以具体的煤矿为单位进行个人绩效评估，实际上分散了全国煤矿工人工会在工资制定过程中的权力，使工资谈判机制适当地返回到多方协商的局面之中。

鼓励性工资方案没有设定上限，这在一定程度上刺激了煤矿工人的生产积极性。此方案实行以后，1978 年第一季度与 1977 年同一时期相比，每人每班产量增长了 1.3%，采煤工人每人每班产量增长了 6.8%。1977 年和 1978 年第二季度的产量又分别增长了 1.7%和 8.9%；第三季度分别增长了 3.5%和 10.8%；第四季度增长了 6.0%和 12.1%。1979 年与 1978 年的第一季度相比，尽管每人每班产量下降了 1.3%，然而采煤工人每人每班增长率还是提高了 1.0%。1978 年、1979 年与 1977 年第一季度相比，采煤工人每人每班增长率分别持平和增长了 7.8%。[②]从这一组数据可以看出，采煤工人每人每班产量的增长最为明显。

---

①Ashworth W, Pegg M. *The History of the British Coal Industry, Volume 5: 1946-1982: The Nationalized Industry*, pp. 372-373.

② Handy L J. *Wages Policy in the British Coalmining Industry: A Study of National Wage Bargaining*, p. 286.

这种工资方案实施 18 个月后，最高级别的井下工人与地面工人的差别大约为 12%，这种差距比鼓励性工资实行以前更大，而井下较高与较低级别工人之间的差别是 7%或 8%；1981—1982 年，地面工人每人每班的生产量在四年中上升了 22%。①在政府对煤炭工业的工资政策进行抑制时，这不失为一种煤矿工人保持自己收入优势的途径。1974 年罢工以后，煤炭工业在所有 27 个工业行业中的酬金是最高的，然而 1975 年煤矿工人的平均周收入相对其他制造业工人为 125%，后来开始下降，到 1977 年，煤炭工业的收入曾下降到全国职业收入排行榜的第 3 位。1978 年，鼓励性工资计划使其又上升为 120%以上，随后鼓励性工资使这种水平一直被保持下来。煤矿工人在 1978 年、1979 年和 1980 年又多次在全国职业收入排行榜中名列前茅，在 1981 年和 1982 年均为第 2 名。②

鼓励性工资方案的引入，降低了煤矿工人的旷工率。我们通过比较一组数据可以看出这种变化：引入前，旷工率从 1975—1976 年的 16.7%上升到 1976—1977 年的 17.3%，再上升到 1977—1978 年的 17.6%；引入后，1978—1979 年的旷工率是 17.1%，1979—1980 年是 14.8%，1980—1981 年是 12.4%，1981—1982 年是 11.4%，1982—1983 年是 10.4%，是煤炭工业国有化以来的最低水平。③

鼓励性工资方案降低了罢工频率。由于鼓励性工资方案的实施，罢工引起损失的工作时间在 1979—1981 年减了一大半，在 1981—1982 年相当于每五人中每年只损失一个工作日。④

鼓励性工资方案的引入提高了煤矿工人的平均工资水平。当鼓励性计划开始的时候，鼓励性工资被固定在为每周完成标准任务的工人支付 23.50 英镑，从 1979 年 3 月到 1981 年 1 月上涨到每周 26.50 英镑，从那时起一直到 1982 年 11 月上升到每周 30 英镑。在正常情况下，一个煤矿工人的鼓励性工资和奖金在 1978 年占总收入的 12%，在后来的三年，每年占到 17%或 18%；平均周收入从 1974—1975 年的 60.53 英镑上升到 1977—1978 年的 90.12 英镑，1978—

---

① Ashworth W, Pegg M. *The History of the British Coal Industry, Volume 5: 1946-1982: The Nationalized Industry*, pp. 375-376.

② Ashworth W, Pegg M. *The History of the British Coal Industry, Volume 5: 1946-1982: The Nationalized Industry*, p. 374.

③ Ashworth W, Pegg M. *The History of the British Coal Industry, Volume 5: 1946-1982: The Nationalized Industry*, p. 375.

④ Ashworth W, Pegg M. *The History of the British Coal Industry, Volume 5: 1946-1982: The Nationalized Industry*, p. 375.

1979 年上升到 108.30 英镑，1980—1981 年为 150.08 英镑，1981—1982 年达 167.21 英镑。[①]

至此我们看到，国有化以来的工资体制改革带来的一系列负面因素似乎已经解决。这种体制带来的大幅度工资上涨，也使煤矿工人的收入名列所有制造行业之首。然而正是频繁的工资增加与英国煤炭产量的总体下降趋势不相吻合，导致了煤炭生产成本的大幅增加。1919 年，工人工资占煤炭生产成本的 75.3%，到 1957 年时有所下降，但仍占 63.7%。[②]1942 年，工人工资占煤炭生产成本的 70.70%，到1975年上升到72.63%。[③]1980年，工人工资占生产成本的49%；1981 年占 48%。[④]1984 年，英国煤矿工人的工资占煤炭生产成本的 42.6%，平均每吨煤炭的总成本是 46.31 英镑，其中工资成本每吨为 19.72 英镑。[⑤]

二、煤炭产量下降与煤炭成本增加

19 世纪 60 年代，英国曾经生产了全球 60%的煤炭，而进入 20 世纪后则经历了大起大落。[⑥]1900 年，英国煤炭产量为 2.25 亿吨；1913 年，英国煤炭产量为 2.87 亿吨。[⑦]从国有化之后到 1956 年，英国国内市场对煤炭的需求极大，但是煤炭的供应一直没能跟上需求的步伐。尽管英国煤炭产量在 20 世纪 50 年代有所回升，比如 1956 年英国煤炭生产总量曾达 2.28 亿吨。[⑧]然而英国煤炭产量下降的趋势并没有任何好转。1960 年，英国煤炭产量是 1.941 亿吨；1970—1971 年是 1.432 亿吨。甚至 20 世纪 70 年代的两次石油危机也没有挽回这种局面，1983—1984 年煤炭产量达 1.029 亿吨；1993—1994 年达 5490 万吨，其中

---

① Ashworth W, Pegg M. *The History of the British Coal Industry, Volume 5: 1946-1982: The Nationalized Industry*, p. 374.

② Scott W H, Mumford E, McGrivering I C, et al. *Coal and Conflict: A Study of Industrial Ralations at Collieries*, p. 23.

③ Kirby M W. *The British Coalmining Industry, 1870-1946: A Political and Economic History*, London, Basingstoke: Macmillan, 1977, p. 172.

④ National Coal Board. *Report and Accounts 1980-1981, Volume II: Accounts and Statistical Tables*, London: H. M. S. O. 1981, p. 63.

⑤ Wade E. *Coal Mining and Employment: A Study of Blyth Valley*, p. 35.

⑥ Pearson P. *Prospects for British Coal*, p. 2.

⑦ Wilson H. *New Deal for Coal*, London: Contact, 1945, p. 13.

⑧ National Union of Mineworkers. *Britain's Coal: Report of Study Conference,* London: National Union of Mineworkers, 1960, p. 22.

1220 万吨为露天煤矿所产。①导致这种状况出现的原因是煤矿储量减少、劳动力流失以及市场需求减少等方面的因素。

（1）煤矿储量的减少导致了煤炭生产成本的增加。煤炭生产成本增加的表现为产量持续下降。英国煤矿数量在第一次世界大战前夕超过 3000 个，然而在这些煤矿中有许多都是极小的矿井，雇用人力少、生产量极低。1943 年底，英国 466 个煤矿雇用的平均人数不超过 20 人。②这种情况在国有化之后更加严重。深矿井产量在 1951 年仅比 1947 年高 13.33%，1954 年，深矿井产量达了最高的 2.17 亿吨。③后来尽管全国煤炭委员会制定了提高产量的计划，但这种计划的实现总是一拖再拖。20 世纪 70 年代，深矿井产煤量一直处在下降状态：1975 年深矿井煤炭产量为 1.174 亿吨，1976 年为 1.103 亿吨，1977 年为 1.071 亿吨，1978 年为 1.075 亿吨。④到 20 世纪 80 年代，深矿井产量继续下降：1982—1983 年为 1.049 亿吨，1983—1984 年为 0.901 亿吨，1984—1985 年为 0.276 亿吨，1985—1986 年为 0.884 亿吨，1986—1987 年为 0.88 亿吨，1987—1988 年为 0.824 亿吨，1988—1989 年为 0.85 亿吨。⑤一方面，产量下降代表了煤炭工业总体收益的下降，也就是说总成本增加了。另一方面，成本增加还表现为煤矿运营成本的增加。1970—1971 年，291 个矿井中有 144 个是亏损的，18 个煤矿地区中就有 10 个处于无利润状态，而运营最差的煤矿每吨煤炭的成本几乎高出运营最好煤矿煤炭成本的 94%以上；1972—1973 年，煤矿运营损失 8880 万英镑，其中三个高成本地区占所有损失的 36%，只有南约克郡（South Yorkshire）和诺丁汉郡北部的煤矿有利润。⑥这种情况发展到后来更加严重。1981—1982 年，当煤炭平均成本每吨为 37.81 英镑时，南威尔士的 3 个煤矿和肯特（Kent）的 1 个煤矿每吨成本却超过 100 英镑。⑦此时，每吨煤炭的售价

---

① Coal Authority. *Summary of United Kingdom Coal Production and Manpower from 1947*.

② Wilson H. *New Deal for Coal*, pp. 2-3.

③ Ashworth W, Pegg M. *The History of the British Coal Industry, Volume 5: 1946-1982: The Nationalized Industry*, p. 222.

④ Handy L J. *Wages Policy in the British Coalmining Industry: A Study of National Wage Bargaining*, p. 285.

⑤ Pearson P. *Prospects for British Coal*, p. 143.

⑥ Ashworth W, Pegg M. *The History of the British Coal Industry, Volume 5: 1946-1982: The Nationalized Industry*, pp. 325-327.

⑦ Ashworth W, Pegg M. *The History of the British Coal Industry, Volume 5: 1946-1982: The Nationalized Industry*, p. 436.

仅从1981年的35.60英镑上升到41.70英镑。[①]

之所以出现这种情况，主要是全国煤炭委员会对大量的亏损煤矿采取关闭措施所致。全国煤炭委员会在管理煤炭工业时，就开始大量关闭一些枯竭或即将枯竭的矿井，国有化最初三年所关闭的25个煤矿，其年产量都在10万吨以下。[②]后来，由于很多矿井的经营处于无利润状态而不得不关闭。由于经济原因而关闭的煤矿数量在1958是13个，在1959年为36个，截至1970年，仅因经济原因而关闭的矿井总数共达 229 个；1973—1983 年约有 64 个矿井被关闭，10个矿井被合并。[③]这种下降速度一直持续，截至1994年，英国煤炭工业只有15个矿井处在运营中。[④]矿井大规模关闭导致了英国煤炭产量的下降。详见表1-1。

表1-1　1982—1989年英国煤炭实际产量与实际消费情况表

时间	国内消费量（亿吨）	实际生产量（亿吨）	煤矿数量（个）
1982—1983年	1.184	1.209	191
1983—1984年	1.117	1.053	170
1984—1985年	0.668	0.427	169
1985—1986年	1.184	1.045	133
1986—1987年	1.124	1.033	110
1987—1988年	1.155	0.996	94
1988—1989年	1.092	1.035	86

表1-1反映了在20世纪80年代的绝大部分时间里，随着矿井数量的下降，英国本土的煤炭产量几乎跟不上其消费水平。除了 1984—1985 年这个特殊的年份之外，生产量几乎每年都随着煤矿数量的下降而减少。

矿井关闭导致大量矿工被裁员，从而增加了全国煤炭委员会的赔偿金额，这些费用反过来又加大了煤炭工业的生产成本。英国煤炭工业在 1947 年雇用工人为71万人。1957—1958年，工人人数减少了20 000人。1959年，工人人

① Boyfield K. *Put Pits into Profit: Alternative Plan for Coal*, p. 20.

② Ashworth W, Pegg M. *The History of the British Coal Industry, Volume 5: 1946-1982: The Nationalized Industry*, p. 225.

③ Ashworth W, Pegg M. *The History of the British Coal Industry, Volume 5: 1946-1982: The Nationalized Industry*, p. 256, p. 379, p. 380.

④ Turner R. *The British Economy in Transition: From the Old to the New?* p. 23.

数又减少了 47 000 人。[1]20 世纪 50 年代，全国煤炭委员会关闭了 901 个矿井，20 世纪 60 年代关闭了 698 个，20 世纪 70 年代关闭了 292 个，20 世纪 80 年代关闭了 211 个。[2]煤矿工人从 1983 年 3 月的 203 000 人下降到 1986 年 3 月的 80 000 人。[3]截至 1994 年，英国煤炭工业仅剩 14 000 人左右。[4]安置这些大量被裁减的人员需要大笔的安置费用。《1967 年煤炭工业法案》规定：年龄在 55 岁以上，由于矿井关闭而被裁减的煤矿工人（男性工人在 65 岁之前，女性工人在 60 岁之前），政府必须为其提供一定的费用。[5]其中全国煤炭委员会要支付给被裁减的煤矿工人一笔合法的裁减费用。工龄达 10 年的被裁矿工的裁员费，如果按照 1983 年的价格计算，总共要 3 万到 3.5 万英镑。[6]煤矿工人裁员费由以下几个方面构成：全国煤炭委员会支付绝大多数费用，中央政府支付一部分费用，欧洲煤钢共同体也要支付一定的裁员费。[7]另外，全国煤炭委员会对一部分提前退休的人员要退还一定的费用。[8]例如，1982 年，全国煤炭委员会对自愿提前退休人员的经费支出为 2300 万英镑，1983 年减少到 500 万英镑。[9]全国煤炭委员会还需要对煤矿关闭中的建筑物、厂房和机器进行清偿，这种费用也被列为成本的一部分。[10]除此之外，在早期阶段，矿井关闭之后，全国煤炭委员会主要负责劳动力在矿区或矿井之间的转移。后来，几乎绝大部分都按照相关规定进行赔偿。因此，这些费用均增加了英国煤炭工业的生产成本。

（2）煤矿熟练劳动力的快速下降导致煤炭生产成本的增加。第二次世界大战时征选的人员在战争结束后离开了煤炭工业，这导致煤炭工业生

---

① National Union of Mineworkers. *Britain's Coal: Report of Study Conference*, p. 23.

② Richardson R, Wood S. Productivity Change in the Coal Industry and the New Industrial Relations, *British Journal of Industrial Relations,* Vol. 27, No.1, 1989, pp.33-55.

③ Pearson P. *Prospects for British Coal*, p. 3.

④ Turner R. *The British Economy in Transition: From the Old to the New?* p. 23.

⑤ *Coal Industry Act 1967*.

⑥ Cooper D, Hopper T. *Debating Coal Closures: Economic Calculation in the Coal Dispute 1984-5*, Cambridge, New York: Carbridge University Press, 1988. pp. 27.

⑦ Wade E. *Coal Mining and Employment: A Study of Blyth Valley*, p. 37.

⑧ *Coal Industry Act 1967*.

⑨ *National Coal Board Report and Accounts 1982-1983*, *Volume II: Accounts and Statistical Tables*, London: H. M. S. O., 1983, p. 37.

⑩ Wade E. *Coal Mining and Employment: A study of Blyth Valley*, p. 37.

产成本增加。战争结束时，大约 45 000 名士兵离开了煤炭工业 。“1941 年新招募的人员不足 15 000 名，而同年工业中自然损耗人力为 4 万人”[①]。1947—1948 年，2 万名年轻人因为服役期满而离开了煤炭工业。[②]在煤炭工业收缩的过程中，年龄在 35 岁以下的所有矿工中，有 92%的人离开了煤炭行业，而高龄矿工却有 79%留在了煤炭行业。[③]从这种现象可以看出，这一行业中的年龄构成不是年轻了，而是在向相反的方向发展，在某种程度上来说，煤炭工业的生产力下降了。

此外，职业疾病导致煤矿工人的直接死亡也对煤炭生产造成了影响。这种疾病中当以煤矿工人的尘肺病最为普遍和严重。20 世纪 50 年代初期到 60 年代后期，英国煤矿工人因为尘肺病导致的死亡每年高达 1600 例，是煤矿事故死亡人数的 4 倍，而在 1930—1990 年，官方记录的死于尘肺病的煤矿工人总数超过 4 万例。[④]也就是说，60 年间每年死于这一头号杀手疾病的工人人数在 7000 人左右。在煤矿工人尘肺病补偿计划下，最初被查出患有尘肺病的煤矿工人要被迫撤出煤矿，到 1947 年底，被撤出的煤矿工人达 20 000 人。[⑤]

“煤矿工人的事故死亡人数在国有化最初五年中，每年平均死亡数大约为 528 人”[⑥]。这些原因造成的劳动力的下降使煤炭工业在短时期内失去大量劳动力，为了补充劳动力，煤炭工业不得不招募和培训新的煤矿工人，这在一定程度上造成生产成本的增加。

（3）采煤工人旷工率的上升，减少了煤炭生产量，增加了生产成本。采煤工人由于其岗位的特殊性，经常会造成较高的旷工率，而这部分人在煤炭生产中又代表核心生产力，因此，这部分人的旷工与煤炭产量的降低密切相关。例如，1938—1941 年，煤炭工业的人数减少了 84 000 名，估计其中将近 50 000

---

① Wilson H. *New Deal for Coal*, p. 48.

② Ashworth W, Pegg M. *The History of the British Coal Industry, Volume 5: 1946-1982: The Nationalized Industry*, p. 163.

③ Sewel J. *Colliery Closure and Social Change: A study of a South Wales mining valley*, p. 42.

④ McIvor A, Johnston R. *Miner's Lung: A History of Dust Disease in British Coal Mining*, pp. 54-59.

⑤ Ashworth W, Pegg M. *The History of the British Coal Industry, Volume 5: 1946-1982: The Nationalized Industry*, p. 527.

⑥ Townshend-Rose H. *The British Coal Industry*, p. 124.

人是采煤工人。[①]此外，尘肺病人数在 20 世纪 50 年代占煤矿工人总数的 8.2%。1953 年底，在 8200 名被允许到矿井中就业的患有尘肺病的煤矿工人中，仍有超过 10%的人拒绝在煤矿中工作。[②]即使大多数尘肺病矿工能够在矿井中工作，但他们中的绝大多数人却不得不离开采煤岗位而到其他岗位工作。1962 年每 10 万个工人中就有 39.9 个因为矿井塌方离开采煤岗位；到 1965—1966 年，这一数字上升到 46.1 个，1967—1968 年为 39.8 个，1970—1971 年为 25.4 个；在所有的事故中，井下煤面塌方占有重要的比例。[③]从国有化之后到 20 世纪 70 年代末期的工资机制也是造成煤矿工人旷工率上升的原因之一。在 1971 年全国统一工资规定彻底实行之后，煤矿工人的旷工率从 1975—1976 年的 16.7%上升到 1976—1977 年的 17.3%，再到 1977—1978 年的 17.6%；而当全国煤炭委员会和全国煤矿工人工会将鼓励性工资方案引入趋同性工资机制后，煤矿工人的旷工率才开始下降，1978—1979 年矿工率是 17.1%，1982—1983 年，旷工率为 10.4%，成了国有化以来的最低值。[④]煤矿工人的旷工是国有化之后的一个严重的现象，它直接影响了煤炭的生产效率，也毫无疑问地影响了煤炭工业的整体效益。

（4）市场需求的下降导致煤炭产量的下降。影响英国煤炭产量下降的一个直接原因是市场需求的减少。第二次世界大战之初，英国煤炭每年出口几乎达 5000 万吨，大约 70%的煤炭产品被运往欧洲大陆国家。[⑤]而随着战争局势的变化，这些国家对英国煤炭的需求量开始减小，这直接导致英国煤炭出口市场萎缩和煤炭产量的下降。第二次世界大战后，由于英国煤炭生产成本的增加，其消费市场进一步缩减，而产量的缩减反过来又增加了生产成本。英国煤炭工业在此时几乎进入一种恶性循环的怪圈中。

在国有化之后的十年中，英国的煤炭生产处于供不应求的状态，出口量达了一定的规模。从国有化以来一直到 1959 年，英国煤炭的出口量为 1.596 亿

---

① Wilson H. *New Deal for Coal*, pp. 55-56.

② Gilson J C, Kilpatrick G S. Management and Treatment of Patients with Coal-Workers' Pneumoconiosis, *The British Medical Journal,* Vol. 1, No. 4920, 1955, pp. 994-999.

③ Handy L J. *Wages Policy in the British Coalmining Industry: A Study of National Wage Bargaining*, p. 207.

④ Ashworth W, Pegg M. *The History of the British Coal Industry, Volume 5: 1946-1982: The Nationalized Industry*, p. 375.

⑤ Potter C J. Europe's Coal Problem, *Proceedings of the Academy of Political Science,* Vol. 21, No. 4, 1946, pp. 28-40.

吨，几乎是进口量的 6 倍。[①]因此，全国煤炭委员会制定了较高的煤炭生产计划。而在 20 世纪 50 年代后期，英国国内煤炭消费量逐渐减少，1958 年对煤炭的需求大约比 1956 年减少 1500 万吨，1959 年比 1956 年的需求量减少了 2500 万吨。[②]在 1963 年英国能源消费中，煤炭为 1.969 亿吨，占 68.1%；1973 年消费煤炭 1.33 亿吨，占 37.6%；1983 年消费煤炭 1.115 亿吨，占 35.6%。[③]1970—1981 年，家用煤炭和焦炭的价格上涨了 36%，但是供给工业的煤炭价格上升了 68%。[④]20 世纪 90 年代，英国国内煤炭消费量占其能源消费的 1/4。[⑤]英国国内煤炭消费的降低在一定程度上促使了煤炭生产的减少。1956—1975 年，英国煤炭年产量从 2.07 亿吨降到 1.15 亿吨。[⑥]

与此同时，英国在世界煤炭市场中的贸易量也逐年下降。1960 年英国的煤炭出口量为 530 万吨，1973 年为 270 万吨[⑦]，减少了将近一半。1975 年英国的煤炭进口量达了 500 万吨。尽管在 1978—1979 年出口量为 230 万吨，1979 年进口量仍然为 440 万吨。[⑧]这一时期煤炭进出口量相抵后，净进口仍为 210 万吨。1960—1973 年，世界煤炭贸易扩大了 72%，从 1.03 亿吨上升到 1.77 亿吨，接下来的 13 年，世界煤炭贸易几乎翻了两倍，1988 年达 3.65 亿吨；1973—1988 年，在世界能源消费的份额中，煤炭从 28%上升到 31%。[⑨]这种情况只能说明英国煤炭因为成本太高而降低了它的竞争力，市场又一次为英国煤炭的生存做出了无情的判定。

综上，英国煤炭工业由于煤矿储量的减少，从根本上导致这个庞大工业的收缩，具体表现为煤炭产量的下降、煤矿的关闭和人员的裁减。而产量下降最

---

① Ashworth W, Pegg M. *The History of the British Coal Industry, Volume 5: 1946-1982: The Nationalized Industry*, p. 582.

② National Coal Board. *Revised Plan for Coal: Progress of Reconstruction and Revised Estimates of Demand and Output,* London: National Coal Board, 1959, p. 7.

③ Boyfield K. *Put Pits into Profit: Alternative Plan for Coal*, p. 10.

④ Ashworth W, Pegg M. *The History of the British Coal Industry, Volume 5: 1946-1982: The Nationalized Industry*, p. 583.

⑤ Pearson P. *Prospects for British Coal*, p. 2.

⑥ Waddington D, Critcher C, Dicks B, et al. *Out of the Ashes?: The Social Impact of Industrial Contraction and Regeneration on Britain's Mining Communities*, p. 211.

⑦ Pearson P. *Prospects for British Coal*, p. 60.

⑧ Manners G. *Coal in Britain*, pp. 77-78.

⑨ Pearson P. *Prospects for British Coal*, pp. 2, 60.

终导致煤炭生产成本的增加，煤矿关闭又导致生产设备的浪费和人员裁减费用的增加。年轻技术骨干的流失和矿工旷工率的上升体现了生产力的整体下降和生产成本的上升。在英国煤炭工业收缩的过程中，市场供求关系仍然起着很大的作用。当英国煤炭成本高于其他燃料或其他地区的煤炭成本时，英国煤炭缺乏竞争力的态势显然加速了英国煤炭工业收缩的步伐。

三、其他费用与煤炭成本的增加

（1）煤炭工业的原材料和基本设施的相关费用增加了其生产成本，起到了一定的消极作用。煤炭工业中主要的固定资产是煤矿和相关财产。在煤炭工业国有化之初，矿井数量在 980 个左右，加上它的相关财产，总价值在 1.647 亿英镑。①后来，随着矿井的大量关闭，煤矿设备要么直接报废，要么闲置，固定资产损失巨大。到 1994 年，矿井数量仅剩 14 个左右。例如，在 1976 年 9 月底，全国煤炭委员会花费大约 8 亿英镑，旨在到 20 世纪 80 年代中期时，希望增加 2600 万吨煤炭产量。②这种新矿井在后来的煤矿关闭计划中也常常成为其中的一部分，这种情况更增加了煤炭的生产成本。在 1976 年 3 月全国煤炭委员会修订的煤炭计划中，预计到 1985 年投资额度为 31.5 亿英镑，其中 7.1 亿英镑用于厂房、机器以及煤炭探查项目的开支。③1980 年，每吨煤炭的销售价格为 27.69 英镑，而每吨煤炭的原料和设备维修成本为 5.51 英镑，占销售价格的 19.9%；1981 年，这项费用的增幅与每吨煤炭价格的增幅保持同步。④在总成本中，材料和维修费用在 1983—1984 年为 50.18 亿英镑，其中原料和储备成本占到 9.47 亿英镑。⑤而在 1984 年全国煤炭委员会每吨煤炭平均收入的 39.70 英镑中，材料和维修费用为每吨 9.54 英镑，占 24%。⑥另外，全国煤炭委员会的科学服务部每年有将近 60 万英镑是用来分析煤炭生产和对煤炭储备厂进行检测的。⑦显然，这项费用在煤炭生产的总

① Townshend-Rose H. *The British Coal Industry*, p. 146.

② Department of Energy. *Coal for the Future: Progress with "Plan for Coal" and Prospects to the Year 2000,* London: Department of Energy, 1977, p. 9.

③ Department of Energy. *Coal for the Future: Progress with "Plan for Coal" and Prospects to the Year 2000*, p. 10.

④ *National Coal Board Report and Accounts 1980-1981, Volume II: Accounts and Statistical Tables*, p. 63.

⑤ Glyn A. *The Economic Case Against Pit Closures*, Sheffield: National Union of Mineworkers, p. 3.

⑥ Wade E. *Coal Mining and Employment: A Study of Blyth Valley*, p. 35.

⑦ McIvor A, Johnston R. *Miner's Lung: A History of Dust Disease in British Coal Mining*, p. 111.

成本中也占有一定的比例。

在其他固定资产中，全国煤炭委员会接管的房产是其中的重要项目。在国有化之后的几十年中，煤炭工业的房产一直处于贬值状态。全国煤炭委员会曾接管了大约 14 万套房产。1947 年房产贬值 202 653 英镑；1948 年贬值 662 840 英镑。[①]1947—1956 年，英国煤炭工业由于住房而造成的贬值达 780 万英镑；1957—1966 年贬值 430 万英镑；1967—1968 年、1971—1972 年住房运营贬值额每年在 400 万英镑到 500 万英镑之间。[②]

成本费用中还有一项是折旧费。这部分费用在 1948 年为 3210 万英镑。1980 年为 1.472 亿英镑，占总成本的 4%；1981 年为 1.903 亿英镑，占总成本的 4%。[③]1982 年和 1983 年的固定资产折旧费用分别为 2.61 亿英镑和 3.09 亿英镑。[④]1983—1984 年，全国煤炭委员会的总成本为 50.18 亿英镑，其中折旧费为 3.58 亿英镑，占 7.13%。1984 年每吨煤炭的价格为 39.70 英镑，其中折旧费为 3.66 英镑，占销售价格的 9.2%。[⑤]

（2）煤矿工人福利救济的费用增加了煤炭生产成本。煤矿工人的福利起源于《1920 年矿业法案》，该法案规定，对煤炭产量每吨征收 1 便士的临时税，作为煤矿工人的社会福利、娱乐和生活条件以及矿业教育研究基金。1927 年，煤矿工人福利委员会在每英镑煤炭特许权使用费基础上增加 1 先令的税收，用来提供矿口浴室和烘干衣服的设施。在国有化之后，煤矿工人福利委员会的法定税收由每吨可销售煤炭的价格中抽取的 1 便士和另外从每 1 英镑的特许权使用费中收取的 1 先令以及来自投资的收入构成，这笔款项每年不高于 100 万英镑，后来全国煤炭委员会在每吨可出售煤炭的价格中又为此抽出了 2 便士。[⑥]这些费用主要用于矿口浴室、餐厅等辅助性建筑以及教育和安全研究。其中矿口浴室是国有化之后一项较大的福利项目。1947 年初，全国煤矿建有矿口浴室 366 个，供 450 000 人使用，同时还修建了 900 个餐厅，1500 多

① Townshend-Rose H. *The British Coal Industry*, p. 150.

② Ashworth W, Pegg M. *The History of the British Coal Industry, Volume 5: 1946-1982: The Nationalized Industry*, p. 517, p. 544.

③ *National Coal Board Report and Accounts 1980-1981*, *Volume II: Accounts and Statistical Tables*, p. 63.

④ *National Coal Board Report and Accounts 1982-1983*, *Volume II: Accounts and Statistical Tables*, p.49.

⑤ Wade E. *Coal Mining and Employment: A Study of Blyth Valley*, p. 35.

⑥ Townshend-Rose H. *The British Coal Industry*, p. 123.

个俱乐部、协会和娱乐场所，18 个康复场所。[①]与上述项目相关的一项费用是全国煤炭委员会每年支出 200 万英镑，主要用于管理和维修矿口浴室，改善现存食堂、医疗设施和其他福利服务。

煤炭工业社会福利机构成立于 1952 年，它的经费来自煤炭工业雇员每周所缴的 3 便士，相应地，全国煤炭委员会和其他雇主拿出同等的费用。到 1979 年，它的总开支达 144 万英镑，1980 年达 186 万英镑。[②]这一机构主要丰富了煤矿工人的文化生活，而对他们的社会生活没有多大帮助。1959 年，全国煤炭委员会引入一个新的养老金计划，到 1960 年这项养老金总额是 1.208 亿英镑，每年大约有 15 400 个职工需要领取养老金，此项花费每年为 250 万英镑；12 年后，养老金总额达 2.865 亿英镑，其中每年有 42 401 名受益者，总共支取 2070 万英镑；1982 年，养老金总额又有所上升。[③]

全国煤炭委员会对工人的补偿和受伤后的治疗也承担一定的费用。在 1948 年，全国煤炭委员会就为这项费用背负了高达 2830 万英镑的债务。[④]1980 年左右，全国煤炭委员会每年花费大约 50 万英镑。[⑤]煤炭工业的特殊性容易引起几类严重的职业疾病，如眼球震颤症、皮肤湿疹以及尘肺病，其中尤以尘肺病最为严重。在 20 世纪 50 年代早期，大约 50 000 名英国工人收到了《1943 年工人补偿法案》所规定的救济金，其中大约 60%的人是煤矿工人，而在 30 000 名煤矿工人中，有 1/3 来自南威尔士，总数为 10 000 人。[⑥]根据英国卫生和社会事务部的调查数据，20 世纪 70 年代中期，此类煤矿工人占所有在英国获得相关职业肺疾病救济金（在《1946 年国家工业伤残保险法案》下）总人数（34 870）中的 85.23%人。[⑦]1976 年底，根据此项法案，矿工共递交了 72 000 份此类申请，平均每例的处理费几乎为 2000 英镑，仅财政部花费大

① Ashworth W, Pegg M. *The History of the British Coal Industry, Volume 5: 1946-1982: The Nationalized Industry*, p. 527.

② Ashworth W, Pegg M. *The History of the British Coal Industry, Volume 5: 1946-1982: The Nationalized Industry*, pp. 533-534.

③ Ashworth W, Pegg M. *The History of the British Coal Industry, Volume 5: 1946-1982: The Nationalized Industry*, pp. 535-536.

④ Townshend-Rose H. *The British Coal Industry*, p. 144.

⑤ Ashworth W, Pegg M. *The History of the British Coal Industry, Volume 5: 1946-1982: The Nationalized Industry*, p. 539.

⑥ McIvor A, Johnston R. *Miner's Lung: A History of Dust Disease in British Coal Mining*, p. 223.

⑦ McIvor A, Johnston R. *Miner's Lung: A History of Dust Disease in British Coal Mining*, p. 53.

约为 1.23 亿英镑；1976 年中后期，大约每个月因尘肺病而递交的赔偿申请达 150 份。[①]除此之外，政府财政在 20 世纪 70 年代中期开始对尘肺病工人提供一定的救济金，如在《1975 年煤炭工业法案》第 1 款明确规定：全国煤炭委员会用于尘肺病矿工的救济金开支总额可高达 1 亿英镑[②]。政府对尘肺病的救济金额在《1980 年煤炭工业法案》中进一步增加为 1.07 亿英镑。[③]1982 年，全国煤炭委员会在工人补偿、追加的受伤和尘肺病救济金方面的递延债务（Deferred Liabilities）达 900 万英镑，1983 年达了 1000 万英镑。[④]1980 年，煤炭工业中因假日和疾病而支付金额为 1.72 亿英镑，1981 年达 1.934 亿英镑。[⑤]从上述一系列逐年上升的数字可以看出，因尘肺病引起的赔偿金额确实巨大。

除此之外，全国煤炭委员会实行了一系列的研究和治疗措施。全国煤炭委员会在 1945 年建立了一个专门的肺病研究站，负责对此疾病的相关治疗和药物研发。医学研究委员会（Medical Research Council）每年花在尘肺病工作中的经费大约为 77 000 英镑。同时，矿业矿井安全研究机构（Safety in Mines Research Establishment）每年花费 75 000 英镑作为尘肺病研究人员的工资。[⑥]20 世纪 50 年代中期，全国煤炭委员会每年要为 15 个单独的研究项目提供 121 万英镑的资金，其中一个重要的项目就是从 1952 年开始的尘肺病研究。1969 年，职业医学研究所（Institute of Occupational Medicine）以爱丁堡（Edinburgh）为研究基地，下辖 4 个分部从事以下研究：尘肺病和呼吸残疾；环境因素，包括灰尘暴露；矿井的生理学；尘肺病矿工人数统计。[⑦]1958 年，相关规定要求每个煤矿工人每隔 5 年进行一次放射线检查，1974 年，决定每隔 4 年检查一次。煤炭工业的相关部门还改善了大多数矿井的通风设施。这一系列研究、治疗和预防措施，一方面显示了政府部门和煤炭工业相关机构对此疾病的重视程度；另一方面也显示了各方力量对此疾病的投资确实加大了英国煤炭的生产成本。

---

① McIvor A, Johnston R. *Miner's Lung: A History of Dust Disease in British Coal Mining*, p. 228.

② *Coal Industry Act 1975.*

③ *Coal Industry Act 1980.*

④ *National Coal Board Report and Accounts 1982-1983*, *Volume II: Accounts and Statistical Tables*, p. 40.

⑤ *National Coal Board Report and Accounts 1980-1981*, *Volume II: Accounts and Statistical Tables*, p. 65.

⑥ McIvor A, Johnston R. *Miner's Lung: A History of Dust Disease in British Coal Mining*, p. 98.

⑦ McIvor A, Johnston R.*Miner's Lung: A History of Dust Disease in British Coal Mining*, p. 111.

综上所述，英国煤炭工业在国有化之初由于行业发展的缘故，曾加大了对矿井和相关设施的配套力度，这对煤炭工业国有化之后最初十年煤炭产量的增加起了一定的积极作用，然而，这些固定资本随着大批矿井的关闭而付诸东流，如房屋的建设、新矿井的开发等费用。对煤矿工人的各项福利救济金是煤炭工业中继工人工资之后又一大劳动力成本增加的因素，其中煤矿工人的养老金和尘肺病矿工的救济金占有很大的比例。1982 年，全国煤炭委员会及其附属的公司总债务为 12.61 亿英镑，1983 年则达 13.58 亿英镑。①

四、高成本导致煤炭工业的衰落

在国有化之后，英国煤炭工业中各项重要的指标都增加了煤炭生产的成本。其中，煤炭产量在国有化之后的三十多年中，尽管在前十年呈现出上升的状态，但始终没有达第二次世界大战前的水平。而与产量下降相反的是，煤炭工人的工资却一直处于上升的状态，而且这种上升在一定程度上是由全国煤炭委员会和全国煤矿工人工会的工资体制改革促成的。随着矿井关闭力度的加大，大量的机器、厂房和新增的矿井及其设备也随之被搁置，煤矿工人的各种福利救济金额度随着福利国家的建立而加大。这些因素都增加了煤炭工业的生产成本。

1957 年，工人工资占所有生产成本的 63.7%，这一比列在 1975 年上升为 72.63%。尽管 20 世纪 80 年代煤矿工人的工资在总成本中所占比例有所下降，但是仍然在总成本中占据首位。②1980 年，英国深矿井资金周转金为 29.691 亿英镑，其中运营损失达 1.382 亿英镑，每吨煤炭的价格为 27.38 英镑，每吨煤炭的成本为 29.38 英镑，每吨煤炭的损失达 2 英镑；1981 年，深矿井周转金为 33.862 亿英镑，其中运营损失达 1.349 亿英镑，每吨煤炭的价格为 33.65 英镑，每吨煤炭的成本为 34.88 英镑，每吨煤炭损失 1.23 英镑。③1984 年，在全国煤炭委员会平均经营状况中，每吨煤炭收入为 39.70 英镑，而每吨煤炭的成本为 46.31 英镑，运营损失达 6.61 英镑。④

① *National Coal Board Report and Accounts 1982-1983*, *Volume II: Accounts and Statistical Tables*, p. 39.

② Glyn A. *The Economic Case Against Pit Closures*, p. 3.

③ *National Coal Board Report and Accounts 1980-1981*, *Volume II: Accounts and Statistical Tables*, p. 65.

④ Wade E.*Coal Mining and Employment: A Study of Blyth Valley*, p. 35.

这种情况说明煤炭价格的上升跟不上工资增加的步伐。1948 年英国煤矿工人的平均周工资为 8.47 英镑，1958 年为 15.41 英镑，1968 年为 24.12 英镑，1974 年达 58.21 英镑。[①]而在 1957 年 7 月之后的三年中，煤炭价格只在 1960 年秋季每吨平均增加了 7 先令。其后到 1965 年 3 月的四年半时间中，零售价指数上升了 17.5%，全国 75%煤炭产量的出厂价格保持稳定。从 1966 年 4 月 1 日起，煤炭价格平均增加 12%；1969 年和 1970 年 1 月煤炭价格两次平均增加了 12%；1970 年 9 月 1 日碳化煤炭价格平均增长 16%；1971 年 4 月 13 日，工业和碳化煤炭价格又一次平均增加了 8%；1972 年 3 月 26 日，总体价格增加了 7.5%。[②]

从上面的数据可以看出，1947 年每吨煤炭的生产成本比 1946 年增加了 11.62%，1948 年又比 1947 年增加了 10.65%；1958 年工人的工资比 1948 年增加了 81.94%，1968 年又比 1958 年增加了 56.52%，1974 年比 1968 年增加了 141.335%，1958—1974 年工人工资每年平均增长率约为 10.76%。因此，煤炭价格的平均上升率与工人工资的上升率是成正比的。这也就是英国这一时期煤炭生产成本增加的主要原因所在。在 1982 年和 1983 年政府提供赤字补助金之前，全国煤炭委员会及其辅助公司的赤字分别达 4.28 亿英镑和 4.85 亿英镑。[③]因此，煤炭工业必须借政府之手支撑其运营。

全国煤炭委员会的经营成本居高不下，束缚了政府财政的运作。英国煤炭工业在国有化之后，当生产成本高于收益时，政府只能通过财政贷款或补贴等方法作为它运作的动力。一方面，政府对煤炭工业提供贷款。《1962 年煤炭工业法案》规定全国煤炭委员会的借款总额每次可达 2000 万英镑。[④]而《1965 年煤炭工业法案》规定全国煤炭委员会的借款总额可达 14 亿英镑。[⑤]从 1973 年开始，在随后的 5 年多时间里政府对全国煤炭委员会又提供将近 7.2 亿英镑的贷款额。[⑥]1976 年，英国政府为其提供的贷款为 6.93 亿英镑，1977 年为

---

① Handy L J. *Wages Policy in the British Coalmining Industry: A Study of National Wage Bargaining*, p. 253.

② Ashworth W, Pegg M. *The History of the British Coal Industry, Volume 5: 1946-1982: The Nationalized Industry*, pp. 244-245.

③ *National Coal Board Report and Accounts 1982-1983*, *Volume II: Accounts and Statistical Tables*, p. 38.

④ *Coal Industry Act 1962*.

⑤ *Coal Industry Act 1965*.

⑥ Robinson C. *The Energy "Crisis" and British Coal: The Economics of the Fuel Market in the 1970s and Beyond*, p. 41.

9.33亿英镑，1978年为11.7亿英镑，1979为15.85亿英镑。①在《1980年煤炭工业法案》中，全国煤炭委员会的贷款可达42亿英镑。②《1982年煤炭工业法案》规定，贷款可达50亿英镑，《1983年煤炭工业法案》又提高到了60亿英镑。③1982年，全国煤炭委员会和它的附属公司递延债务达3.62亿英镑，到1983年又达4.33亿英镑；而1982年的贷款为34.7亿英镑，1983年为37.4亿英镑。④另一方面，政府对煤炭工业还提供财政补助。政府对每一位年龄较大的煤矿工人支付的裁员费用和损失的税收以及其他费用的总成本在矿工被裁第一年为20 576英镑，在随后的四年中每年成本为12 456英镑，第六年、第七年每年为10 312英镑。⑤而煤炭工业自国有化以来被裁减的矿工人数多达几十万人，因此，这也是一笔不小的开支。《1965年煤炭工业法案》规定：政府在1965—1971年对全国煤炭委员会提供3000万英镑的补助，以帮助遣散和安排全国煤炭委员会的工人以及消除无利润矿井的生产问题。⑥这项补助在1971年后一直存在。1974—1976年，英国政府对煤炭工业继续提供补助。其中，1974—1975年总额为6820万英镑，1975—1976年总额为3240万英镑，另外，再加上这两个年度的裁员赔偿费1240万英镑和1350万英镑。后来裁员补助又被延续到1978年，政府也偿付了煤矿工人养老金的赤字。《1976年全国煤炭委员会法案》规定，政府每年在煤矿工人养老金计划中的赤字支付达1800万英镑。⑦1982年和1983年政府偿付的养老金分别为5400万英镑和5800万英镑。⑧另外，1974—1976年的财政补贴总数中还包括《1975年煤炭工业法案》对患有尘肺病的煤矿工人高达1亿英镑的贫困补助金。⑨随后的《1980年煤炭工业法案》对尘肺病煤矿工人的补助金又增加到1.07亿英镑。⑩在1982年和1983年，政府对整个煤炭工业的运营补助和社会补助分别为1.47亿英镑

---

① *National Coal Board Report and Accounts 1984-1985, Volume II: Accounts and Statistical Tables*, p. 59.

② *Coal Industry Act 1980.*

③ *Coal Industry Act 1983,* http://www.legislation.gov.uk/ukpga/1983/60/data.pdf, 2011-01-13.

④ *National Coal Board Report and Accounts 1982-1983, Volume II: Accounts and Statistical Tables*, pp. 40.

⑤ Glyn A. *The Economic Case Against Pit Closures*, p. 5.

⑥ *Coal Industry Act 1965.*

⑦ Department of Energy. *Coal for the Future: Progress with "Plan for Coal" and Prospects to the Year 2000*, pp. 7-8.

⑧ *National Coal Board Report and Accounts 1982-1983, Volume II: Accounts and Statistical Tables*, p. 37.

⑨ *Coal Industry Act 1975.*

⑩ *Coal Industry Act 1980.*

和 1.46 亿英镑。[①]

政府也对煤炭工业的各项赤字进行补助。1966—1972 年，全国煤炭委员会得到 5590 万英镑的政府补助，其中 240 万英镑用于 1967—1968 年延期煤矿关闭成本。1971—1972 年，政府对全国煤炭委员会提供的周转补助总计达 10.331 亿英镑。[②]1972—1973 年和 1981—1982 年，政府对全国煤炭委员会的社会、地区以及对产品的直接援助总计达 16.274 亿英镑；政府在 1979—1980 年、1980—1981 年和 1981—1982 年分别给予的赤字补助金为 1.593 亿英镑、1.49 亿英镑和 4.28 亿英镑[③]，1983 年的赤字补助金达 3.74 亿英镑。[④]《1983 年煤炭工业法案》规定，到 1986 年底，对煤炭工业的财政赤字补助金总额可以高达 20 亿英镑。[⑤]而在《1985 年煤炭工业法案》中，又将赤字补助金提高到 12 亿英镑，对 1986 年和 1987 年的赤字补助金则是 8 亿英镑。[⑥]表 1-2 反映了全国煤炭委员会的年度赤字、政府赤字补助金和政府贷款的情况。

表 1-2　全国煤炭委员会 1980—1985 年赤字情况以及政府赤字补助金和贷款情况表[⑦]（单位：亿英镑）

项目类别＼年份	1980 年	1981 年	1982 年	1983 年	1984 年	1985 年
全国煤炭委员会赤字	1.593	2.068	4.28	4.85	8.75	22.25
政府赤字补助金	1.593	1.49	4.28	3.74	8.75	22.25
煤炭工业法案下的贷款	19.72	25.44	34.28	37.10	41.79	43.43

表 1-2 显示了 1980—1985 年英国政府对煤炭工业的赤字补助金总计达 42.103 亿英镑，而同时的贷款额总计高达 201.76 亿英镑。从上述情况可以看出，英国政府每年为煤炭工业补贴了大量的费用。这种情况一方面加强了政府

① *National Coal Board Report and Accounts 1982-1983*, *Volume II: Accounts and Statistical Tables*, p. 38.

② Ashworth W, Pegg M. *The History of British Coal Industry, Vol. 5: 1946-1982: The Nationalized Industry*, p. 586, p. 285.

③ Ashworth W, Pegg M. *The History of British Coal Industry, Vol. 5: 1946-1982: The Nationalized Industry*, p. 404.

④ *National Coal Board Report and Accounts 1982-1983*, *Volume II: Accounts and Statistical Tables*, p. 38.

⑤ *Coal Industry Act 1983*.

⑥ *Coal Industry Act 1985*, http://www.legislation.gov.uk/ukpga/1985/27/pdfs/ukpga_19850027_en.pdf, 2011-01-19.

⑦ *National Coal Board Report and Accounts 1984-1985*, *Volume II: Accounts and Statistical Tables*, p. 59.

对煤炭工业的经济控制权，另一方面增加了政府的财政负担。1981—1986年，政府财政支持总计达63亿英镑，也就是每年平均12.6亿英镑——总量相当于英国煤炭公司平均工资的3/4。①

因此，玛格丽特·撒切尔面对这样沉重的包袱时，提出了政府不能再作为煤炭工业的“保险柜”，煤炭工业必须面对市场，自谋出路。除成本因素外，尘肺病对矿工体魄的侵蚀也加快了英国煤炭工业的衰落。

第二节 煤矿工人尘肺病与煤炭工业转型

煤炭工人尘肺病是因长期工作在煤矿中，吸入大量含有硅、矽以及煤炭等对人体肺部功能有伤害的灰尘颗粒所致，这种疾病的临床症状表现为呼吸衰竭、哮喘以及咳嗽。它可分为普通尘肺病和传染性尘肺病两种实体形式。传染性尘肺病在患者大约35岁之后很有可能会发展为一种肺结核，并导致严重的残疾，死亡率也很高。②尘肺病在煤炭工业发展之初就已存在，20世纪之后，煤炭工业中患有尘肺病的矿工人数大增。特别在20世纪50年代初期，当时英国全国超过8%的矿工患有这种疾病，并且煤炭工业中尘肺病患者的数量是其他制造业中的9倍多，这种疾病引起的死亡率非常高。在20世纪40年代后期，煤矿工人死于尘肺病的人数每年达700—800例；从20世纪50年代早期到60年代后期，英国煤矿工人尘肺病死亡率每年高达1600例，大大超过事故死亡人数。③这对英国煤炭工业的发展产生了很大的负面影响。与此同时，这一疾病引起了包括英国历史学者在内的社会各界力量的高度关注。

H. 汤森-罗斯对1950年煤矿工人的尘肺病问题进行了简单的介绍，他指出，当时由全国煤炭委员会和其他机构对此疾病进行研究以及提供相关的治疗和管理，如有诊断、早期治疗、定期体检以及对新加入者例行体检和委派医学官员负责人等措施。但是他认为当时煤炭工业并没有提供优先于国有化的煤矿医疗服务，煤矿工人福利委员会却做了大量的工作，如建立复原中心和康复期

---

① Robinson C, Sykes A. *Privatise Coal: Achieving International Competitiveness*, p. 65.

② Gilson J C, Kilpatrick G S. Management and Treatment of Patients with Coal-Workers' Pneumoconiosis, *The British Medical Journal,* Vol. 1, No. 4920, 1955, pp. 994-999.

③ McIvor A, Johnston R. *Miner's Lung: A History of Dust Disease in British Coal Mining*, p. 54.

疗养所、帮助医院和护理机构、提供或供应急救和手术以及其他医疗服务等，然而这些建设性的工作还是没有达一种综合的矿井医疗服务的标准。①

从罗斯玛丽·斯蒂文斯（Rosemary Stevens）对英国当时总体医学发展水平的介绍中，也可以理解当时英国医学界对尘肺病的认识、治疗尚处于起步阶段。②

从 A. L. 科克伦等人发表的一份关于小朗达地区肺结核的调查报告可以看出，当时政府对于硅肺病问题的措施和方案。③洛林·E. 科尔通过对 1934 年到 1976 年多患有尘肺病矿工的数量变化和福利待遇进行比较之后，认为全国煤炭委员会在预防煤矿工人肺病方面取得了重大的进步。④

另外，A. J. P. 多尔顿主要以 20 世纪 90 年代英国社会中的环境卫生为主题，将英国所有工作场所（包括煤矿矿井）的环境卫生和工作人员的安全健康联系起来，他指出，只有涉及整个工作场所和社区的安全与卫生，环境风险预防方案才是有效的；预防比治疗更有效；需要实施公平、坚定和有效的法律措施，才能更有效地降低事故发生率。⑤很显然，他的侧重点主要在 20 世纪末期英国包括煤矿工人在内的所有工作场所工作人员的卫生安全问题。威廉·阿什沃思在对英国煤炭工业从 20 世纪 40 年代的国有化到 20 世纪 80 年代初的情况进行阐述时，对尘肺病问题主要从疾病的流行程度、采取的措施等方面进行了简单的介绍。⑥对于煤矿工人尘肺病研究最具权威的著作是阿瑟·麦克沃尔和罗纳德·约翰斯顿（Ronald Johnston）于 2007 年出版的《煤矿工人的肺病：英国煤矿中的灰尘疾病史》一书。他们认为，英国在 19 世纪和 20 世纪由于吸入灰尘而导致的呼吸疾病，在煤炭工业中比在任何其他工业中更流行、更致命，特别在 20 世纪 50 年代和 60 年代，英国仅因尘肺病致死的煤矿工人每年超过 1000 名，呼吸类疾病对煤矿工人的健康构成严重的威胁。接着他们从当时英国的医学知识及流行病学的发展，国家的角色、煤矿主的角色和全国煤炭委员

① Townshend-Rose H. *The British Coal History,* London: George Allen and Unwin. 1951, p 125.

② Stevens R. *Medical Practice in Modern England*, London: Transaction Publishers, 2003, p. 68.

③ Cochrane A L, Cox J G, Jarman T F. Pulmonary Tuberculosis In The Rhondda Fach: An Interim Report of A Survey of A Mining Community, *The British Medical Journal,* Vol. 2, No. 4789, 1952, pp. 843-853.

④ Kerr L E. Black Lung, *Journal of Public Health Policy,* Vol. 1, No. 1, 1980, pp. 50-63.

⑤ Dalton A J P. *Safety, Health and Environmental Hazards at the Workplace*, 1998, pp. 4-6.

⑥ Ashworth W, Pegg M. *The History of the British Coal Industry, Volume 5: 1946-1982: The Nationalized Industry*, pp. 560-569.

会的角色，煤矿工业、工作环境、劳动过程和技术对人体的影响，工人自身对疾病的评价等方面入手，考察分析了造成这种局面的原因。他们指出，所有这些因素导致的结果是呼吸类疾病以非常大的比例流行，造成英国整个20世纪对煤矿工人社区的“大杀戮”，这种灾难将在未来很长时期内仍然对煤矿工人社区造成损害。①他们主要以英国煤矿中灰尘疾病和各方力量对它的策略来探究煤炭工业中职业疾病的历史。

而本书主要从英国煤矿工人的尘肺病对煤炭产量的影响，对全国煤炭委员会生产成本的影响和对政府财政的影响三个方面探究尘肺病对这一时期煤炭工业转型的影响。

一、矿工尘肺病导致煤炭产量下降

英国煤炭的产量自第二次世界大战以后基本上处于下降的状态，除了在1956年曾达2.28亿吨之外，其他时间都没有这样的产量，更不用说与1913年的2.87亿吨相比了。②造成煤炭产量下降的原因与煤矿工人中的尘肺病密切相关。20世纪40年代以来，英国煤炭工业中尘肺病的流行情况非常严重。1930—1942年，每年新增病例大约在几十人到1000人之间不等，而从1943年起一直到1955年，英国煤矿工人中每年尘肺病的患病数都在1000例以上，而且在1950年新增5800例。③有些地区此疾病的患病比率相当高。例如，在南威尔士地区，1931年被确诊的尘肺病病人只有44例，而在1945年之前，总共有6531例。④然而1945年南威尔士新确诊患有尘肺病的人数就高达5224例；截至1947年，南威尔士被确诊的尘肺病病人大约有1.6万例，至少还有同等数量的未确诊病例。⑤20世纪50年代，南威尔士地区的朗达凡切（Rhondda Fach）煤矿矿区尘肺病的发展情况最让人触目惊心。此地当时大约有19 000名成年人，1940—1950年，每一年对当地4个煤矿中的3个煤矿的井下工人进行尘肺病的调查，结果发现，大约30%的矿工患有尘肺病，15%的矿工患有传染

① McIvor A, Johnston R. *Miner's Lung: A History of Dust Disease in British Coal Mining*, 2007, pp. 300-318.

② National Union of Mineworkers. *Britain's Coal: Report of Study Conference*, p. 22.

③ McIvor A, Johnston R. *Miner's Lung: A History of Dust Disease in British Coal Mining*, p. 55.

④ Medical News, *The British Medical Journal,* Vol. 2, No. 4722, 1951, p. 64.

⑤ Gilson J C, Kilpatrick G S. Management and Treatment of Patients with Coal-Workers' Pneumoconiosis, *The British Medical Journal,* Vol. 1, No. 4920, 1955, pp. 994-999.

性尘肺病。在 1945 年，南威尔士地区矿工患有尘肺病的人数大约为 6%，而在朗达凡切地区则高达 25%。[①]另外，当时煤矿工人的尘肺病感染和致残速度极快。1930 年 3 月，曾在西威尔士地区的 1200 名煤矿工人中挑选出 11 名最健壮的年轻人组成一个足球队，在 1943 年的时候，11 人中已有 7 人感染尘肺病，其中 6 人年龄在 40 岁到 42 岁，1 人为 33 岁；在他们当中，5 人由于尘肺病而完全残疾，2 人几乎完全残疾。[②]煤矿工人中尘肺病如此肆虐，直接影响了煤炭工业的发展。而在它流行的早期阶段，则直接造成了煤炭产量的下降。

在尘肺病流行的早期阶段，英国尘肺病煤矿工人被迫离开煤炭工业引起煤炭产量的大幅下降。早期煤矿工人中的尘肺病由于当时的医学不发达而被视为硅肺病，从而被剥夺了工作的权利。尘肺病在 1942 年作为煤炭工业职业疾病被官方认可，这对患有尘肺病的煤矿工人而言是一件有利的事情。然而，1943 年尘肺病补偿计划的结果之一是被确诊的煤矿工人仍要离开煤炭工业。[③]截至 1948 年，总共约有 22 000 名尘肺病矿工被迫离开他们的工作岗位，其中 85%的人来自南威尔士。[④]这种规定对尘肺病工人的健康无疑是极为有利的。然而，患有尘肺病的工人一般都是井下工人。他们在英国煤炭工业中占有很大的比例，如在 1945 年英国煤矿中，井下工人约占煤矿劳动力总数的 76.56%。[⑤]由于井下工人，尤其是采煤工人直接与煤炭产量有关，而且这些人中的大多数更容易患有尘肺病，因此他们的离开对煤炭工业造成的损失非常巨大。我们可通过最简单的数学方法，最保守地估算一下这些人的离开对煤炭产量造成的损失。

1939 年，英国总共有 456 例新确诊的尘肺病煤矿工人。这一年，英国煤矿总劳动力的人数为 76.63 万，总产量为 2.313 亿吨[⑥]，则人均年产量为 301.84 吨。由此可知，由尘肺病煤矿工人引起的产量损失为：456 × 301.84 吨=137639 吨。从这一组数据可以看出，在 20 世纪 30 年代后期，尘肺病对英国煤炭产量

① Cochrane A L, Cox J G, Jarman T F. Pulmonary Tuberculosis In The Rhondda Fach: An Interim Report of A Survey of A Mining Community, *The British Medical Journal,* Vol. 2, No. 4789, 1952, pp. 843-853.

② Wilson H. *New Deal for Coal*, p. 43.

③ Gilson J C, Kilpatrick G S. Management and Treatment of Patients with Coal-Workers' Pneumoconiosis, *The British Medical Journal,* Vol. 1, No. 4920, 1955, pp. 994-999.

④ McIvor A, Johnston R. *Miner's Lung: A History of Dust Disease in British Coal Mining*, p. 284.

⑤ McIvor A, Johnston R. *Miner's Lung: A History of Dust Disease in British Coal Mining*, p. 30.

⑥ Kirby M W. *The British Coalmining Industry, 1870-1946: A Political and Economic History*, p. 172.

的影响还不是非常明显，然而，随着矿井机械化采煤工作的深入和医学技术的发展，英国患有尘肺病的煤矿工人的数量逐年增大。因此，他们对英国煤炭产量的影响也逐渐形成规模。

从 1943 年开始，尘肺病每年的新增数量超过 1000 例。也就是说，如果这 1000多人离开煤炭工业的话，以当时的生产水平计算，每年最少少开采数十万吨煤炭。1945 年煤炭工业深矿井总产煤量为 1.775 亿吨①，如果按照 1945 年煤矿工人数量（711 000 人）来算，平均每人每年的产量约为 249.65 吨；如果按此年年底的人数（699 000 人）来算，这一时期的人均年产量约为 253.93 吨。②那么，南威尔士在 1945 年由于新确诊尘肺病人（5224 例）而引起的直接产量损失约为：5224 × 249.65 = 130.42 万吨，或 5224 × 253.93 = 132.65 万吨。整个英国在 1945 年被新确诊的尘肺病患者总共为 5821 例，那么这些人的离岗造成的平均产量损失为：5821 × 249.65 = 145.32 万吨，或 5821 × 253.93 = 147.81 万吨。很显然，从这个数字与 1939 年的数据对比可知，尘肺病患者的增加对煤炭产量的影响在逐渐加大。

1946 年，整个英国新增尘肺病患者也在 4500 例以上，由此方法可推算出这些人的离开对煤炭产量的影响。1947 年，南威尔士尘肺病煤矿工人离开煤炭工业的人数为 4775 人，深矿井的产量为 1.875 亿吨，劳动力为 70.39 万人，则每人每年的平均产量为 266.37 吨。③由此可以推算出 1947 年仅由南威尔士尘肺病煤矿工人造成的损失为：4775 × 266.37=127.19 万吨。1948 年，威尔士所有确诊的尘肺病患者为 11 420 例，其中新增尘肺病患者 4600 例。1948 年煤矿工业中的人力为 724 000 人，深矿井的年产量约为 1.99 亿吨，则计算得出平均每人年产量为 274.86 吨④，则尘肺病矿工造成的总的损失为：4600 × 274.86=126.44 万吨。由此可见，英国煤炭工业尘肺病工人被迫离开煤炭工业带来的损失是巨大的。

综上可以看出，尘肺病在英国煤炭工业流行的早期，由于矿工患者的离开导致煤炭产量降低。而且随着每年新确诊病例的增加，煤炭产量的损失也在增

① Ashworth W, Pegg M. *The History of the British Coal Industry, Volume 5: 1946-1982: The Nationalized Industry*, p. 3.

② Supple B. *The History of the British Coal Industry, Volume 4: 1913-1946: The Political Economy of Decline*, Oxford, New York: Clarendon Press, 1987, p. 670.

③ Coal Authority. *Summary of United Kingdom Coal Production and Manpower from 1947.*

④ Townshend-Rose H. *The British Coal History*, pp. 154-155.

加。按照这种静态方法计算，1936—1942 年，每年由于尘肺病患者的离开而导致的煤炭产量的损失可达十几万到几十万吨。例如，我们计算得出，1939 年煤炭产量的损失在 137 639 吨。随着 1943 年新增病例数量的上升，每年对煤炭产量的影响应该是在 100 万吨以上，如我们得出在 1945 年可能损失了 147.81 万吨，1947 年和 1948 年仅南威尔士地区煤炭产量的损失可能分别为 127.19 万吨和 126.44 万吨。在计算的过程中，本书主要应用人均产量，而忽略了采煤工人和普通工人之间生产能力的差距。这主要考虑到在井下工人中，随着机械化采煤的广泛发展，采煤工人的比例越来越少，这种差距可以忽略。同时，这也使数据在保守的基础上能够说明当时产量下降的情况。

在第二次世界大战前后，尘肺病煤矿工人就开始因这一疾病而离开煤炭工业。在第二次世界大战结束后，每年被迫离开煤炭工业的尘肺病患者越来越多。加之许多矿工因为其他原因而不愿继续在矿井中工作，1947—1948 年，有 20 000 名工人大批离开煤炭工业，这对煤炭工业的生产无疑蒙上了一层阴影。[①]鉴于此类情况，政府打算对那些离开煤炭工业的尘肺病工人采取复员计划，以保证煤炭的生产。1946 年，英国能源部成立了一个全国联合尘肺病委员会（National Joint Pneumoconiosis Committee），这一组织的首要工作就是提出一个关于《尘肺病工人再就业》的计划，其中允许煤炭工业在适度的灰尘条件下雇用尘肺病工人，英国议会在 1948 年通过了该计划。在这一政策之下，尽管仍有部分人考虑到自身的健康问题而离开了煤炭工业，但绝大部分人还是留了下来。例如，在 1953 年大约在 1000 名新增尘肺病煤矿工人中，只有 80 名被建议离开煤炭工业；到 1953 年底，8200 名被允许到矿井中就业的尘肺病工人中，只有 10%多一点的人拒绝在煤矿中工作。[②]截至 1960 年，有将近 20 000 名尘肺病煤矿工人继续在英国和各个矿区工作。[③]尘肺病煤矿工人的返岗解决了他们在社会中的就业问题，却给煤炭工业带来了新的考验。“1941 年新招募的人员少于 15 000 名，而同年煤炭工业中减少人数为 4 万人”[④]，“1943 年，

① Ashworth W, Pegg M. *The History of the British Coal Industry, Volume 5: 1946-1982: The Nationalized Industry*, p. 163.

② Gilson J C, Kilpatrick G S. Management and Treatment of Patients with Coal-Workers' Pneumoconiosis, *The British Medical Journal,* Vol. 1, No. 4920, 1955, pp. 994-999.

③ McIvor A, Johnston R. *Miner' s Lung: A History of Dust Disease in British Coal Mining*, p. 148.

④ Wilson H. *New Deal for Coal*, p. 48.

5 万人由于疾病或事故缺勤。1938—1941 年，煤炭工业中人数减少了 84 000 名，估计将近 5 万人是采煤工人”①。

二、补偿尘肺病矿工增加了煤炭工业和政府的财政负担

在 1948 年之后，患有尘肺病的煤矿工人陆续返回煤炭工业。与此同时，尘肺病的流行似乎更加疯狂：1949 年，在矿工队伍中尘肺病的流行继 1945 年之后掀起了第二个高峰，甚至从数量上超过了 1945 年的 5821 例，几乎达 6000 例；在此之后，这种趋势稍有下降，1955 年为 5000 例。②之后，尘肺病的流行势头得到遏制。与此疾病流行相伴而行的是由尘肺病致死的工人数量每年也大幅增加，而且这种疾病的致死率极高。即使在 20 世纪 90 年代后期这种疾病造成的死亡人数大大下降了，但煤炭工人中由尘肺病致死的人数仍然是其他行业尘肺病致死人数的 5 倍。1930—1990 年，由尘肺病导致的煤矿工人死亡数达 4 万例，这只是官方的保守记录。③这种情况给煤炭工业的财政带来一定的负担。

尘肺病煤矿工人的伤残救济金给煤炭工业的财政增加了一定的负担。英国政府在 1918 年开始筹划对硅肺病（尘肺病的一种类别）工人进行立法补偿。但在 1924 年出台的相关法案中规定，只有在特殊工业中的硅肺病严重到易于感染肺结核或病情严重恶化时，才会有赔偿，而当时的补偿金由雇主负责。④然而早期患有硅肺病的煤矿工人，由于医学发展水平的限制而得不到任何补偿。1931—1933 年，在南威尔士估计有 250—300 人被医学委员会确诊为硅肺病，其中 130 人完全残疾，他们除了被迫停止工作之外，也不能申请任何补偿。⑤1934 年，英国被硅肺病致残的煤矿工人中只有一小部分人获得了有限的补偿。⑥

煤矿工人早期的尘肺病大多数被拒绝补偿。例如，1933—1935 年，被拒

① Wilson H. *New Deal for Coal*, pp. 55-56.

② McIvor A, Johnston R. *Miner's Lung: A History of Dust Disease in British Coal Mining*, p. 55.

③ McIvor A, Johnston R. *Miner's Lung: A History of Dust Disease in British Coal Mining*, p. 54.

④ *CAB/24/167, Workmen's Compensation（Silicosis）Bill.*

⑤ McIvor A, Johnston R. *Miner's Lung: A History of Dust Disease in British Coal Mining*, p. 191.

⑥ Kerr L.E. Black Lung, *Journal of Public Health Policy*, Vol. 1, No. 1, 1980, pp. 50-63.

绝补偿的比例从 22%上升到 50%。[①]随着煤炭工业尘肺病患者数量的增加，工业自身开始加大补偿救济金的数额。从 20 世纪 30 年代后期开始，大量的煤矿工人被诊断为尘肺病。1936—1941 年，尘肺病工人每年新增人数在 500 人左右，而从1942年开始，人数大量增加，每年将近900例。这种情况促使政府开始承认并补偿煤矿工人中除了硅肺病之外的其他灰尘疾病。1942年，官方正式承认煤炭工人尘肺病并给予补偿。在《1943 年工人补偿法案》（*Workmen's Compensation Act of 1943*）中，将补偿范围延伸到煤炭工业中的在岗工人和患有各种尘肺病的工人，并且对患有尘肺病的煤矿工人根据其伤残程度给予周补贴或一大笔现金补偿。[②]在《1943 年工人补偿法案》中，第二次世界大战前最大的补偿每周达 1 英镑 10 先令。[③]

随着新增尘肺病病例在 1943 年突破 1000 例大关，1944 年突破 2000 例大关，1945 年整个英国新增尘肺病病例竟然达 5821 例。[④]英国政府对尘肺病的补偿范围也进一步扩大。《1946 年国家工业伤残保险法案》中规定补偿的对象为所有或曾经被煤炭工业雇用的煤矿工人，但是这个规定不包括已在《1943 年工人补偿法案》中获得过补偿的工人。[⑤]显然，《1946 年国家工业伤残保险法案》的补偿对象已延伸到之前离职的煤矿工人中的尘肺病患者。

一份 1948 年的政府文件清楚地反映了全国煤炭委员会的财政负担加重后，有意向工人转嫁的心理：全国煤炭委员会原则上同意对煤矿工人的补充救济金计划，但是煤矿工人与该委员会都必须提供一定比例的费用；能源大臣也认为该计划每年支出的费用将达 320 万英镑，如果工人的集资不能提供大约一半费用，此计划将不可能被政府批准，并且认为补充救济金应该只对井下工人支付等。[⑥]后来，全国煤炭委员会在每吨可出售煤炭中抽出 4 便士，每个煤炭工人每

① McIvor A, Johnston R. *Miner's Lung: A History of Dust Disease in British Coal Mining*, p. 83.

② Gilson J C, Kilpatrick G S. Management and Treatment of Patients with Coal-Workers' Pneumoconiosis, *The British Medical Journal,* Vol. 1, No. 4920, 1955, pp. 994-999.

③ McIvor A, Johnston R. *Miner's Lung: A History of Dust Disease in British Coal Mining*, p. 287.

④ McIvor A, Johnston R. *Miner's Lung: A History of Dust Disease in British Coal Mining*, p. 55.

⑤ Gilson J C, Kilpatrick G S. Management and Treatment of Patients with Coal-Workers' Pneumoconiosis, *The British Medical Journal,* Vol. 1, No. 4920, 1955, pp. 994-999.

⑥ *CAB/129/26, Supplementary Injures Benefits for Miners: Memorandum by the Minister of Fuel and Power.*

周集资 4 便士，该委员会总共承担了 6/7 的补偿费用。[①]尘肺病煤矿工人的新增病例自 1948 年到 1961 年几乎每年都在 3000 例以上。其中除 1948 年、1951—1954 年、1957—1961 年之外，其余每年新增病例都在 4000 例以上，1955 年达 5000 例。1950 年甚至达 5900 多例，超出 1945 年的水平，创英国尘肺病病例的历史新高。截至 1960 年，患有尘肺病的煤矿工人达 18 898 人。[②]随着尘肺病工人数量的增多，支付给煤矿工人的救济金也比其他行业工人的额度多。[③]这表现在对尘肺病煤矿工人的双重或多重补偿的措施中，如英国议会在《1954 年国民保险法案》（*National Insurance Act 1954*）规定了一项疾病救济金，而且这份救济金与 1946 年的救济金并不冲突。[④]此外，如果一位患尘肺病的煤矿工人获得一份工作，尽管按照《1943 年工人补偿法案》的规定，他随后的工资会降低，进而会使他的周补贴下降，但是按照《1946 年国家工业伤残保险法案》的规定，他之前得到的补贴是一种生活养老金，不受他随后补贴的影响。[⑤]例如，在旧的工人赔偿法案体制下，最大数额的赔偿支付给有孩子的已婚工人，他受伤后得到的救济金在前 13 周中每周是 45 先令，之后每周是 55 先令。《1946 年国家工业伤残保险法案》和《煤矿工人的补充方案》一起增加赔偿支付给有小孩的已婚工人，数额是前 26 周每周 88 先令 6 便士，之后每周是 109 先令 6 便士。[⑥]除此之外，全国煤炭委员会还要为之前离职的煤矿工人支付尘肺病的特殊补偿。1948 年，《工业伤残法案》规定一个完全残疾的人可得到 2 英镑 5 先令的救济金，除此之外，他的妻子和第一个孩子分别还可以再获得 16 先令和 7 先令 6 便士的补偿。[⑦]

对尘肺病煤矿工人的补偿根据病情的严重程度分为几个等级，伤残级别通过百分比的形式表示，并且补偿金主要以 10%的级别范围来定。伤残救济金开始时每周为伤残级别达 1%—10%的尘肺病矿工补偿 6 先令 9 便士，而对伤残级

---

① Townshend-Rose H. *The British Coal Industry*, p. 114.

② McIvor A, Johnston R. *Miner's Lung: A History of Dust Disease in British Coal Mining*, pp. 55-287.

③ *CAB/129/41, C.P. (50) 161, Involuntary Absenteeism in the Coalmining Industry.*

④ Gilson J C, Kilpatrick G S. Management and Treatment of Patients with Coal-Workers' Pneumoconiosis, *The British Medical Journal*, Vol. 1, No. 4920, 1955, pp. 994-999.

⑤ Gilson J C, Kilpatrick G S. Management and Treatment of Patients with Coal-Workers' Pneumoconiosis, *The British Medical Journal*, Vol. 1, No. 4920, 1955, pp. 994-999.

⑥ *CAB/129/35, Effect of New Sickness and Injury Benefits upon Absenteeism in Coal Mines.*

⑦ McIvor A, Johnston R .*Miner's Lung: A History of Dust Disease in British Coal Mining*, p. 287.

别为 100%的尘肺病工人增加到 67 先令 6 便士。[①]尘肺病煤矿工人也有权要求增补周救济金，这主要包括：27 先令 6 便士的特殊困难补贴；每周 40 先令的补贴（主要针对的是无受雇能力、已婚男人和有孩子的工人）；近 60 先令的一种经常性加班补贴；全国煤炭委员会和全国煤矿工人工会联合推出的煤矿工人补充方案的辅助养老计划下的伤残退休金。[②]同时，对伤残程度为 80%—100%的矿工，全国煤矿工人工会每周补助给其爱人 20 先令；对伤残程度在 50%的煤矿工人会提供补助金；如果伤残程度低于 40%，就没有补助金。[③]按照这样的标准，全国煤炭委员会在 1955 年做出了对近 5000 个符合条件的矿工进行补偿决定。[④]倘若 1955 年尘肺病矿工中的 80%符合第一类别的救济金补偿条件，那么全国煤炭委员会每周要为这样的矿工支付大约 4000 × 6.75= 27 000 先令，合 1350 英镑。

1959—1997 年，英国煤矿工人尘肺病的流行情况分别为：1959—1963 年，煤矿劳动力中的尘肺病患者占总矿工人数的 12%，其中第一类别的尘肺病煤矿工人的比例占 7%左右，第二、三类别占 4%，第四类别占 1%；1964—1968 年，煤矿工人尘肺病患者占总矿工人数的 9.9%，其中第一类别占 7%，第二和第三类别占 2.3%，第四类别占 0.6%；1969—1973 年，煤矿工人尘肺病患者占总矿工人数的 9.8%，其中第一类别占 7%，第二和第三类别占 2.5%，第四类别占 0.3%；1974—1977 年，煤矿工人尘肺病患者占总矿工人数的 7.5%，其中第一类别占 5.7%，第二和第三类别占 1.3%，第四类别占 0.5%；1979—1981 年，煤矿工人尘肺病患者占总矿工人数的比例达 4%，其中第一类别占 3.3%，第二和第三类别占 0.6%，第四类别占 0.1%；1982—1985 年，煤矿工人尘肺病患者占总矿工人数的比例为 2%，其中第一类别占 1.8%，第二和第三类别占 0.2%；1986—1989 年，煤矿工人尘肺病患者总共占矿工人数的 0.6%，其中第一类别占 0.5%，第二和第三类别占 0.1%；1990—1993 年，煤矿工人尘肺病患者占矿工总人数的比例为 0.3%，其中第一类别占 0.25%，第二和第三类别占 0.05%；1994—1997

① Gilson J C, Kilpatrick G S. Management and Treatment of Patients with Coal-Workers' Pneumoconiosis, *The British Medical Journal,* Vol. 1, No. 4920, 1955, pp. 994-999.

② Gilson J C, Kilpatrick G S. Management and Treatment of Patients with Coal-Workers' Pneumoconiosis, *The British Medical Journal,* Vol. 1, No. 4920, 1955, pp. 994-999.

③ *CAB/129/26, Supplementary Injures Benefits for Miners: Memorandum by the Minister of Fuel and Power.*

④ Kerr L E. Black Lung, *Journal of Public Health Policy*, Vol. 1, No. 1, 1980, pp. 50-63.

年，煤矿工人尘肺病患者大约占总矿工数的 1%。[①]

按照这种比例，1980 年煤矿工人为 229 800 人，则尘肺病煤矿工人的总数达 9192 人，第一类别的尘肺病工人数为 303 人，第四类为 92 人，则这两种尘肺病工人每年的最低补偿金分别为 5323 英镑和 16 131 英镑。从这个数据可以看出，英国煤炭工业和政府的财政对患有尘肺病的煤矿工人的补贴，从国有化以来一直存在，而且补偿金额很高，以至于英国煤炭工业对尘肺病工人的补偿金额加上其他救济金额一度达年度赤字 900 万英镑的惊人地步。鉴于此，英国政府在《1975 年煤炭工业法案》第 1 条中明确规定：全国煤炭委员会用于尘肺病矿工的救济金开支总额可高达 1 亿英镑。[②]在 20 世纪 70 年代，对尘肺病煤矿工人的补助超过 2 亿英镑。[③]而且，《1980 年煤炭工业法案》中又新增加了 700 万英镑的尘肺病救济金。[④]由此可见，20 世纪 70 年代尘肺病工人的救济费用占政府和相关机构财政支出的比例很大。

从上述规定和补偿范围、力度来看，英国政府及其他相关部门对尘肺病工人的补偿在第二次世界大战后特别是在 1948 年之后逐步加大。这对改善患尘肺病的煤矿工人的处境非常有利，也在一定程度上反映了英国在第二次世界大战后建立福利国家的宗旨。

三、攻克矿工尘肺病加重了工业和政府财政的负担

尘肺病在 1942 年被官方认定为煤矿工人所患的一种职业疾病。因此，大量煤矿工人在进行体检后，发现很多人都患有尘肺病。而且，当时尘肺病流行的比例如上文所述一路攀高。面对这种局面，英国政府和全国煤炭委员会除了对罹患此种疾病的工人进行经济补偿之外，还对这种疾病展开了大量的调查研究并采取各项抑制措施，企图从源头上切断和根治这种疾病。当然，这种调查研究和一系列预防与抑制措施同样增加了政府和煤炭工业管理部门的财政支出。

由于矿井高浓度的灰尘颗粒会导致大量矿工患有尘肺病，因此，英国政府

---

① McIvor A, Johnston R. *Miner's Lung: A History of Dust Disease in British Coal Mining*, p. 119.

② *Coal Industry Act 1975*.

③ Beckett F, Hencke D. *Marching to The Fault Line: The 1984 Miners' Strike and the Death of Industrial Britain*, p. 26.

④ *Coal Industry Act 1980*.

与全国煤炭委员会开始致力于降低矿井灰尘密度。矿区尘肺病研究人员提供了一个清楚的证据：如要控制煤炭工人的尘肺病，关键在于降低矿井中可吸入的灰尘。随着研究的深入，这种灰尘控制标准进一步提高。全国煤炭委员会也积极地根据这种标准采取改良措施。随着矿井（可吸入灰尘）规定的引入，1975年法律规定煤炭工业必须坚持这些标准。[①]但是全国煤炭委员会接受新的灰尘标准就意味着需要花更多的财力和精力改善矿井的通风条件，改良矿井中已有的通风设施和设备，这无疑增加了其财政预算。

此外，为了减少煤炭生产过程中灰尘的产生，全国煤炭委员会开始对煤炭生产的技术进行改革和创新。例如，将原先直接用大机器切割煤面的方法改为水灌法（水灌法就是把水注入煤面平滑的断层或平面，以抑制灰尘的产生）。这个技术很快被整个南威尔士地区煤矿采用。1965 年，英国有 14%的煤矿采用了水灌法。[②]由于水灌法需要花大量的时间，事实上这种方法没有持续多久就停止了，但这已充分说明全国煤炭委员会确实在寻求抑制灰尘的方法。另外，还有一些抑制灰尘的措施，如远距离操作长墙煤面系统的引入、预防灰尘吸入的呼吸面具等。这些充分说明，全国煤炭委员会对尘肺病的预防采取了各种各样的积极措施，并且花费了大量的精力和财力。

在尘肺病大规模、大范围流行之前，全国煤炭委员会根据法律规定对所有年龄在 18 周岁以下的人员进行医学检查，而在南威尔士，任何年龄的新招募人员必须接受 X 光检查和其他医学检查。[③]而当这种疾病开始在全国范围内肆虐时，全国煤炭委员会开始对所有煤矿工人进行定期的 X 光检查。除全国煤炭委员会之外，国家保险部在一个阶段组成了尘肺病专门小组，对各个矿区的煤矿工人进行 X 光检查，而且这种检查从 20 世纪 50 年代开始成为煤矿工人的常规检查，这种常规检查持续达 22 年之久。[④]毫无疑问，这种规模较大、持续时间很长的检查，需要投入大量的人力、物力和财力。

1945 年，医学研究委员会在南威尔士地区成立了一个尘肺病研究机构从

---

① McIvor A, Johnston R. *Miner's Lung: A History of Dust Disease in British Coal Mining*, p. 118.

② McIvor A, Johnston R. *Miner's Lung: A History of Dust Disease in British Coal Mining*, p. 167.

③ Ashworth W, Pegg M. *The History of the British Coal Industry, Volume 5: 1946-1982: The Nationalized Industry*, p. 560.

④ Heppleston A G. Prevalence and Pathogenesis of Pneumoconiosis in Coal Workers, *Environmental Health Perspectives,* Vol. 78, 1988, pp. 159-170.

事调查各种各样的灰尘，该机构一直到1985年还存在。医学研究委员会每年花在尘肺病工作中的经费大约为77 000英镑。按此计算，医学研究委员会在40年中总共花在尘肺病研究工作上的经费达308万英镑。另外，还有能源部针对尘肺病而建立的矿业矿井安全研究，其每年的成本达75 000英镑，主要用于工作在谢菲尔德（Sheffield）的48名员工的薪水。①这些组织和机构的建立，对煤矿工人尘肺病的预防和治疗无疑有特别重要的作用。如上所述，这些机构和组织的运转需要政府和煤炭工业大力的支持和投资，因此，它们也在一定程度上增加了煤炭的生产成本。

另外，在20世纪50年代初期，尘肺病研究机构在南威尔士地区对煤矿工人进行体检，调查尘肺病问题。他们在研究中使用了各种各样的宣传，如利用无线电广播、电视、讲座、信函和家访等形式。这种调查花费很长的时间，分几个阶段进行。例如，仅第一个阶段调查人员就花了六个月时间。当然，研究收到了一定的效果，与此同时，也投入了大量的人力、物力和财力。

此外，英国政府从各个方面着手对尘肺病矿工提供尽可能好的康复条件。1969年，职业医学研究所以爱丁堡为研究基地，下辖4个分部，从事相关研究：一个长期研究尘肺病和呼吸系统疾病；一个致力于研究环境因素包括灰尘暴露；一个研究矿井对工人的生理影响；一个是统计部。②这种研究一方面对英国煤矿工人的尘肺病问题产生了有利影响；另一方面也可以看出英国政府在此方面的财政投资。

综上所述，由于尘肺病在煤矿工人中的大规模流行，导致英国政府和全国煤炭委员会对这种疾病的致病机制进行了研究，并对矿工的工作条件进行了改善，同时，也进行了大量的矿区调查和药物的临床实验。这些措施和研究从根本上抑制了这种疾病的流行，为英国煤矿工人呼吸疾病发病率的降低产生了非常积极的作用。与此同时，全国煤炭委员会在经营煤炭工业的过程中却备尝艰辛。

四、矿工尘肺病加快煤炭工业衰落的步伐

尘肺病伴随着机械化采煤的大规模使用而在煤矿工人中间普遍流行。1950

① McIvor A, Johnston R. *Miner's Lung: A History of Dust Disease in British Coal Mining*, p. 98.

② McIvor A, Johnston R. *Miner's Lung: A History of Dust Disease in British Coal Mining*, p. 111.

年突破了 1945 年的 5821 例，几乎达 6000 例，创历史最高纪录。1959—1963 年，整个煤炭工业的尘肺病患者人数占矿工总数的 12%，如果按此比例对 1960 年的尘肺病矿工做一个静态计算，可知当时有大约 72 252 名矿工患有此疾病。这是一个保守但相当庞大的数字，而且这种比列一直到 1977 年还保持在 7.5%。据统计，从 20 世纪 30 年代到 90 年代，英国死于尘肺病的矿工人数达 4 万例，这还是一个保守的统计数字。同一时期，煤矿工人中的尘肺病患者人数是这个数字的 3 到 4 倍。①毫无疑问，尘肺病对煤矿工人生命的严重伤害对英国煤炭工业的发展产生了非常消极的影响。

（1）在 1948 年之前对尘肺病煤矿工人的处理方式直接影响了煤炭产量。截至 1948 年，有 22 000 名煤矿工人由于尘肺病而被迫离开煤炭工业。这些工人大多数是井下的熟练工人，如上文所述，这些人的离开直接导致了煤炭产量的下降。产量的下降产生了一个连锁反应，它意味着英国煤炭生产成本的提高，进而影响了英国煤炭在世界市场中的地位。关于这一点，1979 年英国前驻法、德两国的大使尼古拉斯·亨德森爵士在论及英国自第二次世界大战以来衰落的原因时，表达了这种看法："三十年前，前外交大臣欧内斯特·贝文先生曾恳切提出，希望英国生产更多的煤，以便为本国外交政策提供更有力的后盾。此后至今，我国的经济衰落，已发展到了危及我国外交基础的地步。"②

（2）对尘肺病人的救济体现了政府的职能，但也增加了其经济负担，降低了煤炭产量。从 1942 年开始，英国政府和全国煤炭委员会对尘肺病煤矿工人的补偿一方面缓解了尘肺病矿工及其家属的困难处境，有利于加强煤矿工人对煤炭工业的认同；另一方面，从客观上讲，对尘肺病煤矿工人的大量补偿和救济，显然增加了全国煤炭委员会和英国政府的经济负担。例如，全国煤炭委员会常常因为缺乏补偿这种救济金而产生递延尘肺病救济金赤字，这种情况对全国煤炭委员会的经营非常不利。因此，政府不得不对尘肺病工人提供更大的救济金资助，这种局面也使政府最终决定将煤炭工业推向市场。

（3）尘肺病研究对煤炭工业利弊共存。研究尘肺病对煤矿工人尘肺病的流行起到了一定的抑制作用，对人类医学的进步提供了宝贵的经验和治疗方

① McIvor A, Johnston R. *Miner's Lung: A History of Dust Disease in British Coal Mining*, p. 55, p. 56.

② 〔英〕尼古拉斯·亨德森：《英国的衰落及其原因和后果——亨德森爵士的告别报告》，林华清、薛国成译注，第 44 页。

法。然而，这种研究是与英国政府和全国煤炭委员会的大量资金支持密不可分的，因此可以说，它在一定程度上加大了英国政府的财政开支。而尘肺病大规模流行的时代，全国煤炭委员会实行大量的抑制或降低疾病流行的措施，如对采煤方法的改革、对矿井中灰尘密度的规定，以及对生产线上煤矿工人提供灰尘预防面具等措施，这都在一定程度上实现了预期的效果，然而正如上文中所提到的一样，这些措施加重了英国政府的财政负担，对当时煤炭工业的发展产生了一定的负面影响。

综上所述，由于英国煤矿工人中尘肺病的大规模流行导致煤炭工业中劳动力在一定阶段的下降，进而影响了煤炭产量的增加。对尘肺病矿工救济金的补偿使这部分群体的生活得到了很大的改观，也使他们对煤炭工业产生了认同感，但与此连带出现的一系列其他费用却增加了政府财政的负担。这几个方面在一定程度上加强了煤炭工业走向改革道路的理由。在一定意义上也可以说，煤矿工人的尘肺病问题更加强化了英国煤炭工业的衰落状态。

第三节　煤炭工业和其他行业共生关系的转变与煤炭工业转型

英国因其丰富的煤炭储量而滋养了一个让世界惊叹的工业国家。煤炭工业不仅作为工业生产需要的燃料，而且在英国的产业化发展中又成为其动力能源。因此，钢铁、铁路运输和电力供应等行业的发展与煤炭工业之间的关系密不可分。然而进入 20 世纪 50 年代以后，由于全球能源结构发生了极大的变化，煤炭工业和其他行业紧密相连的关系发生了极大的变化，这种变化引起了史学界的广泛关注。

特里·戈尔维什（Terry Gourvish）在研究 1974—1997 年英国铁路发展时认为，自 20 世纪 50 年代后期以来，英国工业中由于煤炭、石油等产业的衰落而导致铁路运输业的不景气，从而推动了英国铁路的整合与转型。[①]他主要考察了影响铁路发展的诸多因素，其中煤炭工业等衰落也是其中之一，但其对煤

① Gourvish T. *British Rail 1974-97: From Integration to Privatisation,* Oxford, New York: Oxford University Press, 2002, p. 56.

炭与铁路之间的共生关系并没有提及。在 B. S. 基林（B. S. Keeling）[①]、霍华德·G. 罗普克（Howard G. Roepke）[②]以及 J. C. 卡尔（J. C. Carr）[③]等人的著作中，认为英国钢铁工业与英国煤炭工业的关系是一种技术进步或能源结构变化的结果。这些学者的研究为本书研究煤炭与钢铁工业的共生关系提供了丰富的前期资料，但是他们考察两者之间关系的角度仍然没有切中共生关系理论。威廉·阿什沃思等人对英国从煤炭工业国有化以来到 20 世纪 80 年代初煤炭工业与国内制造业关系的发展也给予了一定的关注，他们认为，在 20 世纪 70 年代末，由于整个英国经济的萧条而导致了制造业对包括煤炭在内的能源消费的降低；焦炭产品在 20 世纪 60 年代末因为受到了能源市场中多种资源的影响而亏损。[④]另外，埃里克·韦德在一份调查英国的煤矿与就业的报告中指出，诺森伯兰的煤炭市场非常依赖电力工业，当地煤炭的主要消费者是发电厂，而不是生产制造商、出口贸易商和家庭用户。[⑤]尽管其关注的仍然是就业与煤矿的发展，然而他的调查为煤炭工业与电力工业之间的共生关系研究提供了一个范例。M. J. 帕克在考察玛格丽特·撒切尔政府的政策对煤炭工业的影响时，对煤炭工业和电力工业之间关系的变化给出了自己看法，他认为煤炭工业和电力工业之间存在共生关系；电力工业率先私有化引起了不利于煤炭工业发展的变化；煤炭工业的私有化也无法将政治因素从煤炭工业和电力工业的共生关系中抹去。[⑥]尽管其指出了煤炭工业与电力工业之间存在着一种共生关系，但是他并没有运用共生理论深入地考察这种关系的发展。

上述学者都未能从理论发展的角度入手，对英国煤炭工业与钢铁工业、运输业及电力工业之间的关系进行综合研究。英国丰富的煤炭储量曾为几大行业的发展提供了最原始、最可靠的原料和动力，反过来，其他行业成为支撑英国煤炭工业发展最强大的市场消费者。因此，在这几大行业之间曾构成了一幅典

① Keeling B S, Wright A E G. *The Development of the Modern British Steel Industry,* London: Longman, 1964, p. 96, p. 121.

② Roepke H G. *Movements of the British Iron and Steel Idustry, 1720 to 1951*, Urbana: The University of Illinois Press, 1956, p. 141.

③ Carr J C, Taplin W. *History of the British Steel Industry*, Oxford: Basil Blackwell, 1962.

④ Ashworth W, Pegg M. *The History of the British Coal Industry, Volume 5: 1946-1982: The Nationalized Industry*, p. 414, p. 520.

⑤ Wade E. *Coal Mining and Employment: A Study of Blyth Valley*, p. 6.

⑥ Parker M J. *Thatcherism and the Fall of Coal*, p. 28, p. 79, p. 211.

型的连锁共生互惠关系。而一旦与煤炭工业相关的链条断裂，则受影响最大的一方就是煤炭工业，因为它只提供原材料而几乎没有深加工的主要产品。随着石油和天然气的大量开采和开发利用以及传统行业本身的收缩，这些老牌工业与煤炭工业之间的共生关系开始发生变化。这种变化出现在 20 世纪 50 年代至 60 年代以后。

一般而言，共生是指共生单元之间在一定的共生环境中按某种共生模式形成的关系，其中共生单元是指构成共生体或共生关系的基本能量生产和交换单位；共生模式可称为共生关系，是指共生单元相互作用的方式或相互结合的形式；共生环境是指共生模式发生的环境，它具有多样性，但从行为方式上讲，它存在寄生关系、偏利共生关系和非对称性互惠共生关系以及对称性互惠共生关系，对称性互惠共生是共生关系或机制发展的一个方向。[①]本书主要运用共生行为模式分析方法，来分析英国煤炭工业与其他几大行业之间共生关系的变化及其对英国煤炭工业转型的影响。

一、煤炭工业与钢铁工业共生关系的转变

在第二次世界大战结束后，随着煤炭、钢铁、电力和铁路运输业的国有化，它们之间曾经建立起来的共生发展关系更加密切。这种情况的出现有市场需求促成的一面，当然也有政府宏观调控干预的一面。因此，随着几大行业在后来的衰落和它们相继脱离国有化运营方式的控制，它们之间的共生关系自然就受到了极大的影响。英国煤炭工业与钢铁工业之间的共生关系从行为方式上讲，最初是一种对称性互惠共生行为关系。这是由煤炭在当时是唯一的或最基本的燃料和生产材料的属性决定的，从行业发展的角度而言，煤炭工业需要一定的市场消费才能使它更好地发展。因此，煤钢之间的这种关系在当时应该是一种互惠的共生关系。在煤钢国有化之后，这种发展关系受到了政府力量的左右。政府在一定时期内保护了钢铁工业生产的最基本原料，而排除了市场竞争力量的存在，这在一定程度上将煤钢共生关系拉向一种寄生行为关系。但是由于市场力量、技术发展和工业自身的发展趋势，要求它们之间的这种关系应该转变到更合理的对称性互惠共生关系中。这种趋势也将煤炭工业推上了转型

① 袁纯清：《共生理论——兼论小型经济》，北京：经济科学出版社，1998 年，第 7—78 页。

的轨道。

在第二次世界大战结束后，英国的煤钢关系发展非常密切。因为此时英国钢铁特别是生铁生产过程中所需的焦炭和主要燃料，都必须从煤炭工业中得到。在第二次世界大战后，英国的生铁产量一度稳中有升。1945 年，英国生铁产量达 711 万吨，之后几年一直处于上升状态，到 1949 年达 950 万吨，1953 年达了 1117 万吨[①]，这说明钢铁工业对焦炭的需求也在逐渐加大。而英国的煤炭工业在大力发展的过程中也需要一定的钢铁材料，并且两大工业都是在这一时期从私人所有转为国有。这就增加了政府对这些工业的宏观调控力度，同时这两大工业逐渐也得到了政府的保护。在第二次世界大战结束后，政府基于战争对国内工业的摧毁情况而对国内的老牌能源工业提供了更大的保护力度，也极力促使几大关系国计民生的工业之间建立密切关系，以加快国内战后重建工作的步伐，这使之前的煤钢之间的关系发生了一定的变化。也就是说，煤炭的产销需要钢铁工业的拉动，这在一定程度上形成了一种寄生关系。然而，市场中新因素的出现对煤钢共生关系形成了威胁。

首先，在国有化初期，制钢的原材料中增加了大量的进口废钢渣，而且比例超过了制钢中生铁的用量。而生铁量降低意味着生铁生产中焦炭需求的下降。例如，1950 年，生产 1 吨生铁需要消费的焦炭量是 20.55 英担；1951 年，生产 1 吨生铁需要消费的焦炭量是 21.27 英担。[②]1950 年，英国炼钢过程中进口的废钢渣的比例占到了 58%，生铁量的比例为 42%；1938 年，英国炼钢过程中废钢渣占 54%，生铁占 46%。[③]此外，煤炭产量的下降也在一定意义上影响了煤钢之间的供求关系。1937 年，英国煤炭产量就已达 2.404 亿吨，在战争中有所下降，1945 年达了最低的 1.828 亿吨，第二次世界大战结束后开始逐步上升，但一到 1952 年才与 1937 年的水平持平。[④]煤炭产量的下降对生铁生产有一定的制约作用。这充分说明市场中存在影响两种工业建立共生关系的因素。

---

① British Iron and Steel Federation. *Statistics of the Iron and Steel Industries of Overseas Countries for 1952*, London: Staples Printers, 1953, p. 5.

② Carr J C, Taplin W. *History of the British Steel Industry*, p. 599.

③ Roepke H G. *Movements of the British Iron and Steel Idustry, 1720 to 1951*, p. 140.

④ British Iron and Steel Federation. *Statistics of the Iron and Steel Industries of Overseas Countries for 1952*, p. 9.

其次，第二次世界大战结束后初期，英国炼钢技术也大大提高了，节省了大量的原材料。这对煤炭工业而言，标志着国内消费市场相对收缩了。例如，在1953年之前英国生产1吨生铁的焦炭消费量均不低于21英担，从1954年开始，焦炭的消费量下降到19.99英担，之后几乎一直下降，1957年降到18.95英担，1959年降到16.75英担，1960年降到16.49英担。[①]钢铁工业对焦炭需求下降的这种情况一直持续到20世纪70年代。

另外，石油的大量使用对这种关系产生了新的影响。这一时期在炼钢过程中，开始逐渐使用石油作为燃料以代替煤气的功能。使用石油作为燃料的规模在第二次世界大战后初期较小，而主要的炼钢燃料仍然是焦炉煤气。由于石油相对煤炭具有较高效、干净的特点，同时，随着英国市场中石油资源越来越多，以前主要以煤炭为燃料的车间，逐渐用燃油代替了煤炭。例如，在1950年将近30%的平炉被改为燃油炉，也就是419个平炉中有126个被改为燃油炉，而石油的使用从战前的几乎为零增加到1949年的56.2万吨，1950年除了20万吨其他液体燃料也被使用外，石油的使用达63万吨。[②]而且在20世纪70年代中期以后，英国北海油田的成功开采，巩固了石油、天然气作为燃料的地位。除了燃料市场的因素之外，氧气加热炼钢的技术也取得了突破性进展；电气化炼钢的比例从1937年的1.7%上升到1951年的5%。[③]这更加增加了市场中的竞争因素。

早在20世纪60年代中期，英国钢铁工业就开始衰落。这种情况对英国煤炭消费市场更是雪上加霜。1960年，英国钢产量达1576.29万吨，到1974年钢产量为1500万吨，1978—1979年英国国有化的钢铁公司的产量为1250万吨，低于1959年英国生铁和钢产量，液态钢的生产情况亦如此。1973—1974年，全国无烟燃料公司总共销售了340.6万吨焦炭，其主要客户是钢铁公司。1974年，由于煤矿工人罢工而影响了包括焦炭在内的燃料出售，在随后的一年中，以钢铁工业为首的焦炭消费客户已积压了一定量的焦炭，英国煤炭公司的焦炭销售量增幅不大。1976—1977年，鼓风炉冶炼期间焦炭的出售量浮动极大，铸造用焦炭出售量仅为64.6万吨。1980年上半年，由于钢铁工人罢工导致了

① Carr J C, Taplin W. *History of the British Steel Industry*, p. 599.

② Roepke H G. *Movements of the British Iron and Steel Idustry, 1720 to 1951*, p. 141.

③ Roepke H G. *Movements of the British Iron and Steel Idustry, 1720 to 1951*, p. 138.

1980—1981 年全国煤炭委员会的鼓风炉冶炼使用焦炭首次没有售出，家用焦炭销售大约下降了 20 万吨。1981—1982 年，全国煤炭委员会与英国钢铁公司签订了一份为期三年的合同，其中规定每年提供给英国钢铁公司 25 万吨鼓风炉冶炼使用焦炭[①]，这在一定程度上解决了焦炭的销路，但同时说明煤炭作为炼钢燃料的时代一去不复返了。

英国焦炭成本的高昂也是钢铁工业无法承受的。英国焦炭的生产成本是煤炭生产成本的 1.5 倍多。当时全国煤炭委员会焦炭的价格大约为每吨 40 英镑，而每吨进口煤炭的平均价格是 30 英镑。[②]因此，英国焦炭增加了以炼钢为主的铸造业的成本，降低了它们对英国本土焦炭的需求量，导致焦炭和钢铁的大量进口。英国钢铁公司宣称他们在 1978—1979 年损失的 3.09 亿英镑中，因为国内焦炭价格所致的损失达 1.35 亿英镑。[③]1979 年，英国钢铁公司进口煤炭量为 290 万吨。这些进口煤炭主要是物美价廉的澳大利亚焦炭，且进口量逐年上升。而在钢铁公司进口焦炭的同时，英国的焦炭生产逐年下降。1960 年，英国焦炭消费量达 2820 万吨，到 1978 年已下降了一半，为 1490 万吨，1979 年则为 1510 万吨。[④]1979 年，全国铁钢消费的进口份额自国有化以来大约从 10% 上升到 20%。英国焦炭生产早在 1977—1978 年开始就由政府支付一笔焦炭储量补助以避免运营损失，然而从 1980—1981 年开始，即使有持续的补助，英国焦炭行业也存在运营损失，从 1977—1978 年开始，在第一个 10 年中，全国煤炭委员会煤炭产品公司损失了 1600 万英镑，在 20 世纪 80 年代的前 3 年中损失总共达 3900 万英镑。[⑤]1985—1986 年，英国煤炭进口量达 1210 万吨，1986—1987 年进口量为 1010 万吨，这些进口煤炭中的绝大多数为英国钢铁公司的特殊焦炭。[⑥]这种情况说明英国煤炭作为炼钢原料的地位发生了极大的动摇，同时也说明原来的煤钢共生关系受到了极大的威胁。

煤炭工业几乎与钢铁工业同步衰落，这种衰退表现在煤矿对钢铁需求量的

---

① Ashworth W, Pegg M. *The History of the British Coal Industry, Volume 5: 1946-1982: The Nationalized Industry*, p. 505.

② Manners G. *Coal in Britain*, p. 79.

③ Manners G. *Coal in Britain*, p. 79

④ Manners G. *Coal in Britain*, p. 48.

⑤ Ashworth W, Pegg M. *The History of the British Coal Industry, Volume 5: 1946-1982: The Nationalized Industry*, p. 507.

⑥ Robinson C, Sykes A. *Privatise Coal: Achieving International Competitiveness*, p. 23.

降低。1954 年煤矿消费钢铁总量为 67.9 万吨，1955 年为 67.9 万吨，1956 年为 70.7 万吨，1957 年为 74.7 万吨，1958 年为 61.5 万吨，1959 年为 52.8 万吨。[①]1954—1963 年，钢铁对煤炭的消费下降了 33%。[②]同时，也表现在英国煤炭委员会无法满足英国钢铁公司的焦炭需求量。全国无烟燃料公司在 1977 年有 13 个焦炭厂，雇用 5500 人，每年生产大约 450 万吨焦炭，而英国钢铁公司在 1977 年消费了大约 1000 万吨焦炭，这样，全国无烟燃料公司只能提供给英国钢铁公司不到 500 万吨的焦炭。[③]随着煤炭工业的衰落，这种情况一直持续。

从上述情况可以看出，煤钢之间的共生关系随着市场竞争因素的增加、科学技术的发展和煤炭工业自身的衰退发生了极大的转变。当然，这种关系的存在本身就有英国政府强权操作的成分，而当英国政府面对强大的市场力量时，它的强制手段受到了极大的冲击，直到最后，英国政府不得不放弃对它们的控制，这种关系也因此受到了市场力量极大的冲击。而在这种冲击中，最大的受害者毫无疑问是煤炭工业。因此，煤钢共生关系的转变在一定程度上促成了煤炭生产规模的缩小，加速了煤炭工业的转型步伐。

二、煤炭工业与电力工业共生关系的转变

煤炭工业与电力工业的共生关系实际上与煤钢关系一样，在国有化之前，它们之间的共生互惠关系由于各自的需要自然地建立和发展起来。尽管到 1988 年英国发电厂每年消费的煤炭量占全国煤炭委员会总销售量的 74%，然而，在国有化之初，煤炭工业的最大客户并不是电力工业。1955 年，煤炭总消费量的 80%在终端市场，如家庭、制造业和交通行业，仅 20%在电力市场。[④]在国有化之后的 30 多年中，英国煤炭工业和电力工业之间的对称互惠共生关系转向了捆绑的寄生关系。导致这种关系发生转变的原因之一是工业收缩带来的煤炭消费群体和消费量的减少。

---

① Burn D. *The Steel Industry 1939-1959: A Study in Competition and Planning*, Cambridge: Cambridge University Press, 1961, p. 160.

② Keeling B S, Wright A E G. *The Development of the Modern British Steel Industry*, p. 96.

③ Ashworth W, Pegg M. *The History of the British Coal Industry, Volume 5: 1946-1982: The Nationalized Industry*, p. 506.

④ Pearson P. *Prospects for British Coal*, pp. 139-141.

在第二次世界大战后，英国出现了老牌工业的相继衰落。铁路运输业、钢铁工业、船运业、机械制造工业和煤气工业等都从经济结构的重心地位逐渐地收缩了，这对煤炭原有的市场份额有了一定的影响。1929 年，英国的铁路运输业煤炭消费量达 1400 万吨，占煤炭消费量的 7.8%；1937 年为 1400 万吨，占煤炭消费量的 7.5%；1956 年为 1200 万吨，占 5.5%。其他工业部门对煤炭的消费量也从 1929 年的 7600 万吨下降到 1956 年的 6600 万吨，所占份额从 42.5% 下降到 30%。[①]尽管煤气工业和焦炭工业在第二次世界大战后初期发展较快，但是随着技术的进步，1956 年英国率先拥有了使用煤气的工厂，在 20 世纪 70 年代煤气工业与铁路运输业一起永远地退出了煤炭消费市场。在随后的发展中，其他产业进一步收缩，对煤炭的需求量也进一步下降。我们通过表 1-3 也可以看到英国国内煤炭消费量呈现总体下降的趋势。

表 1-3 1960 年、1978 年和 1979 年英国煤炭消费市场分配表[②]（单位：万吨）

项目类别 \ 年份	1960 年	1978 年	1979 年
焦炉	2820	1490	1510
制造业	3490	860	920
家庭	3550	1020	1050
煤气产品	2260	—	—
其他转化	230	310	290
铁路运输业	890	—	—
煤矿	500	100	80
其他	680	200	200

通过表 1-3 可知，1960 年制造业消费的煤炭量达 3490 万吨，1978 年制造业消费的煤炭量已下降为 860 万吨，1979 年为 920 万吨；铁路运输业在 1960 年消费的煤炭量达 890 万吨，1978 年已永远退出了煤炭消费市场；家庭用煤量在 1960 年达 3550 万吨，1978 年下降到 1020 万吨，1979 年为 1050 万吨；煤气产品在 1960 年的煤炭消费量达 2260 万吨，到 1978 年与铁路运输业一样已不在

① 〔苏〕米列伊科夫斯基等：《第二次世界大战后的英国经济与政治》，叶林、方林译，北京：世界知识出版社，1960 年，第 230 页。

② Manners G. *Coal in Britain*, p. 48.

煤炭消费者之列；而煤矿本身的煤炭消费量从 1960 年的 500 万吨下降到 1979 年的 80 万吨。其中，1979 年焦炉、制造业和家庭对煤炭的消费稍有上升，原因是 1979—1980 年发生了第二次石油危机，使得这些消费者大多选择了煤炭代替昂贵的石油产品。然而由于科技的发展，从 20 世纪 60 年代开始，英国老牌工业对煤炭的消费份额一直处在下降状态。

此外，自第二次世界大战以来，世界能源市场发生了全球性能源结构的转型，英国也不例外。1937 年，英国的能源消费结构主要由煤炭和进口的石油组成，而且进口石油只占能源消费总量的 8%，其余 92%都是由煤炭构成；1955 年，英国燃料消费量中煤炭占 85.5%，石油占 14%，水力等占 0.5%。①这对英国的煤炭工业而言意味着市场地位的变化。特别是 20 世纪 50 年代中期以后，石油和天然气由于价格便宜、效能较高、比煤炭干净等优势，它们在英国能源市场中逐渐占据有利地位，因此，英国进口大量的石油成为可能。1938 年，英国的原油及石油产品达 1160 万吨，1950 年上升到 1920 万吨，1951 年为 2650 万吨，1952 年为 2880 万吨，1953 年达 3170 万吨，1957 年达 4020 万吨；英国的原油进口量从 1947 年的 250 万吨上升到 1955 年的 2740 万吨，几乎增加了 10 倍。②在此后很长一段时期内，英国的石油进口量都较大。特别在 1973 年之前，英国市场中的石油价格和煤炭价格几乎等同，在石油的效能比煤炭高好几倍的情况下，石油的使用量明显上升。

英国石油的生产量也逐年加大。1950 年英国炼油厂提炼石油的产量每日达 70 万桶，到 1972 年达 270 万桶，1973 年达 290 万桶。③这一时期英国大量的石油仍然需要进口，仅从 1970 年到 1974 年，英国石油进口每年都在 1 亿吨以上④，这种情况对英国煤炭市场极为不利。1959 年英国国内煤炭消费比 1956 年少 2810 万吨；总消费量下降了 3350 万吨，在三年内下降了 15%；在三年内未分配的煤炭储量几乎超过以前的 12 倍，总储量达 5000 万吨。而在 1964—1965 年、1970—1971 年，煤炭消费量下降了 21.4%，在 1956 年煤炭消费量的基础上

---

① 〔苏〕米列伊科夫斯基等：《第二次世界大战后的英国经济与政治》，叶林、方林译，第 222 页。

② 〔苏〕米列伊科夫斯基等：《第二次世界大战后的英国经济与政治》，叶林、方林译，第 231 页。

③ Bamberg J. *British Petroleum and Global Oil 1950-1975: The Challenge of Nationalism,* Cambridge: Cambridge University Press, 2000, p. 281.

④ Hoopes S M. *Oil Privatization, Public Choice and International Forces,* London: Palgrave Macmillan, 1997, p. 21.

下降了 42.6%。[①]英国煤炭出口量也因此而大大地缩小了。

能源的多样化加快了英国电力部门资源的多元化供应。1937 年，英国电厂煤炭消费量为 1500 万吨，1955 年消费量为 4300 万吨。电厂发电中 3%的能源由水力构成；全部燃料中 16.4%用于生产电力；用煤炭生产电力的工业部门从 1929 年的 5.6%增加到 1956 年 21.8%。20 世纪 50 年代后期，英国电气化发展迅速，制造业中各种机器的动力开始以电能代替热能。20 世纪 70 年代英国的电气化已非常普及，这就为英国电力工业与煤炭工业之间共生关系的发展提供了机会。另外，英国在 1956 年失去了对苏伊士运河（Suez Canal）的控制权，加之它本身并不生产其他能源，因此，英国政府站在保护本土能源的战略角度，极力促进电力工业和其他工业对英国煤炭的消费，而对石油的进口征收重税以限制进口。这种战略方案直到 1978 年仍得到各党派的支持。《1974 年英国煤炭计划》和《1977 年英国煤炭前景》两份文件预计：到 1985 年英国的煤炭产量达 1.35 亿吨，到 2000 年时，英国的煤炭需求量应该上升到 1.7 亿吨。[②]这种政策得到加强的因素还包括 20 世纪 70 年代国际能源市场发生的两次石油危机，这就使能源决策集团更加坚信电力工业必须依靠英国煤炭工业提供燃料这一战略的正确性。因此，从 20 世纪 50 年代后期开始，电力供应业逐渐加大了对英国煤炭的消费量。在政府的帮助下，消费量从 1960 年的 5190 万吨上升到 1975 年的 7340 万吨，1978 年又达 8060 万吨，1979 年又上了一个台阶，达 8880 万吨。[③]这种情况表明英国的电力工业燃料需求中的绝大多数来自英国本土的煤炭。

20 世纪 70 年代末期，英国政府将煤炭工业与电力工业的关系推向了捆绑式寄生关系。1979 年，在英国政府促使下，中央发电委员会和全国煤炭委员会之间关于煤炭价格签订了一份联合谅解协定规定，在五年内，中央电力委员会要每年消费 7500 万吨的国内煤炭，并降低煤炭进口量。[④]全国煤炭委员会与中央电力委员会联合谅解的结果是，中央电力委员会对私人部门的煤炭需求从

① Ashworth W, Pegg M. *The History of the British Coal Industry, Volume 5: 1946-1982: The Nationalized Industry*, pp. 235-236.

② Pearson P. *Prospects for British Coal*, p. 26.

③ Manners G. *Coal in Britain*, p. 32, p. 48.

④ Parker M J. *Thatcherism and the Fall of Coal*, p. 11.

每年的 300 万吨下降到 150 万吨。[①]与此同时，20 世纪七八十年代外部能源供应集团多次视图向电力工业供应煤炭，但均被拒绝。在 20 世纪 80 年代最初的几年中，英国煤炭工业销售给发电厂的煤炭相当于全国煤炭委员会总销售量的 70%，占据了火力发电厂总燃料需求量 3/4 多。[②]1980 年几乎与 1979 年持平，1981 年也在 8000 万吨以上；1982 年在 8000 万吨以下，1983 年又在 8000 万吨以上；1984 年是一个特别的年份，只有 5000 万吨煤炭用于发电；以后逐年上升，到 1988 年上升到 8000 万吨左右。[③]从 1985—1986 年、1988—1989 年的四年多时间里，英国火力发电厂燃料的 2/3 由全国煤炭委员会或英国煤炭公司提供，到 1988—1989 年，英国煤炭公司出售给火力发电厂的煤炭占总销售量的 80%。[④]即使在 1990 年英国电力公司已经完全私有化之后，英国煤炭公司仍然销售给发电厂燃料需求总量的大约 60%。[⑤]在随后，从 1990 年开始，英国煤炭公司与中央电力委员会之间在政府的支持下又签订了一份为期三年的产销谅解协定。1991—1992 年，英国国内煤炭消费为 1.05 亿吨，其中 76.7%用于火力发电厂，9.5%用于炼焦炭，5%用于室内用户。英国煤炭公司出售给电力公司的煤炭量在 1991—1992 年总计为 7300 万吨。[⑥]科林·鲁滨逊在调查了煤炭工业与电力工业的关系之后有这样的叙述：中央电力委员会的煤炭进口量在 1985—1987 年每年仅有 100 万—200 万吨，因为它无法也不能选择进口煤炭；几乎 95%的电力用煤来自全国煤炭委员会或英国煤炭公司，而且价格上高于进口的煤炭；政府为了保证谈判的筹码允许中央电力委员会进口一些煤炭，每年仅几百万吨。[⑦]这种情况充分地反映了煤炭工业与电力工业在政府之手的运作下的寄生关系。然而，这种寄生关系从一开始就受到了市场力量的冲击。

（1）本土能源对煤炭消费市场的冲击。从 20 世纪 60 年代中期开始，英国国内能源结构发生了巨大的变化。1965 年英国首次在北海发现了天然气，1969 年 11 月又发现了石油。随着更进一步的发现，1975 年 6 月 18 日，英国依

---

① Robinson C, Sykes A. *Privatise Coal: Achieving International Competitiveness*, p. 16.

② Parker M J. *Thatcherism and the Fall of Coal*, p. 28.

③ Pearson P. *Prospects for British Coal*, p. 118.

④ Parker M J. *Thatcherism and the Fall of Coal*, p. 57.

⑤ Parker M J. *Thatcherism and the Fall of Coal*, p. 209.

⑥ Reference Services, Central Office of Information. *Energy and Natural Resource*, London: H. M. S. O., 1992, p. 28.

⑦ Robinson C, Sykes A. *Privatise Coal: Achieving International Competitiveness*, p. 23.

靠先进的海岸技术和大量的投资使石油首次到达英国海岸，这种情况彻底改变了英国的能源结构。在接下来的十年中，英国从一个重要的石油进口国转变为一个石油净出口国，并且石油储量排名世界第6位。1970—1974年，英国石油进口每年都在1亿吨以上；1975—1985年，英国的石油生产量逐年上升，到1985年产量达1.2亿吨左右。[①]英国的石油消费量从1981年的6520万吨上升到1986年的6620万吨，1989年上升到6950万吨，超过了煤炭消费量约590万吨，1990年石油消费量达7130万吨，比同年煤炭消费量多出了750万吨，1991年石油消费量为7110万吨，比煤炭消费量多780万吨。[②]从这组数据中我们可以看出，即使煤炭工业与电力工业之间有捆绑式的协定，但石油仍然在20世纪80年代末超过了煤炭的消费量，成为英国能源结构中的第一大户。这种情况毫无疑问冲击了煤炭工业与电力工业的寄生关系。

除了石油之外，英国能源市场中其他新因素的出现也极大地冲击了电力工业对煤炭的依靠程度。在电力工业过分依靠煤炭工业时，如上所述，天然气与石油产品几乎同时出现在英国的能源市场中，这使许多依靠煤炭做燃料的产业转向了价格便宜、效能更高的燃气产品，如上述的铸钢锅炉的改造等，这直接冲击了英国煤炭的消费。1973—1978年，英国煤炭消费从1.31亿吨下降到1.20亿吨，而天然气的使用从44亿立方米上升到65亿立方米，几乎增加了50%。[③]这种情况导致英国或力发电厂在1979—1980年和1982—1983年煤炭消费量下降了800万吨。[④]1981年英国天然气消费约相当于4240万吨石油，这一数字在1986年增加到4920万吨，1989年稍有下降，但仍然达4740万吨，1990年上升到4900万吨，1991年攀升到5280万吨。[⑤]20世纪70年代一般不提倡天然气发电，但是到20世纪80年代末，随着英国发现丰富的天然气储量及联合循环燃气涡轮技术的出现，燃气发电成为一种可行的选择。[⑥]由于天然气价格便宜且储量丰富，随着英国发电部门的私有化，发电厂在政府的许可下逐渐加大了使用天然气发电的步伐。1992年初到1994年12月，英格兰和威尔士对火力

---

① Hoopes S M. *Oil Privatization, Public Choice and International Forces*, p. 21.

② Reference Services, Central Office of Information. *Energy and Natural Resource*, p. 6.

③ Manners G. *Coal in Britain*, p. 32.

④ Parker M J. *Thatcherism and the Fall of Coal*, p. 28.

⑤ Reference Services, Central Office of Information. *Energy and Natural Resource*, p. 6.

⑥ Parker M J. *Thatcherism and the Fall of Coal*, p. 96.

发电厂煤炭销量就减少了一半，直接导致每年减产 4000 万吨深矿井煤炭。①

英国国内除了化石能源之外，其他能源的获得也促进了它的能源多元化。早在 1956 年，世界上第一座商用核电站在英国的坎布里亚郡开始供电。20 世纪 60 年代，英国政府继续在国内建立核电站。邓杰内斯 B 号（Dungeness B）、哈特尔普Ⅰ号（HartlepooⅠ）和希舍姆Ⅰ号（HeyshamⅠ）三大核电站就是在这一时期建成，在 20 世纪 80 年代初正式投入使用的。到 20 世纪 80 年代末，另外两座更大的核电站—— 希舍姆Ⅱ号（HeyshamⅡ）和托尔内尼斯号即将建成投入使用。玛格丽特·撒切尔执政后，面对煤炭工业的压力，她也宣布将在 1982 年开始建立一个核电站，即于 1987 年 3 月开始建立的赛兹韦尔 B 号核电站。因此，从 20 世纪 80 年代开始，英国的核能开始加入能源队伍行列并发挥作用。1981 年英国的核能提供的能量相当于 800 万吨石油，这一数字 1986 年为 1250 万吨，1989 年为 1520 万吨，1990 年为 1420 万吨，1991 年为 1520 万吨。②英国在 1991 年由 14 座核电站提供了总电力的 21%，1991—1992 年，苏格兰 40%的电力供应由核电站承担。③因此，核电站的出现对煤炭与电力工业之间的寄生关系也产生了一定的影响。

（2）进口能源对英国煤炭市场的冲击。英国政府允许中央电力委员会每年进口一部分煤炭，作为与全国煤炭委员会谈判的筹码。1975 年，英国的煤炭进口量是 500 万吨，1979 年进口量为 440 万吨。④这一时期煤炭进出口量相抵后，净进口量仍为 210 万吨。20 世纪 80 年代初，英国只有 2%—5%的煤炭消费是进口的，1985—1986 年这一比例上升到 8%—9%，1988 年进口煤炭 1200 万吨，大约是英国煤炭市场消费总量的 11%。⑤尽管进口量在 1985—1987 年有所下降，然而进口煤炭的数量随着电力工业私有化而增加。1991—1992 年的国内煤炭消费量为 1.05 亿吨，其中 76.7%用于发电；同年出口煤炭量为 140 万吨，而进口煤炭量达 2000 万吨。⑥英国电力公司增加进口煤炭对英国本土的煤炭消费市场是一个致命的打击，也影响了英国煤炭工业与电力公司之间被强加的寄生

---

① Parker M J. *Thatcherism and the Fall of Coal*, pp. 209-210.

② Reference Services, Central Office of Information. *Energy and Natural Resource*, p. 6.

③ Reference Services, Central Office of Information. *Energy and Natural Resource*, p. 2, p. 33.

④ Manners G. *Coal in Britain*, pp. 77-78.

⑤ P Pearson. *Prospects for British Coal*, p. 139, p. 27.

⑥ Reference Services, Central Office of Information. *Energy and Natural Resource*. p. 28.

关系。

因此，随着电力工业私有化和英国能源市场中能源结构的多元化，英国煤炭工业与电力公司之间的不对称关系受到了极大的冲击。面对这种局势和英国消费者对电力价格的不满，英国政府首先开始对电力工业进行私有化。这个决策对电力工业来讲是一个绝境逢生的机会，同时，这个举动无疑为全国煤炭委员会或英国煤炭公司与电力工业之间寄生关系的转变打开了一个缺口。私有化之后的英国电力公司逐渐加大了使用其他燃料发电的比例。我们可通过表 1-4 了解英国国内能源消费结构的变化趋势。

表 1-4　1981—1991 年英国国内能源消费结构情况表[①]（单位：万吨）

年份 项目类别	1981 年	1986 年	1989 年	1990 年	1991 年
石油	6520	6620	6950	7130	7110
煤炭	6960	6680	6360	6380	6330
天然气	4240	4920	4740	4900	5280
核能	800	1250	1520	1420	1520
水电	140	140	140	160	140
电力净进口	—	310	300	290	390
总计	18 660	19 720	20 010	20 280	20 770

从表 1-4 我们可以看出，英国电力供应结构在 20 世纪 80 年代开始加大多元化的步伐，其中石油消费量在 1989 年已经超过了煤炭的消费量；而煤炭消费量在这一阶段整体上处于下降的状态；天然气消费量有所上升；核能消费量在 1981 到 1991 年几乎增加了一倍。电力净进口方面，1981 年是不存在的，后来开始出现。1983 年，英国煤炭工业仍占英国能源市场 36%的份额。1990 年，英国矿产资源生产中原油大约占总价值的 48%，煤炭为 23%，天然气大约占 15%。1991 年，英国电力公司拥有 35 个化石燃料发电厂，大约占分配给英格兰和威尔士总电量的 46%。英国发电公司（PowerGen）有 19 个化石燃料发电厂，生产电力的 30%。12 个核电站发电量占比大约在 17%。[②]煤炭工业在这种变化中也是饱受折磨，如大量矿井的关闭、大量人员的转移和裁员，等待煤

① Reference Services, Central Office of Information. *Energy and Natural Resource*, p. 6.

② Reference Services, Central Office of Information. *Energy and Natural Resource*, p. 1, p. 32.

炭工业的也许是经营权和管理权的巨大转变。只有煤炭工业与电力工业平等地处于一定的市场环境中，才能使二者建立一种切实可行的长远共生关系——对称性互惠共生关系。而这种关系的建立对英国煤炭工业而言任重道远，由于其煤炭成分的含量比例以及国际环境等因素，英国煤炭的前景并不像电力工业一样明朗。

综上所述，20 世纪 50 年代后期以来，英国煤炭工业与其他行业的关系既与煤炭工业在英国的特殊战略地位有关，也与全球能源市场中多元化资源竞争因素紧密相关。煤炭工业与钢铁工业由最初的对称性互惠共生关系转变为一种寄生行为关系，而这种关系又因为受到市场力量的冲击发生了转变。发生这种变化的主要原因是煤炭工业受到政府政策的保护，从而使它们之间的关系转变为一种寄生行为关系。同时，由于全国煤炭委员会在技术和生产方面均无法满足钢铁工业的焦炭需求而使外部力量进入英国煤炭市场，冲击了煤钢关系，而钢铁工业的私有化使这种寄生行为关系发生了转变。与此同时，煤炭工业特殊的战略地位以及其他行业的收缩和转型，使煤炭工业与电力工业之间的寄生关系更加清楚地展示了这种走向。煤炭工业与电力工业之间寄生关系的建立是在 20 世纪 70 年代，这种关系一经建立，便受到了英国能源结构中多元化力量的巨大冲击。20 世纪 80 年代，英国开始从北海得到大量的石油和天然气，特别是天然气发电技术的提高，使电力工业得到了有力的保障，核电站和其他类型发电厂的出现冲击了煤炭的战略地位。政府开始考虑消除对煤炭的保护性措施，电力工业的私有化是政府政策最终转变的第一步。尽管在此后很长一段时期内，煤炭与发电厂之间的关系仍有政府的操作，但是这种寄生关系开始转变，并拉动了煤炭工业向市场迈进的步伐。

第四节　环境因素与英国煤炭工业转型

英国的煤炭工业对环境造成的影响伴随着工业化的进程而日趋严重。恩格斯笔下的曼彻斯特使我们对 19 世纪英国的发展与环境污染有了一定的了解。而史料记载的有关燃煤污染造成的重大事故可以追溯到1837年。[①]20世纪上半

① 英国伦敦市因为燃煤释放的有毒烟雾造成了 200 名伦敦市民的死亡。

期，不仅英国的钢铁生产、运输部门和其他工业部门都需要大量的煤炭作为原材料、动力和供热燃料，而且英国普通家庭对煤炭的需求也日益增加。1913年，英国生产煤炭为2.87亿吨，国内消费量达1.94亿吨；1937年，英国生产煤炭2.44亿吨，国内消费量达1.87亿吨。工业高度发展带来的环境问题在第二次世界大战后逐渐受到人们的广泛关注。

首先，丹尼斯·富兰克林（Denise Franklin）等人主要探讨了20世纪80年代以来英国总体环境问题引发社会各个阶层对此问题的关注，促使英国政府以及欧洲共同体（European Community）内部开始采取具体措施和指令控制污染的进一步发展。①他们主要从宏观角度介绍了官方通过法案和政策指令的针对性行为，并没有对具体的某个行业（包括煤炭工业）对环境造成的污染问题进行探讨，也没有研究法案和政策指令对具体的工业发展造成的影响。安德鲁·K. 德拉贡（Andrew K. Dragun）从可持续发展的新视角研究了全球环境政策的概况。他同样没有对煤炭工业与环境污染问题的关系进行探讨。威廉·阿什沃思等人介绍了英国煤炭工业从1946年到1982年的发展，提及英国《1956年空气洁净法案》的颁布对煤炭工业在20世纪50年代末的影响。②因此，他们并未关注英国政府对燃煤引起的环境问题的反应和煤炭工业由于环境因素而出现的收缩。M. J. 帕克在研究玛格丽特·撒切尔执政以来的英国煤炭工业下降的原因中，由于环境恶化而引起德国政府对欧洲共同体各国政府施加政治压力，要求各国降低二氧化硫排放量以保护德国境内森林被毁坏的程度。英国政府是德国施压的主要对象，因此，英国为了应对这种压力实行了限制燃煤量和其他措施，这些措施反过来促进了英国煤炭工业的收缩。③迪耶特·希尔姆（Dieter Helm）认为在1988年之前英国的能源战略中几乎没有环境保护意识，后来在国际环境主义者和国际政治力量的压力下开始有所转变，这种转变导致了煤炭工业较大幅度的收缩。④他主要从英国能源整体的发展视角考察了20世纪80年代以后能源与环境关系的问题，因此，也存在一定的偏颇。G. 卡

---

① Franklin D, Hawke N, Lowe M, et al. *Pollution in the U. K.*, London: Sweet and Maxwell, 1995, pp. 19-60.

② Ashworth W, Pegg M. *The History of the British Coal Industry, Volume 5: 1946-1982: The Nationalized Industry*, pp. 246-247.

③ Parker M J. *Thatcherism and the Fall of Coal*, pp. 78-174.

④ Helm D. *Energy, the State, and the Market: British Energy Policy since 1979*, Oxford: Oxford University Press, 2003, pp. 346-376.

恩斯（G. kearns）主要针对 1990 年英国政府关于环境问题的白皮书——《我们共同的遗产》的内容，从道德、经济和政治方面对撒切尔时期的环境政策进行评价，G. 卡恩斯对政府在环境问题上遵循的非道德原则、自愿原则和商业利益高于环境危机的原则表示质疑。[①]

中国学者高家伟对欧洲环境法的缘起、发展、原则、实施，以及欧洲环境的政策与权、责关系进行了研究，并对欧洲环境法分门别类地进行了详细介绍。[②]蔡守秋主编的《欧盟环境政策法律研究》一书从多个层面、角度研究了欧盟与环境有关的组织机构、政策和行动规划，以及欧盟环境法的体系、原则、内容、特点，特别对其内部的空气污染、水污染、核污染等方面的法规制定和演变发展分门别类地进行了叙述。[③]刘向阳在《20 世纪中期英国空气污染治理的内在张力分析——环境、政治与利益博弈》一文中论述了 20 世纪 50 年代英国政府治理空气污染的措施引发的国内各阶层的争议，反映出英国在治理污染过程中存在各种利益冲突。[④]

上述这些看法对 20 世纪 50 年代以来英国煤炭工业与环境问题的关系都没有从整体上进行考察，而本书关注的时间段是从 20 世纪中期的煤炭工业国有化到 20 世纪 90 年代中期的煤炭工业私有化，是从整体上探讨环境问题与煤炭工业的关系，并且试图考察环境问题对英国煤炭工业收缩的影响。

尽管自第二次世界大战结束以来，英国的环境问题得到人们的广泛关注，然而在第二次世界大战后的大多数时期内，英国的煤炭政策仍然旨在获得更多的煤炭供应，很少考虑环境后果。1946 年，英国国内煤炭消费量达 1.864 亿吨，在经过 1947 年的小幅下降之后，从 1948 年开始每年的煤炭消费量均有所增加，1955 年上升到 2.157 亿吨。[⑤]这种情况一方面扩大了煤炭的消费市场；另一方面却带来了新的环境问题。煤炭在燃烧过程中会排放出大量有毒烟雾，这对人体健康、农业、社区环境、食物等方面造成了非常大的负面影响。

① Kearns G. This Common Inheritance: Green Idealism Versus Tory Pragmatism, *Journal of Biogeography,* Vol. 18, No. 4, 1991, pp. 363-370.

② 高家伟：《欧洲环境法》，北京：工商出版社，2000 年。

③ 蔡守秋主编：《欧盟环境政策法律研究》，武汉：武汉大学出版社，2002 年。

④ 刘向阳：《20 世纪中期英国空气污染治理的内在张力分析——环境、政治与利益博弈》，《史林》2010 年第 3 期，第 144—151 页。

⑤ Nott-Bower G, Walkerdine R H. *National Coal Board: The First Ten Years: A Review of the First Decade of the Nationalised Coal Mining Industry in Great Britain,* London: the Colliery Guardian Company Limited, 1956, p. 36.

1952年，“伦敦烟雾事件”的发生直接推动了英国通过立法来控制燃煤排放的烟雾对环境的影响。为此，英国政府部门曾实行一系列措施控制和防范由燃煤造成的烟雾排放问题。《1956年空气洁净法案》是英国政府在20世纪50年代中期开始实施的一项最得力的措施和手段。这一法案的颁布在一定程度上缓解了英国的环境问题，而它对煤炭工业最主要的影响是促使英国能源消费结构发生巨大变化。

一、《1956年空气洁净法案》降低了英国煤炭消费量

（1）在《1956年空气洁净法案》颁布之前，英国煤炭在本国消费市场占有绝对地位。1937年，英国进口石油量只占燃料消费总量的8%；到1955年的时候，尽管英国石油产品在燃料消费市场中的份额有所上升，但它只占14%的份额，其余全部由煤炭包揽。①从20世纪20年代末到50年代中期，英国各主要工业部门对煤炭的消费量稳中有升。焦炭公司对煤炭的需求由1929年的2000万吨上升到1955年的2700万吨；煤气公司对煤炭的消费量从1929年的1900万吨上升到2800万吨。尽管其他工业部门对煤炭的消费量从7600万吨下降到6600万吨，但是降幅并不影响工业部门对煤炭的依赖性。1947—1955年，英国公用事业与生活用煤消费量达3600万吨，占全国能源消费总量的18.2%，居国内消费量的第2位；1955年达3700万吨，占全国能源消费总量的16%，居国内消费量的第3位；1956年达3700万吨，占全国能源消费总量的17%，居国内消费量的第3位。在第二次世界大战后，英国的煤炭开采量从1947年的1.97亿吨上升到1955年的2.26亿吨，1955年国内煤炭消费量达2.32亿吨。②但是电力工业却逐渐增加了对煤炭的消费量，由1937年的1500万吨上升到1955年的4300万吨。电力工业煤炭消费占煤炭总消费量的比例从1929年的5.6%上升到1956年的21.8%，增长最快。③正是煤炭消费量的大幅增加使英国国内的空气污染问题非常突出。英国在此时除了寻求技术上的突破以消除污染之外，政府也加大了立法力度以规范当时的煤炭烟雾排放。

（2）《1956年空气洁净法案》的内容直接针对英国煤炭的燃烧量。

① 〔苏〕米列伊科夫斯基等：《第二次世界大战后的英国经济与政治》，叶林、方林译，第223—224页。

② 〔苏〕米列伊科夫斯基等：《第二次世界大战后的英国经济与政治》，叶林、方林译，第223—230页。

③ 〔苏〕米列伊科夫斯基等：《第二次世界大战后的英国经济与政治》，叶林、方林译，第223—230页。

《1956 年空气洁净法案》第 1 条规定："禁止黑烟从任何一个烟囱冒出。"法案第 27 条规定了惩罚金额："私人居住地的烟囱烟雾最多罚款额不超过 10 英镑，其他烟囱的烟雾罚款不超过 100 英镑。"[①] 从这些条款中可知，无论是工厂的烟囱还是私人住宅的烟囱，只要有一定的烟雾排放，都将被视为违法行为而受到一定的惩罚。但是它没有对烟雾排放量进行规定，只是规定对工厂的烟雾排放行为施以最高100英镑的罚款，对私人罚款的最高额度为10英镑。由上述内容可知，这一时期煤炭在燃料市场中占有绝对的地位，因此，这两条法令是直接针对英国煤炭燃烧后的烟雾排放。

该法案第 5、6 条"要求来自熔炉的粗沙和灰尘应该最小化以及要求工厂里新装置的熔炉应该吸附粗沙和灰尘"的规定，可以肯定是针对工厂煤炭燃烧对环境产生的影响而定的。[②]当时煤炭在燃烧之后既排放出大量的浓烟，又存留有大量的废渣和灰尘。该法案第 18 条中直接规定，煤矿主对因废煤渣等垃圾处理不当而排放出的浓烟、滞留的粗砂或灰尘后果负责。[③]

《1956年空气洁净法案》第19条规定：火车机车引擎应该使用任何可行的方式使从引擎烟囱中释放的烟雾最小化，否则将以违法犯罪论处；该法案第19条第3款又明确规定，不允许火车机车引擎中排出任何浓烟、粗砂或灰尘[④]。20 世纪以来，尽管技术发展导致铁路对煤炭的消费量有所下降，但在 1929—1956 年，铁路对煤炭的消费量变化并不大。1929 年，英国铁路运输业煤炭消费量达 1400 万吨，占国内煤炭消费总量的 7.8%；1937 年，铁路运输业煤炭消费量为 1400 万吨，占国内煤炭消费总量的 7.5%；1955 年，铁路运输业煤炭消费量达 1200 万吨，占国内煤炭消费总量的 5.2%。[⑤]从这一组数据可知，铁路对煤炭的消费量在这一时期仍然占有一定的比例。一直到 1949 年，铁路对煤炭的消费量达 1480 万吨，占国内煤炭消费总量的 7.6%，煤炭仍是火车动力燃料的主要来源。[⑥]另外，由于铁路运输的特点，火车排出的浓烟、灰尘和粗砂对铁路沿线的环境造成了较为显著的污染，因此，在此法案条款中对火

① *Clean Air Act 1956*, http://www.legislation.gov.uk/ukpga/1956/52/pdfs/ukpga_19560052_en.pdf, 2010-10-21.

② *Clean Air Act 1956.*

③ *Clean Air Act 1956.*

④ *Clean Air Act 1956.*

⑤ 〔苏〕米列伊科夫斯基等：《第二次世界大战后的英国经济与政治》，叶林、方林译，第 230 页。

⑥ 〔英〕格·西·艾伦：《英国工业及其组织》，韦星译，北京：世界知识出版社，1958 年，第 98 页。

车的燃煤情况进行了特别规定。

《1956 年空气洁净法案》第 20 条对船舶的燃料问题同样进行了类似的规定。要求任何船只在英国领域内航行不得排放浓烟、粗砂或灰尘。[①]1914 年，全世界燃油商船的吨位只占商船总吨位的 3.4%；1932 年这一占比差不多到了 40%；1939 年则成了 54%。[②]而在这一时期，由于英国拥有丰富的煤炭资源，在使用燃油船只的技术改良中落后于其他发达国家。因此，在 20 世纪 50 年代中期，英国相当一部分船只的动力燃料仍为煤炭。

从《1956 年空气洁净法案》的内容可以分析得出，法案主要针对当时各个较大的燃煤行业造成的环境污染问题。因此，该法案的颁布势必对这些消费者的用煤量产生一定的影响。

（3）《1956 年空气洁净法案》的颁布直接加快了英国煤炭工业收缩的步伐。最明显的影响是此法案降低了英国国内各大行业对煤炭的消费量。我们通过表 1-5 可以比较此法案颁布前后煤炭消费量发生的显著变化。

表 1-5　1955 年、1959 年和 1960 年英国国内煤炭消费结构表（单位：万吨）

项目类型 \ 年份	1955 年[③]	1959 年[④]
发电	4300	4600
工业	6600	3150
铁路	1200	950
煤气	2800	2250
焦炭	2700	2570
室内	3600	3360

从表 1-5 可以看出，在英国国内各项煤炭消费中，工业对煤炭的消费需求下降趋势非常明显。由于技术的提高，在炼钢过程中对焦炭的需求量大大减少了。工业对煤炭的消费量从 1955 年的 6600 万吨下降到 3150 万吨；铁路对煤炭需求，从 1955 年的 1200 万吨下降到 1959 年的 950 万吨；煤气公司的煤炭消费从 1955 年的 2800 万吨下降到 1959 年的 2250 万吨；其余各项中，除了发电行业对煤炭的消费量有所上升之外，其他均处在下降之中。

① *Clean Air Act 1956.*

② 〔英〕格・西・艾伦：《英国工业及其组织》，韦星译，第 60 页。

③ 〔苏〕米列伊科夫斯基等：《第二次世界大战后的英国经济与政治》，叶林、方林译，第 223—230 页。

④ National Union of Mineworkers. *Britain's Coal: Report of Study Conference*, pp. 45-46.

《1956年空气洁净法案》直接导致了全国煤炭委员会煤炭销售量的下降。《1956年空气洁净法案》规定，违背法案内容规定的用户，应该在7年内改进自己的烟囱、熔炉以及燃料，法案还规定要在全国逐渐建起无烟区。[①]无烟区中的家庭和商业建筑不准燃烧有烟煤，而无烟煤的供应相当有限。在法案刚颁布不久，全国煤炭委员会为了应对这种规定，努力发展和改良无烟燃料技术，用较低级别的沥青煤炭合成人造煤炭。1960年，全国煤炭委员会加大了焦炭砖的销售和其他无烟煤的供应量，但是这样的措施在面对整个国内燃料市场需求时，很显然是杯水车薪。此外，全国煤炭委员会也意识到应该在煤炭熔炉的设计和使用沥青无烟煤方面寻找新的突破口，以减少煤渣和灰尘的残余量。煤炭销售方式和运输方式的改变，在一定程度上促进了煤炭的销售。[②]这些措施都在一定范围内减缓了煤炭消费量下降的速度，但是却无法增加消费者对煤炭的需求量。

煤炭需求量在《1956年空气洁净法案》颁布后三年内的下降速度较快，幅度较大。煤炭需求量的下降导致了煤炭工业的收缩。全国煤炭委员会采取了一些措施减少生产，特别是取消了周六工作的规定，限制招募员工，关闭部分矿井。1958年，露天煤矿的产量占总产量的6.5%，到1963—1964年占总产量的2.8%。在20世纪60年代的其他时间，露天煤矿的产量占总产量的份额几乎不超过4%。1958年，关闭矿井数量为28个，1959年为53个，1960年为35个，1961年为29个，1962年为52个，1963—1964年为40个，1964—1965年为40个，1965—1973年为240个。[③]1958年，英国煤矿工人人数减少了2万人，深矿井煤炭的生产下降了850万吨。1959年，英国煤矿工人人数减少了4.7万人，深矿井产量下降了650万吨。1960年，全国煤炭委员会又裁减了4.5万名矿工，削减了1100万吨的煤炭产量。[④]总体上，由于煤炭需求量减少，在1958年到1960年的三年内，全国煤炭委员会减少了大约2800万吨煤炭产量，减少工人将近12万人。这种变化使全国煤炭委员会曾经计划到1965年实现生

① *Clean Air Act 1956*.

② Ashworth W, Pegg M. *The History of the British Coal Industry, Volume 5: 1946-1982: The Nationalized Industry*, pp. 247-248.

③ Ashworth W, Pegg M. *The History of the British Coal Industry, Volume 5: 1946-1982: The Nationalized Industry*, p. 251, p. 256.

④ National Union of Mineworkers. *Britain's Coal: Report of Study Conference*, p. 23.

产 2.4 亿吨煤炭的目标一再拖延。

《1956 年空气洁净法案》的出台导致英国能源结构由煤炭一统天下的局面向能源类型多样化方向转变。英国从 1947 年开始增加了石油的进口量，以弥补由煤炭不足引起的燃料缺乏问题。但是这一时期石油进口量每年始终在 100 万吨以下。《1956 年空气洁净法案》为石油在英国国内创造了一个更加广阔的消费市场。另外，进口到英国的燃油每吨价格平均在 7 英镑以下，而与每吨 8 英镑的原油价格和平均每吨 16.5 英镑的汽油进口价相比更为便宜。因此，这一阶段英国国内石油的消费量量从 1953 年的 380 万吨上升到 1957 年的 690 万吨，在 1959 年上升到 1380 万吨；英国的石油进口量从 1953 年的不到 100 万吨上升到 1959 年的 550 多万吨，英国石油出口量从 1953 年的 430 万吨下降到 1959 年的 290 万吨。[①]其中，发电厂也在一定程度上加大了对燃油的消费量。由于符合法律规定技术标准的煤炭短缺，1959 年英国 11 个发电厂使用了相当于 700 万吨煤炭量的燃油产品。[②]钢铁工业和铸造工业在 1956 年之后开始改良锅炉，加大燃油及燃气炉的使用，减少了对煤炭的需求量。燃油机开始在铁路运输业中大量应用，降低了对煤炭的需求量。

《1956 年空气洁净法案》关于排烟的规定迫使英国在这一时期适量进口石油和加大石油产品的生产。20 世纪 60 年代增加了石油进口，导致民用燃气产品主要来自于石油。此外，英国政府也积极地支持本国商业集团和公司勘探本国油田储量。1969 年，英国在北海发现大量石油储量。1975 年，英国开始生产石油产品，正式成为一个产油大国。1976 年，北海油田满足了国内需求的 12.5%，到 1980 年它已满足了国内所有的需求。

天然气在英国的能源结构中正式发挥作用是在 20 世纪 60 年代后期。早在 1964 年，英国开始对石油、天然气进行大规模探测，1965 年在北海发现大量的天然气储量。而《1956 年空气洁净法案》对室内煤炭消费的排烟规定，使大多数英国室内煤炭消费者转向了干净、高效能的气体燃料。1960 年，英国室内消费煤炭量达 3550 万吨，仅次于发电厂对煤炭的消费量。20 世纪 60 年代末，英国绝大多数家庭转向使用天然气。1977 年，英国室内天然气消费量占全国

---

① National Union of Mineworkers. *Britain's Coal: Report of Study Conference*, p. 27.

② National Union of Mineworkers. *Britain's Coal: Report of Study Conference*, p. 26.

天然气总消费量的 45.2%。[①]在公共供应体系中，天然气完全代替了民用燃气。[②]1975 年，英国室内煤炭的消费量已降至 1150 万吨；焦炭也从 1960 年的 2820 万吨下降到 1860 万吨。工业在这一时期的煤炭消费量仅相当于 1960 年铁路运输业的煤炭消费量，即 890 万吨。[③]

核电在当时被认为是控制环境污染的最好途径。因此，英国的核工业较早地转向民用。1956 年，世界上首个商用核电站在英国建成并投入运营，开始对全国电网供应电力。尽管此时英国国内核电站发电量在电力能源总量中占有的比例很小，但是这足以说明英国能源消费中增添了一种具有发展潜力的可选择因素。

综上所述，《1956 年空气洁净法案》的颁布使英国煤炭的消费量发生了较大的变化。特别在一些以煤炭为燃料的行业中，燃煤的份额开始大幅度降低。1975 年，各大工业总的煤炭消费量仅相当于铁路运输业一项在 1960 年的煤炭消费水平。而在这一时期，铁路运输业对煤炭的消费量从 1955 年的 1200 万吨下降到 1960 年的 890 万吨，到 1978 年，铁路运输业最终退出了对煤炭的直接消费。工业对煤炭消费量的急剧减少对英国煤炭工业的生产计划产生了极大的影响。全国煤炭委员会在 1956 年所修订的煤炭生产任务由于需求的下降而无法进行。尽管工业管理部门进行了各种各样的补偿和挽救措施，但是煤炭储存量的增长使这些计划不得不被拖延或取消。在这种无奈的选择下，全国煤炭委员会只能永久性地关闭矿井和裁减矿工的人数以渡过难关。

另外，《1956 年空气洁净法案》促进了英国能源消费结构的多元化发展步伐。英国国内的燃料消费者在法案颁布后，大多都选择了较高效、干净的石油和天然气。这种情况促进了英国在 20 世纪 60 年代增大了石油的进口量。与此同时，英国政府开始加大在本土领域内进行石油、天然气勘探的力度。20 世纪 60 年代末期，石油和天然气对英国燃料消费者而言已经增加了更多的自信和安全感。到 20 世纪 70 年代中期时，英国能源消费结构中，除了发电厂的主要燃料以煤炭为主之外，其余的大工业和室内消费的很大一部分比例转向了燃气和燃油。在英国国内电力供应工业中，也出现了核电站和石油发电厂以及

---

① Stern J P. *Natural Gas in the UK: Options to 2000*, Aldershot, Brookfield: Gower, 1986, p. 70.

② Reference Services, Central Office of Information. *Energy and Natural Resources*, p. 22.

③ Manners G. *Coal in Britain*, p. 48.

稍后的燃气发电厂。1955 年，英国能源消费总量的 85.5%是煤炭，而到 1981 年，煤炭只占英国能源消费总量的 37.2%。20 世纪 80 年代，天然气在主要的燃料市场中的份额大约占到 23%。另外，许多人将目光投向核能、风能、太阳能、潮汐能和水能等。因此可以说，《1956 年空气洁净法案》的颁布大大加快了英国煤炭工业收缩的步伐。

尽管《1956 年空气洁净法案》在一定程度上导致了英国煤炭工业的大幅度收缩，如 1958—1974 年，煤炭工业关闭了大约 517 个矿井；1958 年煤矿工人的数量为 69 万，到 1980 年大约为 23 万人。然而随着人们对酸雨、全球气候变暖问题与燃煤关系的争论，以及国际石油价格体系的倒塌，英国煤炭工业又一次面临收缩的命运。

二、环境污染问题与英国煤炭工业的收缩

（1）国际组织促使英国政府关注燃煤引起的环境污染问题。联合国和欧洲共同体对环境问题的关注开始于 20 世纪 70 年代，对工业发展与酸雨问题的关注则是在 20 世纪 70 年代中后期。在此之前，英国的能源政策制定者并没有意识到燃煤与酸雨、全球气候变暖之间存在一定的关联，甚至在一定程度上，英国政府对能源生产过程中排出的废物也不重视。例如，废物和废水等随着快速流动的河水被排入大海，而随着盛行的西风，废气通过高烟囱被排到其他国家。这种情况在《1956 年的空气洁净法案》的内容中还能看到蛛丝马迹，例如，上述法案第 10 条规定了烟囱的高度等相关内容。在 20 世纪 50 年代后期到 70 年代初期，英国煤炭工业经历的大幅度收缩使英国政府开始考虑煤炭的战略地位。而 20 世纪 70 年代初的石油价格上涨导致的能源危机，最终使英国国内各方面力量都同意继续对煤炭工业实行重建和保护政策。因此，在政府的支持下，英国煤炭的最大销量最终由中央电力委员会的发电厂承担。截至 1979 年，煤炭几乎提供了英国电力工业能源消费总量的 80%。

20 世纪 70 年代末期到 80 年代初期，国际组织和各个国家对燃煤引起酸雨和全球气候变暖的问题开始关注，特别是欧洲共同体内部的其他成员国对二氧化硫排放与酸雨问题的关注，促使英国开始慎重地对待这一问题。20 世纪 80 年代早期，在斯堪的纳维亚地区，酸雨被看作森林被毁和湖泊动物群体生态平衡被破坏的原因，引起了强烈的政治压力，迫使欧洲理事会将二氧化

硫的排放问题添加到对欧洲火力发电厂的要求中。[①]1984 年，德国为了保存其境内的大面积森林，首先对火力发电厂装置了煤烟脱硫设备。而英国煤炭的含硫量比其他地区煤炭的含硫量高，因此，英国政府必然要受到来自欧洲共同体内部较大的压力。

然而英国煤炭工业的发展夹杂了工会太多的利益诉求，导致政府背负了沉重的财政包袱。因此，玛格丽特·撒切尔的能源政策主要是针对全国煤矿工人工会的罢工威胁而调整了英国依靠燃煤发电的局面。而她关闭矿井的理由则是从经济的角度考虑，煤炭带来的环境污染问题还没有影响英国政府的能源战略。[②]1981 年，英国能源部关于煤炭对环境污染造成影响的报告中只提到煤炭的堆放、露天操作、新矿井对当地环境的影响，以及由于开挖矿井而引起的地质下沉等问题，明确表示来自燃煤排放的二氧化硫和二氧化碳没有恶化环境质量，并且非常肯定地认为燃煤排放的氮氧化物与环境污染之间不存在必然的联系。[③]

另外，全国煤矿工人工会在 1984—1985 年因为煤炭工业的收缩而发生了长达一年的罢工运动，英国政府根本无暇进行二氧化硫排放量的缩减规划。当罢工结束之后，英国政府并没有直接对发电厂的煤炭使用量进行限制。仅 1987 年，英国发电厂释放了 2.02 亿吨二氧化碳，占全国排放量的 36%，其中大约 32%的排放量来自中央电力委员会所属发电厂。其他工业部门的排放量占 25%，运输业占 17%，家庭占 15%。当年，英国二氧化碳的排放量占全球的 3%，可以认为其电力工业大约占全球总排放量的 1%。[④]因此，英国发电厂废气排放量引起欧洲共同体在内的国际力量的特别关注。

多伦多会议推动了英国政府认识煤炭工业与环境问题之间的因果联系。1988 年，在加拿大多伦多召开了关于大气变化的世界大会。会议主要议题有：关注由人类活动所致的污染问题，化石燃料的使用以及在许多地区快速增长的人口导致地球气候变暖和海平面上升的问题，二氧化碳的排放量和其他温室效应气体在大气层的密度问题，臭氧层损耗与紫外线辐射等问题。会议规定需要在全球

---

① Helm D. *Energy, the State and the Market: British Energy Policy since 1979*, p. 346.

② Thatcher M. *The Downing Street years*, pp. 340-341.

③ Parker M J. *Thatcherism and the Fall of Coal*, pp. 77-78.

④ Roberts J, Elliott D, Houghton T. *Privatising Electricity: The Politics of Power*, p. 160.

减掉大气中50%的二氧化碳排放量才能使它达稳定的状态，并要求到2005年首先减少20%的排放量。[①]这些规定对含硫量较高的英国煤炭工业的发展是不利的。因此，如何应对这种国际挑战，关系到英国煤炭工业的发展和走向。

（2）英国政府的环境政策导致燃煤比例下降。在各种国际组织和国际力量要求控制燃煤引起的环境污染的压力下，英国政府的能源战略发生了较大的转变。英国政府对国际组织关于二氧化碳的释放与环境污染关系的问题，从起初的不合作转变为在保护本国能源战略安全的基础上，对多伦多会议的内容持基本赞同的态度。

为了响应会议的内容，英国首相玛格丽特·撒切尔于1988年9月在英国皇家学会大会上代表英国政府对环境恶化与煤炭工业废气排放的关系发表演讲，她对工业二氧化碳的释放与"温室效应"之间的关系表示确认，但她强调工业二氧化碳不是导致"温室效应"的唯一因素。[②]玛格丽特·撒切尔表达了英国政府将遵守国际组织提出的降低工业二氧化碳排放量的宗旨，但是在排放量和缩减内容上将严格遵循自己的"科学依据"。

英国对由燃煤排放而引起的酸雨问题按照自己认可的标准做出了回应。1988年，英国政府同意在1980年的基础上进一步降低其境内较大的燃煤电厂二氧化硫的排放量，并且计划要在1993年下降11%，到1998年下降40%，到2003年下降60%。[③]《1989年电力法案》第32条规定，应该加强非化石燃料资源发电：非化石燃料发电厂对公众的电力供应必须有一定的保障；第32条第3小节规定，如果电力供应者没有提供被规定的供应量，或延迟供应被规定的电力，则这种行为视为违反法律，要受到一定的惩罚。《1989年电力法案》第33条规定，对化石燃料发电厂实行一定的征税措施。[④]英国对多伦多会议的环境宗旨从法律上正式做出回应是《1990年环境保护法案》第3条规定的释放限制和质量目标：对一定时期物质释放的浓度、释放量的标准进行限制，降低其对环境的污染。[⑤]这些规定在一定程度上降低了燃煤量。政府对燃煤导致的"温室效应"和酸雨的明朗态度和具体措施，对英国的能源工业和能

① Roberts J, Elliott D, Houghton T. *Privatising Electricity: The Politics of Power*, pp. 162-163.

② Thatcher M. *The Downing Street years*, p. 640.

③ Parker M J. *Thatcherism and the Fall of Coal*, p. 78.

④ *Electricity Act 1989*, http://www.legislation.gov.uk/ukpga/1989/29. 2011-03-06.

⑤ *Environmental Protection Act 1990,* http://www.legislation.gov.uk/ukpga/1990/43/enacted/data.pdf, 2011-03-06.

源消费结构产生了较大的影响。

20 世纪 80 年代中期，在英国的能源消费结构中，煤炭、石油和天然气是主要的化石能源资源。其中煤炭主要用于电力工业，大约占电力燃料需求总量的 75%；而石油和天然气用于其他工业中的份额较大。不同的燃料用于发电时会产生不同量的二氧化碳，煤炭、石油和天然气生产一度电产生二氧化碳的比例分别为 1∶0.82∶0.56。依据这一比例，当这些能源被转化为电力时，天然气的优势超过了普通燃煤发电厂。因此，天然气的需求势必成为降低二氧化碳的最佳发电能源。从 20 世纪 60 年代后期以来，英国天然气的产量非常丰富。进入 20 世纪 80 年代后，英国天然气的年产量达 400 亿立方米，并逐渐在全国能源市场中加大了所占份额。这一时期天然气在主要燃料市场中的份额大约占到 23%，其中大约 1/3 的需求在其他工业部门；1988 年，天然气提供了大约 45%的非运输最终能源消费量，由于技术原因，发电部门消费的份额实际上仍然很少。①1991 年，英国在北海海岸又探测到了 15 个大型油气田。②因此，英国加大了天然气在电力生产中的份额。

联合循环燃气涡轮技术使大量的天然气成为发电厂的能源资源。联合循环涡轮技术消耗的天然气，可以使发电厂总热能效率达 80%，与煤炭发电大约 30%—35%的热能效率相比提高了一倍多。从环境角度来看，天然气发电不但不排放二氧化硫，而且排放的二氧化碳量相当于煤炭的一半。这既降低了温室效应的可能性，同时有效地防范了酸雨的产生。另外，从成本角度考虑，北海天然气在 1990 年初的发电成本为每千瓦时 2.2 便士，与一个新的火力发电厂每千瓦时成本 3.4 便士相比更加便宜。到 1991 年 3 月，在总共约 150 亿千瓦时的发电计划中，天然气发电占总量的 95%。③1989 年，天然气占英国能源消费总量的 23.68%，1990 年占能源消费总量的 24.17%，1991 年又有较大的上升，25.42%。④占能源消费总量的燃气涡轮技术的使用，不管在热效率还是环境优势方面都具有极强的竞争力。

20 世纪 80 年代中期以来，英国能源消费中石油的数量日益增多。1986

① Roberts J, Elliott D, Houghton T. *Privatising Electricity: The Politics of Power*, p. 33, p. 49.

② Reference Services, Central Office of Information. *Energy and Natural Resource*, p. 12.

③ Roberts J, Elliott D, Houghton T. *Privatising Electricity: The Politics of Power*, pp. 89-90.

④ Reference Services, Central Office of Information. *Energy and Natural Resource*, p. 6.

年，英国石油消费量为6620万吨，占能源消费总量的33.57%；1989年上升到6950万吨，占能源消费总量的34.72%；1990年上升到7130万吨，占能源消费总量的35.18%；1991年上升到7110万吨，占能源消费总量的34.23%。[①]显然，英国的石油资源在能源战略中占据重要的地位。

英国政府对燃煤与环境污染关系的确认使它调整了环境政策，并导致英国燃煤比例在能源结构中的下降。而煤炭工业的快速收缩则另有原因。

（3）环保诱因下英国煤炭战略地位的丧失。1988年多伦多会议之后，玛格丽特·撒切尔认为核电站是较现实的首选代替煤炭的产品。她一直相信“核能不产生二氧化碳，也不产生导致酸雨的气体，是一个比煤炭干净得多的能源资源”[②]。这是玛格丽特·撒切尔为了获得国内各方力量的支持而给出的一种较为牵强的说法。玛格丽特·撒切尔的真实意图在于保持英国在欧洲乃至全球的核技术优势。对于英国政府而言，核技术的发展不需要庞大的工人队伍，也就不会招致20世纪60年代后期以来全国煤矿工人工会与政府的长期对峙局面。

鉴于此，玛格丽特·撒切尔执掌英国政局初期便开始了修建核电站的计划，但迫于各种压力，直到1987年才开始了赛兹韦尔B号核电站的修建。到20世纪80年代末，英国的两座较大的核电站——希舍姆2号和托尔内斯号建成投入使用。1991年，英国的核电站提供的电量相当于1520万吨石油，相比1981年的800万吨增加了将近一倍。此时，英国14座核电站提供了总电量的21%，其中，1991—1992年苏格兰40%的电力供应由核电站承担。[③]核能的发展对煤炭的冲击力非常大。除此之外，较安全的可再生能源资源成为英国能源部门关注的又一种能源产品。多伦多会议之后，英国加大了可再生能源资源的开发速度。我们通过表1-6中政府对它的资助数据可以看出这种变化。

表1-6　英国对可再生能源研究和发展的资助表[④]（单位：百万英镑）

年份＼能源类型	核能	太阳能	风能	潮汐能	水能	其他可再生能源
1976—1977年	110.0	3	3	3	3	3
1977—1978年	100.1	4	4	4	4	4

① Reference Services, Central Office of Information. *Energy and Natural Resource*, p. 6.

② Thatcher M. *The Downing Street years*, p. 640.

③ Reference Services, Central Office of Information. *Energy and Natural Resource*, p. 6, p. 33.

④ Roberts J, Elliott D, Houghton T. *Privatising Electricity: The Politics of Power*, p. 141.

续表

能源类型 年份	核能	太阳能	风能	潮汐能	水能	其他可再生能源
1978—1979 年	127.4	0.2	0.3	0.0	—	3.1
1979—1980 年	145.5	1.5	1.1	0.6	—	6.2
1980—1981 年	186.2	1.2	1.4	1.4	—	9.1
1981—1982 年	205.4	1.5	2.1	0.4	—	17.4
1982—1983 年	214.8	1.7	4.6	0.0	—	12.2
1983—1984 年	203.8	1.6	4.5	0.0	—	9.0
1984—1985 年	196.1	0.8	6.6	0.3	—	9.6
1985—1986 年	189.6	1.0	7.5	0.1	—	7.3
1986—1987 年	174.5	1.0	6.0	0.1	—	7.4
1987—1988 年	140.8	1.2	7.3	1.4	0.8	9.2
1988—1989 年	159.1	1.5	8.5	1.2	0.8	9.4
1989—1990 年	136.8	1.9	5.0	1.0	0.2	9.4

由表 1-6 我们可以看出，玛格丽特・撒切尔政府在执政之后加大了对核能的资助力度。资助额从 1979 年的 1.274 亿英镑上升到 1983 年的 2.148 亿英镑，后来因为经济萧条以及核能自身无法克服的缺点而有所减少，但总体上比 1979 年的资助额度大。对太阳能、风能以及其他能源的资助额度在 1988 年之后开始稳中有升。玛格丽特・撒切尔执政初期停止了对水能的资助，但是在 1988 年水能重又提上了议事日程。1988 年之后，由于环境问题带来的压力，可再生资源发电的开发在英国能源战略中逐渐地占据了一定的比例。1990 年，可再生资源产生的电力占英国总发电量的 1.8%，到 2000 年达 2.7%。①

由于天然气、石油、核能和可再生能源资源在电力工业中的使用，使煤炭发电的比例逐渐缩小。在多伦多会议以后，英国的煤炭消费量出现下滑。1989—1990 年，英国煤炭公司出售给电力公司的煤炭量大约为 7500 万吨。英国电力的 78%由煤炭供应，在 1989 年 12 月双方的协定中，1990—1991 年和 1991—1992 年英国煤炭公司提供给发电厂的煤炭最低量为 7000 万吨，1992—1993 年下降到 6500 万吨。②电力公司对英国煤炭的需求量在三年内降低了

① Helm D. *Energy, the State and the Market: British Energy Policy since 1979*, p. 353.

② Fothergill S, Witt S. *The Privatisation of British Coal: An Assessment of Its Impact on Mining Areas*, p. 21.

2000万吨。

降低二氧化碳和二氧化硫的排放量成为多伦多会议之后英国煤炭消费工业的目标之一。英国电力公司需要遵守欧洲共同体关于较大的燃煤电厂指令——降低英国煤炭二氧化硫的排放量。在1989年早期，中央电力委员会被要求对燃煤发电厂装置成本价为18亿英镑、容量为120亿瓦时的废气脱硫设备；中央电力委员会为了提高利用煤炭的热能和降低二氧化碳，也改进了煤炭的燃烧技术，如流化床燃烧和整合气化联合循环等，这种新的燃煤技术比常规燃煤电厂减少将近25%的二氧化碳排放量。①

降低二氧化硫成本的一项较有效的措施就是进口英国电力供应业需要的大量含硫量较低的煤炭。私有化导致英国电力公司自由进口大量含硫量较低并且较便宜的煤炭，到1990—1991年，英国电力公司和英国发电公司已取得600—700万吨进口煤炭。②进口煤炭在1985—1986年上升到8%—9%；1988年为1200万吨，大约是英国煤炭市场的11%。③1991—1992年煤炭净进口量达1860万吨，占英国煤炭消费量的29.38%。④市场份额的缩小和进口煤炭的涌入均对英国煤炭工业产生了较大的冲击，导致英国煤炭工业开始新一轮的收缩。

煤炭引起的环境污染问题成为环境保护主义者和国际环境组织极为关注的对象，使它在燃料消费市场中逐渐失去了较大的份额。而对煤炭燃烧技术的改良，因为资金的限制也处于一种微不足道的地位。在这种情况下，英国煤炭公司只能采取继续收缩的战略。20世纪80年代以来，英国煤炭工业的产量继续保持下降的状态，矿井关闭持续进行，矿工人数的转移和减少仍然不断。这种趋势如表1-7所示：

表1-7 1980—1993年英国煤炭工业的产量、矿井、人数变化表⑤

年份	国有矿井产量（万吨）	私人矿井产量（万吨）	矿井数量（个）	矿工人数（万人）
1980年	11 030	110	211	23.07
1981年	10 890	110	200	21.88
1982年	10 490	120	191	20.80

① Roberts J, Elliott D, Houghton T. *Privatising Electricity: The Politics of Power*, p. 95, p. 168.

② Fothergill S, Witt S. *The Privatisation of British Coal: An Assessment of Its Impact on Mining Areas*, p. 21.

③ Pearson P. *Prospects for British Coal*, p. 139, p. 27.

④ Reference Services, Central Office of Information. *Energy and Natural Resource*, p. 28.

⑤ Coal Authority. *Summary of United Kingdom Coal Production and Manpower from 1947*.

续表

年份	国有矿井产量（万吨）	私人矿井产量（万吨）	矿井数量（个）	矿工人数（万人）
1983 年	9010	140	170	19.17
1984 年	2760	150	169	17.14
1985 年	8840	200	133	13.85
1986 年	8800	200	110	10.77
1987 年	8240	210	94	8.90
1988 年	8500	210	86	8.01
1989 年	7560	210	73	6.54
1990 年	7230	230	65	5.73
1991 年	7100	340	50	4.38
1992 年	6180	400	50	3.17
1993 年	4270	380	17	2.20

由表 1-7 所示的一系列数字可以看出，国有矿井产量在 1983 年跌破 1 亿吨，为 9040 万吨；1984 年，由于英国煤矿工人的罢工，国有矿井产量只有 2760 万吨；1985—1988 年，国有矿井的产量有一定的下降，但始终保持在 8000 万吨以上；从 1989 年开始，国有矿井产量的下降又加快了速度；1993 年初，国有矿井的产量只有 4270 万吨，私人煤矿在这一阶段的产量稳中有升。与产量下降相伴而行的是加快关闭矿井的速度：1980 年，英国煤炭工业的煤矿数量有 211 个，1981 年已关闭了 11 个，1982 年关闭数量为 9 个，1983 年关闭了 21 个，这也成为煤矿工人罢工的导火索。罢工期间，矿井关闭几乎停止了，但是罢工之后，英国矿井的关闭速度又一路上升，矿井数量从 1984 年的 169 个下降到 1988 年的 86 个，4 年之内关闭了 83 个矿井。1993 年，矿井仅剩 17 个。矿工人数的下降速度也是惊人的，从 1980 年的 23.07 万人下降到 1984 年年初的 17.14 万人，裁减了将近 6 万人；而 1985—1989 年，矿工人数又下降了 7.31 万人；到 1993 年英国煤矿工人仅剩 2.2 万人。

工业发展与环境问题的关系在 20 世纪 70 年代以后成为各种国际组织和国际人士关注的焦点问题。对于工业非常发达、煤炭资源非常丰富的英国而言，不仅本国环境受到燃煤引起的大气污染和酸雨等问题的长期困扰，而且对邻邦的环境也造成了极大的破坏。因此，在国内外环保力量的压力下，英国政府在玛格丽特·撒切尔时期表现出了较为积极的态度，不仅改良了现有的燃煤设备和技术，而且降低了燃煤量。政府借环保政策的路线又进一步缩减了英国煤炭工业的规模，并最终在1994年将煤炭工业从国有转为私有。

三、政府对煤炭与环境关系态度转变的原因

综上所述，由于煤炭对英国本国和邻近地区及国家的环境造成了一定的影响，因此在治理环境污染问题时，英国的能源结构发生了极大的变化，能源消费市场中煤炭一统天下的局面已经一去不复返。而各种组织和力量对这些问题的关注和处理措施，则反映了人类对自身活动造成环境破坏的认识程度的加深。相应地，人们理性看待问题的能力也大为提高。此外，英国政府环境与能源战略的改变无不与英国国家利益与英国两党制政治结构相关联。

第一，玛格丽特·撒切尔的保守党在执政之初不愿就燃煤产生的环境污染问题与国际组织达成共识，这可以归结为两点原因：一方面，英国国内的石油开采与供应刚刚起步，它能否代替英国煤炭资源而成为具有长远战略意义的能源资源还需要一段时期的观察；另一方面，全国煤矿工人工会的势力在英国国内非常强大，此问题可能引发该工会对政府的责难，这对保守党政府而言是不可取的。因此，在20世纪80年代初期，玛格丽特·撒切尔对英国煤炭工业与环境污染问题持较为谨慎的态度。

第二，多伦多会议后，英国政府对燃煤与环境污染关系的认同也具有较为现实的原因。全国煤矿工人工会的力量在1984—1985年罢工中被极大地削弱了，政府可以借此机会进一步缩减煤炭工业，发展具有长远战略意义的能源资源。因此可以说，多伦多会议为玛格丽特·撒切尔缩减煤炭工业提供了一个机会。

第三，英国能源消费结构本身说明继续把煤炭作为一种战略性能源的前景已十分暗淡。自20世纪60年代后期以来，英国国内对煤炭的消费量已开始逐渐降低。到20世纪70年代后期，一方面随着英国其他行业的衰落，英国国内对煤炭的消费量日渐减少；另一方面，煤炭工业通过政治力量将自己的发展与英国电力工业的发展捆绑在一起，造成了电力成本的提高。随着电力工业的私有化，煤炭工业再一次陷入了生存困境。无论是政府，还是工会，均以自身利益为出发点，其所制定的煤炭发展战略本身就是对该工业的一种摧残。

正是 20 世纪上半期以来英国煤炭使用量加大，特别是发电厂对煤炭的集

中使用和环保意识的局限，对人类环境日积月累造成了极大的危害和影响，促使人们企图通过科学的方法来分析和解决这些问题。当更科学的实验和证据证明燃煤释放的大量二氧化碳和二氧化硫导致整个人类居住环境受到气候变暖和酸雨等现象的威胁时，更多的人开始理性地思考环境与人类活动的关系问题，更理性地按照科学的观点来指导本国能源决策的方针走向，这也就是英国煤炭工业在发展中受到限制并收缩的原因之一。而在煤炭工业发展过程中，由于工会与政府的双重利益诉求，加速了其衰落的步伐。同时，英国政府在关于本国能源战略与环境发展的关系中又夹杂着自身的政治诉求。这导致了 20 世纪 80 年代以前英国煤炭工业对环境污染较为严重的状况，20 世纪 80 年代后期，英国在能源战略转移过程中对煤炭的加速收缩以及对核能的情有独钟，均对英国能源战略的持续发展产生了较大的影响。

本章小结

第二次世界大战后，英国政府对煤炭工业实行国有化管理，试图通过宏观调控的手段改变工业衰落的趋势。然而这并没有多大改观，相反，国有化的煤炭工业因其成本高涨、职业疾病肆虐、能源结构变化和环境污染加剧等问题，加快了它衰落的步伐。

英国煤炭工业的高成本是历史遗留问题。但是在国有化之后，英国煤炭工业的成本有增无减，煤矿工人工资的上升是这一时期成本增加的主要原因。自国有化以来，全国煤炭委员会为了便于自己的管理，逐步统一了煤矿工人的工资结构。例如，该委员会对计时工人的工资、计件工人的工资进行统一上调。与此同时，熟练矿工在较短时间内大批离开本行业，大量新招募的矿工需要进行长期的培训等均增加了其成本。在第二次世界大战后最初几年，煤炭产量经过短暂的上升之后，受市场需求及能源结构变化的影响，煤炭产量开始持续减少，矿井大量关闭。而矿井关闭反过来又导致大量矿工的失业和转移，从而增加了煤炭工业的运营成本。另外，煤炭工业中原材料和基本设施的相关费用，也增加了煤炭工业的生产成本，对煤炭工业的发展起了一定的消极作用。

20 世纪 30 年代以来，大规模流行的矿工尘肺病导致大量矿工丧失生命，或者遭受疾病及失业的折磨。据统计，20世纪30年代到90年代，英国死于尘肺病的矿工人数达 4 万例。[①]全国煤炭委员会起初要求尘肺病矿工离开煤炭工业，后来又迫于提高产量而招回了其中的绝大多数矿工。这两种方案对煤炭工业均产生了消极影响，对煤炭工业而言，当这部分人离开行业时，他们失去了大量熟练的采煤工人。因此，全国煤炭委员会最终又将这部分人招回。对矿工而言，加大了损害身体的风险；对行业而言，必须增加对尘肺病矿工的补偿额，也必须提高矿工的工作环境质量，提高对尘肺病矿工的医疗水平。另外，返回的尘肺病矿工因为身体原因又影响了正常生产。

英国的煤炭工业也受到能源市场结构变化与技术革新的影响。英国煤炭与其他行业，如钢铁业、造船业、铁路运输业、煤气产品、电力工业等曾经形成一种较密切的互惠共生关系。20 世纪 50 年代以后，石油、天然气等高效、清洁能源的大量出现冲击了这种关系。到 20 世纪 70 年代以后，铁路运输业完全退出了煤炭市场，而煤气产品在天然气的冲击下逐渐衰落，钢铁业的私有化更加使英国煤炭的市场需求朝不保夕。

燃煤释放大量的二氧化硫、二氧化碳等气体，严重地污染了环境，20 世纪 50 年代发生的“伦敦烟雾事件”引起政府对此问题的重视。政府颁布《1956 年煤炭洁净法案》，加快了煤炭工业的收缩。随着煤炭烟雾排放对人体健康的威胁以及对整个人类生态环境破坏的加剧，国际力量对此问题开始关注，英国也开始积极地回应燃煤污染问题。20 世纪 80 年代后期，英国以此问题为契机，加速关闭不能产生利润的矿井。

因此，煤炭工业在国有化之后，一直受到高成本、职业疾病流行、市场和技术变化、环境污染等问题的困扰，导致它加速衰落。除此之外，英国煤炭工业还受到欧洲一体化的排斥、全国煤炭委员会错误的战略指导和煤矿工人罢工的影响。

---

① McIvor A, Johnston R. *Miner's Lung: A History of Dust Disease in British Coal Mining*, p. 54.

第二章

推动英国煤炭工业转型的其他因素

英国煤炭工业在衰落中不仅受到本书第一章所述各种主要因素的影响，还遭受其他因素的影响。总之，各种错综复杂的因素相互交织，使英国煤炭工业举步维艰。

英国煤炭储量居西欧各国之首，西欧各国在相当长时期内也主要依靠英国煤炭市场。但是，在第二次世界大战结束后，英国煤炭产量的下降导致它无法为法国等国家提供充足的煤炭。因此，以法、德为首的西欧国家建立了旨在解决本国煤炭、钢铁安全的欧洲煤钢共同体。该机构的建立协调了欧洲煤钢共同体内部对资源的配置，对英国煤炭工业产生了较大的影响。加之美国等国家的低廉煤炭涌入西欧市场，导致整个欧洲煤钢共同体市场降低了对英国煤炭的需求。英国在煤炭工业衰落中曾经三叩欧洲共同体大门，希望该机构拯救英国煤炭工业，然而，直到 1973 年英国才正式加入欧洲共同体。这时，英国煤炭工业已经丧失了最佳发展机遇。

全国煤炭委员会是国有化以来英国煤炭工业的直接管理部门，它负责制定煤炭工业发展战略，管理煤炭工业的运营，参与煤炭工业的销售等事务。在国有化之后，全国煤炭委员会围绕提高煤炭产量的目标制定了各种生产赶超的计划。这些计划并没有按期完成，如 1950 年计划一改再改，还是没有达预期的目标。在 20 世纪 50 年代后期的收缩中，全国煤炭委员会将大量工程技术人员的岗位也一并裁减，又导致 20 世纪 70 年代英国煤炭重建计划无法实现。在随后的煤炭发展规划中，全国煤炭委员会尽管调整了战略，但是目标过高的生产计划极大地影响了煤炭工业的可持续发展。

随着国有化的发展，全国煤矿工人工会的凝聚力进一步提高，而煤炭工业的快速收缩又威胁着煤矿工人的就业。他们举行了多次罢工以维护自身的利益。直到 20 世纪 70 年代后期，国有化以来的大罢工几乎均以工会的胜利而告终。大罢工的结果也使煤矿工人的收入位居制造业工人工资的榜首。这种情况直接导致工业成本的飙升，也导致英国煤炭工业依靠政府大量的财政补贴才能运转。

第一节　第二次世界大战后西欧一体化与煤炭工业转型

英国与欧洲共同体的关系自 20 世纪 60 年代以来一直是学术界关注的一个焦点问题，这不仅因为英国曾引领全球进入现代化工业社会，而且也因为英国国内丰富的煤炭资源足以使其在第二次世界大战后的西欧重建中再次成为领头羊。然而，历史的发展似乎总是在一瞬间变得面目全非。自 1950 年英国轻率地拒绝加入欧洲煤钢共同体以后，英国与欧洲共同体之间的关系开始进入戏剧性的博弈阶段。其中不乏英国试图对欧洲共同市场进行瓦解以获取领导欧洲地位的预谋。此计不成，英国只好退而求其次——不顾法国的阻挠，经过三次申请成为欧洲共同体成员国。但是，英国一贯持有的国家利益至上的原则并没有发生变化。因此，当英国利益受到欧洲共同体政策的影响时，英国就会表现出毫不退让的姿态，形成欧洲共同体内部矛盾纷争不断的局面。关于英国与欧洲共同体关系的发展走向，中外学术界都以各自的观点和学术立场进行解读和阐释，因而形成了各种观点竞相争鸣的局面。

中国史学界主要侧重于西欧一体化与英国关系的探究。洪邮生通过 1945—1960 年英国对西欧一体化政策的探究指出：英国在 20 世纪 40 年代末已经基本上形成在西欧防务上依靠以美国为核心的大西洋联盟，辅之以支持传统的政府间合作性质的西欧联合组织，以维护英国在西欧的领导地位的政策。而西欧一体化从一开始就具有超国家性质，这就使得英国拒绝参加舒曼计划（Schuman Plan）和普列文计划（Pleven Plan），游离于西欧一体化进程之外。1955 年墨西拿会议之后，英国政府试图调整与欧洲大陆六国的关系，但是仍归于失败。① 赵怀普的《英国与欧洲一体化》一书对英国与欧洲一体化关系进行著述，作者对英国与欧洲的关系从诺曼征服讲起，一直到托尼·布莱尔工党政府与欧盟的关系，他重点从文化、政治、历史、经济等方面分析和探究了第二次世界大战后到 20 世纪末英国与欧洲关系演变的历史轨迹与原因。②马瑞映主要探究了英国与欧洲共同体的关系特征，指出英国对欧洲共同体的现实主义外交政策决定了两者之间的合作程度，英国在欧洲煤钢共同体建立之初，就对这种超国家联合力量极力反对，但仍与之建立了一定的联系制度；当欧洲共同体的发展开始迈入正轨时，英国也因经济实力被削弱而对欧洲共同体产生了好感，但是英国对欧洲共同体始终保持一种若即若离的状态；即使 1973 年英国加入到欧洲共同体后，也始终对此抱有极大的保留空间和质疑，这就是后来玛格丽特·撒切尔执政时对预算问题、约翰·梅杰政府对“联邦主义”和“单一货币联盟”等问题产生排斥和怀疑的一个原因。英国与欧洲一体化的关系揭示了欧洲国家的控制能力减弱，不再有一个政府能单独面对各种问题的挑战，新的超国家组织成为可选择的平衡力量。与此同时，在民族国家仍是世界主要政治单元的背景下，一体化的程度并不像鼓吹的那么高。③上述著述主要侧重于英国与欧洲一体化的关系，而没有涉及英国煤炭工业在这种关系变化中受到的影响。

还有一些学者从不同的角度研究了英国与欧洲一体化的关系。朱正梅从欧洲共同体对英国的财政预算产生的问题入手，探讨了英国与欧洲一体化之间产生分歧、矛盾的根源，以及这种矛盾的基本解决过程，指出只有预算问题的解决才能使英国感到自己真正成为欧洲一体化的成员。④这使我们对英国与欧洲共同体的矛盾与冲突有了更进一步的认识。贾文华将法国与英国对欧洲一体化

① 洪邮生：《英国对西欧一体化政策的起源和演变（1945—1960）》，南京：南京大学出版社，2001 年。

② 赵怀普：《英国与欧洲一体化》，北京：世界知识出版社，2004 年。

③ 马瑞映：《疏离与合作——英国与欧洲共同体关系研究》，北京：中国社会科学出版社，2007 年。

④ 朱正梅：《英国预算问题与欧洲一体化（1970—1984）》，北京：中国社会科学出版社，2009 年。

的政策进行了比较研究，提出由于两国在第二次世界大战时及第二次世界大战后的形势、国内实力及国际地位不同，因此两国对欧洲一体化的政策有不同的观点和行为，但是最终两国对一体化政策有着殊途同归的结果。①李世安、刘丽云等人主要对欧洲一体化在不同阶段的发展历史进行了翔实的介绍与分析。②但这些著述同样没有涉及英国煤炭工业的发展轨迹。

国外学者对英国与欧洲共同体关系的研究也主要集中在外交关系方面。例如，英国前首相爱德华·希思在其自传《我的生命历程》一书中主要描述了保守党在第二次世界大战后法国同盟中的作用：1946 年，丘吉尔在苏黎世的发言主旨启发了英法联盟的建立；以丘吉尔为首的保守党成员一直强调英国应该加入欧洲煤钢共同体（European Coal and Steel Community），为日后英国加入欧洲共同体打下了坚实的基础。③很显然，爱德华·希思在此主要强调保守党在带领英国加入欧洲共同体过程中的功劳。罗杰·伍德豪斯（Roger Woodhouse）认为，法德建立欧洲煤钢共同体的思想是在《1940 年英法同盟建议》基础上确立的，由于对德战争使英法同盟成为泡影；第二次世界大战后由于英法对德国的煤钢工业的归属产生矛盾与冲突，而德国鲁尔和萨尔在欧洲恢复中的角色和主要地位成为法德联盟选择的基础，由于英国政府短视性的匆忙决定，导致它失去了左右欧洲经济的机会。④根据一些研究者分析，在 1945—1951 年英国对法国的政策中，对煤炭和钢铁工业在欧洲经济恢复和重建中的重要性给予了非常重要的地位。然而，限于作者著作取舍的时间跨度，欧洲煤钢共同体建立后如何影响英国煤炭工业的走向是无法包含于其中的。亚历克斯·梅（Alex May）主要从外交方面论述了英国在舒曼计划发表之初的怀疑与观望态度；在欧洲共同体市场建立之后，曾以对抗的方式转向了加入欧洲共同体；而在此过程中，英国经历了欧洲共同体国家的排斥与认同。⑤作者的侧重点依然放在两国的外交政策层面，而没有涉及欧洲共同体与英国煤炭工业的发展关系。威廉·阿什沃思较为系统地研究了英国煤炭工业在加入欧洲共同体

① 贾文华：《法国与英国欧洲一体化政策比较研究——欧洲一体化成因与动力的历史考察（1944—1973）》，北京：中国政治大学出版社，2006 年。

② 李世安、刘丽云等：《欧洲一体化史》，石家庄：河北人民出版社，2003 年。

③ Heath E. *The Course of My Life: My Autobiography,* London: Hodder & Stoughton, 1998, pp. 108-138.

④ Woodhouse R. *British Policy towards France, 1945-51,* London: Macmillan, 1995, pp. 35-104.

⑤ May A. *Britain and Europe since 1945,* London, New York: Longman, 1999, pp. 16-50.

前后的得失。他认为，1954 年 12 月 21 日英国政府与欧洲煤钢共同体签订的联合协定，为英国煤炭工业加入欧洲共同体奠定了基础；而对英国煤炭的出口极为不利，到 20 世纪 50 年代中期，大约欧洲煤炭共同体 10%的煤炭进口来自英国；在英国准备加入欧洲煤钢共同体时，遭到欧洲煤钢共同体煤炭生产国的抵制；当英国加入欧洲煤钢共同体的时候，对其煤炭工业而言，大量增加对欧洲煤钢共同体国家煤炭出口量的期望并不是非常强烈，它们旨在追求在西欧能源政策的形成中成为领导的机会，以及使用欧洲煤钢共同体内部可能的财政优惠条件；欧洲煤钢共同体的成员资格没有给英国煤炭工业带来较多的生产和销售机会；英国煤炭工业有权使用比英国政府规定的更低利率的贷款和欧洲煤钢共同体的补助。①作者的研究主要着眼于英国煤炭工业与欧洲共同体之间关系的前后变化及其直接得失，并没有对欧洲共同体如何影响英国煤炭工业的转型进行进一步的探究。另外，作者著述内容的时间段对这种研究存在较大的限制。

第二次世界大战后，欧洲各国在重建中对英国煤炭需求大增，因此，英国煤炭工业通过各种手段加大煤炭生产以满足这种需求。欧洲煤钢共同体建立之后，英国的煤炭工业在经历了短短五年的发展之后，开始进入大规模的收缩阶段。英国成为欧洲煤钢共同体成员之后，并没有扭转英国煤炭工业衰落的局面，反而加剧了它转型和收缩的步伐。因此，欧洲煤钢共同体对英国煤炭工业走向的影响是一种客观情况，这正是本书的主要出发点。

一、战后欧洲重建与煤炭工业的发展

从 1913 年到第二次世界大战爆发时，英国煤炭的产量和出口量在西欧均遥遥领先。1913 年，英国的煤炭产量达 2.92 亿吨，其中 1/4 用于出口②；1937 年产量达 2.404 亿吨，出口量达 4030 万吨；1938 年产量达 2.27 亿吨，出口量达 3580 万吨。③在第二次世界大战初期，英国几乎出口了 5000 万吨的煤炭，其中 70%出口到欧洲大陆国家。④这些国家中又以瑞典、丹麦、德国和法国对

---

① Ashworth W, Pegg M. *The History of the British Coal Industry, Volume 5: 1946-1982: The Nationalized Industry*, p. 319.

② 〔英〕J. H. 克拉潘：《现代英国经济史》下卷，姚曾廙译，北京：商务印书馆，1977 年，第 83 页。

③ Kirby M W. *The British Coalmining Industry, 1870-1946: A Political and Economic History*, p. 139.

④ Potter C. J. Europe's Coal Problem, *Proceedings of the Academy of Political Science,* Vol. 21, No. 4, 1946, pp. 28-40.

英国煤炭的需求量最大，特别是法国。据相关数据显示，从 1913 年一直到第二次世界大战前，法国一直是英国煤炭消费的最大客户。[①]因此，英国与西欧各国在煤炭贸易方面联系非常密切。然而，在第二次世界大战后期，英国与欧洲大陆的这种联系基本上被切断了。

第二次世界大战后初期，由于欧洲各国恢复国内经济而引起了煤炭需求量的激增，英国煤炭在欧洲市场中的销售不受任何限制。英国战时内政部固体燃料代理行政官在 1945 年对整个欧洲的煤炭形势进行调查后发现：整个欧洲除了波兰有一定量的煤炭出口外，其他国家都要进口煤炭；在 1944 年冬天，法国竟缺乏日常做饭的煤炭；而 1945 年法国只得到其和平时期煤炭需求量的 60%。[②]然而此时，英国煤炭产量下降，其国内煤炭消费量又大增，因此能够出口的煤炭数量相当少。1946 年，英国总共生产煤炭 1.903 亿吨，出口 870 万吨；1947 年，生产煤炭 1.974 亿吨，出口 530 万吨，进口 70 万吨[③]；这样的出口量与 1939 年 4650 万吨的出口量相比差距非常大。[④]1946 年，英国自身的煤炭供应非常缺乏，政府对全国家庭用煤实行定量配给制—— 无论房子大小，北方每年 3.3 吨，南方每年 2.3 吨。[⑤]1947 年 1 月，英国的煤炭库存量低到必须要缩短许多工厂的工作时间才能维持正常运转。而且在 1947 年初，英国曾禁止出口煤炭。而法国国内更加缺乏煤炭，并且已危及法国国内的政局。1947 年 1 月 3 日，法国总统利昂 · 布鲁姆（Léon Blum）的特使朱尔斯 · 莫奇（Jules Moch）给英国首相艾德礼的一封信中反映了这一点。法国计划在 1947 年进口 1850 万吨煤炭，而 1950 年已上升到 2200 万吨[⑥]。

除法国外，欧洲其他各国也要求英国能够提供更多的煤炭。1946 年 1 月初，欧洲煤炭机构由比利时、丹麦、法国、希腊、卢森堡、尼德兰、挪威、土

① Stamp L D. Britain's Coal Crisis Geographical Background and Some Recent Literature, *Geographical Review,* Vol. 38, No. 2, 1948, pp. 179-193.

② Potter C J. Europe's Coal Problem, *Proceedings of the Academy of Political Science,* Vol. 21, No. 4, 1946, pp. 28-40.

③ Nott-Bower G, Walkerdine R H. *National Coal Board: The First Ten Years: A Review of the First Decade of the Nationalised Coal Mining Industry in Great Britain*, p. 36.

④ Nott-Bower G, Walkerdine R H. *National Coal Board: The First Ten Years: A Review of the First Decade of the Nationalised Coal Mining Industry in Great Britain*, p. 34, p. 35.

⑤ Potter C J. Europe's Coal Problem, *Proceedings of the Academy of Political Science,* Vol. 21, No. 4, 1946, pp. 28-40.

⑥ Woodhouse R. *British Policy towards France, 1945-51*, pp. 34-35.

耳其、英国和美国组建，其目的是在成员国之间平等地分配和供应煤炭。1947年该机构对英国煤炭工业提出一个计划，建议1951年英国煤炭产量应该在2.49亿吨，其中2900万吨用以出口。[①]紧接着，美国利用对欧洲提供援助的契机，迫使英国煤炭工业对欧洲提供更多的煤炭：英国应该通过所有可能的方式增加生产，包括招募大量劳动力，扩大露天煤矿的规模等。[②]这种对英国煤炭工业的要求，迫使其在条件不具备时，通过各种方式扩大生产，结果对英国煤炭工业产生了较大的负面影响。

（1）全国煤炭委员会开始考虑大规模招募劳动力。大规模招募劳动力在短期内造成了英国煤炭工业投资成本增加，进而影响了英国煤炭工业的生产效益。英国煤炭工业在第一次世界大战前曾雇用100多万煤矿工人，1927年有102.4万人，在第二次世界大战期间大约有70万名矿工，1946年煤矿工人达历史上最低的69.7万人。[③]战争期间，除了年龄较长者和应征入伍的年轻人维持战时煤炭工业的生产外，要想招募年轻人到煤矿工作已非常困难。1931年，矿工中仅有34.5%的人年龄超过40岁，而到1945年，这一比例上升到了43.5%。[④]第二次世界大战后，更多年长的煤矿工人不愿意自己的孩子再进入这一行业。而曾经以爱国主义应征入伍的年轻矿工再也不愿意待在井下污浊的空气中。1947—1978年，2万名应征入伍的矿工离开了煤炭工业。[⑤]为了吸引大批人力进入煤炭工业，全国煤炭委员会提供了各种优厚条件，如1947年全国煤炭委员会实行了一周五天工作制，提高矿工的工资和福利待遇等。除此之外，英国政府利用解决欧洲难民问题的契机，将大批难民招募到煤矿工业中劳动，如在1947年将6000多位波兰难民安排到煤炭工业中。[⑥]同时，政府还招募了一批辍学者和一些以前从事煤炭工作而现在在其他行业中就业的工人。为了招募更多的煤矿工人，全国煤炭委员会在1948年废除了对尘肺病矿工离开煤炭工

① Ashworth W, Pegg M. *The History of the British Coal Industry, Volume 5: 1946-1982: The Nationalized Industry*, p. 216.

② Woodhouse R. *British Policy towards France, 1945-51*, p. 101.

③ Stamp L D. Britain's Coal Crisis Geographical Background and Some Recent Literature, *Geographical Review*, Vol. 38, No. 2, 1948, pp. 179-193.

④ Townshend-Rose H. *The British Coal Industry*, p. 102.

⑤ Ashworth W, Pegg M. *The History of the British Coal Industry, Volume 5: 1946-1982: The Nationalized Industry*, p. 163.

⑥ Townshend-Rose H. *The British Coal Industry*, p. 103.

业的规定。这一规定的改变对煤炭工业带来的影响前文已有分析，在此不再赘述。1947 年总共招募人数达 94 200 人，1948 年为 73 700 人，1949 年为 52 100 人，1950 年为 55 300 人，1951 年为 72 800 人，1952 年为 77 400 人。①这些新招募来的煤矿工人在住房、培训等方面短期内增加了全国煤炭委员会的投资成本，而这种投资如果要获得相应的收益则需要非常漫长的过程。

首先，全国煤炭委员会要为这些新招募的矿工提供一定的住房条件。这笔费用的开支是非常庞大的。例如，1948 年，全国煤炭委员会因为在短期内无法对大量新招募者提供足够的住房，只好将其中的 25 700 名煤矿工人安排在政府旅馆中，而这项费用高达 90 万英镑。②因此不难看出，新招募的大量人员在短期内增加了全国煤炭委员会的投资成本，亦即减少了煤炭工业的经济效益。

其次，全国煤炭委员会对新招募的煤矿工人一般要提供较为长期的培训，而且对青少年和成年矿工的培训时间及内容不同，不同工种之间的培训时间和内容亦不同，这就导致英国煤炭工业中的培训成本非常昂贵。例如，在培训期间，一般会对青少年受训者提供大笔的经济安全保障以吸引他们能留在煤炭工业。除此之外，为新招募的青少年提供路费和住房。煤炭工业对技术工人和电工的培训一般需要 2 周至 26 周不等的时间，在培训期间需要提供一定的技术指导人员和机器操作人员。井下工作人员接受培训的最短时间为 33 天，在井下工作 80 天以上，而且必须是在熟练矿工的监督下在井下工作 60 天，之后方能上岗。对采煤工人的培训时间是最长的，这包括新招募的煤矿工人首先要完成几十周的培训之后，才被转移到生产岗位上工作，但是他们还必须要在熟练采煤工人的监督下工作两年方可独立工作。③由此可见，培训熟练的煤矿工人需要花费大量的时间、精力和资金。这不但延缓了煤炭工业的收益时间，同时也增加了煤炭工业的负担。

（2）英国煤炭工业加大机械化作业、矿井的重建和新矿井的开发等方面的投资力度，短期内加重了全国煤炭委员会的投资负担。英国煤矿机械化起步较早，1924 年英国煤矿中依靠机器生产的煤炭份额是 19%；1933 年是 42%；

① *National Coal Board Report and Accounts 1968-1969*, *Volume II: Accounts and Statistical Tables*, London: H. M. S. O., 1969, p. 85.

② Townshend-Rose H. *The British Coal Industry*, p. 104.

③ Townshend-Rose H. *The British Coal Industry*, pp. 104-106.

1938 年达 59%，其中 54%的煤炭是机器运输的；1945 年机器产煤已占到产煤总量的 72%，机器运输的煤炭总量已达 71%。[①]第二次世界大战后，在整个欧洲煤炭饥荒的压力之下，英国煤炭工业于 1947 年开始又加快了机械化的步伐。1947 年机械化切割占煤炭生产总量的 75%，机械化传输占煤炭生产总量的 74.7%；1948 年分别达 76.7%、78.8%；1949 年分别为 77.9%、82.3%；1950 年则分别为 79.3%、84.6%；1955 年分别达 86.6%、92.0%。[②]大量机械化的更新和使用确实抵消了由于人力资源缺乏带来的影响，但是它也带来了各种不利的影响。一方面，机械化的使用在短期内增加了煤炭工业的投资成本。例如，在第二次世界大战后初期，全国煤炭委员会在大规模改良煤矿的机器之前曾启动一个试验方案，并拨款 200 万英镑购买新机械做试验[③]，而大量新式机器的购买和更新所需的费用可想而知非常庞大。同时，机械化发展的一个主要问题是导致矿井产生的灰尘更多，这使得煤矿工人感染尘肺病的概率增大了。[④]另一方面，大量的资金被矿井的重建和新矿井的开发等方面占用。1947 年，英国煤矿所有投资达 1900 万英镑，1948 年达 2500 万英镑，1949 年达 3100 万英镑，1950 年达 2900 万英镑。[⑤]这种重建投资在短期内不会有较大的收益。按照当时的技术水平，各种投资方案耗时较长。据有关调查显示，完成一个新的矿井吊桶隧道要超过 10 年的时间，而完成一个矿井的重建方案要超过 8 年的时间。[⑥]因此，这一时期的各种重要投资在短期内是无法带来收益的。

此外，大量露天煤矿的开采也增加了煤炭工业的经济负担。1942 年，英国政府开始要求本国煤矿工业生产大约 100 万吨露天煤炭。1948 年，英国露天煤炭产量增加到将近 1200 万吨。然而，1945—1946 年，将近 800 万吨露天煤矿亏损了 700 万英镑；1949—1950 年，1350 万吨露天煤炭仍然亏损约 200 万英

---

① Stamp L D. Britain's Coal Crisis: Geographical Backgroud and Some Recent Literature, *Geographical Review*, Vol. 38, No. 2, 1948, pp. 179-193.

② Nott-Bower G, Walkerdine R H. *National Coal Board: The First Ten Years: A Review of the First Decade of the Nationalised Coal Mining Industry in Great Britain*, p. 40.

③ Nott-Bower G, Walkerdine R H. *National Coal Board: The First Ten Years: A Review of the First Decade of the Nationalised Coal Mining Industry in Great Britain*, p. 39.

④ 关于这一点在前文有详细的叙述。

⑤ Ashworth W, Pegg M. *The History of the British Coal Industry, Volume 5: 1946-1982: The Nationalized Industry*, p. 203.

⑥ Nott-Bower G, Walkerdine R H. *National Coal Board: The First Ten Years: A Review of the First Decade of the Nationalised Coal Mining Industry in Great Britain*, p. 63.

镑。[①]毫无疑问，露天煤矿的开采对当地的环境和土壤质量都产生了极大的负面影响。

（3）1947 年底，英国恢复了对欧洲各国的煤炭出口，然而西欧各国却降低了对英国煤炭的需求量。此时，捷克斯洛伐克、法国和德国萨尔地区的煤炭产量已达或超过第二次世界大战前的水平，比利时和荷兰达第二次世界大战前水平的 80%—90%，联邦德国大约为第二次世界大战前水平的 65%；波兰大规模出口煤炭；美国大约每个月有 300 万吨的煤炭出口欧洲。[②]1948 年，曾作为煤炭最紧缺的国家——法国，这一年也有一定量的煤炭出口。1949 年，欧洲对煤炭进口的需求量降到战前水平以下。[③]这种情况显然降低了欧洲各国对英国煤炭的需求。加之从 1947 年开始启动的马歇尔计划（The Mashall Plan），到 1948 年时各种援助物资已运抵欧洲。煤炭作为主要的援助物资，对欧洲各国的重建有极大的影响，然而却对英国煤炭出口欧洲带来了不小的威胁。1948 年，美国“援助”欧洲的煤炭及炼煤产品占煤炭出口额的 41%；1949 年上升到 50%；1950 年有明显的下降，只占 20%；1951 年占 23%。[④]在此计划之外，美国还出口大量煤炭。这一时期，美国出口到欧洲的煤炭从每年 4.4 亿吨增加到 6 亿吨，并且美国向法国强烈施压，要求其购买美国煤炭。[⑤]这种情况严重影响了英国对欧洲市场的销量。

首先，以法国为首的西欧各国立即减少英国煤炭的进口量，开始以各种理由拒绝购买来自英国的煤炭。法国、比利时、丹麦等国正式通知英国的全国煤炭委员会，他们将拒绝英国质量低劣的煤炭；而法国国内甚至疯传政府将拒绝购买英国煤炭的流言。迫于英国政府的压力，1948 年，法国政府表示：为了重建两国未来的关系，法国还是会考虑购买一些英国煤炭的。[⑥]这种语气与一两年前法国官方对英国政府的恳求截然相反。同时，法国、比利时和丹麦对英

---

① Townshend-Rose H. *The British Coal Industry*, p. 37, p. 86.

② Nott-Bower G, Walkerdine R H. *National Coal Board: The First Ten Years: A Review of the First Decade of the Nationalised Coal Mining Industry in Great Britain*, p. 35.

③ Ashworth W, Pegg M. *The History of the British Coal Industry, Volume 5: 1946-1982: The Nationalized Industry*, p. 214.

④ 苏联科学院世界经济与国际关系研究所编：《第二次世界大战后资本主义国家经济情况（统计汇编）》，国际关系研究所翻译组译，北京：知识出版社，1962 年，第 506 页。

⑤ Woodhouse R. *British Policy towards France, 1945-51*, p. 101.

⑥ Woodhouse R. *British Policy towards France, 1945-51*, p. 101.

国的煤炭提出了质量方面的要求。因此，这一时期英国每周规定出口的煤炭数量无法全部出售。

其次，英国也降低了对欧洲市场的煤炭出口量。全国煤炭委员会除了在1948年和1949年超过预计的煤炭出口量之外，1950年和1951年英国煤炭的总出口量分别达1690万吨和1030万吨。①特别是1951年的出口量与预计的2950万吨相差甚远。

因此，第二次世界大战后初期，以法国为代表的欧洲各国由于缺乏煤炭而通过各种途径要求英国提供更多的煤炭资源，甚至美国也对英国施加各种压力，要求其扩大煤炭生产。在这种形势下，全国煤炭委员会不得不通过招募大量新矿工、重建矿井和开发新矿井等措施生产大量的煤炭。当大量的煤炭出现在欧洲市场时，国家利益至上的原则充分体现出来：美国向法国施压，要求其购买美国全部出口到法国的煤炭；这时，以法国为首的欧洲国家以各种理由开始拒绝购买英国的煤炭；全国煤炭委员会除了要为大量新矿工提供各种各样的条件而投入大量的资金之外，还要根据扩大生产的计划长期投资矿井的建设，同时更要负责出售现有的煤炭，接下来，还将为扩大生产招致的后果负责。

二、欧洲共同体的建立与煤炭工业的收缩

除英国之外，欧洲各主要国家均依赖进口煤炭。而进口的状况会受到外交关系、国际局势以及供应国的生产与消费等各种因素的制约。第二次世界大战后法国对煤炭的需求就曾受到英国生产和消费的制约和朝鲜战争的影响。因此，1950年2月，罗伯特·舒曼建议建立一个超国家的机构，共同分享法、德以及其他希望加入的欧洲国家的煤炭和钢铁工业，这就是舒曼计划。法国提出这一计划的主旨在于借助法德联盟建立自己的煤钢安全战略。而英国对自己的煤炭战略安全有足够的自信。因此，英国对这种共享提出了更多的疑问。此后，英国拒绝作为成员国参加这一计划的谈判。1951年4月，法国、联邦德国、比利时、荷兰、卢森堡和意大利建立了欧洲煤钢共同体，1952年7月开始运营，1953年2月10日，各成员国首先开放了煤铁共同市场。英国政府决定派唯一的一个观察员参加巴黎谈判，而不是加入欧洲煤铁共同体。1954年12

① Nott-Bower G, Walkerdine R H. *National Coal Board: The First Ten Years: A Review of the First Decade of the Nationalised Coal Mining Industry in Great Britain*, p. 36.

月，英国与欧洲煤钢共同体签订了一份联合协定，其中规定对煤钢生产、贸易方面进行信息交流和咨询，但是并没有对英国煤炭的出口提供开放的市场。1957年3月，当欧洲煤钢共同体六国又进一步建立了欧洲经济共同体（European Economic Community）和欧洲原子能共同体（European Atomic Energy Community）之后，英国的决定对其煤炭工业的发展带来的极大负面影响开始显现出来。

（1）《巴黎条约》中关于第三国产品输入成员国领土的规定阻止了英国煤炭向煤钢共同体成员国的出口。建立欧洲煤钢共同体的《巴黎条约》第4条规定：欧洲煤钢共同体内部的贸易取消关税，并规范煤钢产品价格以及取消产品流通限量的规定。第72条规定：成员国在与第三国进行的贸易活动中，进出口煤钢产品均设有关税限制；第74条规定：如果第三国的煤钢等产品以比较多的数量输入一个或几个成员国，对共同市场内的同样产品或直接竞争产品的生产造成了严重损害或将要造成严重损害时，则可限制第三国煤钢产品的输入；并且强调各成员国政府在同第三国政府，特别是同英国政府就欧洲煤钢共同体和上述第三国之间在煤钢方面的整个经济和贸易关系进行谈判时，高级机构将按照理事会以全体一致同意通过的指示办事。[①]这些规定说明除非欧洲煤钢共同体各国一致同意，否则第三国特别是英国的煤炭产品出口到欧洲煤钢共同体的任何一个国家都要受到关税和数量等方面的限制。在欧洲煤钢共同体建立之前，英国的煤炭产量总是高于六国中的任何一国，并且在大多时间里，六国煤炭产量之和也低于英国产量。而在欧洲煤钢共同体建立之后到1960年，所有成员国的煤炭总量总是超过英国的产量，如表2-1所示。

表2-1　1952—1959年英国与欧洲煤钢共同体成员国煤炭产量比较表[②]（单位：亿吨）

国家或组织	1952年	1953年	1954年	1955年	1956年	1957年	1958年	1959年
英国	2.301	2.278	2.277	2.252	2.256	2.272	2.193	2.095
欧洲煤钢共同体	2.404	2.373	2.427	2.474	2.491	2.48	2.463	2.186

大量煤炭产量使欧洲煤钢共同体各成员国的煤炭库存量在1958—1960年

① 欧洲共同体官方出版局编：《欧洲共同体基础法》，苏明忠译，北京：国际文化出版公司，1992年，第7、46、47、100页。

② 苏联科学院世界经济与国际关系研究所编：《第二次世界大战后资本主义国家经济情况（统计汇编）》，国际关系研究所翻译组译，第72页。

急剧增加：1957年库存量为730万吨，到1958年为2470万吨，1959年为3120万吨。[①]加之欧洲的能源消费产品更加多元化，大多数国家选择石油、煤气来代替煤炭。这种情况促使欧洲煤钢共同体成员国中的产煤大户——法国、比利时和联邦德国总是依据《巴黎条约》的上述规定限制其他成员国从第三国进口煤炭产品。即使本土产煤量较小的欧洲煤钢共同体成员国，迫于《巴黎条约》的相关规定，也不得不关闭其国内的煤炭市场。因此，曾是法国等欧洲国家煤炭进口基地的英国受到的影响最为严重。20世纪50年代中期，欧洲煤钢共同体大约10%的进口煤炭来自英国。从1957年开始，英国煤炭出口到欧洲的煤炭总量大幅下降，在1965年前，每一年总量几乎都在500万吨左右，仅1963—1964年达800万吨；后来每年总量几乎总是在400万吨以下，在一些年份甚至少于200万吨。[②]

欧洲市场对英国煤炭需求的减少导致全国煤炭委员会加快煤炭工业的收缩步伐。在1947年国有化开始之初，英国煤炭工业正处在收缩阶段，其人数相比战前下降了很多，而且老龄化情况更加严重。由于英国矿井受传统私人作业的影响，小矿井较多，且大多数处在枯竭或无利润的状态。因此，在国有化之初，英国对煤炭工业调整和整合的重点应该放在解决工业中的老龄化问题、关闭枯竭的矿井以及合并小矿井等方面。然而受第二次世界大战后初期欧洲各国对煤炭产品的极大需求和各方力量对英国施加的压力影响，英国曾大量招募矿工、增加矿井数量和煤炭产量以扩大煤炭工业的生产。因此，英国煤炭工业中就业的人数从第二次世界大战后初期的69万人增加到1953年的711 500人。[③]随着欧洲各国对英国煤炭产量需求的下降，从20世纪50年代末开始，英国开始关闭大量临近枯竭的矿井和一些无利润的矿井，合并部分小矿井。1958年，英国关闭28个矿井，合并4个矿井；1959年，英国关闭53个矿井，合并7个矿井；1960年，英国关闭35个矿井，合并9个矿井。[④]另外，英国煤炭工

---

① 〔英〕A. M. 阿格拉：《欧洲共同体经济学》，戴炳然、伍贻康等译，上海：上海译文出版社，1985年，第319页。

② Ashworth W, Pegg M. *The History of the British Coal Industry, Volume 5: 1946-1982: The Nationalized Industry*, p. 220, p. 316.

③ *National Coal Board Report and Accounts 1968-1969*, *Volume II: Accounts and Statistical Tables*, p. 84.

④ Ashworth W, Pegg M. *The History of the British Coal Industry, Volume 5: 1946-1982: The Nationalized Industry*, p. 256.

业招募人力开始减少。1947 年招募 94 200 人，后来一度有所下降，但 1948—1957 年一般在 65 000 人左右，而到 1958 年下降到 39 400 人，1959 年为 26 400 人，1960 年达为 51 000 人。[①]煤炭工业的收缩产生了工人安排和再就业等一系列问题。而欧洲煤钢共同体内部则对停产、减产或转产创新活动或企业改造计划提供便利，并给予一项无偿援助以用作等待重新安排工作的劳动力的补助金、临时放假职工的工资、转业工人再培训提供资金。[②]这种便利和无偿援助是处在困难境况中的英国煤炭工业梦寐以求的。因此，英国煤炭工业开始踏上了要求加入欧洲共同体的漫长而艰难的道路。

（2）罗马会议关于《建立欧洲经济共同体条约》全体一致同意的原则屡次将英国拒于共同体的大门之外，加速了英国煤炭工业收缩的步伐。《罗马条约》第 237 条规定：任何一个欧洲国家都可以申请成为欧洲共同体的成员；然而该条约又规定，欧洲国家应向理事会提出申请，理事会同委员会磋商并征得欧洲议会的同意后，须全体一致同意并做出决定。[③]因此，这一原则成为欧洲共同体各成员国刁难英国屡试不爽的法宝。欧洲共同体内部的领导权力显然非法国莫属，因此，法国对英国加入的态度就是欧洲共同体全体一致同意原则的典型体现。法国与英国曾一直是欧洲权力的争夺对手。同时，在西北欧，英国的煤炭储量位居第一，这更使法国对英国心存戒备。法国建立欧洲煤钢共同体的初衷就是要联手联邦德国建立自己的煤钢安全战略，以抗衡英国。英国在最初也轻易地放弃了作为这一组织元老的机会。在欧洲共同体运行正常化之后，英国却被动地申请加入欧洲共同体。因此，英国遭遇法国否决的结果也是预料中的。

1961 年 8 月 10 日，英国政府正式要求加入欧洲共同体。然而，英国煤炭工业的较大规模以及它从属于单个的企业——全国煤炭委员会，被认为具有颠覆欧洲共同体内部的竞争规则，甚至被认为会对欧洲煤钢共同体的发起国产生不利的危险。[④]因此，英国加入欧洲共同体的第一步几乎招致欧洲煤钢共同体内部所有煤炭生产成员国的反对。法国总统夏尔·戴高乐（Charles de

① *National Coal Board Report and Accounts 1968-1969*, *Volume II: Accounts and Statistical Tables*, p. 85.

② 欧洲共同体官方出版局编：《欧洲共同体基础法》，苏明忠译，第 30，32 页。

③ 欧洲共同体官方出版局编：《欧洲共同体基础法》，苏明忠译，第 217 页。

④ Ashworth W, Pegg M. *The History of the British Coal Industry, Volume 5: 1946-1982: The Nationalized Industry*, p. 317.

Gaulle）在 1963 年 1 月 14 日的新闻发布会上明确表明了法国反对英国加入欧洲共同体的立场。[①]欧洲共同体所采取的共同一致同意原则就这样将英国拒之门外。1966 年 10 月，英国政府决定准备第二次申请加入欧洲共同体。1967 年，英镑贬值产生了一连串的作用，英国从海湾地区撤兵，而法国总统夏尔·戴高乐则直截了当地讲出这样一句话：英国在经济上太疲弱了，没资格加入欧洲共同体市场。[②]

这样，英国政府在 20 世纪 60 年代两次被欧洲共同体采取的共同一致原则所拒绝。1971 年 5 月 20 日，时任英国首相爱德华·希思再次申请加入欧洲共同体时明确指出：如果英法谈判成功了，则其他五个欧洲共同体的成员国会接受英法之间达成的协定；如果英法谈判失败了，其他成员国不可能帮英国做什么事了。[③]而英国政府的前两次失败带给英国的煤炭工业的结果是彻底的收缩。

英国申请加入欧洲共同体的失败，对于急需海外市场的煤炭工业而言，相当于失去了发展的空间。因此，英国加快了煤炭工业收缩的速度。1961—1968 年，英国煤炭工业加快了煤矿的关闭速度，且关闭数量比 1958—1960 年关闭的数量还要多。1961 年总共关闭 29 个煤矿，合并 3 个；1962 年关闭 52 个，合并 5 个，1963 年关闭 40 个，合并 4 个；1964 关闭 40 个，合并 5 个；1965 年关闭 52 个，合并 2 个；1966 年关闭 46 个，合并 1 个；1967 年关闭 51 个，合并 11 个；1968 年关闭 55 个，合并 4 个。[④]1947 年，英国煤炭工业共有 958 个煤矿，到 1957 年还有 822 个，然而，到 1969 年只剩下 317 个。1947 年，矿工人数为 703 900 人，1957 年仍有 703 800 人，但是到 1969 年只有 336 300 人。深矿井煤炭产量在 1949—1957 年均保持在 2 亿吨以上；从 1958 年开始，产量逐步下降，到 1969 年煤炭产量仅为 1.53 亿吨。[⑤]1965 年全国煤炭委员会仍期望在 1970 年可生产大约 1.8 亿吨煤炭，然而到 1967 年，英国政府又制定了煤炭产量下降的新目标——到

---

① May A. *Britain and Europe since 1945*, p. 104.

② 〔英〕尼古拉斯·亨德森：《英国的衰落及其原因和后果——亨德森爵士的告别报告》，林华清、薛国成译注，第 53 页。

③ Heath E. *The Course of My Life: My Autobiography*, p. 354.

④ Ashworth W, Pegg M. *The History of the British Coal Industry, Volume 5: 1946-1982: The Nationalized Industry*, p. 256.

⑤ *National Coal Board Report and Accounts 1968-1969, Volume II: Accounts and Statistical Tables*, p. 84.

1975 年，英国的煤炭产量达 1.2 亿吨。[①]这种收缩一方面是英国煤炭工业对内外市场需求做出的反应；另一方面也表明英国煤炭工业向欧洲共同体市场的靠拢。

从上述两个方面的内容可以看出，欧洲煤钢共同体建立的目的之一是为了对抗强大的英国煤炭工业。尽管英国的煤炭储藏量和生产量与西北欧各国煤炭生产总量相等，然而英国的煤炭出口总是受本国产量与英法之间政治走向等因素的制约，当法国境内较贫乏的煤炭资源无法满足其第二次世界大战后的重建时，它对英国煤炭资源的需求极为迫切，然而法国并不能在最需要煤炭的时候从英国得到安全可靠的煤炭。例如，第二次世界大战后初期到 1947 年，法国国内煤炭的缺乏已经影响到居民的日常生活的境况，但却无法从英国得到足够的煤炭。朝鲜战争爆发时，英国又开始建立自己的煤炭库存量而与欧洲各国争夺马歇尔计划援助欧洲的煤炭。这种情况刺激了法国建立自己能源安全战略的理念。而当法国借助联邦德国的力量建立欧洲煤钢共同体时，它对英国的防范是显而易见的。欧洲煤钢共同体专门针对英国制定的对外贸易关系，使英国的煤炭产量无法在欧洲煤钢共同体内部占有大量的出口市场，而一致同意的原则经常将英国拒之于欧洲煤钢共同体大门之外。这种情况使英国的煤炭产品在欧洲市场中没有较大的用武之地。因此，受欧洲煤钢共同体市场的排斥，英国煤炭工业不得不收缩其生产规模。然而在收缩过程中，英国煤炭工业又必须面对各个方面的问题，如工人转移问题、矿区重建问题等。在解决这些问题的过程中，欧洲共同体的方案和援助对英国煤炭工业而言又是非常诱人的。

三、英国加入欧洲共同体与煤炭工业的转型

20 世纪 60 年代末，英国煤炭工业发生了较大的变化：煤矿快速收缩和人数大幅下降；生产成本反而由于工会力量的强大而逐步上升；经济萧条使工业对煤炭产量的需求减少。这种变化对煤炭工业带来了新的任务——英国煤炭工业要稳定发展，这包括矿井的建设、人力资源的稳定补充、被裁员工的安置、降低劳动力成本和拓展新的煤炭产品市场。20 世纪 70 年代初期，英国煤炭工业迎来了转机。这一时期，国际油价上涨对英国煤炭工业拓展市场提供了

① Ashworth W, Pegg M. *The History of the British Coal Industry, Volume 5: 1946-1982: The Nationalized Industry*, p. 323.

极好的时机，同时也为英国加入欧洲共同体增加了一定的筹码。西欧各国在20世纪50年代中期以来对国际廉价石油的依赖性日益加强。20世纪60年代，欧洲经济共同体各成员国大规模进口廉价的石油，但其内部对石油需求量最大的国家——联邦德国，在1960年到1965年，平均每年石油需求增长率达19%，比英国对石油需求的增长率还要高两倍多。①但是到20世纪60年代末，国际油价大幅涨价，西欧各国只能向煤炭产品倾斜。这也为英国加入欧洲共同体增加了筹码。1970年，英国政府准备第三次申请加入欧洲共同体。英法政府经过艰难而曲折的谈判，终于在关键事宜方面达成共识。1972年1月，欧洲共同体准予英国加入。1973年1月，英国正式加入欧洲共同体。这对英国煤炭工业的发展和走向产生了一定的影响。

（1）英国加入欧洲共同体之后，其煤炭工业并未得到预期的利益。20世纪70年代，英国煤炭工业急需大量的资金稳定其生产规模和矿井的重建以及工人的安置。英国煤炭工业预期加入欧洲共同体之后，将会得到大量的无偿援助和财政津贴帮助其国内煤炭工业的稳定发展。然而，英国作为欧洲共同体的后来者，并没有得到所预期的利益。

首先，英国煤炭工业没有得到大量的无偿补助，相反，它被隔离在一些补助基金之外。根据《罗马条约》的相关规定，如果欧洲煤钢共同体各成员国的煤钢工业由于市场因素而出现必须停产、减产或转产的情况，则可得到欧洲共同体提供的计划方案或无偿的经济援助。英国加入欧洲共同体之后，也能得到来自欧洲共同体的经济援助：有权使用比英国政府利率低得多的贷款，如在1976—1982年来自欧洲煤钢共同体的贷款使英国煤炭工业得到的贷款总计达2610万英镑；另一个好处是可以得到来自欧洲煤钢共同体的补助和欧洲经济共同体用于研究和重新改编的补助，各种补助在1976—1982年达3140万英镑。②然而，这些补助额度仅仅比欧洲共同体向煤炭工业所征的年度税率多一点。因此，这些补助金额对于需要大量资助的英国煤炭工业而言是无济于事的。

其次，英国煤炭工业在欧洲共同体内部的津贴和财政援助的待遇与六个元老国家不同。由欧洲煤钢共同体、钢铁工业和政府联合提供资金，每年在欧洲

---

① Bamberg J. *British Petroleum and Global oil 1950-1975: The Challenge of Nationalism*, p. 243.

② Ashworth W, Pegg M. *The History of the British Coal Industry, Volume 5: 1946-1982: The Nationalized Industry*, pp. 421-422.

共同体内部资助大约 1400 万吨的煤炭贸易量，然而，在英国进入欧洲共同体之前此津贴已经启动，因此英国煤炭工业无法享受这一津贴。[①]欧洲共同体内部存在的差异性待遇还表现在对六个元老国煤炭生产的直接援助远远高于对英国的援助。1977 年，欧洲共同体对每吨煤炭产品的直接援助比利时为 19.8 英镑，法国为 13.3 英镑，联邦德国为 2.6 英镑，英国则只有 0.5 英镑；到 1979 年，上述几国分别达 28.5 英镑、15.2 英镑、12.6 英镑和 1.5 英镑。[②]尽管以后还有所上升，但是英国煤炭生产得到的直接援助始终是最低的。欧洲共同体待遇的差异既不利于欧洲共同体的团结，也无法降低英国煤炭工业的生产成本。

因此，英国加入欧洲共同体后，对其煤炭工业而言，由于无法得到欧洲共同体的大量资金扶持和无偿补助，并没有为它带来根本利益。而欧洲共同体内部存在的差异性津贴和财政援助待遇，更表明英国煤炭工业依靠欧洲共同体市场稳定其规模和扩大其市场销量是不现实的。

（2）英国煤炭工业在欧洲共同体内部并没有得到预期的决策权，相反，欧洲共同体的煤炭政策促进了英国煤炭工业的进一步衰落。英国煤炭市场经过了 20 世纪 50 代后期到 60 年代的大收缩之后，到 20 世纪 70 年代亟须一个稳定的发展规模和空间。因此，英国成功加入欧洲共同体后，全国煤炭委员会对英国煤炭工业的发展寄予厚望。对于英国煤炭工业而言，加入欧洲共同体旨在使英国争取成为西欧能源政策制定的领导者之一，使煤炭在欧洲共同体能源消费中扮演重要的角色，然而英国的期望总是与残酷的现实不符。

首先，欧洲共同体成员国中除英国与联邦德国之外，大多数国家对煤炭产品不感兴趣。虽然联邦德国是欧洲煤钢共同体的元老之一，但是它作为第二次世界大战的战败国在欧洲共同体内部是没有决策权的。英国作为新加入欧洲共同体的成员国，其本身资历较浅，加之法国和其他欧洲共同体成员国一直比较警惕英国的煤炭战略，因此，尽管全国煤炭委员会在欧洲共同体内部力争要扩大煤炭市场，然而现实表明，英国要夺得欧洲共同体内部能源政策决策权的机会微乎其微。法国等其他成员国则力主要避开英国的煤炭产品，宁可从美国等

---

① Ashworth W, Pegg M. *The History of the British Coal Industry, Volume 5: 1946-1982: The Nationalized Industry*, p. 428.

② Ashworth W, Pegg M. *The History of the British Coal Industry, Volume 5: 1946-1982: The Nationalized Industry*, p. 429.

地大量进口便宜的煤炭产品，如 1973 年欧洲共同体从海外进口煤炭达 2980 万吨，1976 年则上升到 4370 万吨，1979 年为 5930 万吨，1980 年为 7450 万吨。[①]在这种情况下，英国绝对不可能获得欧洲共同体内部煤炭决策权。这进一步恶化了英国煤炭工业的发展环境，导致其内部劳资关系进一步紧张，罢工频繁发生。

其次，英国加入欧洲共同体之后，并没有在欧洲共同体内扩大其煤炭市场。随着国际能源市场结构的变化，欧洲共同体成员国的能源消费结构也发生了较大的变化。1960 年，欧洲共同体成员国主要能源消费量的 60%左右为煤炭，而在 1973—1985 年，煤炭消费不足其能源消费总量的 25%。[②]大多数共同体成员国主要依靠进口廉价的石油代替煤炭产品。然而，英国加入欧洲共同体时，国际能源市场中石油价格上涨幅度较快，促使欧洲共同体有意发展自己内部的能源生产。这预示着英国煤炭工业在欧洲共同体内有着较广阔的市场前景。然而，英国国内发生的全国煤矿工人大罢工，导致英国煤炭的进口量是出口量的两倍[③]。1973 年，英国能源需求的一半依靠进口，燃料贸易额赤字达整个 GDP 的 1.3%，到 1974 年这一比例上升到 4%。[④]这种情况使欧洲共同体成员国认为英国的煤炭供应不安全而不愿选择使用。英国政府决定将英国大量的煤炭产品用于国内电力发电方面。然而，这又为欧洲共同体在 20 世纪 80 年代处理环境污染问题提供了打击目标。

英国在加入欧洲共同体之后，尽管国际能源市场有一定的波动，但是就总体趋势而言，全球石油消费上升的趋势仍占优势。而在这种能源消费结构多元化的时代，英国加入欧洲共同体之后，要想成为欧洲共同体煤炭资源消费决策的主要领导者，则显得非常困难。欧洲共同体内部以法国为首的其他成员国对英国这样一个煤炭大国本身就心存恐惧，这更增加了英国成为欧洲共同体煤炭决策者的阻力。更何况，当时在欧洲共同体之外存在大量廉价的煤炭资源，这

① Ashworth W, Pegg M. *The History of the British Coal Industry, Volume 5: 1946-1982: The Nationalized Industry*, p. 421.

② Harrop J. *The Politics Economy of Integration in the European Union,* Cheltenham, Northampton: Edward Elgar, 2000, p. 126.

③ Ashworth W, Pegg M. *The History of the British Coal Industry, Volume 5: 1946-1982: The Nationalized Industry*, p. 317.

④ Rowthorn R E, Wells J R. *De-industrialization and foreign trade*, p. 117, p. 118.

成为其他成员国的首选目标。因此，英国成为欧洲共同体成员之后，对它本国的煤炭工业似乎并没有多大的帮助。在欧洲共同体环境政策框架下，英国煤炭工业反而成为环境污染的源头而受到了指责。

（3）欧洲共同体的环境政策促进了英国煤炭工业的最终收缩和转型。20世纪 70 年代初期，联合国斯德哥尔摩（Stockholm）大会关于人类环境的规定和政策促进欧洲共同体各成员国加强了环保意识。而《罗马条约》关于建立关税同盟的相关规定成为欧洲共同体各成员国制定其环境保护政策的基础。《罗马条约》第 36 条规定：成员国之间进出口商品的危害性不得影响人身和牲畜健康及对生命的保护、植物的保护及其他的保护。其第 100 条规定：委员会根据相关规定提出有关健康、安全和保护环境的提案；如果某一成员国以保护环境为理由认为在有关方面仍有理由适用其国内规定，委员会应确认这种情况。[①]因此，从 20 世纪 70 年代初开始，各国依据《罗马条约》中的相关规定制定适合自己国情的环境保护政策。1975 年，欧洲共同体采纳了具有约束性质的经济手段。[②]这些规定使成员国之间的特殊商品贸易出现了摩擦和争端，英国因其煤炭产品含硫量较高而在这种摩擦和争端中备受其他各国指责。

英国国内的工业发展一直依靠煤炭提供动力。因此，英国国内的空气污染严重，并且被冠以“欧洲脏鬼”的绰号。[③]随着科学认识的发展，英国邻近各国逐渐认识到英国燃煤排放的有毒气体对它们的环境造成了较为严重的后果。从20世纪50年代开始一直到80年代早期，英国东北近邻包括德国在内，将酸雨看成森林被毁和湖泊动物群体生态平衡遭到破坏的原因，而酸雨又可归咎于燃煤释放出的大量二氧化硫和二氧化氮。经济合作和发展组织在调查瑞典的酸雨问题时发现，英国的排放物份额占 16%。[④]这些国家，尤其是德国政府向欧洲共同体提出控制空气污染以防范酸雨问题的备忘录，引起了欧洲共同体各成员国的重视。[⑤]欧洲共同体内部通过具体的指令限制这些废气的大量释放。欧

① 欧共体官方出版局编：《欧共体基础法》，苏明忠译，第 138、165、166 页。

② Barav A, Wyatt D A. *Yearbook of European Law 1991*, Oxford, New York: Clarendon Press, 1992, p. 162.

③ Cowles M G, Dinan D. *Developments in the European Union 2,* New York: Palgrave Macmillan, 2004, p. 144.

④ 刘向阳：《20 世纪中期英国空气污染治理的内在张力分析——环境、政治与利益博弈》，《史林》2010 年第 3 期，第 144—151 页。

⑤ 蔡守秋主编：《欧盟环境政策法律研究》，第 175 页。

洲共同体指令 80/779/EEC、84/360/EEC、85/203/EEC 均限制二氧化硫、黑烟和二氧化氮的排放量；禁止在成员国领土内超过规定的标准；规定成员国必须设置测量站和定期测量这些气体的浓度。[①]这些规定对英国煤炭工业的发展有极大的影响。除此之外，欧洲理事会将二氧化硫的排放问题加入到对欧洲火力发电厂的指令中。[②]英国主要依靠燃煤发电，因此，英国政府除了装置昂贵的煤烟脱硫设备、进口低硫量的燃煤以降低燃煤释放出的有害气体对环境造成的污染之外，也加大了英国煤炭工业的收缩步伐。关于这一点，前文已有相关叙述，在此不再进一步展开论述。

1991 年，欧洲共同体内部对二氧化硫、二氧化氮等气体的排放做出进一步限制，并强调要引入一定的税收措施来抗衡空气污染。[③]与此同时，英国在 20 世纪 90 年代初开始主动追求欧洲共同体内部环境保护政策的发言权。1990 年，英国颁布了《1990 年环境保护法案》，表明了英国在环境保护领域的立场。继玛格丽特·撒切尔之后，约翰·梅杰政府对英国煤炭工业采取了一种更加激进的政策。1992 年，英国政府对剩余的 50 个矿井继续关闭，到 1994 年仅剩 17 个矿井，裁减了 31 700 人中的9700 人，从而引起了矿工与政府的又一次对峙。[④]由于煤炭工业的收缩，二氧化碳排放量在 20 世纪 90 年代确实降低了。[⑤]1994 年，英国政府将煤炭工业彻底私有化。至此，英国煤炭工业不再作为欧洲共同体内部政府管辖的工业，它的发展成为企业自己的事务。它已经不再成为英国政府财政的主要负担，无论对本国环境还是对外出口，均不再有重要的影响。

全国煤炭委员会带着一定的利益目标支持英国政府加入欧洲共同体。然而在随后的发展中，英国煤炭工业受到各种因素的影响，并没有在利益和权力的分享中达预期的目的。与此同时，英国加入欧洲共同体时，欧洲共同体内部各成员国对环境的保护意识逐渐加强。英国境内煤炭资源极其丰富，其工业化的发展与大量使用煤炭产品密切相关，然而其煤炭产品因含硫量高而成为其他成员国批驳的对象。欧洲理事会也通过各种政策、法令、指令限制二氧化硫、二氧化氮等有害气体的排放量。加之英国煤炭工业本身存在的一些问题，促使英

① Barav A, Wyatt D A. *Yearbook of European Law 1991*, p. 171, p. 175.

② Helm D. *Energy, the State and the Market: British Energy Policy since 1979*, p. 346.

③ Barav A, Wyatt D A. *Yearbook of European Law 1991*, p, 162.

④ Coal Authority, *Summary of United Kingdom Coal Production and Manpower from 1947*.

⑤ Helm D. *Energy, the State and the Market: British Energy Policy since 1979*, p. 346.

国政府加快了对煤炭工业收缩和转型的步伐。

四、欧洲共同体的建立加速了英国煤炭工业的衰落

第二次世界大战后初期，欧洲各国在重建过程中加大了对英国煤炭的需求量。在法国、美国政府共同强烈要求下，英国政府扩大了其煤炭工业的生产规模。然而，当英国可以为欧洲市场提供一定量的煤炭产品时，大量廉价的美国煤炭产品进入到欧洲市场，极大地影响了英国煤炭的出口。与此同时，欧洲煤钢共同体开始形成。然而，英国政府从一开始对此机构的建立表示出极大的怀疑，轻易地放弃了成为欧洲煤钢共同体发起成员国的机会，这等于错过了英国煤炭工业开拓市场的最佳时机。当英国政府最终决定加入欧洲煤钢共同体市场时，欧洲煤钢共同体各国对英国表示出极大的排斥。即使英国跻身欧洲共同体成员国的行列，欧洲共同体的各种建制早已步入正轨。因此，对英国煤炭工业而言，欧洲共同体不仅没有让它分享到一定的优惠政策，而且也没有给它一定的发展空间。最终，在欧洲共同体内部环境保护主义和英国煤炭工业内部经济、政治因素的共同作用下，英国政府指导煤炭工业进行收缩和转型。从欧洲共同体建立前后对英国煤炭工业产生的影响可以得出如下结论：

首先，这一时期，不管是英国还是欧洲共同体各成员国，在对待英国的煤炭资源的过程中，仍然表现出了极大的国家利益至上的原则。第二次世界大战后重建时期，西欧各国对作为主要能源的煤炭表现出了极大的渴求。以法国为例，1945—1947 年，法国对英国的煤炭资源趋之若鹜，频繁地通过各种途径和手段要求英国政府提供大量的煤炭。当马歇尔计划中的大量煤炭到达欧洲市场后，法国等其他国家对英国煤炭的态度发生了极大的变化，只是象征性地勉强购买少量的英国煤炭。英国政府一改往日“皇帝女儿不愁嫁”的态度，通过外交途径打探法国政府的意图。①而在朝鲜战争期间，英国又减少煤炭的出口量以储备国内的库存量，这种情况刺激了法国建立自己能源安全战略的意图。欧洲煤钢共同体的建立，突出地展现了法国为了本国的能源安全战略而联合德国孤立英国。英国在放弃成为欧洲煤钢共同体成员国之后，极力寻求各种机会建立自己在欧洲的话语权，然而总是事与愿违。在屡次遭到法国的横加阻拦之

① Woodhouse R. *British Policy towards France, 1945-51*, p. 101.

后，英国仍然以自己国家利益为重，想方设法搭上了欧洲共同体这趟现代化的列车，企图寻求英国经济发展的契机。对英国的煤炭工业而言，这种夙愿没有实现，反而加速了它收缩的步伐。

其次，英国政府的保守性和短视性使它一再表现出拙劣的外交行为和政府决策，致使英国煤炭工业成为这种政策的牺牲品。第二次世界大战后，英国政府政策的保守性和短视性充分表现在英国与西欧各国在煤炭市场的建设方面。英国政府手中握有大量的煤炭资源，因此，在第二次世界大战后欧洲重建过程中享有绝对的话语权。然而，英国政府的决策者总是拘泥于英国传统的欧洲理念，并极力阻止欧洲力量的壮大。当面对欧洲煤钢共同体的建立时，保守性和短视性充分地体现出来。英国政府既担心共同体失败会给自己带来各种不利，因此做出了轻率的决定——拒绝加入欧洲煤钢共同体；同时又担心欧洲煤钢共同体成功和强大，便通过各种途径和方法加以阻挠。在这一过程中，英国煤炭工业因为政府政策的指挥棒，表现出摇摆不定的态势。在第二次世界大战后初期，英国煤炭工业大规模招兵买马，扩大生产。但是当欧洲市场对英国煤炭工业反应冷淡时，英国煤炭工业开始加大步伐收缩其规模。当石油价格上涨之后，英国成为欧洲共同体成员国，希望恢复自己煤炭工业昔日的辉煌，然而当投入的大量资金还没有收回时，整个形势对英国的煤炭工业更加不利。除了再次收缩之外，英国政府似乎并无良途可循。英国煤炭工业就是在这样一种跌跌撞撞的外交政策中加快了衰落的步伐。这充分地体现了政府决策的短视性。

最后，煤炭产品成为可替代的资源本身表明它衰落的事实，然而，西欧市场的排斥加速了它衰落的步伐。英国煤炭工业自第二次世界大战以来处在一种明显的衰落之中。第二次世界大战结束后，西欧各国出现的煤炭饥荒使英国煤炭工业扩大了其生产规模。当英国煤炭生产稳步上升时，欧洲市场上充斥着廉价的煤炭产品，英国煤炭由于成本高昂而无法与之对抗。欧洲煤钢共同体的成立更使英国孤立于西欧各国的煤炭市场之外。此外，西欧各国通过购买大量廉价的燃油代替煤炭产品，这更加冲击了煤炭市场。英国煤炭工业从 20 世纪 50 年代后期开始大规模收缩。20 世纪 70 年代初期，英国经历两次失败之后，终于成为欧洲共同体成员国之一。与此同时，中东爆发了第一次石油危机。这均为英国煤炭产品重新主宰欧洲市场提供了一个有利的发展契机。然而欧洲共同体内部仍然对英国煤炭持抵制态度，不仅英国煤炭不能享受与六个元老国的煤炭同样的待遇，而且以法国为首的成员国选择欧洲共同体成员国以外的煤炭产品。德国等其他国家则从环境保护的角度对英国的煤炭质量提出质疑，并要求英国减少燃煤发电量以保护其邻国的环境质量。在这种形势下，本来抱着振兴本国煤炭工业的希望而加入欧洲共同体的英国，不仅希望落空，就连英国本土的燃煤问题也引起了各国的反对。因此，在各种压力之下，英国政府继续加快煤炭工业收缩的步伐，直到1994年将已经非常微弱的煤炭工业完成私有化为止。

综上所述，在国家利益至上的原则下，西欧各国对英国煤炭产品的选择完全是按照市场规则来取舍。在第二次世界大战后的重建中，西欧各国对英国煤炭资源的需求充分反映了这种情况。在调整本国煤炭资源战略时，英国政府总是受到各种国际政治因素的影响，表现出一种短视性和应急性。在煤炭工业处于衰落和转型的阶段时，如何保证最优化利用煤炭，将它的可持续发展与市场需求相结合才是最主要的做法。英国将煤炭资源国有化之后，始终没有找到这样一个结合点，才造成了最后仓促收场的结果。

第二节　全国煤炭委员会的发展战略与煤炭工业转型

1944年，英国能源大臣委派以查尔斯·里德（Charles Reid）为主席的技术咨询委员会（Technical Advisory Committee）对英国煤炭工业的技术发展情况进行了详细的调查。在此过程中，技术咨询委员会通过一系列详细的报告指出了英国煤炭工业存在的问题，特别强调英国煤矿应该加强规模控制，而不应该以单个煤矿为单位进行改良。[①]这一建议促使英国政府于1945年底立即提出对煤炭工业实行国有化管理。[②]1946年，英国政府正式通过了《1946年煤炭工业国有化法案》，其中规定：英国煤炭工业为国有化工业，由一个中央机构——全国煤炭委员会统一管理，其他任何人不得干预；该委员会负责英国煤炭工业的一切生产、销售和发展规划和其他事项。[③]由此可见，全国煤炭委员会作为英国能源与燃料部下属的一个政府部门，拥有掌控英国煤炭工业发展走

① Townshend-Rose H. *The British Coal Industry*, p. 36.

② CAB/128/2, *Conclusions of a Meeting of the Cabinet Held at 10 Downing Street.*

③ *Coal Industry Nationalisation Act 1946.*

向的大权。因此，从成立之初到 1994 年英国煤炭工业私有化时，全国煤炭委员会（后来改为英国煤炭公司）制定的关于英国煤炭工业的发展战略对煤炭工业的走向产生了极为直接的影响。

学术界和政界对全国煤炭委员会的战略政策都有一定的评估。迈克·帕克和约翰·萨利主要考察了玛格丽特·撒切尔的保守党执政以来到 1992 年英国政府对煤炭工业的政策变化，他们认为英国政府将煤炭作为一种普通的商品放在市场框架中对它的经济收益进行考核的做法，以及英国政府对煤炭工业的生产和就业没有给予足够的财政补助使其一味地收缩，却通过财政补助大力支持核能和天然气的做法，对煤炭工业而言是不公平的。①简·罗伯兹等人对影响英国《1974 年煤炭计划》执行的因素进行了考察，他们认为在这一时期，随着英国能源多元化局面的出现——大量北海石油、天然气和国内煤炭储量，英国不存在恐慌的理由，因此当时的保守党政府没有理由要进行大规模的煤炭效率计划，由此可见，该计划的结果是预料中的事情。②威廉·阿什沃思等人对《1950 年煤炭计划》考察后认为，生产计划与实际执行情况相差较远：实际需要的资金大大超出计划的范围，而进展又相当缓慢，这就导致 1965 年生产计划无法实现，造成煤炭生产计划在 1956 年和 1959 年被一再修订，而重大工程的拖延使英国煤炭工业的扩张目标成为泡影，因此，1950 年生产计划只能是一种使工业稳定的计划，而不是一个要扩大工业规模的计划。他们对《1974 年煤炭计划》考察之后认为，当时并没有一种对未来煤炭需求量的准确估计，而只是基于这样的主张——即煤炭可能会成为对石油越来越具有竞争力的能源，但同时可能需要较大的投资；对投资基金的估计是非常高的，因此将存在严重的财政问题拖延方案的进度；该计划在许多细节方面存在不确定性，这对该计划的顺利完成非常不利，因此，该计划与 1950 年生产计划一样尽管经过多次修订，但仍然存在很多不现实的因素，从而影响它的完成。③杰拉尔德·曼纳斯也对《1974 年煤炭计划》进行了考察，他认为，由于煤炭资源在能源市场中逐步下降的趋势已成定局，全国煤炭委员会在相对高成本生产的情

---

① Parker M, Surry J. *Unequal Treatment: British Policies for Coal and Nuclear Power, 1979-92*, p. 14.

② Roberts J, Elliott D, Houghton T. *Privatising Electricity: The Politics of Power*, p. 49.

③ Ashworth W, Pegg M. *The History of the British Coal Industry, Volume 5: 1946-1982: The Nationalized Industry*, 1986, pp. 355-364.

况下并没有完全的决定权，英国煤炭工业中的技术及资金投资均受到一定的限制，因此，计划并不可行。[①]全国煤炭委员会对《1950年煤炭计划》进行总结后也认为，计划并没有按照预期的进度完成，后期仍将需要大量的投资来完成它。[②]英国能源部在1977年对《1974年煤炭计划》进行了回顾，认为资金和产量方面需要进一步的调整，但是仍然对该计划持乐观态度。[③]

以上论述并没有就煤炭工业在不同时期制定的煤炭计划对煤炭工业的影响作系统的研究。我们下面主要解决的问题是：全国煤炭委员会从建立之初到后续各个阶段制定的每一个发展战略，对英国煤炭工业的发展产生了什么样的影响。

一、战后重建战略与煤炭工业的发展

英国煤炭工业自第一次世界大战以来一直处在衰落之中，不管是工人、矿井数量还是煤炭产量都有较大的收缩。然而第二次世界大战的爆发加快了英国煤炭工业中劳动力收缩的步伐，大量的熟练矿工响应政府征兵政策离开了矿井。1939—1941年，矿工流向前线的趋势达了高潮，超过了矿工总劳动力的10%。[④]除此之外，战争使煤矿工人的来源大大减少了。在正常情况下，农业和其他工业的青少年、成年人是新招募矿工的主要来源，但是，在战争状态下，这些矿工劳动力来源大多数成为兵役的对象。因此，矿工招募人数大大减少了。尽管英国政府于1941年颁布的《紧急工作令》（*Essential Work Order*）禁止煤矿工人自由离开煤炭工业，但是它允许患有一定疾病的煤矿工人出具相关疾病的医学诊断书后离开。[⑤]因此，煤炭工业中大量熟练劳动力也大大减少，整个工业中人力减少的数量大于招募的数量。在战争结束后，煤炭工业中劳动力的缺乏状况有增无减。另外，由于煤炭工业的私人所有制导致英国煤矿矿井机械化方面跟不上欧洲其他国家，也使得英国煤炭生产效率较其他国家低下。1927年，

① Manners G. *Coal in Britain*, pp. 15-32.

② Nott-Bower G, Walkerdine R H. *National Coal Board: The First Ten Years: A Review of the First Decade of the Nationalised Coal Mining Industry in Great Britain*, p. 63.

③ Department of Energy. *Coal for the Future: Progress with "Plan for Coal" and Prospects to the Year 2000*, pp. 1-23.

④ Townshend-Rose H. *The British Coal Industry*, p. 102.

⑤ CAB/66/25/4, *Reorganisation of the Coal-Mining Industry.*

英国每人每班的煤炭产量增长了 14%，而荷兰增长了 118%，德国鲁尔地区增长了 81%，波兰增长了 54%。[①]英国煤炭工业中存在的各种问题导致战后煤炭产量供不应求。根据这种情况，国有化之后的煤炭工业管理者——全国煤炭委员会在成立之初提出了战后重建战略方案。

1950 年，全国煤炭委员会制定了未来 15 年煤炭工业的发展计划——《1950 年煤炭计划》。该计划旨在通过合理地利用人力和财力以增加产量、提高生产率以及降低成本。计划的主要内容包括四个方面：第一，煤炭产量方面，以 1949 年 2.03 亿吨的煤炭产量为基础，到 1965 年产量要达 2.4 亿吨。第二，资金投入方面，计划在深矿井投入 6.35 亿英镑，其中 1.15 亿英镑投在辅助性产品方面，5.2 亿英镑投在煤矿方面；3.5 亿英镑投在设施更新和保持产量方面；1.7 亿英镑投在新矿井方面。第三，计划改造或新建一批矿井，其中大约 20 个新的大矿井，50 个新的露天矿井，在 250 个已有的矿井中进行一定的机械化改良等措施，在以后的 15 年中关闭或改造 400 个已有矿井。第四，到 1965 年，在 1949 年劳动力的基础上减少 8 万人。[②]全国煤炭委员会在以后的年份中依据此计划进行煤炭工业的重建和振兴。然而全国煤炭委员会仅仅是由一位主席和八位成员组成的一个管理部门，而这些成员由能源大臣任命，并不需要任何专业培训知识和管理岗位方面的硬性条件，仅仅规定成员具有一定的经验，在工业、商业、财政事务、工人组织等方面显示出能力即可拥有被任命的资格。[③]因此，全国煤炭委员会并不是在非常了解煤炭工业发展的情况下制定出 15 年发展战略计划的，这一计划对英国煤炭工业的发展走向产生了一定的影响。

（1）1950 年计划只是一味地追求产量的上升，并没有依据矿井是否具有持续上升的潜力制定计划，致使大多数矿井提前进入枯竭期，这实际上破坏了煤炭工业的可持续发展。煤炭是一种消耗型的资源，因此，每一个矿井都有一定的寿命，它并不依靠人力的增多、机械化的加快以及投资的增多而增加，相反有时会越来越少。根据全国煤炭委员会在 1950 年制定的计划，煤炭产量每年都要增加。计划中要求的产量等于在 1949 年的煤炭产量基础上平均每年再

① Townshend-Rose H. *The British Coal Industry*, p. 34.

② Hasson J A. Development in the British Coal Industry, *Land Economics*, Vol. 38, No. 4, 1962, pp. 351-361.

③ *Coal Industry Nationalisation Act 1946*.

增加 246 万吨。在计划中，英国所有的煤矿被分为四组并提供一定的煤炭产量：A 组为新矿，每年提供 10%的产量；B 组为重要重建的煤矿，每年提供 30%的产量；C 组为持续生产的煤矿，每年提供 40%的产量；D 组是计划在随后 15 年内被关闭的煤矿，每年计划提供 20%的煤炭产量。[①]但是，到 1955 年，这四组矿井占所有深矿井产量的比例依次为 4.8%、57.4%、23%和 14.8%[②]。这四类煤矿的产量变化可通过表 2-2 看出。

表 2-2　1947—1955 年英国四类煤矿产量变化表[③]

类别	1951 年的产量与 1947 年产量的百分比（%）	1955 年的产量与 1951 年产量的百分比（%）
A 组	125	126
B 组	116	102
C 组	122	100
D 组	95	88
平均	114	109

从表 2-2 可以看出，1951 年的煤炭产量确实在 1947 年的基础上平均提高了 14 个百分点，但是 1955 年与 1951 年的产量相比保持相等的水平。即使在 1955 年新矿井的产量呈现出上升的趋势，它仍然只占总产量的 4.8%，而实际上，占主要分量的 B 组和 C 组矿井的产量均没有什么增加，D 组矿井的产量则开始加速减少。

如果说 1955 年所有矿井相比 1947 年的产量保持稳定的话，那么到 1957 年时，已看不出这种稳定性了。除了占比重极少的新矿井的产量保持增长外，其他矿井都相对下降了，而且整个矿井的总产量比 1952 年矿井的总产量下降了 2 个百分点。[④]1958—1965 年，整个深矿井的产量持续下降，1958 年深矿井产量降到 1.988 亿吨，1965 年深矿井产量为 1.837 亿吨。[⑤]

---

① Ashworth W, Pegg M. *The History of the British Coal Industry, Volume 5: 1946-1982: The Nationalized Industry*, p. 200.

② Nott-Bower G, Walkerdine R H. *National Coal Board: The First Ten Years: A Review of the First Decade of the Nationalised Coal Mining Industry in Great Britain*, p. 63.

③ Nott-Bower G, Walkerdine R H. *National Coal Board: The First Ten Years: A Review of the First Decade of the Nationalised Coal Mining Industry in Great Britain*, p. 63.

④ Ashworth W, Pegg M. *The History of the British Coal Industry, Volume 5: 1946-1982: The Nationalized Industry*, p. 206.

⑤ *National Coal Board Report and Accounts 1967-1968, Volume II: Accounts and Statistical Tables*, London: H. M. S. O., 1968, p. 86.

因此，1950 年制定的煤炭产量计划过分乐观地估计了英国煤矿产量的形势。即使在市场萧条的情况下，全国煤炭委员会在 1956 年和 1959 年分别相应地调低了生产计划中的煤炭产量，但是 1959 年的煤炭修订计划仍估计 1965 年英国的煤炭总需求量为 2 亿吨到 2.15 亿吨左右。①在产量方面，它不仅没有达预期的目标，而且导致大量矿井产量衰退。

（2）《1950 年煤炭计划》在投资的规模和建设的速度方面不成比例，增加了煤矿工业的财政负担。《1950 年煤炭计划》提出投资 6.35 亿至 9.35 亿英镑建设 281 个主要项目，到 1955 年底只完成了 20 个项目，有 147 个项目仍在进行中；到 1957 年底，完成了 62 个煤矿方案，其中 30 个提前一年完成，但仍有 166 个没有完成。到 1957 年，大部分资金已用完，其中 1950 年支出 2900 万英镑，1951 年支出 3200 万英镑，1952 年支出 5000 万英镑，1953 年支出 8200 万英镑，1954 年支出 9900 万英镑，1955 年支出 9500 万英镑，1956 年支出 9600 万英镑，1957 年支出 1.03 亿英镑，总共 5.86 亿英镑。②后来，在 1956 年修订的煤炭工业的计划中，对总产量的计划没有多大的改变，只是又上调了资金开支额度：仅 1956—1965 年的资金开支就增加到了 10.4 亿英镑，其中 1956—1960 年，总投资 6.4 亿英镑，1961—1965 年总投资为 4 亿英镑。③1959 年，全国煤炭委员会又对计划进行了修订，对 1960—1965 年煤炭工业的总资金开支计划为 5.35 亿英镑，其中煤矿方案估计投资 4.4 亿英镑。④实际上到 1965 年 3 月，总共资金开支自 1950 年以来为 12.69 亿英镑；在所有被批准的 328 个项目中，总共完成了 258 个。⑤

在全国煤炭委员会计划中，煤炭工业在第二次世界大战后重建的资金开支一直持续上升。整个计划期满时，资金已大大地超过了预期的额度，而重要的项目仍有 70 个未完成。这种情况增加了煤炭工业平衡财政的负担，阻碍了煤

① National Coal Board. *Revised Plan for Coal: Progress of Reconstruction and Revised Estimates of Demand and Output*, p. 9.

② Ashworth W, Pegg M. *The History of the British Coal Industry, Volume 5: 1946-1982: The Nationalized Industry*, p. 202, p. 203, p. 205.

③ Hasson J A. Development in the British Coal Industry, *Land Economics*, Vol. 38, No. 4, 1962, pp. 351-361.

④ National Coal Board. *Revised Plan for Coal: Progress of Reconstruction and Revised Estimates of Demand and Output*, p. 16, p. 17.

⑤ Ashworth W, Pegg M. *The History of the British Coal Industry, Volume 5: 1946-1982: The Nationalized Industry*, p. 254.

炭工业以后的发展。全国煤炭委员会在 1959 年修订的计划中，预定在 1960—1965 年的资金投资为 5.35 亿英镑，其中煤炭工业准备从内部资金中提供 3.75 亿英镑，而剩余的 1.6 亿英镑计划通过政府的借款补足。①因此，大量的资金投入到重建项目，从而导致煤炭工业债台高筑。1964 年，全国煤炭委员会总债务达 1.774 亿英镑，来自能源大臣的借款达 9.275 亿英镑；1965 年债务达 1.697 亿英镑，借款达 9.601 亿英镑，赤字达 2480 万英镑。②《1965 年煤炭工业法案》第 1 条规定，全国煤炭委员会的借款能力最高可达 7.5 亿英镑，并规定在任何财政年结束时，全国煤炭委员会的财务不允许出现 3000 万英镑的赤字。③然而早在 1958 年底，全国煤炭委员会赤字累积已达 3200 万英镑。④面对出现的大量赤字，英国政府在 1967 年又将全国煤炭委员会的借款能力提高到 9.5 亿英镑，财政年度结束时的赤字允许最高可达 5000 万英镑。⑤在随后的年份中，政府财政被大量地补贴到煤炭工业以维持其财政平衡，然而，情况仍然不乐观。1972 年，英国煤炭工业的赤字为 1.57 亿英镑，1973 年赤字达 8370 万英镑，1974 年赤字达 1.307 亿英镑。⑥

因此，全国煤炭委员会制定的《1950 年煤炭计划》以及随后修订的计划并没有从英国煤炭工业的实际情况出发，以一种发展的眼光看待煤炭能源市场。计划从一开始就摊子铺得太大，但是又不能很好地按时完成。同时，计划只规定了每年增加煤炭产量，而并没有预测当时的市场前景。这一方面缩短了一批矿井的寿命；另一方面使煤炭工业错失了发展的机会，导致了煤炭工业在后来发展中的种种困境。

二、1974 年重建战略与煤炭工业的发展

在《1950 年煤炭计划》进行到一半的时候，英国煤炭工业遭遇到了经济

---

① National Coal Board. *Revised Plan for Coal: Progress of Reconstruction and Revised Estimates of Demand and Output*, p. 17.

② *National Coal Board. Report and Accounts 1967-1968, Volume II: Accounts and Statistical Tables*, p. 9, p. 11.

③ *Coal Industry Act 1965*.

④ National Coal Board. *Revised Plan for Coal: Progress of Reconstruction and Revised Estimates of Demand and Output*, p. 17.

⑤ *Coal Industry Act 1967*.

⑥ *National Coal Board Report and Accounts 1979-1980, Volume II: Accounts and Statistical Tables*, London: H. M. S. O., 1980, p. 65.

萧条以及能源市场多元化的打击。因此，从这一时期开始，英国煤炭工业加速缩减其规模。大量矿井开始关闭，1950 年英国有 901 个矿井，1955 年仍有 850 个矿井，但是到 1973 年只剩下 259 个；1950 年，煤矿有劳动力 69.08 万，1955 年有 69.87 万，到 1973 年却下降到 25.2 万；1950 年，煤炭产量曾达 2.056 亿吨，1955 年达 2.11 亿吨，到 1973 年下降到 9870 万吨。①与此同时，英国煤炭工业的发展总是借助大量的政府贷款来维持财政平衡。关于这一点，上文已有详细的叙述。而英国煤炭工业的加速收缩及财政平衡问题引起了劳资双方较大的冲突。从 20 世纪 60 年代后期开始，全国煤矿工人工会的力量在煤炭工业国有化的整合过程中迅速壮大，并在工业不景气时频繁发动矿工罢工。而且，自从《1950 年煤炭计划》出台之后，面对煤炭工业的极速收缩，全国煤炭委员会再没有制定较长远的发展计划。因此，此时的英国煤炭工业急需一种两全之策，使其摆脱面临的困境。

1970—1973 年，沙特阿拉伯的石油价格从每桶 1.80 美元上升到每桶 11.65 美元，这使大多数西方国家将大量消费石油的想法又重新投向煤炭，这为煤炭工业的发展提供了一次发展机会。英国政府与全国煤炭委员会看到这种形势后，决定重建煤炭工业以保持煤炭产量稳定供应。1974 年，英国政府与全国煤炭委员会、全国煤矿工人工会三方协商出台了未来十年英国煤炭工业发展战略——《1974 年煤炭计划》。此计划制定于 1973 年，在 1974 年被煤炭工业检查委员会批准，旨在到 1985 年时使英国煤炭产量达 1.2 亿—1.5 亿吨，也就是截至 1985 年，再增加 4200 万吨煤炭，其中 900 万吨来自即将关闭的煤矿的新储量，1300 万吨来自需要重建的煤矿，2000 万吨来自新煤矿和露天煤矿。资金开支总额为 14 亿英镑，其中 6 亿英镑投资于 80 多个项目，8 亿英镑安排在其他方面。②而这一计划的制定、实施以及最后的结果同样对煤炭工业的发展产生了较大的影响。

第一，《1974 年煤炭计划》制定时并没有根据英国煤炭工业的实际发展状况，充分考虑当时存在的具体困难，导致计划进展缓慢。这种情况，一方面增加了英国煤炭工业的负担；另一方面使其失去了发展的机会。20 世纪 70 年

---

① Coal Authority. *Summary of United Kingdom Coal Production and Manpower from 1947.*

② Department of Energy. *Coal for the Future: Progress with "Plan for Coal" and Prospects to the Year 2000*, p. 8, p. 10.

代初期，煤炭工业已经历了长达十多年的快速收缩时期。因此，英国煤炭工业内部已非常缺乏训练有素和经验丰富的工程师和技术监察人员，导致重大工程计划迟迟不能提上日程。[①]很显然，计划预期完成工程项目的时间也只能一拖再拖。

第二，1974 年制定的煤炭计划过分乐观地提出，到 1985 年要增加约 1500 万吨露天矿井的煤炭[②]，然而在实施过程中并没有达这一目标。由于开采露天煤矿对土地破坏程度较大，即使在日后恢复耕地，土地肥力也会大不如前。另外，露天煤矿对当地的环境还造成了较大的污染。英国煤炭工业几百年的发展历史，已使英国民众对露天煤矿的破坏力度有了较清晰的认识。加之到 20 世纪 70 年代初期，欧洲各国民众的环保意识已日渐加强，这时提出加强开采露天煤矿，必然遭到当地民众的极力反对。[③]这使计划的执行遇到了阻力。即使在露天煤矿项目进行过程中，能源环境委员会也一直关注并处理露天煤矿操作过程中对当地环境的污染问题。[④]

英国煤炭工业发展到 20 世纪 70 年代初期时，劳资关系非常复杂，特别是全国煤矿工人工会的力量非常强大，影响了全国煤炭委员会的决策权。在发展露天煤矿的问题上，矿工工会的力量充分表现出来。因为露天矿井是由全国煤炭委员会授权给私人经营的，露天煤矿的矿工没有工会会员身份。而大量发展露天煤矿则会对工会矿工的岗位构成威胁。工会为此反对全国煤炭委员会发展露天煤矿的规模。为了建立良好的劳资关系，全国煤炭委员会不得不约束发展露天煤矿的规模。[⑤]

因此，仅就发展露天煤矿产量的计划，截至 1984—1985 年，并没有达要增加 1500 万吨预期产量，从计划开始到 1985 年初，露天煤炭的产量总共达 1210 万吨。[⑥]这意味着投资与产出不成正比，也意味着计划的一部分没有在预定的时期内完成。

---

① Ashworth W, Pegg M. *The History of the British Coal Industry, Volume 5: 1946-1982: The Nationalized Industry*, p. 361.

② Department of Energy. *Coal for the Future: Progress with "Plan for Coal" and Prospects to the Year 2000*, p. 22.

③ Ashworth W, Pegg M. *The History of the British Coal Industry, Volume 5: 1946-1982: The Nationalized Industry*, p. 361.

④ Parker M J. *Thatcherism and the Fall of Coal*, p. 77.

⑤ Boyfield K. Put Pits into Profit: Alternative Plan for Coal, pp. 16-17.

⑥ Coal Authority. *Summary of United Kingdom Coal Production and Manpower from 1947*.

第三，《1974 年煤炭计划》在实施过程中仍然增加了英国政府的财政负担。如上所述，这一计划在初期预计将投资 14 亿进行煤炭工业的重建工作，但是 1974 年煤矿工人大罢工使新上任的工党政府被迫同意全国煤矿工人工会的要求——提高煤矿工人工资约 32%，这就使得矿工的平均收入比其他制造业工人的平均收入高 22%。[①]煤矿工人工资大幅上涨引起了全国性的物价上涨。《1974 年煤炭计划》中的 14 亿英镑以 1976 年 3 月的价格增加一定的额度后要达 24.5 亿英镑，其中对提高新生产能力的投资由 6 亿英镑上涨到 9.9 亿英镑，其他方面的 8 亿英镑资金开支上涨到 14.5 亿英镑。后来，在 1976 年的价格水平上又进一步增加，总投资额被上调为 31.5 亿英镑，对煤矿的重大工程增加到 15 亿英镑，而对其他开支则增加到 16.5 亿英镑，而且这并不是最后修订的数字。[②]1979 年 7 月，修订后的投资额为 51.7 亿英镑，其中一个新的煤矿——塞尔比（Selby）煤矿的建设费用在 1976 年估计是 4 亿英镑，1978 年上议院给出 5 亿，之后又提出了 7.1 亿英镑的估计数字。[③]这些投资费用几乎全部来自英国政府的财政拨款。1983 年相关报告显示：如果没有政府的赤字补助金，全国煤炭委员会是不可能经营煤炭工业的，更不用说用它自己的资金投资工业的发展。[④]由此可以看出，1974 年重建计划的资金额随着物价的上涨而一路攀升，致使政府的财政负担也越来越重。

第四，《1974 年煤炭计划》对煤炭的预测没有要求增加更多的产量，主要目的在于阻止煤炭生产成本的上涨，最终提高其收益。这种目的直接导致劳资关系的进一步恶化，并最终导致煤炭工业的进一步收缩。英国煤炭工业在制定《1974 年煤炭计划》时，尽管 1973—1974 年可出售的煤炭产量受到 1974 年煤矿工人大罢工的影响为 1.077 亿吨，但是到 1975 年年初时，可出售的煤炭产量又恢复到 1.26 亿吨。[⑤]因此，当时的计划对煤炭产量的增加没有过多的要求。然而当时的煤炭生产成本一直居高不下，致使政府每年提供给煤炭工业大量的贷款和补助。从 1965 年开始，英国政府提高全国煤炭委员会的借款能力和补助额度，并在 1967 年又相应地提高了借款和补助额度。尽管如此，到 20

① Handy L J. *Wages Policy in the British Coalmining Industry: A Study of National Wage Bargaining*, p. 249.

② Department of Energy. *Coal for the Future: Progress with "Plan for Coal" and Prospects to the Year 2000*, p. 11.

③ Manners G. *Coal in Britain*, p. 100.

④ Parker M, Surry J. *Unequal Treatment: British Policies for Coal and Nuclear Power, 1979-92,* p. 14.

⑤ *National Coal Board Report and Accounts 1979-1980, Volume II: Accounts and Statistical Tables*, p. 65.

世纪 70 年代初期，英国煤炭工业仍然依靠债务和政府补贴才能达一定的财政平衡。例如，《1971 年煤炭工业法案》又将 1967 年规定的每年累积的最高 5000 万英镑的赤字额度提高到 7500 万英镑。[①]

然而，全国煤矿工人工会仍在 1972 年和 1974 年连续发起了全国性的大罢工，而罢工的结果是，新上台的工党政府全部满足了全国煤矿工人工会提出的增加待遇的要求。这种情况一方面增加了政府的财政负担；另一方面又导致通货膨胀的出现。面对这种情况，政府最主要的目的在于通过 1974 年煤炭工业计划降低煤炭生产的成本，减少政府的财政负担。然而在哈罗德·威尔逊（Harold Wilsom）的工党政府和詹姆斯·卡拉翰（James Callaghan）政府时期，这一计划并没有实现。而且情况愈来愈糟糕：1974 年英国煤炭工业的递延负债达 5460 万英镑，1975 年达 5730 万英镑，1976 年为 7840 万英镑，1977 年达 1.249 亿英镑，1978 年为 1.518 亿英镑。[②]

玛格丽特·撒切尔的保守党政府上台之初，新一轮经济萧条使英国煤炭的库存量增多，要资助的现金比 1979—1980 年增加了 3.23 亿英镑。煤炭计划中的投资规划的定额资金从 1979—1980 年的 6.44 亿英镑增加到 1980—1981 年的 8.40 亿英镑。[③]尽管如此，该届保守党政府仍在坚持追求煤炭计划中提出的目标。政府开始提出一系列关闭没有利润的矿井、裁减大量煤矿工人的计划以达财政收支平衡目的的计划。1981 年，全国煤炭委员会在政府的授意之下提出关闭 20—50 个矿井的计划时，全国煤矿工人工会立即以一次全国性的矿工大罢工相威胁。[④]之后，在 1983 年，当政府提出进一步关闭煤矿、裁减冗员以达煤炭工业的收支平衡时，全国煤矿工人工会于 1984 年 3 月又发起了一次长达一年的抵抗政府与全国煤炭委员会计划的大罢工。而在保守党执政以来，英国煤炭工业的递延负债 1980 年达 2.34 亿英镑，1981 年达 2.8 亿英镑，1982 年达 3.62 亿英镑；政府的赤字补助金在 1980 年达 1.59 亿英镑，1981 年达 1.49 亿英镑（但是此年的赤字仍高达 5800 万英镑），1982 年达 4.28 亿英镑，1983 年达 3.74 亿英镑（工业的赤字仍是 1.11 亿英镑），1984 年达 8.75 亿英镑，1985 年

① *Coal Industry Act 1971*.

② *National Coal Board Report and Accounts 1979-1980, Volume II: Accounts and Statistical Tables*, p. 65.

③ Parker M, Surry J. *Unequal Treatment: British Policies for Coal and Nuclear Power, 1979-92*, p. 9.

④ Gilmour I. *Dancing with Dogma: Britain under Thatcherism*, p. 103.

高达 22.25 亿英镑。①

从煤炭工业的发展情况看，截至 1985 年，煤炭计划的主要目标仍然没有实现。而且在罢工的影响下，收支平衡问题似乎更加严重。

由于 20 世纪 60 年代全国煤炭委员会加大力度收缩煤炭工业，致使英国煤矿工业中便于它发展的力量非常虚弱。因此，在 20 世纪 70 年代初期煤炭工业需要重建时，各种各样的制约因素开始发挥作用。首先，重大工程项目中缺乏各种熟练的工程师和技术人员，导致计划不能如期启动。其次，工会力量在煤炭工业的国有化整合中异常强大，除了要求提高矿工的报酬之外，还对全国煤炭委员会重建露天煤矿的计划大加干涉，致使露天煤矿的产量计划不能完成。一方面，物价的上涨使煤炭工业计划的资金额度也一再上涨，政府在如此重负之下想要达财政收支平衡的目的，显然是不现实的。另一方面，欲达财政收支平衡的目的所引发的劳资冲突更加重了政府的财政负担，同时使得这一目的距离现实更加遥远。

三、1985 年以后的煤炭战略与煤炭工业的走向

英国能源部曾在 1977 年制定了从 1985 年到 2000 年的煤炭工业发展计划，其中规定了一定的规模和生产目标：到 2000 年英国的煤炭年产量要达 1.7 亿吨，其中至少有 1.5 亿吨由深矿井提供，其余 2000 万吨由露天煤矿提供。②在 1979 年曾修订了煤炭发展目标：到 1990 年英国煤炭年产量达 1.24 亿—1.32 亿吨，2000 年达 1.28 亿—1.65 亿吨；后来又调整为 1990 年煤炭产量应该在 1.05 亿—1.26 亿吨，2000 年应该在 1.10 亿—1.59 亿吨。③从政府对煤炭工业发展制定的不同目标可以看出，1977 年政府对煤炭工业制定的发展目标比 1974 年制定的目标更高，而 1979 年曾两次下调 1977 年制定的目标，但是调整后的数字显示 2000 年的煤炭产量要比 1990 年的煤炭产量高。这表明，政府当时仍看好煤炭工业的发展走向，并没有否定。

1979 年，玛格丽特 · 撒切尔政府对煤炭工业的发展方向非常明确——实现工业财政收支平衡。因此，政府与全国煤炭委员会采取措施关闭矿井、裁减矿

① *National Coal Board Report and Accounts 1984-1985, Volume II: Accounts and Statistical Tables*, p. 59.

② Department of Energy. *Coal for the Future: Progress with "Plan for Coal" and Prospects to the Year 2000*, p. 19.

③ Manners G. *Coal in Britain*, p. 30.

工。然而遭遇了 1981 年 2 月事件之后，全国煤炭委员会向政府递交了一份新的《截至 1990 年发展计划》。[①]这个计划并没有得到能源部及中央政府其他部门的认可。因此，也根本谈不上此计划对煤炭工业的影响。1981 年 2 月事件之后，撒切尔对能源大臣一职重新做了调整。新上任的能源大臣奈杰尔·劳森将包括煤炭在内的能源资源当做市场中交易的商品，并不主张规划长远的能源产量。[②]因此，煤炭工业在这一时期的主要目标是如何降低生产成本，达财政收支平衡。

在这样的目标指导下，英国政府与全国煤炭委员会制定了一系列关闭无利润的矿井和裁减大量煤矿工人的措施。在这些措施的实施过程中，全国煤矿工人工会的利益受到了一定的威胁，导致工会与政府发生了碰撞。当历史的脚步踏进 1985 年的门槛时，英国煤炭工业的局势已非常明朗：1984—1985 年罢工的结果已见分晓，工会的力量在这次罢工中分化严重且罢工最终失败；保守党政府成为真正主宰英国煤炭工业走向的决策者；另外，英国的能源市场中北海石油和天然气正在发挥它们的作用；欧洲共同体内部对燃煤引起的环境污染问题日益重视等。尽管这一时期政府几乎完全清除了重构煤炭工业发展道路上的阻力，但是，面对英国煤炭工业的重构和发展，玛格丽特·撒切尔的保守党政府显得异常谨慎。政府在这一时期并没有立即制定出与此前关于煤炭工业的发展方向迥异的方针政策，仍然沿着既定路线发展。

第一，罢工结束后，当时任全国煤炭委员主席的伊恩·麦格雷戈表示煤炭工业的主要任务是要保持产品价格在面对石油、天然气和国际廉价的煤炭时具有较强的竞争性，而工业的规模均由市场需求决定；一些达其使用年限的矿井将被关闭，而大量的投资将主要集中开采时间较长的矿井和低成本的矿井方面；另外，政府要求煤炭工业的收支应该在 1988 年达均衡。[③]很显然，政府的目的是要在短期内把处于政府财政保护主义状态下的煤炭工业推向完全充满竞争力量的商业环境中。在主要以石油、天然气和廉价的进口煤炭占优势的能源市场中，英国成本较高的煤炭要在如此短时间内具有商业竞争性，关闭不景气的煤矿矿井、裁减大量的矿工是当时针对煤炭工业可以采取的唯一措施。

---

① Parker M J. *Thatcherism and the Fall of Coal*, p. 17.

② Lawson N. *The View from No. 11: Memoirs of a Tory Radical*, p. 165.

③ Boyfield K. *Put Pits into Profit: Alternative Plan for Coal*, p. 14.

1985—1986 年，36 个高成本煤矿被关闭，煤矿劳动力减少了 33 000 人。与此同时，英国煤炭工业的运营效率大大提高。1982—1983 年在政府赤字补助金提供之前，英国煤炭工业中的净赤字高达 4.85 亿英镑，在 1985—1986 年时，净赤字下降到 5000 万英镑；1982—1983 年的深矿井产量损失达 3.17 亿英镑，而 1985—1986 年深矿井的产量有 2.32 亿英镑的利润，煤炭工业的运营成本平均比 1982—1983 年度的成本下降了约 5%。①

在英国煤炭工业生产效率提高的同时，工业的规模大大地缩小了，煤炭工业的人数从 1984 年 3 月的 181 000 人下降到 1988 年的 80 000 人；总的深矿井产量从 1983 年的 1.02 亿吨减少到 8300 万吨，下降了大约 20%。②这种结果直接否定了 1987 年能源部对英国煤炭工业 1990 年的预测，即产量在 8700 万吨—1.1 亿吨，人数大幅度下降。③煤炭工业仍然处在极大的变化之中。

第二，随着煤炭工业的快速收缩，私有化被提上了议事日程。把国有化的煤炭工业变成私有化是玛格丽特・撒切尔政府主要追求的目标。因为在国有化的大多数时间里，大多数煤炭工业的发展需要英国政府大量的财政补贴，这增加了政府的财政负担。另外，国有化工业的工会力量随着工业统一化运营的步伐也更加强大，成为两党政治中的第三种力量，经常威胁到英国中央政府的稳定性，特别是全国煤矿工人工会的力量尤其突出。因此，玛格丽特・撒切尔的保守党追求煤炭工业私有化的目标更加迫切。然而，正因为煤炭工业的复杂性，对它的任何举动可能会带来牵一发而动全身的效果。因此，在大罢工结束之后，英国政府并没有立即采取私有化的措施，而是采取较谨慎的步骤。1986 年，能源部发言人表示政府对煤炭工业没有任何私有化的计划；但是到 1987 年 5 月，能源部又肯定了煤炭工业私有化的方向，然而当时要做的是让煤炭工业在市场中能够凭借自己的实力生存下去。1988 年 10 月，能源大臣正式承认对煤炭工业最终要实行私有化。④即使这样，政府仍然担心煤炭工业仓促进行私有化后会对政府产生非常不利的影响。因此，经再三考虑之后，政府认为煤炭工业的私有化日程仍要根据它在市场中参与竞争的能力来定。截至玛格

① Parker M J. *Thatcherism and the Fall of Coal*, p. 52.

② Pearson P. *Prospect fot British Coal*, p. 27.

③ Parker M J. *Thatcherism and the Fall of Coal*, 2000, p. 63.

④ Parker M, Surry J. *Unequal Treatment: British Policies for Coal and Nuclear Power, 1979-92*, pp. 24-25.

丽特·撒切尔1990年离开唐宁街10号，英国煤炭工业的私有化仍然没有具体的日程安排。而当时英国煤炭工业的收支仍然没有实现自主运营。1990年，英国煤炭工业仍有高达18.89亿英镑的赤字。因此，政府一方面仍进行大规模的裁减人员，关闭矿井数量：从1985年3月到1990年9月，煤矿工人从171 000人下降到61 000人，矿井数量从169个下降到68个。[①]另一方面，政府仍然要为煤炭工业的费用买单。《1990年煤炭工业法案》规定：对英国煤炭公司提供大量的赤字补助金；对劳动力的重新安排和裁减的补助从3亿英镑和7.5亿英镑分别提高到12.5亿英镑和15亿英镑。[②]这些措施为煤炭工业的私有化奠定了基础。

约翰·梅杰接替玛格丽特·撒切尔出任首相后，大力推动煤炭工业向私有化迈进。私有化运动的具体目标是要在1993年3月至1994年12月使生产和需求达平衡，裁减适当的人员和继续降低运营成本。[③]为此，政府与英国煤炭公司又制定了关闭矿井的计划：1992年英国煤炭公司经营的50个矿井中的31个将被关闭。[④]尽管在实施这一计划的过程中遇到了各种各样的阻力，但是到1993年底时，英国煤炭公司仍然按计划关闭了相关的矿井。除此之外，政府与电力承包者之间签订的合同——英国煤炭在1993—1994年为其提供4000万吨的煤炭，促使煤炭工业缩小生产。[⑤]1994年底，英国煤炭工业彻底转为私人所有，它作为一个关系到国计民生的工业历史终结了。

自从1985年以来，英国政府对煤炭工业的战略要旨是逐渐使其达财政收支平衡而不再增加政府的财政负担。在实施这一政策目标的过程中，政府通过各种各样的手段，包括分阶段关闭大量的煤矿矿井，裁减大量的矿井工人等办法。截至1990年，政府仍然在为煤炭工业的财政平衡担负异常沉重的包袱。与撒切尔的保守党政府对英国煤炭工业采取的谨小慎微、迂回包抄的私有化路线不同，约翰·梅杰的保守党政府大张旗鼓地向私有化目标前进。期间虽经历了由关闭大量矿井而引发民众对该届政府不满的政治危机，但是约翰·梅杰政府通过继续为煤炭工业寻找市场和削减煤炭工业规模等方式，为私有化做足了

---

① Witt S. *When the Pit Closes: The Employment Experiences of Redundant Miners*, pp.7-9.

② *Coal Industry Act 1990*, http://www.legislation.gov.uk/ukpga/1990/3/data.pdf, 2011-01-14.

③ Parker M J. *Thatcherism and the Fall of Coal*, p. 141.

④ Turner R. *The British Economy in Transition: From the Old to the New?* p. 23.

⑤ Parker M J. *Thatcherism and the Fall of Coal*, p. 142.

一切准备工作。

四、全国煤炭委员会的战略决策加快了工业的衰落

英国煤炭工业在第二次世界大战后由李德报告中的相关内容而掀起了规模经营的国有化浪潮。国有化以来的煤炭工业由政府能源与燃料部下属的全国煤炭委员会管理。因此，在全国煤炭委员会（含后来的英国煤炭公司）的方针政策指导下，经历了第二次世界大战后重建的希望，又从 20 世纪 50 年代到 20 世纪 70 年代初踏上了快速收缩的步伐。之后，由于石油价格的上涨，全国煤炭委员会又进行了新一轮的工业重建，以恢复其发展水平。而在 20 世纪 80 年代中期之后，重建的步伐转向了私有化的发展轨道，最终使曾经作为英国工业化发展动力的煤炭成为非常微不足道的资源。1980 年英国煤炭工业生产 1.301 亿吨煤炭，到 2006 年生产 1850 万吨；1980 年有 23 万多人，到 2006 年只有 3000 人；矿井数量从 186 个下降到只有 6 个。[①]从这个发展历程可以看出，全国煤炭委员会制定的发展战略对英国煤炭工业产生了以下几个方面的影响。

（1）全国煤炭委员会的战略决策缺乏前瞻性，造成煤炭工业人力、物力资源的极大浪费。全国煤炭委员会在第二次世界大战后初期面对国际煤炭市场对煤炭需求大增的局面，便想方设法增加煤矿工人的数量以获取最大程度的煤炭资源。这种想法在制定《1950 年煤炭计划》时就有，并规定要在今后的 15 年内裁减掉 8 万煤矿工人。但是，1952 年英国所有煤矿的工人已趋饱和，到 1953 年工人已超过了矿井的需求量。[②]20 世纪 50 年代后期，工人数量随着矿井的关闭而大大缩小。到 20 世纪 70 年代初期，这种收缩的结果使重建工程竟然因缺乏熟练的工程师而无法启动。不仅如此，全国煤炭委员会在制定《1950 年煤炭计划》时，石油已经开始成为能源市场中颇受欢迎的能源类别。单从英国本国的石油使用情况就可以发现，这种能源的发展潜力巨大。故当英国还在加大力量进行煤炭工业重建时，能源市场中的较大份额已被石油占据。如在前文曾提到的，英国的各种制造业已从大量的依靠燃煤作为动力资源的状态转向

---

① Beckett F, Hencke D. *Marching to the Fault Line: The 1984 Miner's Strike and the Death of Industry Britain*, p. 238.

② Nott-Bower G, Walkerdine R H. *National Coal Board: The First Ten Years: A Review of the First Decade of the Nationalised Coal Mining Industry in Great Britain*, p. 62.

消费石油。之后，英国煤炭工业开始加速收缩规模，直至20世纪70年代初期，当更多的消费者为了躲避石油高昂的价格，转而寻求煤炭作为替代品时，全国煤炭委员会才又开始制定宏大的重建计划。然而在当时石油所占的份额已是其他任何能源资源无法代替得了的。更何况这一时期英国本土已探明大量的石油和天然气，并已经在能源市场中占据一定量的份额。因此，全国煤炭委员会在大力发展煤炭工业的同时，并没有敏感地意识到能源市场已经发生的重大变化，反而在每次计划中都投入大量的人力、物力，而在各种重建工程几乎刚刚完成或还没有完成的时候，便又开始缩小其规模，这使煤炭工业在人力和物力方面的浪费超出了它承受的范围，也使煤炭工业更加虚弱。

（2）全国煤炭委员会的战略决策缺乏弹性，给煤炭工业带来了不必要的损失，也使它错失了发展的良机。第二次世界大战后初期大力发展煤炭工业规模的决定开始实施，到20世纪50年代后期，便因英国煤炭工业的大多数矿井的无利润状况而开始关闭，从1947年的958个矿井锐减到1973年的只有259个，甚至有些矿井刚刚投入生产也要遭受关闭的命运，如贝图斯（Betws）矿井从1978年才开始产煤，到1993年便被关闭了。[①]

等到市场对煤炭工业的需求加大时，煤炭工业的产量又呈现出供不应求的状态。20世纪70年代初期的重建到20世纪80年代中后期开始发挥作用，在石油价格、环境污染、财政、私有化等多重因素的刺激下，英国煤炭又开始快速缩减。因此，在几次重建与收缩中，煤炭工业不仅没有达预期的利润，而且在这种应急性的重建与收缩中，使它错失了发展机遇。

（3）全国煤炭委员会的战略决策缺乏科学性，加重了政府的财政负担，从而刺激了劳资冲突，也加大了工业收缩与转型的步伐。全国煤炭委员会的战略决策缺乏科学性主要体现在对未来市场中煤炭需求量的预测方面。《1950年煤炭计划》一味地强调，未来能源市场中会逐渐加大对煤炭的需求。计划从一开始便围绕增产事宜展开实施。然而到20世纪50年代后期时，能源市场对煤炭的需求开始下降。20世纪60年代末期，煤炭工业的运营只能依靠政府的补助而维持。与此同时，煤矿工人的待遇相比之前又大大下降。工会力量逐渐强大之后，更多的时候以罢工威胁政府提高工人的工资待遇。20世纪70年代

① Turner R. *The British Economy in Transition: From the Old to the New?* p. 2.

初期制定的煤炭计划强调煤炭产量稳中上升。由于经济萧条而使煤炭产量的库存量从 1980 年 12 月的 2800 万吨，上升到 1982 年 9 月的 5000 万吨。[①]这种情况使煤炭工业的财政又处在一种无法控制的局面，政府增加财政拨款的同时，要求缩减规模以达财政收支平衡。这种策略又迎来了更大的劳资冲突。因此，全国煤炭委员会的战略决策在产量及市场需求方面缺乏科学预算和预测，致使煤炭工业的发展愈加复杂，也迫使政府加快了收缩和转型的步伐。

综上所述，全国煤炭委员会的战略决策存在各种各样的缺点，致使煤炭工业跌跌撞撞地度过了国有化的几十年，不仅煤炭工业的效益并不像李德报告中讲述的因国家控制而有所上升，反而加速了英国煤炭工业衰落的步伐。这其中有值得深思之处。

首先，煤炭是一种在短期内不可再生性资源，不管私人也好，政府也罢，均应该遵循这一特点，制定出较持久的煤炭发展战略，这样才能使工业发挥较大的作用。而英国煤炭工业在国有化之后，政府制定的计划，完全不顾煤炭工业的可持续性发展，致使更多的矿井提前枯竭。政府与私人所有者相比，更进一步地破坏了煤炭工业的发展平衡，加速了工业收缩的步伐。

其次，在煤炭利益的分配中，政府与工会双方均表现出极强的利益诉求，致使煤炭工业的任何计划在实施过程中几乎举步维艰，一方面加速了它衰落的节奏；另一方面大量的矿工成为这种衰落后果的承担者。因此，在英国当时以市场需求为主、煤炭工业处在衰落的情况下，无论哪一种力量都不可能使煤炭工业有更持久的发展。

第三节　国有化以来矿工罢工与煤炭工业转型

20 世纪初期，英国的煤炭工业经历了鼎盛期的辉煌后开始逐渐进入衰退阶段。尽管英国政府对煤炭工业采取了各种各样的保护措施，但是对于工业的衰落而言仍然无济于事。煤炭工业的衰落使工人的利益所得也受到了极大的影响。于是，大量的英国煤矿工人要求提高待遇的罢工运动纷至沓来。1926 年煤矿工人发起全国范围内的大罢工影响非常深远。20 世纪 70 年代的两次大

① Parker M, Surry J. *Unequal Treatment: British Policies for Coal and Nuclear Power, 1979-92*, p. 13.

罢工除了对英国煤炭工业的生产和其他方面带来巨大了损失之外，还直接改变了当时英国执政党的命运。除此之外，在 1984—1985 年煤矿工人大罢工之前的成千上万次矿工罢工运动均影响了英国煤炭工业的正常生产。这些罢工运动一方面反映了英国煤炭工业的衰落；另一方面又加速了其衰落和转型的步伐。

一、国有化以来到 1979 年煤矿工人罢工与煤炭工业转型

在国有化之前，英国煤炭工人的工资待遇由各地区各矿主根据煤矿的经济效益而定。因此，煤矿工人的工资结构非常复杂，不同地区、不同矿井与不同雇主的工人待遇差异很大。这种情况使待遇较差的煤矿工人经常因为待遇问题而发生频繁的罢工运动。仅 1944 年，由于罢工而损失的工作日数量达 211 600 个。①针对这种情况，在国有化之后，煤炭工业开始逐步实行工资统一化。1947—1966 年，全国煤炭委员会针对矿工中的计时工资工人，先后进行了多次全国性的工资裁定。在这几次工资改革中，全国煤炭委员会每一次均根据最高限度对这部分人群中最低收入者的工资进行上调以缩小收入差距，并且逐步统一了工资级别。1969—1974 年，全国煤炭委员会又对计件工人的工资结构进行调整。尽管这种改革降低了 20 世纪 50 年代后期到 60 年代中期煤矿工人大规模的罢工行为，但小规模的停工仍然非常频繁。1946 年有 1329 次停工，1947 年有 1635 次停工，1948 年有 1528 次停工，1951 年有 1637 次停工，1952 年有 11685 次停工，1954 年有一半的矿井根本没有人。1957 年有 2228 次停工，占所有工业罢工数量的 78%。1965 年全国煤炭委员会的报告显示：58%的罢工只有不到 30 位煤矿工人参加，68%的罢工持续时间不超过一个班次；但是在 20 世纪 60 年代后期，煤炭工业中每 1000 人的罢工从 1957 年的 3.1 次下降到 1970 年的 0.57 次，运营矿井的停工从 2.65 次下降到 0.50 次。与此同时，煤矿工业的罢工持续的时间更长，几乎每年都有一定规模的罢工，而 1969 年发生了国有化以来最大的一次纠纷，参加人数达 121 000 人；1970 年煤矿工业有 221 次罢工，其中煤矿工人进行了支持每周额外的 5 英镑工资要求的较大规模的罢工。②毫无疑问，煤炭工业中的罢工数量占有很大的比例。20 世纪 50 年

① Wigham E. *Strikes and the Government 1893-1981*, p. 93.

② Ashworth W, Pegg M. *The History of the British Coal Industry, Volume 5: 1946-1982: The Nationalized Industry*, p. 167, p. 169, p. 299, p. 301, p. 302.

代中期，英国煤矿工人的罢工占总量的3/4；而在第二次世界大战以来的20多年，煤矿工人的罢工数量占英国总罢工数量的一半。[①]如此频繁的罢工对英国煤炭工业造成了极大的负面影响。

第一，罢工对煤炭工业的生产造成了极大的影响，大量的工作日损失在罢工中，涉及的矿工人数亦非常庞大。表2-3很好地反映了这种情况。

表2-3　1947—1969年英国煤矿工人罢工中损失的工作日、涉及的人数情况表[②]

时间	年均罢工损失工作日数（万）	年均罢工涉及的工人人数（万）	每次罢工损失的工作日数（天）	涉及的工人人数（个）
1947—1949年	71	24.8	700	245
1950—1953年	45.9	18	412	161
1954—1957年	64.9	26.6	344	141
1958—1961年	51.1	23.1	320	145
1962—1965年	33.7	14.9	338	150
1966—1969年	20.6	3.6	609	106

由表2-3的各项数据我们可清楚地看出，1947—1949年，平均每年损失在罢工中的工作日达71万个，1950—1953年为45.9万个，1954—1957年为64.9万个，1958—1961年为51.1万个，1962—1965年为33.7万个，1966—1969年达20.6万个；在上述各阶段的年平均罢工数中，涉及的矿工人数分别为24.8万人、18万人、26.6万人、23.1万人、14.9万人和3.6万人；表2-3中各阶段平均每次罢工损失的工作日数量分别达700日、412日、344日、320日、338日和609日；上述阶段中每次罢工涉及的工人数分别为245人、161人、141人、145人、150人和106人。

数以千计的工作日和成千上万的人力耗费在频繁的罢工中，导致煤炭年产量损失较大。1947—1951年，由于煤矿工人的罢工而造成的煤炭损失共达650万吨煤炭；1952—1956年，煤炭产量总共损失了1010万吨；1957年又损失了190万吨。由罢工导致的产量损失在1955年最大，超过300万吨，1955年到1957年三年损失的煤炭总量达727万吨；1959年损失了99万吨；1961年损失了213万吨，是继1955年和1956年以来的又一个损失惨重的年份；1965—1966年损失120万吨；1966—1967年由纠纷引起的煤炭损失仅45万吨，

① Hyman R. *Strikes*, p. 30.

② Handy L J. *Wages Policy in the British Coalmining Industry: A Study of National Wage Bargaining*, p. 228.

1967—1968 年下降到 33.3 万吨；1969 年损失 294 万吨；1970 年的罢工，产量损失超过 300 万吨。[①]

第二，英国煤矿工人的罢工增加了煤炭工业的财政负担，导致煤炭生产成本的增加，进一步缩小了煤炭的消费市场。从国有化以来到 1970 年之前，几乎一大半的罢工是因为煤矿工人的工资待遇问题而引起的。1946—1949 年，由于工资而引起的罢工占当年总罢工的 43.5%，1950—1953 年占 47.6%，1954—1957 年占 49.4%，1958—1961 年占 47.9%。[②]而 20 世纪 60 年代煤矿工人罢工的原因我们可通过表 2-4 中的内容详细地了解。

表 2-4　1963 年到 1967 年英国煤矿工人罢工原因表[③]

罢工被报道的原因（由全国煤炭委员会定义）	1963 年	1965 年	1967 年
	数量	数量	数量
津贴和奖金	87	53	37
工资和价格表	494	417	138
五天工作周协定	5	1	11
拒绝改变工作	97	86	66
拒绝执行前一班所剩的工作	17	22	12
拒绝修理坏机器	4	1	2
工作方法或机构	301	263	150
恶劣的工作条件	147	82	65
个人或级别	46	23	19
反对官方	41	10	21
同情被解雇或被斥责的人	53	14	28
报复	7	11	9
关闭、裁员、转移	2	4	1
其他各种	100	56	10
总罢工数量	1401	1043	569

① Ashworth W, Pegg M. *The History of the British Coal Industry, Volume 5: 1946-1982: The Nationalized Industry*, pp. 167-302.

② Handy L J. *Wages Policy in the British Coalmining Industry: A Study of National Wage Bargaining*, p. 218.

③ Handy L J. *Wages Policy in the British Coalmining Industry: A Study of National Wage Bargaining*, p. 208.

如表 2-4 所示，1963 年英国煤矿工人的总罢工数高达 1401 次，其中由津贴和奖金原因引起的罢工数达 87 次，由工资和价格表引起的罢工数达 494 次，由五天工作周协定引起的罢工 5 次，这三项原因引起的罢工数达 586 次。1965 年由津贴和奖金引起的罢工数达 53 次，由工资和价格表引起的罢工数达 417 次，五天工作周协定引起的数量为 1 次，三项原因引起的罢工数达 471 次。1967 年由津贴引起的罢工数达 37 次，工资和价格表引起的罢工数为 138 次，五天工作周协定引起的罢工数为 11 次，三项原因引起的罢工数总共为 186 次。

从国有化以来到 20 世纪 60 年代末期，由工资等各项待遇引起的罢工占有很大的比例。因此，在平息和解决这些纠纷时，追加煤矿工人的工资和补偿其他费用成了惯例。1948 年英国煤矿工人的平均周工资为 8.47 英镑，1949 年上升为 9.08 英镑，1950 年为 9.48 英镑，1951 年为 10.60 英镑，1952 年为 11.90 英镑，1953 年为 12.56 英镑，1960 年达 16.28 英镑，1970 年达 28.01 英镑。①而且，由于罢工威胁而造成的工资增加额，常常会超出全国煤炭委员会的费用承受能力。1970 年，全国煤矿工人工会要求 7500 万英镑的经费用以增加工资，这种要求大大超出了全国煤炭委员会的承受能力，但随之而来的大罢工又造成了极大的经济损失。②这一时期，煤炭价格并没有随工人工资增长迅速。每吨煤炭的生产成本在 1947 年比 1946 年增加了 11.62%，1948 年又比 1947 年增加了 10.65%；工人的工资在 1958 年比 1948 年增加了 81.94%，1968 年比 1958 年又增加了 56.52%。③这说明工人工资在英国煤炭的生产成本中占有很大的比例。另外，罢工期间和罢工结束后，英国政府都要对罢工者及其家属支付一定额度的社会安全费用，而且这种费用随着罢工规模的加大而增长。在 1966 年以前，政府主要针对包括煤矿工人在内的罢工者家人而支付的总社会安全费用，一般很少超过 10 万英镑；1970 年，在煤矿工人和船坞工人等组成的大罢工中，这种安全费用的数量达 150 万英镑。④由此可见，罢工增加了全国煤炭委员会的财政负担，增加了煤炭工业的生产成本。1952—1956 年，由于罢工导致产量损失过大而不得不开始进口国外的煤炭。这种情况亦缩小了煤炭在本

① Handy L J. *Wages Policy in the British Coalmining Industry: A Study of National Wage Bargaining*, p. 253.

② Ashworth W, Pegg M. *The History of the British Coal Industry, Volume 5: 1946-1982: The Nationalized Industry*, pp. 167-302.

③ Handy L J. *Wages Policy in the British Coalmining Industry: A Study of National Wage Bargaining*, p. 253.

④ Wigham E. *Strikes and the Government 1893-1981*, p. 214.

国燃料消费市场中的份额。关于英国煤炭消费份额的降低，前文已有叙述，在此不再赘述。

综上所述，从国有化之后至 1970 年，英国煤矿工人的罢工总体表现出罢工次数频繁，但是规模并不大，因此，它的破坏力度也比较有限。这主要是因为煤炭工业在国有化之后的前 20 年中，煤矿工人的收入与其他工业工人的收入相比保持着一定的优越性。1948 年，英国煤矿工人的平均周工资为 8.47 英镑，是其他制造业工人周工资的 110%，是建筑业工人周工资的 129.71%；这种相对性在 1952 年达了国有化以来的最高点，分别是其他制造业工人周工资的 128.8%和建筑业工人周工资的 136.3%。在此之后，这种差距开始逐渐缩小。1956 年，煤矿工人的平均周工资为 15.35 英镑，是其他制造业工人平均周工资的 125%，是建筑业工人周工资的 130.7%；1960 年，煤矿工人的平均周工资是其他制造业工人平均周工资的 107.4%，是建筑业工人平均周工资的 116.7%；1966 年，煤矿工人的平均周工资是制造业工人的 106.7%，是建筑业工人平均周工资的 107.8%。1969 年，煤矿工人与制造业工人、建筑业工人平均周工资的相对性下降到 98.3%和 102.6%；1970 年，这种相对性分别下降到 96.9%和 104.3%。[①]从这组数据可以看出，煤矿工人相对于其他行业工人工资的相对性的消长与煤矿工人罢工的规模有一定的联系。相对性较大时，罢工规模较小；相对性缩小时，罢工的规模较大。另外，罢工规模的扩大与国有化之后煤炭工业实行的统一化工资改革制度有关。国有化之后，全国煤炭委员会缩小工资差距的改革，使煤矿工人的凝聚力加强了。同时，也因为全国煤炭委员会统一工资标准，使英国煤矿工人的雇主减少为一个机构，也就是说谈判对象只有一个——全国煤炭委员会，这使煤矿工人更加容易集中力量对付它。当然，矿工罢工规模扩大的最根本原因还在于煤炭工业的衰落和缩减的程度较大，使得这些群体的各种收益受到了巨大的威胁。这种情况在 20 世纪 70 年代有更进一步的表现。

二、20 世纪 70 年代煤矿工人罢工与煤炭工业转型

英国工人大罢工的高峰期在 20 世纪 70 年代早期，其中以 1972 年和 1974

---

① Handy L J. *Wages Policy in the British Coalmining Industry: A Study of National Wage Bargaining*, p. 253.

年煤矿工人全国性的大罢工表现最为突出。1971年7月，全国煤矿工人工会的大会投票要求工资上涨 45%；当全国煤炭委员会提出增长 8%的条件时，煤矿工人工会于11月下达了一种加班禁令（Overtime Ban），并且后来决定在1972年 1 月 9 日进行全国性的煤矿工人大罢工。①

1972年1月9日，煤矿工人举行了自1926年以来的第一次全国性大罢工。在罢工过程中，全国煤炭委员会和全国煤矿工人工会通过多轮磋商后达成协议：从 1971 年 11 月 1 日起持续 16 个月，对地面煤矿工人的周工资增加 5 英镑，对井下各种工资结构中的工人分别增加 6 英镑和 4.5 英镑，这样，地面工人的最少周工资为 23 英镑，其他井下工人分别为 25 英镑、27.70 英镑、29.425 英镑、34.50 英镑；另外，对煤炭工业职员、焦炭工人、露天工人、餐厅工人、秘书和货车司机等人的周工资也有一定的增加；将在 1972 年 5 月 1 日引入一项全国性交通补贴计划；保证因为加班禁令和罢工而不会降低下一次假日支付；对全国煤炭委员会的房租支付欠款延长 12 个月。②这样，全国煤矿工人工会的要求在很大程度上得到满足，罢工于 1972 年 2 月 28 日结束，总共长达 40 天。

1972 年罢工的工资要求在执行过程中有所拖延。因此，全国煤矿工人工会在接下来又制定了尽可能地增加所有员工工资的方案，并在几轮谈判之后，于 1973 年 7 月提出：采煤工人基本周工资最低为 45 英镑，其他井下工人周工资最低为 40 英镑，地面工人周工资最低为 35 英镑，对熟练工人和其他工人之间保持合适的差距；下午班或晚班有一定的津贴等。③这种要求大大超出了全国煤炭委员会的经济承受能力和当时的工资上涨速度。全国煤矿工人工会因为在短期内达不到这一预期目标，又宣布将在 1973 年 12 月 1 日实行加班禁令。

英国社会在这一时期也遭遇到石油进口危机，加之煤炭工业中劳资关系的僵持，因此，英国能源供应的形势非常不稳定。当时的保守党政府在矿工工会提出要在 1974 年 2 月 9 日进行罢工之后，试图通过全国性大选之机对矿工工会的要求予以拒绝。然而，选举以保守党的失败告终。其失败的结果就是 1974 年 3 月 5 日，新组阁的工党尽最大可能满足了工会的要求，全国煤矿工人工会

---

① Heath E. *The Course of My Life: My Autobiography*, p. 350.

② Ashworth W, Pegg M. *The History of the British Coal Industry, Volume 5: 1946-1982: The Nationalized Industry*, pp. 311-313.

③ Ashworth W, Pegg M. *The History of the British Coal Industry, Volume 5: 1946-1982: The Nationalized Industry*, p. 332.

最终同意接受如下条件：地面工人每周最低工资为 32 英镑，井下工人最低周工资为 36 英镑和采煤工人最低周工资为 45 英镑。①工会同时宣布矿工在 3 月 11 日恢复正常工作。20 世纪 70 年代后期，工党政府都以一定程度上满足全国煤矿工人工会的要求为代价，换取煤炭供应的稳定与安全。

这一时期煤矿工人大罢工爆发的诱因是煤矿工人的工资涨幅相对于其他工人工资较低。我们可以通过表 2-5 的数据来证明。

表 2-5　1971 年到 1974 年英国煤矿工人工资与 1952 年工人工资涨幅情况表②

年份	平均周工资（英镑）			相对百分比（%）	
	煤炭工业	其他制造工业	建筑工业	煤炭工业/其他制造业	煤炭工业/建筑业
1952 年	11.90	9.24	8.73	128.8	136.3
1971 年	31.65	31.37	30.11	100.9	105.1
1972 年	38.21	36.20	36.59	105.6	104.4
1973 年	42.43	41.52	41.41	102.3	102.5
1974 年	58.21	49.12	48.75	118.5	119.4

由表 2-5 我们可以看出，尽管在 1971 年煤矿工人的平均周工资分别是其他制造业和建筑业工人工资的 100.9%和 105.1%，但是与 1952 年的 128.9%和 136.3%相比，差距还是很大；1972 年有一定的上升，但是幅度很小；1973 年，这种相对优势又有所缩小；1974 年，这种相对性又极大地上升了。1972 年、1973 年这种相对性较小下降有一定的政治因素。政府尽管答应了工会的要求，但是又于 1972 年 11 月强行推行一项法定工资冻结措施，这就使矿工通过罢工赢得的好处名存实亡。直到 1974 年罢工结束后，这种新的优势才真正体现出来。1974 年，煤矿工人的平均周工资是其他制造业工人的 118.5%，是建筑业工人的 119.4%。

20 世纪 70 年代初的几次罢工与国有化以来至 20 世纪 70 年代之前罢工最大的不同就是力量更加集中。这主要是因为截至 1971 年，英国煤炭委员会完成了针对绝大多数煤矿工人的工资制度改革。这种改革简化了工人的工资制度，便于全国煤炭委员会的管理和操作。但是，这种由单一雇主实行的单一结

① Carruth A A, Oswald A J. Miners' Wages In Post-War Britain: An Application of a Model of Trade Union Behaviour, *The Economic Journal,* Vol. 95, 1985, pp. 1003-1020.

② Handy L J. *Wages Policy in the British Coalmining Industry: A Study of National Wage Bargaining*, p. 253.

构的工资规定，更便于所有煤矿工人不满情绪的表达，而且力量更集中，破坏力度更大。

（1）两次罢工使英国煤炭工业的产量损失巨大，也导致了矿井关闭和人员损失。1972年，英国整个罢工将近损失了2400万个工作日。①其中，煤矿工人进行的一次全国性罢工，损失的工作日将近1100万个。②1972年煤矿工人罢工损失的工作日占整个英国罢工损失工作日数的45.8%。1974年罢工损失了超过500万个工作日。③1972年2月初，在289个煤矿中，只有31个煤矿仍在生产，203个矿井井下没有全国煤矿工人工会的成员；10%采矿用的动力支架被搁置起来，采煤面和道路被摧毁；煤炭的库存和焦炭的搬运也受到工人纠察队的阻挠，如约克的工人纠察队员关闭了索尔特利（Saltley）的焦炭库房。尽管到1973年9月底，发电厂的煤炭消费量比前一年增加了400万吨，库存量增加了450万吨从而达了2000万吨的记录，但是，加班禁令实行之后到1974年1月，发电厂的煤炭库存量下降到使它难以维持电力供应的地步。在1973—1974年由于加班禁令和罢工，煤炭产量直接降低了2000万吨。④这种情况还可通过比较表2-6中1972年与1974年矿工罢工前后英国煤炭工业的运营及生产情况看出。

表2-6　1971—1975年英国煤炭工业运营情况表⑤

年份	1971	1972	1973	1974	1975
可出售煤炭产量（亿吨）	1.43	1.211	1.421	1.077	1.26
每吨煤炭利润（英镑）	0.16	−0.99	−0.38	−1.21	0.01

从表2-6可以看出，1971年，煤炭可销售量达1.43亿吨，每吨煤炭盈利为0.16英镑；1972年，由于罢工，可销售煤炭量为1.211亿吨，每吨煤炭损失0.99英镑；1973年可销售煤炭量为1.421亿吨，每吨煤炭损失0.38英镑；1974年，可销售煤炭量达1.077亿吨，每吨煤炭的损失高达1.21英镑；1975年在1974年的基础上有所恢复，每吨煤炭在连续3年亏损之后开始有所盈余。这说

① Wigham E. *Strikes and the Government 1893-1981*, p. 237.

② Handy L J. *Wages Policy in the British Coalmining Industry: A Study of National Wage Bargaining*, p. 228.

③ Handy L J. *Wages Policy in the British Coalmining Industry: A Study of National Wage Bargaining*, p. 230.

④ Ashworth W, Pegg M. *The History of the British Coal Industry, Volume 5: 1946-1982: The Nationalized Industry*, p. 308, p. 329, p. 335, p. 340.

⑤ *National Coal Board Report and Accounts 1979-1980, Volume II: Accounts and Statistical Tables*, p. 65.

明，由于罢工导致生产下降，从而使煤炭工业的运营损失加大。煤炭产量损失的同时，煤矿矿井的数量也下降了。1970—1971 年底，英国生产煤炭的矿井数量为 292 个，全国煤炭委员会管辖的矿工有 287 200 人；1973—1974 年底，矿井数量下降到 259 个，矿工人数下降到 252 000 人；1974—1975 年底，矿井数量为 246 个，矿工为 246 000 人。①

1972 年和 1974 年煤矿工人罢工使英国煤炭工业的正常生产中断达数月之久，而且人数非常庞大，导致英国煤炭产量直线下降，煤炭运营损失惨重。这种情况了进一步导致全国煤炭委员会对无利润矿井的关闭，从而使大量的煤矿工人失业，如在 1972 年罢工中提出的大量工资要求，估计毁掉了 20 000 个煤矿工人的岗位。②这种情况加速了煤炭工业收缩的步伐。

（2）罢工在短期内增加了英国煤炭工业的生产总成本，导致其在市场竞争中坐失良机。罢工中高额的工资要求使煤炭生产的总成本快速增加，煤炭的价格也相应地快速上升，这种情况不利于市场竞争。在 1972 年的罢工中，全国煤炭委员会如果支付工会要求工资额的一半，将导致以后三到四年多的时间内损失一半的市场份额。③1974 年煤矿工人罢工中的工资要求对煤炭生产成本影响更为明显。在 1973—1974 年和 1974—1975 年，煤矿工人工资上升了 31%，相应地，深矿井产量的总成本也上升了 23%。1974—1975 年工资支出上升到深矿井生产成本的 51.5%，在 1975—1976 年则超过 52%。④

席卷全球的石油危机对煤炭工业而言是一个新的契机。然而，工资的提升促使成本增加，影响了煤炭在市场中的竞争能力。1970—1981 年，家用煤炭和焦炭的价格增加了 36%，供给工业的煤炭价格竟然上升了 68%。⑤随着英国能源多元化时代的来临，这种高成本燃料产品将更多的煤炭消费者拒之门外。1978 年铁路永久地退出煤炭消费。煤炭依靠政府的力量紧紧地抓住最后一根

① Coal Authority. *Summary of United Kingdom Coal Production and Manpower from 1947*.

② Ashworth W, Pegg M. *The History of the British Coal Industry, Volume 5: 1946-1982: The Nationalized Industry*, p. 302.

③ Ashworth W, Pegg M. *The History of the British Coal Industry, Volume 5: 1946-1982: The Nationalized Industry*, p. 302.

④ Ashworth W, Pegg M. *The History of the British Coal Industry, Volume 5: 1946-1982: The Nationalized Industry*, p. 340, p. 341.

⑤ Ashworth W, Pegg M. *The History of the British Coal Industry, Volume 5: 1946-1982: The Nationalized Industry*, p. 583.

救命稻草——发电厂，如表 2-7 所示。

表 2-7　1972—1973 年和 1979—1980 年英国煤炭消费表[①]（单位：百万吨）

英国煤炭消费	1972—1973 年	1979—1980 年
发电厂	70.0	89.1
其他市场	60.0	39.3
总计	130.2	128.4
占总的发电厂燃料的百分比（%）	76.0	85.6
占总的主要能源的百分比（%）	36.9	36.9

表 2-7 显示，1972—1973 年，英国煤炭总消费量为 1.302 亿吨，占发电厂总燃料的 76%，总能源消费量的 36.9%；1979—1980 年，英国煤炭总消费量达 1.284 亿吨，占发电厂总燃料的 85.6%，总能源消费量的 36.9%。这说明英国煤炭除了在发电厂的消费比例上升之外，在其他领域的竞争力以相同的比例下降了。除此之外，此次罢工导致西欧的煤炭购买者放弃了与全国煤炭委员会签订的煤炭买卖合同，而该委员会曾经计划每年出口 500 万吨煤炭的目标也化为泡影。[②]由此可见，罢工使英国煤炭的消费领域更加集中，也使煤炭失去了国际竞争力。

（3）罢工使全国煤炭委员会的财政赤字加大，政府开始对煤炭工业进行财政补贴。在 1971 年煤矿工人工会增长工资的要求提出之前，全国煤炭委员会的财政预算只有在不变的物价和工资条件下，才有可能保持当年的收支平衡，对下一年的财政才有可能将净损失控制在 1550 万英镑的水平；如果提供被要求工资的 5%，将使全国煤炭委员会在 1972—1973 年的预计损失达 2050 万英镑。[③]在整个罢工中，仅煤矿工人在 1972 年的社会安全补偿数额即达 850 万英镑。[④]另外，根据全国煤炭委员会的估算，1972 年长达 6 周的罢工至少花掉 6000 万英镑的经费[⑤]。1972 年罢工中提出的大量工资要求估计导致在三到四年多

① Parker M, Surry J. *Unequal Treatment: British Policies for Coal and Nuclear Power, 1979-92*, p. 4.

② Manners G. *Coal in Britain*, p. 77, p. 78.

③ Ashworth W, Pegg M. *The History of the British Coal Industry, Volume 5: 1946-1982: The Nationalized Industry*, p. 307.

④ Wigham E. *Strikes and the Government 1893-1981*, p. 214.

⑤ Ashworth W, Pegg M. *The History of the British Coal Industry, Volume 5: 1946-1982: The Nationalized Industry*, p. 307.

的时间中毁掉20 000个煤矿工人的岗位。[①]全国煤炭委员会在1974年支付了大约1.44亿英镑的工资要求，为其他福利等项目也增加了5250万英镑。[②]

因此，罢工直接导致深矿井煤炭产量的下降，使英国煤炭贸易情况恶化，全国煤矿矿井的运营损失加大。1971年全国煤炭委员会煤炭贸易盈余3540万英镑，1972年损失1.181亿英镑，1973年损失3940万英镑，1974年损失9870万英镑，1975年盈余4040万英镑；1971年英国煤矿运营盈余50万英镑，1972年运营赤字达1.57亿英镑，1973年赤字达8370万英镑，1974年赤字又高达1.307亿英镑。[③]全国煤炭委员会在这种财政状况中不堪重负，面对这种情况，英国政府开始加大扶持煤炭工业的力度。

英国政府通过法律手段保证了全国煤炭委员会的贷款能力。《1973年煤炭工业法案》规定，全国煤炭委员会可向除了能源大臣之外的任何个人借款。[④]《1975年煤炭工业法案》规定提供全国煤炭委员会1亿英镑的补助以满足尘肺病补偿计划中的开支。[⑤]另外，在1974年大罢工之后，英国政府将全国煤炭委员会的贷款能力拓展至11亿英镑；1974—1975年政府对煤炭工业的补贴达1.406亿英镑，1975—1976年补贴达8590万英镑；并且政府在1974年中期制定出未来10年煤炭工业计划，其中规定提供14亿英镑的经费以发展英国的煤炭工业，后来经费又提高到31.50亿英镑。[⑥]英国政府的扶持对煤炭工业的发展非常有利，在一定程度上减少了煤炭工业中的劳资冲突，但是却越来越加重了自己的财政负担，这就成为玛格丽特·撒切尔执政伊始便寻求改革煤炭工业的原因。

三、两个阶段罢工的原因和结果比较

20世纪70年代初的煤矿工人罢工与煤炭工业国有化之初发生的罢工有一

① Ashworth W, Pegg M. *The History of the British Coal Industry, Volume 5: 1946-1982: The Nationalized Industry*, p. 302.

② Ashworth W, Pegg M. *The History of the British Coal Industry, Volume 5: 1946-1982: The Nationalized Industry*, p. 340.

③ *National Coal Board Report and Accounts 1979-1980, Volume II: Accounts and Statistical Tables*, p. 65.

④ *Coal Industry Act 1973,* http://www.legislation.gov.uk/ukpga/1973/8/data.pdf, 2011-01-13.

⑤ *Coal Industry Act 1975.*

⑥ Department of Energy. *Coal for the Future: Progress with "Plan for Coal" and Prospects to the Year 2000*, p. 7, p. 8.

定的相似性。

第一，这些罢工大多由工资待遇引发，并且在这些罢工中，全国煤炭委员会对工会提出的要求，通过谈判尽可能地满足。随着煤炭工业的一再衰落，这种要求尽管在一定程度上改善了煤矿工人暂时的待遇，但是却给煤炭工业的发展增加了额外的负担，导致大量矿井的关闭和人员的流失。

第二，这些罢工都对煤炭工业的发展带来了直接的负面影响。罢工都中断了当时煤炭工业的正常生产，都在一定程度上降低了煤炭产量。这直接降低了对市场的煤炭供应量，使英国煤炭在市场中退居次要地位。这对煤炭工业而言是一个致命的打击。因为一种商品如果失去市场，也就意味着失去了存在的价值。

当然，1972 年和 1974 年煤矿工人大罢工与之前的罢工存在一些不同之处。首先，尽管 1972 年到 1974 年罢工与以前的罢工相比都在一定程度上由工资待遇引发，但是到 20 世纪 70 年代时，工资待遇在罢工原因中的比例有所下降，而由工作安排、工作规则等一系列管理因素导致的罢工所占的比例有所上升。我们由上文的各种分析得出，20 世纪 70 年代之前引起煤矿工人罢工的主要原因与工资及其他直接与经济收入相关的因素有关。但是在 20 世纪 70 年代的罢工中，则主要是因为煤炭工业在收缩过程中加速矿井关闭的步伐所导致的对大量工人的重新安排和转移以及裁员引起了大多数工人的不满。1972 年由工资和津贴以及五天工作周三项引起的矿工罢工占总数的 14.1%，而由于拒绝改变工作以及工作和组织方法因素引起的罢工数占比高达 42.1%。1970—1973 年，由工资引起的罢工占总数的 22.7%，但由工作安排、工作规则、纪律和人事引起的罢工占总数的 72.3%。①这表明煤炭工业的管理方法和管理理念的转型必须提上议事日程。

第三，20 世纪 70 年代初期，国际石油危机导致煤炭在能源战略中的地位大大地提高了，煤矿工人认为煤炭一统能源天下的局面又将成为现实。与此同时，统一工资结构的调整结束了任何区域级别谈判的机会，加强了全国煤矿工人工会的力量。

---

① Handy L J. *Wages Policy in the British Coalmining Industry: A Study of National Wage Bargaining*, p. 208, p. 218.

另外，这一时期，由于整个英国老牌工业结构处在一种衰退和转型阶段，因此，全国煤矿工人工会的行为和要求得到了其他工会的支持和帮助。故而，提高矿工待遇的过高要求一再地通过罢工的方式被全国煤矿工人工会提出来。例如，1970 年全国煤矿工人工会的年度大会要求地面工人的最低周工资为 20 英镑，井下工人最低周工资为 22 英镑，在全国动力负载协定下的工人最低周工资是 30 英镑。在全国煤炭委员会提供的方案中，给地面工人的最低周工资为 18 英镑，给井下工人最低周工资为 19 英镑，全国煤矿工人工会不顾大多数工人的意愿，不仅拒绝了这些条件，并决定投票进行罢工。[①]这种情况对 20 世纪 70 年代的全国煤矿工人工会而言，似乎已成惯例。

当然，1972 年和 1974 年煤矿工人大罢工与之前罢工最大的不同之处是它们的破坏程度不同。20 世纪 70 年代以前发生的罢工虽然非常频繁，但是它并不像 1972 年和 1974 年的两次全国性大罢工那样具有较强的破坏力度。当时煤矿工人根据工作种类和工作地域差异，待遇标准不同，因此，矿工内部本身的凝聚力并不是很强大，罢工总是一小部分矿工的行动，这对缓冲破坏力起了较大的作用。与此同时，到 20 世纪 70 年代，随着全国煤矿工人工会力量空前强大，导致 20 世纪 70 年代初以来全国煤矿工人工会领导的权力过分膨胀，并动辄进行全国性罢工，对煤炭工业的生产造成极大的破坏。

总之，各个阶段的罢工都暴露了煤炭工业中存在较严重的问题，如经济因素、管理方式方法等，但是频繁的罢工以及罢工中提出的过高要求和相应的破坏程度，反映了煤矿工人的力量过于强大。全国煤矿工人工会强大的力量还表现在 1974 年煤矿工人大罢工不仅达了预期的要求，如煤矿工人中地面工人工资的相对指数从 1973 年 10 月的 85%上升到 1974 年 10 月的 105%。1974 年，工人的平均收入也提高了大约 32%，并且推翻了爱德华·希思的保守党政府。[②]矿工罢工在不到 3 年的时间内推翻了两届政府，这直接影响了英国政局。因此，在罢工中出现的一系列问题对英国煤炭工业的发展走向有一定的影响，也使政府开始寻求如何处理与工会之间关系的途径，也促使政府在石油和天然气

---

① Ashworth W, Pegg M. *The History of the British Coal Industry, Volume 5: 1946-1982: The Nationalized Industry*, p. 302, p. 303.

② Handy L J. *Wages Policy in the British Coalmining Industry: A Study of National Wage Bargaining*, pp. 185-186.

供应有保障的前提下开始转变煤炭工业在英国能源战略中的地位。

本章小结

第二次世界大战后，煤炭作为战略性能源物资，具有非常重要的地位，它与一个国家在区域贸易和政治领域中的话语权有极大的关系。这也是第二次世界大战后英国要将煤炭工业转为国有化的初衷。西欧各国对英国煤炭的需求情况从第二次世界大战后初期的求大于供变为供大于求。之所以出现这种转变，与大量的国际煤炭涌入西欧市场有关，也与全球化的能源结构发生变化有关。当然欧洲煤钢共同体的建立对英国煤炭的冲击也非常明显，它的建立打破了英国在西欧煤炭贸易领域中独领风骚的格局。并且，在某种程度上，针对进入欧洲煤钢共同体市场的英国煤炭设置了较高的门槛。当英国煤炭贸易市场在萧条中不断收缩时，英国政府曾积极地寻求欧洲煤钢共同体的援助。然而欧洲煤钢共同体对英国的数次求援却无动于衷，屡次将其拒之门外。英国政府只好通过断臂求存的办法大规模地关闭矿井，收缩煤炭工业规模。因此，如果说英国煤炭资源的衰落是一种必然趋势的话，西欧市场的排斥则加速了这一趋势。

在国有化之后，英国煤炭的衰落处在加速状态，这与全国煤炭委员会的管理密不可分。该委员会在制定煤炭工业发展计划时，不考虑煤炭工业的实际状况，而一味地将其发展置于政治要求之下，使其处在一种不切实际地扩大与提高产量的架构下。第二次世界大战后，全国煤炭委员会为了提高产量而大肆招兵买马，并且投入大量的资金进行新矿井的建设，但是英国煤炭产量始终没有提高到预期的目标。因此，当经济萧条来临时，煤炭工业中泡沫的破灭是不可避免的。然而，收缩战略的短视行为又造成了大量技术人员的流失与缺乏。在20 世纪 70 年代的重建中，这种后果明显地表现出来。然而，英国煤炭工业已经无法再次抓住任何发展机会了。英国本土已探明大量的石油、天然气储量，而煤炭工业的成本仍在上升。全国煤炭委员会每年亏损的账目报表显示出数亿英镑的递延债务。

与此同时，全国煤矿工人工会的工资要求不断提高，而煤炭工业的不景气却一次次地激怒了工会力量。从 20 世纪 60 年代后期以来，大规模的煤矿工人罢工活动威胁到了英国政局的稳定性。1972 年的大罢工和 1974 年的大罢工均显示出工会利用选票对政府的控制。到 20 世纪 70 年代末期，英国政府明显地表现出对全国煤矿工人工会忍无可忍的态度。

因此，各种不利因素加快了煤炭工业的收缩。起初这种收缩主要表现为玛格丽特·撒切尔政府约束工会的立法措施和小规模的矿井关闭行动。但是，当煤炭污染问题越来越受到人们关注时，收缩政策以此为契机大张旗鼓地向前推进。

第三章

英国煤炭工业转型过程

20 世纪 50 年代以来，英国产业经济的衰落刺激了全国产业工会组织，工会组织总是利用自己手中的选票威胁政府，以达满足工人要求的目的。全国煤矿工人工会表现最激进。这一时期，全国煤矿工人工会的历次罢工显示：政府要么接受工会的要求，要么被工会推翻。玛格丽特·撒切尔政府面对随时有可能爆发冲突的工会，采取了谨慎的措施。政府对矿井的关闭主要是在一些激进势力较薄弱的区域。而面对工会的威胁时，政府则通过法律力量约束工会的势力，如政府通过《1980 年就业法案》《1984 年工会法案》支持工会中工人秘密投票；《1982 年就业法案》限制工会罢工的破坏程度；《1988 年就业诉讼法庭（补充）条例》削弱工会对会员的控制力等。

除此之外，政府也推行了关闭没有利润的矿井的措施，如科顿伍德矿井关闭计划再次激怒了全国煤矿工人工会。1984 年 3 月 12 日，全国煤矿工人工会发起了一场历时一年的罢工，这次罢工以全国煤矿工人工会的失败而告终。对于罢工的原因也众说纷纭。但是有一点，全国煤矿工人工会与政府在罢工前均积极地“备战”。全国煤矿工人工会失败的结果也引起人们的关注。

第一节 玛格丽特·撒切尔政府的去工会化运动

所谓玛格丽特·撒切尔政府的去工会化运动，实际上是英国撒切尔保守党政府通过相关的法律、法规和政策对工会权力进行限制，并试图对工会势力进行打击和削弱，最终确保政府对国家决策权力的垄断。史学界一般将玛格丽特·撒切尔任英国首相期间针对工会的一系列措施和手段称为去工会化运动。玛格丽特·撒切尔政府去工会化运动的战略贯穿其执掌英国政权的始终。玛格丽特·撒切尔政府之所以设定这一战略，主要原因是当时英国工会与政治的特殊关系对英国经济发展和政局稳定产生了极为不利的影响，同时也引起了政府、学界对工会势力发展的关注和研究。

关于英国工会的发展情况，曾先后担任英国驻德国和法国大使的尼古拉斯·亨德森爵士对此进行了客观的总结和评价，他认为英国工会存在按行业划分以及工会的人数占职工总人数的比例过大的特点，同时，英国工厂存在只雇用某一工会会员的情况，英国工人在罢工期间仍能享受较高的待遇和工人控制车间生产的情况，使得英国工会的权力过大，导致某一工业部门往往只为了谋取本身利益而损害其他行业或整个企业利益的情况普遍存在，而这只能将该行业带入死亡的境地。[①]20 世纪 70 年代末期，英国工会的会员数量达了 1300 多万。这说明工会力量确实非常强大。工会势力不仅控制着工业的生产，而且左右着英国政治的走向。正如伊恩·吉尔摩所言：政府的大臣们常常被看作是工会的谄媚者；英国职工联合工会似乎只拥有权力而没有责任，工党政府只有责任而毫无权力。[②]以全国煤矿工人工会为代表的工会势力对英国经济和政局的影响尤其突出。

第二次世界大战结束后，全国煤矿工人工会凭借强大的力量在与全国煤炭委员会和英国政府的每次谈判中屡战屡胜。到 20 世纪 60 年代，全国煤矿工人工会势力更加强大，敢于直接与英国政府发生大规模对抗。哈罗德·威尔逊的工党政府在与工会的较量中败下阵去。而爱德华·希思政府在工会的较高工资要求和罢工威胁下，于 1974 年提出“谁统治英国”的大选口号，并试图摆脱

① 〔英〕尼古拉斯·亨德森：《英国的衰落及其原因和后果——亨德森爵士的告别报告》，林华清、薛国成译注，第 51 页。

② Gilmour I. *Dancing with Dogma: Britain under Thatcherism*, p. 94.

工会的力量。大选的结果再一次证明了全国煤矿工人工会的力量在 20 世纪 70 年代左右英国政局的事实。而詹姆斯·卡拉翰的工党政府试图与全国煤矿工人工会合作，但是最后却被报以“不满的冬天”。1979 年，上台的保守党政府面对的是势力更加膨胀的全国煤矿工人工会和持续的经济萧条。

玛格丽特·撒切尔政府上台之后，提出了早在 1970 年已获得大多数选民认可的货币主义，它标志着改革时代的到来。货币主义的主旨思想实际上就是要使英国的一切经济活动参与到自由市场的竞争中，政府将不再干预经济活动。对于英国煤炭工业而言，这种政策的实施意味着政府将不再对煤炭工业的运行进行财政补贴，并且要求煤炭工业财政必须达收支平衡。这就促使全国煤炭委员会必须通过经济杠杆来管理煤炭工业。在此背景下，大量的矿井由于没有利润而被迫关闭。自然地，大量的煤矿工人将不得不面临失业的危机。1981 年2月，全国煤炭委员会主席德里克·埃兹拉告诉全国煤矿工人工会有20个到 50 个矿井不得不关闭，工会立即进行一次全国性罢工威胁政府，政府否认关闭矿井一事，并将大量的资金投入到该工业中。[①]然而政府的妥协并没有换得全国煤矿工人工会的理解，反而更加助长了全国煤矿工人工会的气焰。

针对这种情况，玛格丽特·撒切尔政府开始从各个方面寻求制约工会权力的手段和途径。与此同时，工会在谋取本身利益壮大的同时，工会民主力量受到内部激进主义势力的驱使，引起了工会内部的分裂。玛格丽特·撒切尔的保守党正是抓住了工会本身的这一矛盾，将建立工会的民主程序作为政府改革工会问题的切入口。用她本人的话说，就是要“剪掉工会好斗分子们的翅膀”[②]。因此，在 1979 年保守党的竞选宣言中，关于限制工会势力的措施已非常明确：限制了劳资纠纷中纠察队员的行为；通过法律途径修改工厂的雇用条件；对工人的相关权利提供保障；加强工会对成员的社会责任；应该恢复负责的工资谈判机制。[③]这份大选宣言充分地表达了保守党将通过法律武器削弱工会权力的目的。

① Gilmour I. *Dancing with Dogma: Britain under Thatcherism*, p. 103.

② Thatcher M. *The Downing Street Years*, p. 339.

③ *Conservative General Election Manifesto 1979*.

一、支持工会会员秘密投票

玛格丽特·撒切尔政府在竞选宣言中曾计划通过就业保护法案和其他方式为工人进行秘密投票的权利和行为提供保障。因此，玛格丽特·撒切尔政府沿着这条既定路线，支持工会工人秘密投票的方式。政府在《1980 年就业法案》中规定对工会投票的开支提供公共资金。①但是，这种资金的供应主要是为了防止工会内部激进分子对投票活动的干涉。面对工会大罢工的压力，英国政府并没有放弃支持工会的秘密投票方式。《1984 年工会法案》第一部分对工会秘密投票选举的内容规定：每个工会的职责应该是保护工会主要行政委员会的表决成员通过选举获得一个相应的职位；而工会对选举人的资格应该进行严格限定。第二部分规定：在罢工之前，工会必须进行秘密投票，并按照投票结果决定是否应该举行罢工。第四部分补充了《1980 年就业法案》中第 1 条规定的对秘密投票给予一定资金供应的规定继续有效。②这种规定一方面遵守了保守党在 1979 年大选中的相关承诺，另一方面有助于工会温和派以及其他自由力量的存在，从而削弱和牵制了工会激进分子的暴力和胁迫行为。

从阿瑟·斯卡吉尔担任全国煤矿工人工会主席到 1984—1985 年的大罢工进行之前，该工会内部曾就关于进行全国性大罢工进行过投票活动：第一次是在 1982 年 11 月 2 日，阿瑟·斯卡吉尔作为全国煤矿工人工会主席，第一次宣布投票决定进行一次全国性大罢工，结果大多数矿工反对罢工；后来针对全国煤炭委员会的支付政策和矿井关闭政策，阿瑟·斯卡吉尔先后又要求进行过两次投票表决，但是每次都没有达工会组织条例第 43 条规定的 55%的多数人支持。这种情况使当时激进的工会领导人寻求避开投票方式举行全国性罢工的途径。1984 年 3 月 4 日，左派领导人提议根据工会第 41 条组织条例不进行投票也可举行罢工，前提是要让所有的煤矿地区进行罢工，后来大多数工会领导人同意了这一原则。③由此可见，玛格丽特·撒切尔政府对工会秘密投票方式的支持在一定程度上打击了工会内部激进分子的信心。而以阿瑟·斯卡吉尔为首的工会领导人的这种行事方法和目标，失去了其他工会的支持，甚至没有得到

---

① *Employment Act 1980,* http://www.legislation.gov.uk/ukpga/1980/42/data.pdf, 2011-03-25.

② *Trade Union Act 1984,* http://www.legislation.gov.uk/ukpga/1984/49/pdfs/ukpga_19840049_en.pdf, 2010-10-25.

③ Adeney M, Lloyd J. *The Miners' Strike 1984-5: Loss without Limit*, p. 41, p. 43, p. 82.

全国煤矿工人工会绝大多数人的支持，主要原因在于他打破了工会的规则。[①]

事实上，在大罢工开始之后，仍有部分煤矿工人要求通过投票结果决定是否进行罢工，如诺丁汉郡的煤矿工人于 1984 年 3 月 14 日，也就是罢工开始后的第三天举行了投票，结果有 73%的投票工人反对举行罢工。[②]这种情况对全国煤矿工人工会领导中的激进分子又是一个重创。接着《1984 年工会法案》对举行罢工的投票作出规定：举行罢工需要绝大多数人投票赞成。[③]

工会领导层中的激进主义者在万般无奈的情况下又一次改变了决定罢工的规则：全国煤矿工人工会特别代表大会投票规定只要获得 50%的支持率就可以举行罢工，但是工会领导人仍对此没有太大把握，被迫放弃了进行一次全国性投票的决定[④]。这对政府制约工会的激进力量无疑有极大的帮助作用。

在罢工结束之后，玛格丽特·撒切尔政府仍然通过提供资金的形式对工会的投票表决权给予支持。即使在 1984—1985 年矿工工会进行的罢工结束后，政府仍然对工会的投票事宜非常关注，并且通过各种各样的法令对工会在重建中的投票问题进一步规范。在《1988 年第 2116 号工会法案》中，《1988 年工会投票资金（第 2 号修正）条例》主要是对《1984 年工会法案》的肯定，并在此基础上对工会投票活动给予进一步的资金支持。[⑤]为了防范工会在重大决定过程中采取激进的不法行为，政府通过《1988 年第 2117 号工会投票和选举（无党派投票监票人员资格）政府令》对此加以限制。[⑥]

根据《1992 年工会法案》第 24 条的规定，继续强调在工会投票期间要确保投票记录的保密性，其中，第 24 条第 A 项第 2 目款中强调，在投票中应该加强工会为了投票而指定的投票监票人对记录的成员姓名和住址的保密性职责，应该加强工会为了投票目的而委派的任何无党派人士的保密性职责；第 24 条第 A 项第 3 目款中对投票监票员或无党派人士所强调的有关记录的成员姓名和住址的保密性职责是：第一，除了在被允许的情况下，不能泄露任何记录

---

① Gilmour I. *Dancing with Dogma: Britain under Thatcherism*, pp. 111-112.

② Thatcher M. *The Downing Street Years*, p. 346.

③ *Trade Union Act 1984.*

④ Thatcher M. *The Downing Street Years*, p. 349.

⑤ *The Funds for Trade Union Ballots (Amendment No. 2) Regulations 1988,* http://www.legislation.gov.uk/uksi/1988/2116/made/data.pdf, 2011-03-25.

⑥ *The Trade Union Ballots and Elections (Independent Scrutineer Qualifications) Order 1988,* http://www.legislation.gov.uk/uksi/1988/2117/made/data.pdf, 2011-03-25.

者的姓名和住址。第二，除被允许的情况之外，应该采取任何合理的步骤确保不泄露任何人的姓名和住址。在此法案中的其他部分，除对投票监票员进行资格方面的严格规定之外，对其他所有参与到工会投票中的人员均有严格的资格限定。[①]这些法案和措施进一步限制了工会中一些激进分子的不正当活动。

以玛格丽特·撒切尔为首的英国保守党在组建政府之时，就已对全国煤矿工人工会与政府之间的关系分析得非常清楚。她认为工会的左翼势力太过强大，使得英国民主政党政治受到了以工会左翼为代表力量的威胁，而且在20世纪70年代英国政府与工会的交锋中，工会利益每每凌驾于政府利益之上。因此，撒切尔的保守党在大选宣言中就已经确定对付工会左翼力量的方针路线，其中之一就是要通过立法来规范英国工会的投票活动，尽可能杜绝工会中左翼力量的非法活动，确保一些温和派力量的存在。同时，通过提供一定的公共资金，支持工会进行秘密投票，以限制工会投票过程中左翼力量对工会成员投票情况的监控和威胁。

综观玛格丽特·撒切尔政府支持工会秘密投票的策略，对规范工会投票的立法支持和资金资助的路线始终贯彻如一，而且政府的这些立法规范在1984—1985年的矿工罢工中起到了极大的作用，它鼓舞了工会中温和派力量的士气。例如，在罢工之初，诺丁汉郡矿工投票的结果显示绝大多数矿工反对左派力量的罢工行为，这对准备发动一场合法的全国性大罢工的左派领导人而言，无疑起到了掣肘的作用。在罢工中，即使左派极力规避工会组织条例中的罢工规定，甚至通过修改工人条例以降低投票比率，但都没有使这场罢工具有合法性。这毫无疑问是与玛格丽特·撒切尔政府规范工会投票的措施有极大的关系。正是这些措施从侧面牵制了全国煤矿工人工会中的左翼力量，使他们的行为打上了触犯法律、法规的烙印，从而受到了法律的制裁和众多矿工的反对。

二、限制工人纠察队的活动

全国煤矿工人工会的领导为了鼓动全国煤矿工人举行全国性大罢工，曾派一些纠察队员到全国各地进行阻止工人工作的活动，甚至在阻止工人工作的过

① *Trade Union and Labour Relations (Consolidation) Act 1992*, http://www.legislation.gov.uk/ukpga/1992/52/data.pdf, 2011-03-25.

程中使用暴力行为。自20世纪60年代末至20世纪70年代初以来，随着罢工规模的扩大，罢工纠察队在罢工中的活动日益频繁。阿瑟·斯卡吉尔在对纠察队的指挥活动中，一直将他们当作武装力量来使用。在1972年煤矿工人大罢工中，全国煤矿工人工会约克郡巴恩斯利（Barnsley）方工会的领导人阿瑟·斯卡吉尔曾带领几千人的纠察队捣毁了伯明翰（Brrmingham）索尔特利的一个焦炭厂；在1974年煤矿工人大罢工中，纠察队又中断了斯肯索普（Scunthorpe）钢铁厂的煤炭供应。[①]在以后的罢工中，纠察队的暴力行为也如影随形，一直存在。

针对这种情况，以撒切尔为首的保守党在1979年大选宣言中对纠察队的行为提出了限制：卷入纠纷中的工人，有权利在自己工作的地方通过纠察行为尝试和平地劝说他人支持他们的行为；禁止暴力、胁迫和阻碍工人工作的行为；应该缩小现有法律中关于罢工纠察队的豁免权。[②]这一主旨思想在保守党随后的相关法案中亦有体现。在《1980年就业法案》的相关条款中缩小了纠察队曾被法律许可的豁免权，也降低了行动中对纠察队的豁免权。[③]接着，在《1982年就业法案》中对工会在罢工中的破坏程度做出了明确规定：会员不超过5000人的工会，破坏财务总价值不应该过1万英镑；会员不超过25 000人的工会，破坏财物总价值不应超过5万英镑；会员不超过10万人的工会，破坏财物总价值不应超过12.5万英镑；会员超过10万人的工会，破坏财物总价值不应超过 25万英镑。[④]这种规定对阿瑟·斯卡吉尔领导的罢工纠察队而言，无疑具有较大的约束性。

这些法案对全国煤矿工人工会领导层的力量亦有一定的约束性。工会激进领导人依据第41号工会条令发动全国性大罢工的前提是所有的煤矿地区都必须进入罢工状态。那么，工会必须使用罢工纠察队劝说矿工进行罢工。这种情况极易引起矿工之间的暴力冲突事件，而使工会领导人无法控制事态的发展。因此，工会内部的领导人之一——罗伊·奥提（Roy Ottey）曾警告道：如果依据第41号工会条例，则罢工将导致整个工会和国家处于内战之中。他也曾

---

① Crick M. *Scargill and the Miners*, p. 52, p. 66.

② *Conservative General Election Manifesto 1979*.

③ *Employment Act 1980*.

④ Wrigley C. *British Trade Unions, 1945-1995*, Manchester, New York: Manchester University Press, 1997, p. 168.

确信这种行动迟早要违犯《次级纠察行动法案》，而他本人不想受到牵连。[①]这条工会条例的使用显然分化了工会内部的激进力量。

另外，这些法案条文的规定在罢工初期对全国煤矿工人工会地方工会的领导人也具有一定的约束性。尽管工会领导层内部对纠察队的使用意见不统一，最终在激进的领导人之一——米克·麦加希（Mick McGahey）“多米诺骨牌效应”（Domino Effect）的劝说之下，有些煤矿地区开始使用纠察队。然而他们在使用纠察队时，仍要考虑尽可能不触犯法律规范。约克郡作为最激进力量的代表地区，该地工会曾就使用纠察队的方式和范围在罢工前一周进行过讨论，最后决定：纠察队必须被约束在约克地区的煤矿中，纠察队人数被限制在不超过 6 人。[②]这一决定充分说明了玛格丽特·撒切尔政府此前的法律规范手段对工会纠察队的行为起到了一定的限制作用。而且在罢工初期，各地工会的领导人通过各种努力将纠察队的鼓动行为严格地控制在工会手中。约克郡工会主席杰克·泰勒（Jack Taylor）曾严格要求本地每个矿井的纠察队人数必须控制在 6 人以内，必须保证他们在本地范围内活动。他本人与每周 7 天、每天 24 小时轮流值班地区的核心调控室保持密切联系。[③]约克郡工会作为全国煤矿工人工会中激进力量的坚定支持者，其工会领导人在使用纠察队时的要求和行为，足以说明限制工会纠察队的法案还是起到了敲山震虎的作用。

这些法案条文也对制裁随后罢工中纠察队的暴力行为提供了法律依据。尽管工会领导人从理论到措施各个方面都准备将纠察队的行为控制在合法层面，然而从罢工开始的第一天，就有大量的纠察队员冲破了法令法规允许的界限。1984 年 3 月 12 日，罢工发生当天，约克郡的纠察队进入诺丁汉郡等地，制造了暴力事件，导致一人死亡，多人受伤。[④]这起暴力事件起初发生在罢工纠察队与工作的矿工之间，后来为了维持矿井的正常生产，大量警力被迫介入，于是，暴力冲突又在纠察队与警察之间展开。整个罢工过程中，暴力冲突造成了一万名煤矿工人被捕，一千多人受伤，三人死亡。[⑤]这种行为一开始就已经违反了《1980 年就业法案》中关于纠察队行为规范的所有禁令。全国煤炭委员会据

① Wilsher P, Macintyre D, Jones M. *Strike: Thatcher, Scargill and the Miners*, p. 56.

② Crick M. *Scargill and the Miners*, p. 101.

③ Wilsher P, Macintyre D, Jones M. *Strike: Thatcher, Scargill and the Miners*, p. 56.

④ Wilsher P, Macintyre D, Jones M. *Strike: Thatcher, Scargill and the Miners*, pp. 57-62.

⑤ Routledge P. *Scargill: The Unauthorized Biography*, p. 145.

此将工会的违法行为告上英国高等法院。[①]后来，全国煤矿工人工会主席阿瑟·斯卡吉尔在带领一组五十人的纠察队向一个工厂前进的途中被捕，并被以妨碍罪告上法庭。[②]这均在一定程度上制约了暴力行为的升级。

另外，不愿罢工的矿工及其家人因受到罢工纠察队的恐吓而依靠法律武器和其他方式捍卫自己的权利。在罢工过程中，罢工纠察队对继续工作的工人及其家属采取恐吓并实施暴力行为。这种情况引起了受害人的强烈不满。他们除了依靠警察和法院的力量之外，也得到了玛格丽特·撒切尔政府的特别关注。一位矿工的妻子被邀请到保守党的大会上发言，讲述了罢工纠察队成员恐吓他们年幼的孩子，扬言要杀死孩子的父母，一周后，该矿工的住房又遭到了罢工纠察队的袭击。[③]这种情况使政府有充分依据，通过法律武器，限制和打击罢工纠察队的力量。

当然，并不是之前的禁令及法规从根本上制止了1984—1985年罢工中的暴力行为，但正是由于这些法令的存在，一方面使得遭遇纠察队暴力的受害者在捍卫自己的人身和财产权利时有了一定的法律依据，也使他们敢于向纠察队的暴力行为挑战，从而用实践捍卫了社会正义。另一方面，这些针对纠察队的法规禁令对部分工会领导人也起到了一定的制约作用。全国煤矿工人工会的上层领导对大量使用罢工纠察队的意见不统一，最激进的地方工会领导人的谨小慎微，都充分说明法律法规对限制罢工纠察队的暴力行为起到了应有的作用。

三、减弱工会对会员的控制力

爱德华·希思政府对全国煤矿工人工会势力的扩张已非常不满，但是，当时英国保守党政府主要是从工会外部入手，通过经济制裁的方式遏制其势力的进一步扩张，如实行星期六加班禁令，每周三天工作日以及关闭矿井等措施。爱德华·希思政府对待工会的这种方式并没有达预期的效果，反而影响了普通矿工的收入，遭到他们的一致反对。玛格丽特·撒切尔政府改革工会的一个主要切入口则是从工会内部入手，减弱工会对会员的控制力。也就是说，政府主要通过支持工会会员反对工会的决策，从而达牵制和减弱工会整体力量的

---

① Routledge P. *Scargill: The Unauthorized Biography*, p. 146.

② Routledge P. *Scargill: The Unauthorized Biography*, p. 176.

③ Thatcher M. *The Downing Street Years*, p. 365.

目的。

1976 年 10 月，玛格丽特·撒切尔强调：工会的民主程序必须来自工会成员本身，但是保守党已准备帮助他们，保守党尤其关注保护个人权利。例如，那些曾服务了若干年的人，因为他们没有加入工会不仅会丢掉工作，而且也得不到补偿的情况是错误的。[①]这一主旨思想奠定了保守党在后来关于如何限制工会势力的方针基调。1979 年，以撒切尔为首的保守党在大选宣言中提出，必须改变工厂现存的只雇用一种工会会员的有关法律规定，并应该对任何被工会武断地开除的人员提供法庭诉讼权利。[②]这种主张非常明显地说明撒切尔的保守党鼓励工会员工或被工会拒绝的人员对工会进行依法诉讼，进而削弱工会对会员和工人就业的控制力。这既为打击工会力量找到了一条合法的途径，又为政府对工会的不干预主张找到了一个更加隐蔽的“掩体”。

玛格丽特·撒切尔的这种思想在接下来的《1980 年就业法案》中也有充分的体现。该法案第 4 条第 2 款规定：每个就业的人，或正在寻求就业的人，不应该由于没有特定工会的成员资格申请而被无理拒绝；也不应该从一个特定的工会中被无理地开除出去。[③]从上述条款的内容中可以看出，这主要是限制雇主不能因为某人不是某工会会员而拒绝他的就业要求；即使是在岗人员，也不能取消其既定的工会会员身份；每个就业的人和即将就业的人，他的工会会员身份与他就业的工厂不再挂钩。这一规定对打破工会对某一行业部门的垄断局面极为重要。全国煤矿工人工会作为英国势力强大的工会之一，这种规定当然使它的权力受到较大的限制。《1980 年就业法案》第 5、6、7 条中的相关内容继续对第 4 条中赋予工人的权利提供进一步的保障，其中规定了如果一名被开除的员工认为自己因工会会员身份的因素而被开除，那么他可以对这种决定表示抗议，并可以通过就业诉讼法庭或工业法庭进行诉讼，而雇主要对合理开除一个员工的原因负责提供法律证据。[④]这些法律条款将工会会员身份作为工人就业标准的规定，进一步给予否定，这也表明政府将限制工会在工业中所扮演的重要角色。

---

① Conservative Central Office. *The Right Approach: A Statement of Conservative Aims*, London, October 1976, pp. 37-45.

② *Conservative General Election Manifesto 1979*.

③ Wrigley C. *British Trade Unions, 1945-1995*, p. 164.

④ Wrigley C. *British Trade Unions, 1945-1995*, p. 164.

《1982 年就业法案》的相关内容再一次充分反映了早期撒切尔的保守党政府对被开除的工会会员进行扶持的承诺。该法案主要针对过去由于没有遵守工会成员协定的要求而被开除的工人，这些工人将得到来自政府公共资金的补偿。①《1982 年就业法案》的相关条款规定，工会会员协定中的某个问题必须要通过 80%有投票权利的人投票赞成，或赞成票不少于 85%，决定才能生效；在不符合这些条件的公司中，如果开除一名员工，则被开除者可拒绝执行。②一方面这些规定从经济上帮助了被工会开除的工人；另一方面支持工人反对工会的相关决定。该法案本质上是利用工会内部的力量牵制工会在就业中的垄断权。

在 1984—1985 年的罢工中，英国政府利用法律进一步支持工人削弱工会的权力。全国煤矿工人工会领导人曾宣布约克郡的矿工罢工是正规的，但是在玛格丽特·撒切尔政府通过的法案为工人提供了诉讼权之后，约克郡的两名煤矿工人则依据工会条例的相关规定，认为约克郡的罢工是非正规的。因为他们两人并不同意罢工，并因此将全国煤矿工人工会告上法庭。英国高等法庭判决两名矿工赢得了诉讼，而全国煤矿工人工会忽视了这一裁决，结果全国煤矿工人工会和阿瑟·斯卡吉尔因藐视法庭罪分别被处以二十万英镑和一千英镑的罚款。③这一案例说明政府的法案保障了工人对工会的诉讼权，也说明政府利用工会内部的力量减弱了工会对工人的控制力。

在《1988 年就业诉讼法庭（补充）条例》中也包含了一定的有助于工人限制工会领导人权力的法令法规。④《1992 年工会法案》第 66、67、69、174 条分别对工会在民事侵权案件中的行为进一步做出了详细的规定：如果有人声称他曾被工会不公正地惩罚，此人可以将对工会的控诉呈递到就业法庭，法庭如果查明此控诉属实，应该做出相应的判决，对控诉属实的个人，法庭判定工会对其进行一定的赔偿；一名工会会员遵循相关条件通过通告可终止他的会员身份；同时，法案对工会和雇主开除工人的情况又做出了进一步的规定。⑤由

① *Employment Act 1982,* http://www.legislation.gov.uk/ukpga/1982/46/data.pdf, 2011-03-25.

② Wrigley C. *British Trade Unions, 1945-1995*, pp. 167-168.

③ Thatcher M. *The Downing Street Years*, p. 368.

④ *The Employment Appeal Tribunal (Amendment) Rules 1988,* http://www.legislation.gov.uk/uksi/1988/2072/made/data.pdf, 2011-03-25.

⑤ *Trade Union and Labour Relations (Consolidation) Act 1992.*

此可见，该法案进一步加强了工人对工会决策的诉讼权，也加强了工会中的个人主义，从而进一步减弱了工会对会员的控制权。法案关于终止工会会员身份的权利规定，更使工会对会员的控制权形同虚设。

减弱工会对会员的控制力，是玛格丽特·撒切尔政府时期针对工会权力过分膨胀的情况而制定的又一个主要方针。而实施这一方针的途径主要是依靠政府通过的相关法案法令。例如，上文中的案例，这些法案对打击工会中的激进力量提供了有力的支持。同时，这些法案使工人能够依据法律武器维护自己的权利，进而减弱了工会对工人的控制力。

四、玛格丽特·撒切尔政府削弱了工会势力

1978 年冬天，工会的要求得到满足之后，工会激进主义者被胜利的喜悦冲昏了头脑，他们开始攻击各方势力：对全国职工联合大会的制度置若罔闻，肆意冒犯工会内部的其他力量；关闭了学校；将病人从医院逐了出来，甚至连工党的卫生大臣也被逐出了医院。[①]这种情况造成了英国国内极为混乱的局面。詹姆斯·卡拉翰在怨声中离开了唐宁街 10 号。新任的撒切尔首相面对这种情况，首先坚持依据法律从内部改革英国工会，支持工会会员通过捍卫自己的权利从而达对工会权力的削弱，从工会内部瓦解工会的权力。

（1）政府支持工会内部的其他力量利用手中的选票，打击工会的激进力量。保守党在 1979 年的竞选宣言中明确了这一主旨，而且在以后的各种有关工人与工会的法案中始终坚持贯彻。正如上文所述，在 1980 年出台的就业法案中曾规定对工会秘密投票提供一定的公共开支；1984 年颁布的工会法案的第一部分、第二部分以及第四部分都对工会内部的秘密投票问题从各个方面进行了规定；1988 年工会的相关法令对之前法案中关于秘密投票的规定给予了肯定，并再次提出对工会的投票活动提供公共资金，以示政府的重视程度；《1992 年工会法案》中又有关于秘密投票的内容。这些法案对工会秘密投票三令五申地强调，其目的就是要使工会内部的其他力量牵制激进力量，从而达削弱工会势力的根本目的。这些法案与规定极大地打击了工会中的激进力量。例如，在 1984—1985 年罢工前，工会曾进行了三次秘密投票，表决是否进行

① Gilmour I. *Dancing with Dogma: Britain under Thatcherism*, p. 95.

大罢工，但三次投票均没有达规定的多数，因此，拖延了工会发动大罢工的时间，使之错过了罢工的最佳时机，也为政府赢得了准备的时间。

（2）政府通过法案限制工会纠察队的活动，从而缩小工会罢工的范围，并减少他们造成的破坏程度。工会纠察队在20世纪70年代初的罢工中频频使用武力，对工业的正常运转造成较大的破坏。正如上文所述，全国煤矿工人工会中纠察队的表现尤其突出。因此，保守党在1979年的大选宣言中就已提出限制纠察队的活动，并通过《1980年就业法案》缩小了对纠察队的豁免权。在《1982年就业法案》中对工会的破坏程度做出了相关规定，实际上是对纠察队的破坏程度做出了一定的限制。这些法案条文的规定，对限制工会纠察队的活动起到了一定的作用，至少为法律制裁的介入提供了一定的法律依据。

（3）通过立法减弱工会对会员的控制力，进而削弱工会的势力。针对工会垄断工业就业人员的情况，保守党在1976年就已经指出了存在的问题，并提出了解决这种问题的方法。1979年的大选宣言进一步明确提出要改革工会对工人就业的控制局面。《1980年就业法案》减弱了工会对工人就业权利的限制，并提供了工人对工会的诉讼权利；《1982年就业法案》中，保守党提出政府对那些被工会开除的工人进行补偿，并为遭到开除的员工提供了拒绝执行工会决定的法律保障；1988年和1992年的相关法案和法令再次针对工会侵犯工人权利的情况，规定了制裁工会的措施。这些法案使工人可以合法地拒绝执行工会的决定，也可根据相应条款对工会的行为诉诸法律。

总之，政府的这些法案使全国煤矿工人工会内部无法形成一种合力，造成工会的严重分裂，从而在一定程度上达了削弱工会势力的目的。罢工之前，由于工会内部对罢工意见不一而使全国性的罢工无法合法地进行。在1984—1985年的罢工中，纠察队所到之处，不仅米克·麦加希的“多米诺骨牌效应”没有形成，反而使很多煤矿工人依靠法律武器来对付激进的全国煤矿工人工会的行为。最明显的例子就是诺丁汉郡的绝大多数煤矿工人在遇到工会纠察队时，多次与其发生冲突，并依靠警察的力量仍然坚持工作。在罢工结束后，全国煤矿工人工会内部的分裂更加严重，形成了以诺丁汉煤矿工人工会为中心的民主煤矿工人工会（Union of Demoratic Mineworkers）和以约克煤矿工人工会为中心的全国煤矿工人工会。[①]政府终止工会会员身份的法律规定，使大多数煤矿工人脱离了全国煤矿工人工会，极大地削弱了工会的力量。1979—1989年，在失业率高涨以及政府对工会势力有意削弱的形势下，英国几大工会的会员数损失了大约40%，这也降低了工会对普通会员的影响。[②]

当然，这些法案毕竟只能对工会的权力给予一定的限制和减弱，并不能从根本上使工会的势力得到遏制。因此，政府在使用法律武器打击工会势力的同时，从根本上削弱了工会的经济力量。

第二节 1984—1985年煤矿工人罢工的原因

20世纪60年代后期，随着英国整个老牌工业体系的衰落，英国工业中的罢工此起彼伏，相互呼应。这些煤矿工人罢工的原因，正如我们在上文中所分析的，以提高工资待遇和工作环境为主。在这些罢工中，以煤矿工人工会领导的矿工罢工运动尤为突出。20世纪70年代初的两次矿工罢工从各个方面来讲规模都是空前的，罢工不仅引起了政府连续倒台，而且全国煤矿工人工会以罢工为武器胁迫政府答应它高额工资要求的行为，得到其他工会的支持和效仿，导致英国国内物价上涨，持续通货膨胀。罢工的连续胜利和政府对工会的束手无策反过来又助长了工会内部激进力量的气势。这种情况引起了1979年英国新组建的保守党政府的高度关注与警惕。

1984年3月12日，全国全国煤矿工人工会宣布又进行全国性煤矿工人大罢工。关于罢工的原因，史学界的看法有多种。

首先，围绕阿瑟·斯卡吉尔与伊恩·麦格雷戈在引发罢工的作用方面存在两种截然相反的观点。迈克尔·克里克认为，主要是阿瑟·斯卡吉尔发誓要通过罢工打击关闭没有利润的矿井的纲领为1984年的罢工事件打下了基础；而伊恩·麦格雷戈成为全国煤炭委员会主席之后，关闭矿井的路线正是阿瑟·斯卡吉尔要反抗的对象；全国煤炭委员会提供的5.2%的工资增加额度使双方关系恶化；加班禁令既与支付事件相关，又与打击矿井关闭的事件相关，主要导

① Beckett F, Hencke D. *Marchign to the Fault Line: The 1984 Miners' Strike and the Death of Industrual Britain*, p. 219.

② Gilmour I. *Dancing with Dogma: Britain under Thatcherism*, p. 100.

致了纠纷的爆发；而科顿伍德事件引发了罢工。[①]马丁·阿德尼等人认为，阿瑟·斯卡吉尔成为全国煤矿工人工会主席之后，工会的领导人在保存岗位和摧毁政府的双重目的下，使罢工成为不可避免的事情，政府并没有故意挑起与全国煤矿工人工会的战斗。[②]伊恩·吉尔摩也认为，全国煤矿工人工会1983年12月加班禁令是一次间接的挑衅；伊恩·麦格雷戈被任命为全国煤炭委员会主席也使政府远离了对煤矿工人工会以抚慰为主的路线；政府对主要由政策导致的失业率的上升表现出漠不关心的态度；直接的挑衅是全国煤炭委员会1984年3月1日修订的、未征得全国煤矿工人工会同意的关于关闭科顿伍德矿井的决定；主要的挑衅者毫无疑问是以阶级斗争为主要手段，要拖垮政府的全国煤矿工人工会主席——阿瑟·斯卡吉尔。[③]而玛格丽特·撒切尔也认为，一旦全国煤矿工人工会的领导人决定要抵制关闭没有利润的矿井，则意味着罢工是不可避免的。[④]保罗·劳特利奇治则对这种观点进行了有力的反击。他对官方声称“科顿伍德矿井关闭的宣布时间选择是疏忽的”这种反应表示怀疑；并且认为伊恩·麦格雷戈在捣鬼，因为即使计划要降低800万吨的生产量，但加班禁令的实行已使生产量的下降达了预期的目的；出于这些诱因，阿瑟·斯卡吉尔决定发动罢工。[⑤]

其次，保守党政府引发罢工说。曾任保守党能源大臣和财政大臣的奈杰尔·劳森为了炫耀他本人的功绩，认为1984—1985年的煤矿工人罢工是政府有意为之。[⑥]而伊恩·吉尔摩很显然不同意奈杰尔·劳森的观点，他认为政府在罢工前的一些准备是任何谨慎的政府都会做的事，这种准备并不意味着玛格丽特·撒切尔和政府寻求与煤矿工人的一次激战；全国煤炭委员会也并未打算要与煤矿工人进行又一次对抗。[⑦]英国史学界对这一观点的争论一直持续进行。安德鲁·J. 理查兹等人认为，罢工的主要原因在于玛格丽特·撒切尔的保守党政府相比上一届工党政府，加大了矿井关闭的数量，加快了关闭速度，

① Crick M. *Scargill and the Miners*, p. 93, p. 97, p. 98.

② Adeney M, Lloyd J. *The Miners' Strike 1984-5: Loss without Limit*, p. 70.

③ Gilmour I. *Dancing with Dogma: Britain under Thatcherism*, pp. 104-106.

④ Thatcher M. *The Downing Street Years*, p. 344.

⑤ Routledge P. *Scargill: The Unauthorized Biography*, p. 138, p. 143.

⑥ Lawson N. *The View from No. 11: Memoirrs of a Tory Radical*, pp. 140-158.

⑦ Gilmour I. *Dancing with Dogma: Britain under Thatcherism*, p. 104.

导致大批人员的失业和工业中劳资关系的进一步恶化，使煤炭工业处在动乱状态；而关闭科顿伍德矿井的程序引起了工会更大的不满，从而引发了罢工。[①] M. J. 帕克对于这种说法给予了有力的回击。他认为政府通过仔细策划发动这场罢工的说法在两点上不可信：一是存在一种较可靠的选择性解释，很明显，阿瑟·斯卡吉尔和他的同事决定要发动一场反政府的全国性罢工。二是当罢工开始时，仍有1/3的工人在持续工作，因此，在1984年3月初的混乱措施中，政府不可能预见什么时候会发生罢工。[②]除此之外，他还对奈杰尔·劳森的观点给予了回击：奈杰尔·劳森具有后见之明，过分地夸大了他为了对抗 12个月的罢工而制定的增强发电厂库存量的政策，而数据显示，在罢工期间，发电厂煤炭库存量在确保电力供应的持续性方面扮演了一个相对次要的角色。[③]罢工以来的20多年中，这样的争论一直在持续进行。瑟穆斯·米尔恩（Seumas Milne）认为，罢工的原因纯粹是保守党政府为了报复全国煤矿工人工会在1972年和 1974 年带给保守党政府的羞辱而挑起了全国性的破坏行动。[④]持这种观点的学者和政治家比比皆是。直到2009年，弗朗西斯·贝克特和戴维·亨克也认为，作为一种确保让工会知道谁是老板的方式，1979年，玛格丽特·撒切尔出台政策的一种可能是试图要为爱德华·希思政府在 1974 年败于煤矿工人的事情报仇；政府之所以在1981年2月退却了，是因为他们发现那年冬天煤炭的库存量非常少；政府与全国煤矿工人工会的冲突，要么是一场小冲突，要么是一场彻底的战争，这主要取决于双方选择的领导团队状态；而那些致命的决定在1979—1983年就已经出现了。[⑤]因此，在弗朗西斯·贝克特等人看来，政府要为罢工的爆发负主要责任。

再次，政府与工会的观点发生碰撞说。彼得·威尔希尔等人则表示，政府与工会的碰撞主要因为阿瑟·斯卡吉尔认为煤炭工业应该为全国煤矿工人工会成员的利益而经营，玛格丽特·撒切尔则认为，煤炭工业应该遵循市场的指令

① Richards A J. *Miners on Strike: Class Solidarity and Division in Britain*, pp. 87-100.

② Parker M J. *Thatcherism and the Fall of Coal*, p. 44.

③ Parker M J. *Thatcherism and the Fall of Coal*, p. 46.

④ Milne S. *The Enemy within: The Secret War Against the Miners,* London, New York: Verso, 2004, p. 6.

⑤ Beckett F, Hencke D. *Marching to the Fault Line: The 1984 Miners' Strike and the Death of Industrial Britain*, p. 29, p. 32.

而发展，因为二者观点的不同遂导致罢工的最终爆发。[①]

最后，全国煤炭委员会与工会关系僵持说。M. J. 帕克认为，并不是由于全国煤炭委员会的新任主席伊恩·麦格雷戈没有继续前任主席诺曼·西达尔（Norman Siddall）的秘密关闭矿井的路线而引起了矿工工会的介入；阿瑟·斯卡吉尔要求罢工的政策也不是全国煤矿工人工会起初制定的政策，而是因为工会提出的工资要求和关于工会反对矿井关闭及人力裁减这两个问题，没有得到全国煤炭委员会的支持所致；科顿伍德矿井关闭事件并不是全国煤炭委员会向全国煤矿工人工会的挑衅行为。[②]

从上述情况可以看出，尽管这次罢工的帷幕早已落下，结果也早已尘埃落定，然而，史学界对1984—1985年煤矿工人罢工爆发的原因各执一词，莫衷一是。笔者认为，此次罢工爆发的原因，必须从20世纪60年代末期以来英国的工业环境所引发的一系列关系的变化着手进行探讨。因为从这一时期开始，几乎在每次工业冲突中工会总是凭借强大的力量对政府重拳出击，使之措手不及，无法应对。在众多工会组织中，全国煤矿工人工会的力量尤为强势。从1970年的工党政府失利到1972年保守党政府在罢工中的失败，1974年煤矿工人大罢工导致保守党的倒台到1979年工党政府的垮台，无不与全国煤矿工人工会的重击相关。在这种长期的对抗中，工会与政府均在为自己寻找更有利的出路以及更能让投票人接受的原因。这就造成了史学界关于此问题如上所述的争鸣局面。因此，笔者认为罢工之所以在这一时期爆发，其实根本原因在于特定工业环境下政府与工会争夺权力和利益，也有某个历史节点上个人因素对历史事件产生影响的原因，当然也存在一些偶然因素。正是围绕权力和利益不平衡这一主导因素，各种因素在某一时间汇合、相互作用促使罢工爆发。笔者下面就这些原因进行详细分析和阐述，以期这一问题尽可能地与历史原貌相吻合。

一、工业环境与工会力量的扩张

1984—1985年英国煤矿工人罢工之所以爆发，根本原因是全国煤矿工人工会过分膨胀的权力与政府维护两党制政治权力的目标发生了激烈的碰撞所

① Wilsher P, Macintyre D, Jones M. *Strike: Thatcher, Scargill and the Miners*, p. xi, p. xii.

② Parker M J. *Thatcherism and the Fall of Coal*, pp. 35-39.

致。第二次世界大战结束后，英国将煤炭工业置于国有化的管理轨道中，从1955年开始，全国煤炭委员会对名目繁多的矿工工资级别进行简化整合，以便于全国煤炭委员会对工人工资的管理和预算。在这种整合过程中，全国煤矿工人工会的谈判权被强化了，这使它对煤矿工人的控制力度也相应地加强了。与此同时，煤炭工业从20世纪50年代中后期开始，逐渐失去了发展的机遇。工会权力的强化与工业的衰落形成了极大的反差，引起了整个经济形势的恶化和英国政局的不稳。最终，工会权力的扩张与英国政府维护自己权力的行为发生了激烈的碰撞。

（1）煤炭工业的国有化导致全国煤矿工人工会势力大增。在国有化之前，煤炭工业由若干个雇主和工头组成多个私有化经营单位，并且各单位之间在地理位置上较分散，地方保护主义比较强烈，工人岗位多达6000多种，工人工资千差万别，因而劳资关系也较尖锐。[①]在国有化之后，煤炭工业转由一个单一雇主——全国煤炭委员会管理。因此，为了便于统一管理，全国煤炭委员会将工资体制改革事宜提上了议事日程。1947—1970年，全国煤炭委员会对煤矿工人岗位及工资级别一直进行标准化的调整。[②]统一化工资标准的逐步推进，从事实上减弱了地方机构的谈判权。此后的谈判主要是在全国煤炭委员会与全国煤炭工人工会之间进行，前者作为政府管理者代理机构，后者是人数达30万之众的煤矿工人的总代表。这种情况比起之前的一个雇主、多个雇员的谈判情况而言，大大减轻了全国煤炭委员会的工作量。然而，这种谈判制度的保留决定了权力平衡点的趋向。当然，这种权力过分集中于全国煤矿工人工会的情况，自然地增强了它对全体煤矿工人的指挥权。因此，全国性的煤矿工人大罢工也很容易爆发。

（2）在煤炭工业国有化以来，全国煤矿工人工会内部激进力量的发展更容易促进煤炭工业中劳资纠纷的发生。此种情况以约克、苏格兰、南威尔士等地矿工工会激进力量的发展最为典型。这些激进主义的力量在罢工中主要组织工人纠察队和罢工委员会，使用武力到处捣毁矿井、燃煤发电厂或与煤炭相关的工厂，同时对没有参加罢工的矿工进行鼓动，甚至使用恐吓的手段，造成大

---

① Handy L J. *Wages Policy in the British Coalmining Industry: A Study of National Wage Bargaining*, p. 38.

② Handy L J. *Wages Policy in the British Coalmining Industry: A Study of National Wage Bargaining*, pp. 39-80.

规模的劳资冲突，破坏煤炭工业的正常生产。1972 年 2 月的煤矿工人大罢工，工人纠察队开始大量使用武力。例如，阿瑟·斯卡吉尔带领东安哥利亚（East Anglia）和约克郡的罢工纠察队进行了大量的武力活动，其中，以捣毁伯明翰索尔特利焦炭厂的事件最为突出。[①]到 20 世纪 80 年代初期，全国煤矿工人工会内部以阿瑟·斯卡吉尔和米克·麦加希为首的激进力量逐渐掌握了工会的决策权。阿瑟·斯卡吉尔当选为全国煤矿工人工会主席之后到 1984 年大罢工之前，在仅仅两年的时间内，三次要求进行全国性煤矿工人大罢工。[②]尽管投票结果均否定了罢工运动，但就当时英国的工业环境与工会激进力量的发展情况而言，这更加刺激了煤矿工人中大量的激进力量进行罢工的可能性。

（3）工人的待遇随着工业的发展起伏变化非常明显。第二次世界大战结束后的最初 10 年，英国煤炭工业发展非常迅速。这主要是因为战后英国国内对煤炭的需求量大增。随着英国煤炭工业的发展，煤矿工人的收入也得到较大的提高。第二次世界大战结束后的最初 7 年，煤矿工人的工资排名从工业收入协会中的第 19 位推进到第 1 位，到 1957 年 10 月，煤矿工人的周收入比其他制造业工人的收入高 24%，然而，这种收入差距在 20 世纪 60 年代开始缩小，到 1969 年和 1970 年，煤矿工人的平均收入比制造业工人的收入分别略低 2%和 3%。[③]因此，在这一时期煤矿工人的收入与其他工人相比，其明显的优势地位已经一去不复返。这种待遇上的落差主要由于英国工业经济在此时整体上处于衰落阶段。因此，作为基础能源产业的煤炭工业首当其冲地受到这种浪潮的冲击。煤矿工人收入的优势地位在衰落的工业经济环境中很显然已是无法实现。因此，他们只能依靠强大的工会力量，通过大规模的罢工，威胁政府进行大量的财政补助。

（4）裁减矿工、关闭矿井的速度也增加了煤矿工人保存工作岗位的危机感，使他们对罢工并不排斥。从 20 世纪 50 年代中后期开始，英国的整个工业环境便遭遇到国际经济萧条的影响。煤炭工业作为能源燃料工业受到的影响尤其突出。在这种环境中，全国煤炭委员会通过关闭产量较低、人口较密集的矿井以减少工业带来的经济损失。全国煤炭委员会在 1958 年关闭的矿井数达 28

① Routledge P. *Scargill: The unauthorized biography*, pp. 66-79.

② Crick M. *Scargill and the Miners*, p. 93.

③ Handy L J. *Wages Policy in the British Coalmining Industry: A Study of National Wage Bargaining*, p. 253.

个，合并 4 个；1959 年关闭了 53 个，合并 7 个；1960 年关闭了 35 个，合并 9 个。从 1962 年到 1968 年间，每年平均关闭矿井数为 48 个，这还不包括合并的数量。[①]这种政策在后来也持续推行，但关闭规模逐渐减小。即使在 1974—1979 年工党政府执政时期，每年关闭的矿井也保持在一定的数量。[②]矿井大量关闭造成大量煤矿工人被裁员，使矿工数量从 1946 年超过 70 万人之众减少到 1979 年的 23 万人。这种政策造成煤矿工人社区失业率大增。失业矿工的生活境况更是一落千丈。阿瑟・斯卡吉尔成为全国煤矿工人工会主席之后，面对这种情况将“保存工作岗位”作为他的核心事务。与此同时，伊恩・麦格雷戈任全国煤炭委员会主席之后，规定除非全国煤矿工人工会答应裁减岗位和关闭矿井的条件，否则拒绝为全国煤矿工人工会支付费用。[③]这种局面使工会认为他们只能通过罢工来对抗政府。

20 世纪 60 年代后期以来，煤矿工人的罢工运动得到其他工会的大力支持。英国劳工联合会（Trades Union Congress）是英国各行各业工会组织的一种联合组织机构。尽管某一行业工会的罢工行动均由该行业总工会通过相关程序决定，但是一般而言，某一罢工行动总是会得到英国劳工联合会的支持。因此，在这一时期，单纯某一个行业的罢工几乎均会引起全国性工人罢工运动。故而当时的罢工此起彼伏，持续时间较长，规模较大。例如，哈罗德・威尔逊的第一届政府时期（1964—1970 年），由铁路工人的罢工引发了海员工人和船坞工人以及煤矿工人的罢工；而在 1972 年初，随着煤矿工人罢工的胜利，铁路工人又举行了要求提高收入待遇的罢工。[④]就这样，当某一工会的罢工得到较大的好处时，其他工会也通过罢工威胁政府提供同样的甚至更好的条件。而煤矿工人如果一直要保持这种优势待遇，则罢工将成为他们首选的“武器”。

自从 1973 年国际能源危机爆发以来，政府对煤炭工业进行了大力投资，以应付由于过分依赖国际石油而引起的英国经济萧条。1974—1981 年，英国

---

① Ashworth W, Pegg M. *The History of the British Coal Industry, Volume 5: 1946-1982: The Nationalized Industry*, p. 256.

② Thatcher M. *The Downing Street Years*, p. 342.

③ Beckett F, Hencke D. *Marching to the Fault Line: The 1984 Miners' Strike and the Death of Industrial Britain*, p. 44.

④ Wigham E. *Strikes and the Government 1893-1981*, p. 137, p. 138, p. 161.

政府在煤炭工业中投资约25亿英镑。[①]与此同时，政府对煤炭工业的财政投资计划在这一时期又受到了英国能源结构转变的影响。20世纪60年代末期，英国在北海探测到了储量丰富的天然气、石油，天然气和石油分别在20世纪70年代中期和80年代期初构成英国能源结构中的主要组成部分。1981年，在英国能源结构中，天然气已达4240万吨，石油达6520万吨，石油几乎与煤炭的6960万吨平分秋色；1989年石油产量则已超过了煤炭产量。[②]在能源供应有保障的前提下，面对全国煤矿工人工会强大的势力，政府开始有意放慢了对煤炭工业的投资步伐，这自然地引起全国煤矿工人工会的不满。1981年2月事件就是全国煤矿工人工会对这种情况的回应。

因此，煤矿工人队伍中存在诱发罢工的诸多因素。在第二次世界大战后，英国政府在“福利国家理念”下对煤炭工业实行国有化管理。这种理念要求所有的煤矿工人都不应该失业。另外，国有化的煤炭工业在改革过程中，只是为了便于全国煤炭委员会的管理而大大减小了地方管理机构和地方工会的谈判权力，但是，全国煤矿工人工会作为劳动者权益的代表和全国煤炭委员会作为劳动资料支配者代表之间关于利益和权利的谈判制度并没有从根本上改变。全国煤矿工人工会代表了几十万煤矿工人，而全国煤炭委员会仅仅是政府组成的委托管理机构。从这方面讲，它们之间的力量对比相当悬殊。这些因素又助长了矿工工会中激进势力的发展和工会权力的膨胀。煤矿工人的罢工起初尽管频繁地进行，但只限于局部。而在20世纪70年代初期，当统一煤矿工人工资的改革完成之后，全国煤矿工人工会的势力更加集中，全国性的罢工动辄发生。一旦虚弱的工业无法满足他们提高工资的要求，罢工就会成为他们首选的行动，而不是最后的依靠。

二、政府与工会之间长期的权力与利益冲突

全国煤矿工人工会力量的扩张使英国政府管理国家的职能和权力遭遇到了极大的挑战。从当时英国政府与工会的关系来看，似乎是工会而不是政府决定英国政局和经济的走向。伊恩·吉尔摩描述了20世纪70年代工会与政府的关系：政府的大臣们常常被看作是工会的谄媚者；英国职工联合工会似乎只拥有

① Thatcher M. *The Downing Street Years*, p. 139.

② Reference Services, Central Office of Information. *Energy and Natural Resources*, p. 6.

权力而没有责任，工党政府只有责任而毫无权力。[①]政府面对工人持续的罢工似乎无法站稳脚跟。而煤矿工人每一轮提高工资待遇的要求被满足之后，其他工会便以相同的方式纷纷效仿。这种情况将政府拖入没完没了的各种各样的工会要求与谈判之中。而工会势力被安抚的结果就是引发新一轮的通货膨胀和庞大的财政赤字。这种恶性循环使得英国工业陷入持续的衰退中，也对战后英国“全民就业”的信念做出了全面否定。从这一时期开始，寻求解决政府与工会关系的良方以及寻求恢复英国经济增长的道路交织在一起，成为每一届政府的主要任务。

哈罗德·威尔逊的第一届工党政府（1964—1970 年）在 1966 年大选宣言中对重建煤炭工业给予了较慷慨的承诺，决定要提供 3000 万英镑鼓励矿工的迁移，并且在之前也曾免去了煤炭工业所欠的 4.15 亿英镑的债务。[②]即使如此，1966—1969 年，煤矿工人在每次罢工中损失的工作日数量达 609 个，是 1950 年以来最高的。[③]1969 年，哈罗德·威尔逊政府的就业大臣巴巴拉·卡斯尔（Barbara Castle）面对英国工会凌驾于政府与法律之上的行为，要求保持工资问题谈判的自愿体制，加强车间和工厂的谈判权利而不是全国性的谈判。[④]接着，哈罗德·威尔逊政府的一份白皮书建议国家应该积极地介入劳资冲突；全国工会应该着力降低鲁莽的罢工数量以及罢工应该通过工人的秘密投票之后进行。[⑤]即使这样的微弱建议，也激怒了工会中的大多数人，引起了以前工会官员詹姆斯·卡拉翰为首的工党内阁人物的强烈反对而不得不撤销。煤炭工业在 1969 年也爆发了国有化以来最大的一次劳资纠纷，时间持续两周，参加人数达 121 000 人，煤炭损失量达 294 万吨；1970 年又发生一次罢工，煤炭损失量达 300 万吨。[⑥]在一轮接一轮的罢工以及由提高工资待遇而引发的持续的通货膨胀浪潮中，哈罗德·威尔逊政府结束了其第一届执政生涯。哈罗德·威尔逊议

---

① Gilmour I. *Dancing with Dogma: Britain under Thatcherism*, p. 94.

② *Time for Decision: 1966 Labour Party Election Manifesto*.

③ Handy L J. *Wages Policy in the British Coalmining Industry: A Study of National Wage Bargaining*, p. 228.

④ Tiratsoo N. *From Blitz to Blair: A New History of Britain since 1939*, London: Weidenfeld and Nicolson, 1997, p. 158.

⑤ Reiton E A. *The Thatcher Revolution: Margaret Thatcher, John Major, Tony Blair, and the Transformation of Modern Britain, 1979-2001*, New York, Oxford: Rowman and littlefield Publishers, 2003, p. 6, p. 8.

⑥ Ashworth W, Pegg M. *The History of the British Coal Industry, Volume 5: 1946-1982: The Nationalized Industry*, p. 301, p. 302.

案掀起了政府与工会冲突的面纱。而对立的冲突关系将在后来的几届政府时期内持续进行。

爱德华·希思的保守党政府面对工会权力与政府权力失衡的状态，决定通过改革国有化的经济，试图将工会的势力推出政府的决策圈之外。希思在1970年大选宣言中表示，将通过对劳资关系建立公平的、现代的裁决，以加强工会的管理；将引入一个全面的劳资关系议案以改善管理者、员工和工会之间的关系；设置一定的条件限制罢工；使员工拥有诉讼、秘密投票的权利；限制工会和雇主的权力。①爱德华·希思执政之初，许多工会领导已深感新政府正在打破战后所有的常规统治。爱德华·希思在改革工会的事务上故意孤立工会，结果政府与全国职工联合大会之间在18个月内几乎没有什么接触。②这使工会确信政府决定要从政治上使他们边缘化。尽管爱德华·希思政府的《劳资关系法案》没有违反工会的权利，但是当法案规定的一系列罢工程序被违反时，雇主可以就此情况控告工会。因此，这一法案引起了1972年全国煤矿工人大罢工，罢工又引起了新一轮的提高工人待遇的要求。而政府对付煤矿工人罢工的"良策"只是限制国内用电量。当爱德华·希思的大臣们站在煤矿工人的立场建议较大幅度地增加工资时，政府也不得不退让③，被迫将煤矿工人的工资上调17%—24%。④爱德华·希思政府与全国煤矿工人工会的第一轮较量仍然没有新的突破，并且败下阵来。

1973年，随着中东能源危机的爆发，全国煤矿工人工会乘机提出了增长煤矿工人工资45%的高额要求，并拒绝加班工作。面对这种情况，希思政府既不愿与工会妥协，又没有任何可行的良策，只好宣布全国进入紧急状态：商业被限制每周三天的工作日以节省电力；商场一部分不开灯，表示进入战时状态，路灯被关闭，电视广播减少。接着，煤矿工人又进行全国性的罢工。1974年初，爱德华·希思政府陷入绝境，并且政府以"谁统治英国"为口号提前进行大选。这一口号本身表明了政府的虚弱和无奈，也表明了其政府对工会滥用权力的愤怒。同时，这一口号正式向英国民众宣告了工会与政府的对立关系。

---

① *A Better Tomorrow: 1970 Conservative Party General Election Manifesto*.

② Taylor A. *The Trade Unions and the Labour Party*, London: Croom Helm, 1987, pp. 6-7.

③ Reiton E A. *The Thatcher Revolution: Margaret Thatcher, John Major, Tony Blair, and the Transformation of Modern Britain, 1979-2001*, pp. 13-14.

④ Tiratsoo N. *From Blitz to Blair: A New History of Britain since 1939*, p. 167.

他在宣言中声明：必须由强大的政府掌管英国的事务，这样才能够捍卫国家利益，也才能带领国家安全地渡过面临的困难时期；因为过分工资增长导致的通货膨胀将摧毁人们的生活水平，也摧毁人们对未来美好生活的希望；全国煤矿工人工会采取的行动已对未来构成较大的威胁；在工会中限制极端分子的最好办法就是公开立场，支持绝大多数温和的工会成员。[①]爱德华·希思的宣言描述了英国当时的状况，同时彻底暴露了本届政府已陷入无计可施的困境，而只好将赌注压在选民手中。这基本上奠定了保守党在本次大选中的败局。爱德华·希思政府在与全国煤矿工人工会的第二轮回合中又败下阵来。因此，全国煤矿工人工会与政府争夺权力的问题仍然没有彻底解决。

尽管以哈罗德·威尔逊为首的保守党在大选中获得了工会的大力支持，从而赢得了再次组阁的机会，并尽最大可能满足了全国煤矿工人工会的要求，然而并没有从根本上改变工会与政府之间权力与利益冲突的局面。哈罗德·威尔逊政府的妥协只是尽可能地避免了当时政府与工会之间发生一次激烈的正面冲突，这反而拖延了政府与工会之间较量的时间。面对工会与政府之间关系紧张的局面，哈罗德·威尔逊在大选宣言中提出解决这一问题的办法是：在工党政府和工会之间建立一种定义共同目的的社会契约，在此契约中，工会不仅明白自己代表自己员工的利益，而且承认它们也忠实于其他工会成员。[②]哈罗德·威尔逊欲通过一纸空文来处理工会与政府之间的关系，这足以说明他已经放弃了与工会的斗争。这一点我们还可以在哈罗德·威尔逊 1974 年大选宣言中关于劳资关系的方针中看出。宣言的主要内容是：废止保守党的《劳资关系法案》；发展由经营者和工人联合控制与行动的工业民主；对工会谈判权利以及和平使用罢工纠察队提供保障。[③]在这句话中，几乎找不到哈罗德·威尔逊在《1969 年劳资关系法案》中限制工会权力的只言片语。因此可以说，1974 年的工党政府所定的基调要竭力淡化政府与工会的权责冲突。

然而，哈罗德·威尔逊政府必须要面对国内一再上升的通货膨胀问题。1974 年政府对煤矿工人工资上调 32%之后，使煤矿工人与其他制造业工人的

---

① *Firm Action for a Fair Britain: February 1974 Conservative Party General Election Manifesto.*

② *Britain Will Win with Labour: October 1974 Labour Party Manifesto.*

③ *Britain Will Win with Labour: October 1974 Labour Party Manifesto.*

平均收入差距又高达 19%。[①]这引发了其他工会增加工资的要求和工人的罢工运动，也导致愈发严重的通货膨胀。1974 年后期，哈罗德·威尔逊政府的一次大臣委员会会议记录显示当时的工资增加速度已接近 30%，而物价增长了 20%；1975 年上半年，通货膨胀超过 20%，1974—1975 年则有 38 亿英镑的支付平衡赤字。[②]在这种局面中，哈罗德·威尔逊唯恐招致劳资冲突而不愿采取冻结工资的措施，他认为唯一可行的政策是通过社会契约来消除通货膨胀。社会契约在工会、工党内部和议会均遭到质疑。哈罗德·威尔逊为了让全国煤矿工人工会同意增加 6 英镑工资的统一费用，他本人在全国煤矿工人工会的大会上恳求煤矿工人不要破坏社会契约，而大臣们认为政府遇到任何问题应该首先与他们协商，而不是与工会协商；工会内部大多数力量对此社会契约并不满意。哈罗德·威尔逊在议会报告书中关于社会契约又提出恳求[③]，这种恳求同情的政策最终随着哈罗德·威尔逊的辞职而终止了。

接任工党政府首相的人物是詹姆斯·卡拉翰。这是一位工会官员出身的首相。因此，他执掌英国政府期间对工会的权力和利益总是尽可能地维护，以免引来不必要的麻烦。尽管詹姆斯·卡拉翰对工会极力讨好，然而他仍然被工会报以“不满的冬天”，并最终导致该届政府的倒台。[④]

因此，从 20 世纪 60 年代后期开始，英国政府一直处在恶化的经济环境和虚弱的政治环境中。一方面要面对工会的高额工资要求、全民就业要求的压力；另一方面又要面对工业收缩引起的大量失业以及各种力量招致的通货膨胀问题。在这种困境中，政府的权力被工会通过无休止的罢工一步步地削弱。几乎每届政府都遭遇到工会的威胁与攻击。哈罗德·威尔逊的首届政府提出了要对工会罢工的程序稍加改变而招致了工会的抛弃。爱德华·希思的保守党政府在与工会的较量中由于缺乏对策以及各方力量的掣肘而一败涂地。后来的工党政府几乎完全听命于工会，然而依然没有躲过被工会抛弃的命运。因此，在玛格丽特·撒切尔政府之前的各届政府，无论对抗也好，妥协也罢，都遭遇到工会同样的对待。这本身说明衰落的工业环境与强大的工会力量格格不入，而工

---

① Handy L J. *Wages Policy in the British Coalmining Industry: A Study of National Wage Bargaining*, p. 253.

② Taylor A. *The Trade Unions and the Labour Party*, p. 50, p. 52.

③ Taylor A. *The Trade Unions and the Labour Party*, p. 57, p. 62.

④ 全国各工会的激进力量在 1978—1979 年的冬天因不满政府的工资增长幅度而对工党议员及工会内部员工施以武力或抱怨。

会的性质造就了它的偏狭性，只是一味地强调自身小集团的利益。工会无法代替英国通过全民选举产生的政府职能，而工会力量不可能主动地退出既得利益的圈子，政府与工会的矛盾也就不可避免地存在。因此，要解决这一矛盾还需要特定历史环境下的特定人物。

三、玛格丽特·撒切尔的个人领导才能与 1984—1985 年罢工结果

玛格丽特·撒切尔就是这一特定历史时期出现的特定人物。从 20 世纪 50 年代末开始，玛格丽特·撒切尔便开始活跃于英国政治舞台。她本人较长期的政治生涯使她深谙之前历届政府对工会的政策。特别在爱德华·希思任内，玛格丽特·撒切尔作为当时的大臣之一，亲身经历了全国煤矿工人工会将保守党政府推向绝境的全过程。她也积极主动地寻找前任保守党政府与工会较量中败下阵去的原因。因此，她对英国煤矿工人工会的力量非常了解。在 1979 年大选中，玛格丽特·撒切尔率领保守党一举入主唐宁街 10 号。工会力量成为她必须面对的问题。

（1）针对过于强大的工会力量，玛格丽特·撒切尔明确提出改革工会的方针。这比爱德华·希思政府对待工会的态度更加明确、强硬。这一点源于她个人的倔强性格，也源于她所受到的中产阶级家庭教育的理念——勤劳节俭、不劳无获的观念，更源于她在多年政治生涯中对政府与工会较量的经验总结。以玛格丽特·撒切尔为首的保守党在 1975 年就罢工导致爱德华·希思政府的倒台专门成立了一个咨询委员会，调查分析其中的缘由，以避免重蹈覆辙。[①]玛格丽特·撒切尔也看到，尽管在爱德华·希思政府之后连续执政多年的工党政府对工会抱以软弱的姿态，但工党政府也没有换得工会力量的长期支持，并且最终被工会拖垮。这使她对工会的强势权力有了更加深刻的认识。

因此，在 1979 年保守党的大选宣言中，玛格丽特·撒切尔针对工会权力的扩张与工业纠纷之间的因果关系，明确提出：限制罢工纠察队一些行为的豁免权；限制排外的工厂，从源头上削减罢工纠察队的权力；提供公共资金，确保每个工人的秘密投票权，从而促进工人对工会事务的广泛参与；通过要求工会支付给罢工成员一定的费用，以限制工会对罢工的支持；通过法律改变劳资

① Gilmour I. *Dancing with Dogma: Britain under Thatcherism*, p. 104.

关系，使工会承担一定的责任；通过分散工资谈判权，达削弱工会权力的目的。[①]这些非常具体的改革措施表明了以玛格丽特·撒切尔为首的保守党削弱工会势力的决心。

玛格丽特·撒切尔执政之后，根据上述方针，通过法律程序对工会的力量逐渐加以限制和削弱。1980 年新的就业法案规定：对工人的投票提供一定的公共资金；对被不合理开除的员工提供一定的法律诉讼权；限制罢工中的次级行为，并削减其豁免权等。[②]这样的法案内容引起了全国煤矿工人工会的强烈不满和一致抵制。在1980年7月年度大会上，煤矿工人接受了工会提议的35%的支付要求，一致抵抗《1980 年就业法案》；同时，阿瑟·斯卡吉尔对玛格丽特·撒切尔发出了威胁性的警告。[③]玛格丽特·撒切尔对此并不动摇。《1982 年就业法案》中仍然规定：对过去由于没有遵守工会成员协定要求而被开除的员工提供补偿，补偿金来自公共开支；并对就业法庭和就业诉讼法庭给予一定的法律权力等。[④]1982 年，阿瑟·斯卡吉尔任全国煤矿工人工会主席之后，面对政府颁布的一系列劳资法令、就业法案，声称要以劳资纠纷反对这些法案。[⑤]

面对工会的威胁，玛格丽特·撒切尔仍然坚持既定的方针路线。她在1983 年的大选宣言中肯定了《1980 年就业法案》和《1982 年就业法案》对二级纠察行为的约束，鼓励秘密投票，革除排外工厂的陋习，重建工会对非法行为负责的义务等方面，并提出继续限制没有预先核准通过公平秘密投票要求罢工的工会豁免权；对个人工会成员的政治征税，政府采取一定的措施，确保其自愿性。[⑥]

这些方针政策均旨在限制工会膨胀的权力。因此，玛格丽特·撒切尔关于直接改革工会的一系列方针政策均遭到了工会领导层的反对和激进力量的威胁。这种反对和威胁遇到一些偶然因素便迅速演变为激进的对峙行为。

（2）玛格丽特·撒切尔对煤炭工业的一以贯之的政策使工会从根本上失

---

① *Conservative General Election Manifesto 1979*.

② *Employment Act 1980*.

③ Routledge P. *Scargill: The Unauthorized Biography*, p. 103.

④ *Employment Act 1982*.

⑤ Routledge P. *Scargill: The Unauthorized Biography*, p. 114.

⑥ *1983 Conservative Party General Election Manifesto*.

去了生存的温床。玛格丽特·撒切尔执政之后，面对大规模罢工引起的通货膨胀和工业的极度衰弱，决定实行早在哈罗德·麦克米伦（Harold Macmillan）时期提出的“紧缩银根”的货币政策，以控制工资的上涨，通过竞争的“自由市场”减少罢工，并从根本上盘活国有化工业的政策。①这就是撒切尔的私有化政策。这种政策在爱德华·希思政府执政时也已提出，并在一定程度上实施，但是却以失败告终。

玛格丽特·撒切尔的私有化政策运用在煤炭工业中，就是要通过市场杠杆决定煤矿矿井是否被关闭，并且要求限制政府对煤炭工业的补助以及进口大量的煤炭。在《1980年煤矿工业法案》下，针对全国煤炭委员会的所有政府补助都被严格地加以限制，以使其在短期内自筹经费。②政府对煤炭工业的政策主要集中在三点：关闭矿井、财政约束和煤炭进口。全国煤炭委员会如果要达这一法案所定的目标，只有大量地关闭无利润的矿井，裁减大量的煤矿工人。因此，矿工工会的领导者对《1980年煤矿工业法案》持反对态度。在1980年7月的全国煤矿工人工会年度大会上，煤矿工人们接受了工会领导层提出的35%的工资上涨要求，并以罢工相威胁，试图抵抗《1980年就业法案》。③1981年2月，全国煤炭委员会主席德里克·埃兹拉承认他的财政目标就是要在下个五年内关闭50个矿井。④这一消息使南威尔士矿工爆发了非官方罢工，其他地区的激进力量也跃跃欲试，工会领导人也借此漫天要价，但玛格丽特·撒切尔仍表现出坚定的立场。

尽管1981年2月的事件以内阁向矿工工会的妥协告终，但是玛格丽特·撒切尔对煤炭工业的政策从原则上看并没有较大的变化。2 月事件之后，煤炭工业在2年内关闭了原来拟订的23个矿井的大多数，人数下降了22 000人。⑤从1979年到1984年罢工开始期间，矿井的数量下降了23.8%，有51 000名矿工离开了工业。⑥事实证明，玛格丽特·撒切尔对煤炭工业的既定政策并没有发

① Beckett F, Hencke D. *Marching to the Fault Line: The 1984 Miners' Strike and the Death of Industrial Britain*, p. 27.

② *Coal Industry Act 1980.*

③ Routledge P. *Scargill: The Unauthorized Biography*, p. 104.

④ Routledge P. *Scargill: The Unauthorized Biography*, p. 104.

⑤ Parker M J. *Thatcherism and the Fall of Coal*, p. 35.

⑥ Richards A J. *Miners on Strike: Class Solidarity and Division in Britain*, p. 87.

生较大的变化。玛格丽特·撒切尔承认在2月事件发生时，政府并没有做好迎接一场煤矿工人罢工的准备，因此，政府在当时不得不妥协，但是，这并不代表她本人对全国煤矿工人工会的态度发生了U形大逆转。[①]迈克尔·帕克等人也认为，把1981年的事件看作是政策的迂回是不正确的，尽管政府放松了对煤炭工业的财政限制，但是对煤炭工业的政策并没有变化，只是在如何实施政策的策略上发生了转变。[②]奈杰尔·劳森对这种策略上的转变阐述得非常清楚——煤炭工业转变为私营的、独立于政府补助的有盈利企业的前提是扫除全国煤矿工人工会的势力。[③]

与此同时，玛格丽特·撒切尔政府对全国煤矿工人工会可能发生的罢工也采取了一系列积极的应对措施。1981年2月，玛格丽特·撒切尔政府之所以对煤矿工人工会的罢工威胁采取退让的姿态，主要考虑到煤炭的库存量影响正常的供电量。因此，2月事件之后，玛格丽特·撒切尔的保守党政府加强了对燃煤发电厂煤炭库存量的增加。1979年库存量只有1400万吨，到1982年9月库存量上升为5000万吨。[④]到1983年底时，有6000万吨的煤炭库存量。[⑤]另外，玛格丽特·撒切尔此时亦提出要改变单一能源发电厂的状况，以对付可能由煤矿工人罢工而引起的供电困难问题。[⑥]这些策略与就业法案中针对工会的措施一起使全国煤矿工人工会感到不安。因此，工会领导人不得不通过罢工威胁政府彻底让步。从1982年10月以来，全国煤矿工人工会一直试图通过这样的途径来保持自己在工业同盟中的优势地位。然而，在与工会的长期谈判中，政府始终没有向工会高达 30%的工资涨幅要求以及不关闭任何矿井的条件屈服，并于1984年3月初宣布要关闭一些无利润的矿井。这种态度与以往各届政府大不相同。工会在这种僵持局面中不得不宣布罢工。

（3）玛格丽特·撒切尔不断调整内阁大臣，以确保政府对工会的态度保持一致。玛格丽特·撒切尔面对工会以罢工相威胁的情形，并没有表现出前保守党政府的束手无策及工党政府一味退让的姿态。她在对煤炭工业的政策策略做

① Thatcher M. *The Downing Street Years*, p. 141.
② Parker M, Surry J. *Unequal Treatment: British Policies for Coal and Nuclear Power, 1979-92*, p. 13.
③ Lawson N. *The View From No. 11: Memoirs of a Tory Radical*, p. 142.
④ Parker M, Surry J.*Unequal Treatment: British Policies for Coal and Nuclear Power, 1979-92*, p. 7, p. 13.
⑤ Routlege P. *Scargill: The Unauthourized Biography*, p. 126.
⑥ Thatcher M. *The Downing Street Years*, p. 341.

出调整的同时，也对内阁班底进行了调整，以确保她对工会的方案不至于步爱德华·希思的后尘。在1980年的一整年时间内，玛格丽特·撒切尔在处理各种事务时，对包括就业大臣、财政部的首席大臣等多位保守党政府位高权重的人物所表现出来的胆小怕事和反对改革的态度表示极为失望，并于1981年1月对政府进行了首次改组，将持反对政见者调离了重要的岗位，以确保政府团结一致、意志坚定地面对困难。[①]1981年内阁改组主要是将一些对保守党改革意志不坚定的成员调离岗位，以确保政府的经济改革政策在保守党内达成统一。

1981年9月，玛格丽特·撒切尔在短短几个月时间内又进行了一次内阁改组。这次改组旨在确保政府各派力量在工会问题方面达成一致的决定。特别自1981年2月全国煤矿工人工会事件以来，内阁中关于工会改革的意见存在较大的分歧。针对这种情况，玛格丽特·撒切尔毫不犹豫地提出了改组内阁。其中，能源大臣戴维·豪威尔（David Howell）和就业大臣吉姆·普赖尔（Jim Prior）均因与玛格丽特·撒切尔在改革事务中意见相左而被调离原来的职务。玛格丽特·撒切尔毫不隐讳地讲出这次改组中最重要的变化是在工会事务上与她本人的意见极为相左的吉姆·普赖尔的调离，并公开赞成新任就业大臣诺曼·特比特（Norman Tebbit）对工会左派的强硬态度。[②]玛格丽特·撒切尔此次改组减少了以后关于工会改革事务的阻力。在面对困难时，玛格丽特·撒切尔表现出积极主动的个人领导才能，而这种才能又使她摆脱了面临的逆境。这是她与前保守党首相爱德华·希思不同的一面，也是使她每次遇到问题时总能化险为夷的主要原因。此次改组之后，玛格丽特·撒切尔与就业大臣很快推出了工会改革的一系列法案文件，这些法案文件引起了工会领导层的强烈反感。然而，法案毕竟是一纸公文，并不能产生立竿见影的改革效果。

1983年大选胜利使玛格丽特·撒切尔进一步稳固了内阁中的改革力量。在这次改组中，戴维·豪厄尔离开了政府。这次改组加强了政府特别是玛格丽特·撒切尔要摧毁全国煤矿工人工会势力的决心。[③]接下来，玛格丽特·撒切尔调整了全国煤炭委员会主席的人选。其实早在1982年，玛格丽特·撒切尔就决定要求工会改革的强硬派伊恩·麦格雷戈担任全国煤炭委员会主席职务，

---

① Thatcher M.*The Downing Street Years*, pp. 130-131.

② Thatcher M. *The Downing Street Years*, p. 131.

③ Parker M, Surry J. *Unequal Treatment: British Policies for Coal and Nuclear Power, 1979-92*, p. 12.

以遏制煤矿工人工会的强势力量。1983年9月，伊恩·麦格雷戈接任了这一职务。这一事件使煤矿工人工会的管理层非常恼怒。伊恩·麦格雷戈本人果然没有辜负玛格丽特·撒切尔的期望，面对煤矿工人工会的激进力量，他毫不畏惧。一方面，伊恩·麦格雷戈上任伊始便拒绝了1983年10月全国煤矿工人工会提出的工资增长20%的要求，只提供了5.2%的工资增加率。[①]另一方面，他提出了要在三年内削减64 000名煤矿工人，降低2500万吨产量的计划，而且这一计划在之后不久又被他本人修改为加快裁员的计划。[②]他重新修改并增加了全国煤炭委员会原有的矿井关闭计划中的数量。[③]另外，在以后的多轮会谈中，他针对工会的工资要求也提出了相应的交换条件——关闭矿井和裁减矿工。[④]在此过程中，伊恩·麦格雷戈加速了裁员步伐。例如，在1984年1月，19 000 名矿工在一天之内被遣送回家。[⑤]伊恩·麦格雷戈对工会左翼的强硬态度，正是玛格丽特·撒切尔委派他担任全国煤炭委员会主席的原因，也正是他的这种态度，更加速了双方对峙局面的出现。

因此，玛格丽特·撒切尔上台之后，明确提出要限制全国煤矿工人工会的权力。她通过一系列法令、法案以及行政命令，从各个方面对全国煤矿工人工会的特权进行剥夺和限制。另一方面，又对工会的普通员工和非工会会员的权利通过法案、法令以及经济资助等形式提供了一定的保障。这种策略既从正面打击了工会特权，又从工会内部削弱了工会领导层的力量，减少了政府改革工会的阻力。另外，玛格丽特·撒切尔对煤炭工业坚持向自由市场迈进的政策，并对煤炭工业中没有利润的矿井和煤矿工人坚持关闭和裁减的原则。在坚持这一原则的基础上，玛格丽特·撒切尔采取了较积极的对应措施：第一，开始加快储备煤炭库存量。第二，加强内阁成员中支持改革工会及煤炭工业的强硬派力量。第三，任命与全国煤矿工人工会的激进派力量针锋相对的煤炭工业的管理者。玛格丽特·撒切尔的这些措施均在一定程度上产生了预期的效果。

在英国长达二十余年的政府与工会的激烈交锋中，玛格丽特·撒切尔之前

---

① Routlege P. *Scargill: The Unauthourized Biography*, p. 135.

② Thatcher M. *The Downing Street Years*, p. 343.

③ Richards A J. *Miners on Strike: Class Solidarity and Division in Britain*, p. 96.

④ Beckett F, Hencke D. *Marching to the Fault Line: The 1984 Miners' Strike and the Death of Industrial Britain*, p. 44.

⑤ Wilsher P, Macintyre D, Jones M. *Strike: Thctcher, Scargill and the Miners*, p. 36.

的政府总是以失败和妥协告终。玛格丽特·撒切尔在这种历史背景下对全国煤矿工人工会实施了多种制裁方案和各种应付工会力量的准备，正是这些措施激发了1984—1985年长达一年的煤矿工人罢工。

四、罢工的原因总结

1984年3月12日，全国煤矿工人工会宣布进行矿工大罢工。此后，劳资双方进行了几轮停止罢工的谈判，但是均因双方的观点和意见冲突太大而无法达成一致。这样，罢工时间长达一年，直到1985年3月3日才结束。这场冲突时间跨度之长、影响之大，远远超出了劳资双方的预想。而且自罢工以来，关于引发罢工的因素一直成为各界人物争论的焦点。笔者认为，这场罢工之所以爆发，不能简单地将原因归咎于任何一方，而应该将第二次世界大战后英国长期的工业背景与20世纪80年代英国特定的政治人物结合起来加以考虑。

（1）煤炭工业在第二次世界大战后的大多数时间内处在衰落中，而该工业的国有化使工会权力过分突显，工会内部激进力量过分增长，造成了全国煤炭委员会和全国煤矿工人工会在工资谈判中的力量失衡。第二次世界大战结束后，英国政府针对煤炭供不应求的情况，决定将该工业从私有转为政府直接对其实行调控。在这种方案下，对煤矿工人的工资制度也相应地进行了整合。整合的结果是取消了地方工会和管理者之间的谈判权，而将此纳入全国煤炭委员会和全国煤矿工人工会的权力范围之内。这种集权化方式更容易使煤矿工人因较小的原因而发生集体化的行动。而全球性经济的不景气影响了英国的发展，导致英国煤炭工业的迅速衰落。工业的衰落与工会权力的膨胀格格不入，继而导致英国煤矿工人罢工的规模越来越大，造成的损失也越来越严重。1984—1985年煤矿工人罢工的爆发也源于这种工业、劳资关系的时代背景。

（2）工会对政府权力的挑战使二者长期处于冲突之中。自20世纪60年代后期开始，煤矿工人工会通过罢工一味地追求煤矿工人在整个工业中的收入优势。这种情况一方面导致政府对煤矿工人的收入进行大量的财政补助，另一方面引发了新一轮通货膨胀。在这种恶性循环中，政府开始考虑限制工会关于工资的谈判权和工会关于罢工的权力。

哈罗德·威尔逊第一届政府时期，即便是微弱的改革建议，也犹如打翻了潘多拉魔盒一般，遭遇了自国有化以来煤矿工人最大规模的罢工威胁和长期的罢工浪潮。哈罗德·威尔逊政府在这种罢工以及由此引发的通货膨胀中结束了其执政。而在哈罗德·威尔逊的第二届政府时期，他对工会问题变得保守而谨慎，不再提及改革工会之事。

爱德华·希思的保守党政府面对工会膨胀的权力，大胆地提出了改革工会的方针，并且在一些事务中尽可能地孤立工会。这自然引起工会极大的不满。爱德华·希思政府在全国煤矿工人罢工中屈服了。之后，在爱德华·希思政府与工会的较量中，他无奈地提出了“谁统治英国”的口号，要求选民对政府和工会的权力做出判决。结果是爱德华·希思政府被全国煤矿工人工会的势力拖入死胡同。

詹姆斯·卡拉翰的工党政府极力与工会权势保持密切的关系，并试图借助工会的力量稳固工党在政府中的权力，然而，这种乞丐式的选择仍然是一种倾巢与危卵的关系。该届政府仍然迎来了激进的工会力量对政府不满的抱怨。工会与政府的权力和利益关系并没有被有效地解决，反而越来越成为阻碍英国经济发展和政局稳定的因素。

（3）在特殊的历史时期，玛格丽特·撒切尔利用政府权力，运用各种法律、法规和策略展开了与全国煤矿工人工会的权力争夺战。在全球经济危机和工会提高工资待遇的双重打击下，英国经济举步维艰。而当詹姆斯·卡拉翰工党政府倒台时，工会权力膨胀到了无以复加的境地。此时，政府真正到了不进则退的地步。以玛格丽特·撒切尔为核心的保守党明确打出了“改革工会”的旗帜，并赢得了1979年大选的胜利。①玛格丽特·撒切尔改革工会的措施是从限制工会权力的法案开始，通过对工人纠察队活动的限制以及对次级行动豁免权的剥夺，降低了罢工中由于使用武力带来的风险。同时，她也通过法案对普通工会会员的权利加以保障。这就使工会内部对政府的态度产生了不同的看法和立场，有效地分化了工会的力量。

另外，玛格丽特·撒切尔坚持她本人制定的针对煤炭工业的政策方向——私有化。这一政策旨在减轻政府的财政补贴，盘活煤炭工业，削弱工会的力量。尽管在实施这些政策中出现了1981年2月事件而使她改变了策略，但是这并没有影响她对煤炭工业和全国煤矿工人工会的既定方针路线。例如，她通过

① *Conservative General Election Manifesto 1979.*

增加燃煤发电厂的煤炭库存量以对付矿工罢工的威胁，关闭无盈利矿井以及裁减煤矿工人以确保工业早日实现收支平衡。

还有，为了保证对工会和煤炭工业政策的贯彻执行，玛格丽特·撒切尔在短短的两年多时间中进行了三次内阁成员的改组，这使她避免陷入爱德华·希思曾遭遇到的孤立无援的局面。玛格丽特·撒切尔积极备战的状态和步步为营的策略，毫无疑问使以阿瑟·斯卡吉尔为全国煤矿工人工会主席的激进派非常恼怒，罢工因此开始。很显然，在当时的历史环境下，玛格丽特·撒切尔在1984—1985年煤矿工人大罢工爆发的原因中占有非常重要的地位。

总之，政府对煤炭工业实行国有化之后，在特定的时段确实曾解决了英国煤炭资源短缺的问题，但是并没有挽回煤炭工业衰落的趋势，反而助长了工会力量的膨胀。当这种局面危及英国政局的稳定和经济的健康运行时，政府与工会之间的权力冲突日益激烈。由于煤炭工业在现有所有制和经济环境下不可能重返巅峰状态，而工会一味地靠讹诈政府的财政补助，用以维持自己收入的优势地位，这不过是一种得过且过的寄生行为罢了。玛格丽特·撒切尔的改革必然会引起全国煤矿工人工会的过激反应，罢工因此也就不可避免。

第三节　1984—1985年罢工失败的原因

煤炭是英国工业发展中最主要的能源，截至20世纪80年代，英国能源的绝大多数源于煤炭。1950—1957年，煤炭工业的就业人数曾达70多万。因此，全国煤矿工人工会是英国最有影响力的工会之一。但是，随着20世纪60年代英国煤炭工业市场的不景气，加之新技术在煤炭工业中的应用，20世纪70年代英国煤炭工业的就业人数快速地下降到30万。截至1984年大罢工前，全国煤矿工人工会拥有的会员数已不足18万。煤炭工业的不景气也使政府对一些矿井实行了关闭政策。这种政策自然地遭到煤矿工人的罢工抵制。而且第二次世界大战后的罢工几乎都收到了预期的效果。例如，发生在1971—1972年的罢工，爱德华·希思的保守党政府通过全盘接受全国煤矿工人工会的高额工资要求而与其达成妥协。1974年，爱德华·希思政府因为拒绝该工会提出的31%的工资增长幅度要求而垮台。以哈罗德·威尔逊为首相候选人的工党，在 1974 年的大选中答应了该工会的基本要求，从而获得它的支持。后来，尽管哈罗德政府和接下来的詹姆斯·卡拉翰工党政府的失败并不是全国煤矿工人工会行为的直接结果，但却是其不断增加工资要求的政治受害者。然而，势力如此强大的工会却在 1984—1985 年的罢工中被玛格丽特·撒切尔政府击败了，并且再也未能获得重整旗鼓的机会，这不能不令人深思。

英国史学界关于全国煤矿工人工会失败的原因存在不同的看法。有学者认为，该工会的势力已经威胁到政府的权力，政府必定会对它做出处理。①玛格丽特·撒切尔认为该工会罢工的失败应归咎于时机的失当、策略的欠妥和它对经济法则的违背。②英国前财务大臣奈杰尔·劳森认为是玛格丽特·撒切尔政府的既定政策所致。③但是，有人认为这是由于该工会领导人的策略失误。④吉姆·费利普斯从劳资关系方面入手否定了前一种说法。⑤还有一些学者认为该工会的失败不仅归咎于工会主席的领导方法，同时也应归因于政府在此之前的精心计划。⑥另一种看法则认为，该工会的失败是工业局势、结构和管理，政府和媒体的反对，核心部门右翼领导人和个别矿工、全国煤炭委员会的许诺和合作共同所致。⑦而它的领导人阿瑟·斯卡吉尔则认为该工会的失败还应该责怪其他行业工会的袖手旁观。⑧

毫无疑问，这些观点都从一个侧面揭示了全国煤矿工人工会失败的原因。但无论何种剖析，都只能从某个方面说明该工会失败的原因，并不能完全使我们满意。一个具有悠久历史、力量曾经非常强大的工会，竟然在如此短暂的时间内不堪一击，并且就此基本上从英国公众的视野中消失，这样的一件大事，任何过于简单的解释显然都不能使人信服。笔者根据收集的资料，在初步研究后认为，这次全国煤矿工人工会的失败是其在英国政治生活和经济运行中的长

① Adeney M, Lloyd J. *The Miners' Strike 1984-5: Loss without Limit*, p. 28.

② Thatcher M. *The Downing Street Years*, p. 344, p. 378.

③ Lawson N. *The View from No. 11: Memoirs of a Tory Radical*, p. 161.

④ Parker M J. *Thatcherism and the Fall of Coal*, p. 206.

⑤ Phillips J. Workplace Conflict and the Origins of the 1984-1985 Miners' Strike in Scotland, *Twentieth Century British History,* Vol. 20, No. 2, 2009.

⑥ Helm D. *Energy, the State, and the Market: British Energy Policy since 1979*, p. 88.

⑦ Selfert R, Urwin J. *Struggle without End: the 1984-85 Miners Strike in North Staffordshire*, New Castle: Penrhos Publications, 1987, p. 99

⑧ Routledge P. *Scargill: The Unauthorized Biography*, p. 183.

期结构性因素，与当时领导者的立场、英国政局的变动以及公众态度的转变等短期因素在20世纪80年代这一特定时刻共同作用的结果。其中任何一种因素的变动，都会直接影响最终的结局。因此，从这样的一个角度探讨该工会失败的原因就不仅仅是对一次事件的分析，而是对英国历史发展中的某些规律性问题的探讨了，并使得这样的一个论题具有超越其本身范畴的价值和意义。

一、罢工前的基本态势

（1）煤炭工业重要性的下降是一个长期的不可逆转的趋势。煤炭资源的不可再生性决定了煤炭工业的衰落是人力无法挽回的，它必然从根本上削弱全国煤矿工人工会的力量。截至20世纪，英国煤炭工业的发展已有7个世纪之久，正是煤炭促成了英国成为历史上首个工业化国家。但时至20世纪后期，形势已发生了巨大的变化。

英国的煤炭工业自第一次世界大战以来呈逐步下降的趋势。第一次世界大战前是英国煤炭工业的鼎盛时期，当时这一产业雇用的人数超过100万，有3000个矿井同时运营，产量达了2.92亿吨。第一次世界大战以后，煤炭产量开始持续下降。第二次世界大战后，煤炭产量下降到1.87亿吨，很多矿井已无煤可挖。此时，矿井大约也缩减到980个，其雇用人数也从百万大军降为刚过70万。[①]20世纪60—80年代，有400个矿井被关闭，有约30万个工作岗位消失。[②]例如，在20世纪60年代，英国南威尔士杜雷斯山谷（Dulais Valley）从矿工数量到矿井规模较战后初期都有明显的缩小：1947年，此地雇用矿工3644人，1961年雇用的人数是1947年的78%，1968年是1947年的28%；在此期间，当地至少有五大煤矿区被关闭。[③]1947年，英国东北部的布莱斯山谷（Blyth Valley）以及周边地区有27个矿井，雇用人数为23 525人；1960年矿井数量为20个，其中包括1951年新开采的1个，关闭了9个老矿井，雇用人数为19 075人；1974年仅剩8个矿井，雇用人数为8511人；1978年有6个矿井，雇用人数为

① Thatcher M. *The Downing Street Years*, p. 340.

② Monk S. *Retraining Opportunities for Miners Who Have Been Made Redundant: A Special Report Commissioned by the Coalfield Communities Campaign*, p. 10.

③ Sewel J. *Colliery Closure and Social Change: A Study of a South Wales Mining Valley*, p. 6.

7327 人；1983 年的矿井数为 4 个，雇用人数为 5366 人。①

上述矿井的发展趋势是英国各大煤炭基地发展趋势的一个缩影。1984 年，由全国煤炭委员会经营的矿井由战后初期的 980 个锐减到 172 个，雇用矿工人数由战后的 70 万骤减至 17.4 万②，这充分说明英国的煤炭工业在这一时期处于急剧的衰退中。自第二次世界大战后，英国的煤炭工业从产量到销量都处于下降的趋势。

（2）第二次世界大战后英国国内的能源结构发生了较大变化，导致煤炭消费市场逐年萎缩。1960 年，英国国内煤炭消费量为 1.967 亿吨，1973 年为 1.31 亿吨，1978 年为 1.205 亿吨，1979 年为 1.294 亿吨；1979—1980 年和 1982—1983 年之间下降了 800 万吨之多，发电所用的燃料总需求降低了。③铁路消费在 1978 年、1979 年永远退出了煤炭工业。同时，由于天然气使用方便、价格低廉而逐渐代替了煤气市场。1978—1979 年英国天然气公司的年度报告称，以后英国的天然气要在现有的每天 600 万立方英尺的基础上有所增加。④

英国煤炭产量下降的另一个因素是核电站的出现。在 1945 年之后，这种因素对英国煤炭工业产生了较大的影响。在英国，大约 2/3 的煤炭产量用于发电厂。但在 20 世纪 80 年代，几家大型的核电站代替了煤炭发电厂。1985 年，英国调试、使用了建于 20 世纪 60 年代的三大核电站——马杰斯 B 号、哈特尔普 I 号和希舍姆 I 号，到 20 世纪 80 年代末期，另外两座更大的核电站——希舍姆 II 号和托尔内斯号也即将建成并投入使用。另外，外部石油的输入及其他石油产品的出现，亦使煤炭工业市场受到巨大冲击。

因此，这一时期英国煤炭工业受到自身发展不可挽回的颓势以及新能源开发利用等因素的影响而衰落了。煤炭工业的衰落对全国煤矿工人工会的利益冲击极大。所以在此过程中，该工会开始将自身利益与英国政府的财政政策相挂钩，导致它与政府发生了正面冲突。

（3）全国煤矿工人工会的要求触及了英国政府的既得利益。英国煤矿工人的力量在第二次世界大战后快速衰落，但是在这一时期，英国历届政府在选

---

① Wade E. *Coal Mining and Employment: A Study of Blyth Valley*, p. 17.

② Turner R. *The British Economy in Transition: From the Old to the New?* p. 23.

③ Parker M J. *Thatcherism and the Fall of Coal*, p. 29.

④ Manners G, *Coal in Britain*, p. 41.

举过程中，为了获得大量选民的支持而给予产业工人各种经济保障的承诺。但是，英国的产业经济并不能支撑政府的承诺顺利兑现，于是工会在权衡得失中成为监督政府的一支最强大的力量。全国煤矿工人工会就是这支力量当中的一个分支。当20世纪60年代英国的经济结构需要从传统的煤炭工业、纺织业、钢铁业、造船业调整到现代化的电子时代时，政府仍以各种财政补贴的方式扶持这些传统产业在既定状态下发展。然而，政府自动背起的包袱与经济持续下滑的局面并不相吻合。所以，维持既定的状态也就成为一大难题。

与此同时，英国现代工会力量在政府实行的福利制度的影响下，在20世纪50年代到20世纪70年代发展到非常强大的地步。因此，每届政府在参加选举时必须要考虑到工会力量的存在。爱德华·希思政府、哈罗德·威尔逊政府和詹姆斯·卡拉翰政府的倒台，在一定程度上表明了英国工会对政府的巨大影响，也表明了工会的要求确实已经超出了政府的能力范围。例如，在爱德华·希思政府任期内，面对经济的不景气和失业的大量增加，该政府无计可施，被迫宣布实行每周三天工作日。这却导致更为严重的失业，更加引起工会对这届政府的不满。全国煤矿工人工会的成员之一米克·麦加希对该届政府发出了威胁性的声音。①爱德华·希思政府在这种极度艰难的处境中退出了英国的政治舞台。

1979年，保守党的领袖人物玛格丽特·撒切尔组阁后，开始调整英国的经济发展方向。她针对政府所背负的沉重包袱，提出了以“货币主义”理论原则为基础的私有化政策。在对煤炭工业的调整中提出了对英国的许多高成本矿井进行关闭的策略。同时，玛格丽特·撒切尔正式拒绝接受全国煤矿工人工会提出的高额工资补偿要求。全国煤矿工人工会的领导对此政策做出了反应。阿瑟·斯卡吉尔在成为该工会主席的第一年工会年度会议上，通过了一份要求工资增长额高达31%的方案。实际上，这等于该工会拒绝了全国煤炭委员会提出的8.5%的方案。面对玛格丽特·撒切尔的强硬态度，阿瑟·斯卡吉尔亦非常强硬，他甚至威胁道：“如果在唐宁街10号的这个女人想要打仗，是她自找的，不要怪罪到煤矿矿工头上。”②阿瑟·斯卡吉尔的言论反映了该工会在英国政

---

① Heath E. *The Course of My Life: My Autobiography*, p. 505.

② Routledge P. *Scargill: The Unauthorized Biography*, p. 103.

治生活中的强势姿态，也从侧面反映出这种传统产业对政府财政补贴的依赖程度。

实际上，英国国内煤炭工业的江河日下意味着该工会基础力量的减弱。面对这种衰落，全国煤矿工人工会就是通过发起一轮接一轮的罢工，要求英国政府提供财政补贴。这种状况导致20世纪70年代英国政府的频繁换届。1974年3月，工党政府的成立和《1974年煤炭计划》的签署并没有换回该党政府的顺利执政，反而引起了新一轮的物价上涨，失业率大增。在此情况下，全国大多数选民的目光投向了英国保守党的候选人——玛格丽特·撒切尔身上。英国保守党组成政府之后，与强势的全国煤矿工人工会之间的摊牌是预料中的事情。

一般而言，支持一个组织长期存在的力量开始衰落的时候，该组织自身的要求也会随着下降。但是，因为煤炭工业在英国历史和公众生活中的特殊地位，使得全国煤矿工人工会成为一个强势组织。面对产业的萎缩，它不但没有降低要求，甚至提出了更高额的财政补贴要求，以致对英国政府构成了极大的威胁，这就造成了它与政府的利益冲突。最终，该工会领导人的激进政策与玛格丽特·撒切尔的私有化政策发生了激烈的碰撞。

二、矿工工会主席的错误领导政策

1984年3月12日，英国爆发了又一轮煤矿工人大罢工，此次罢工一直持续到1985年3月初，几乎持续了一整年。在整个罢工过程中，该工会领导者的方式在很大程度上影响了这次罢工的结果。

（1）全国煤矿工人工会主席的领导方式导致工会的内讧。阿瑟·斯卡吉尔的领导方式导致工会内部力量的分散，也使它失去了外援。阿瑟·斯卡吉尔本人是一个激进派人物。作为英国工会联盟的成员之一，阿瑟·斯卡吉尔和其他工会的领导成员也存在冲突。当时，七位英国工会联盟的元老与国家能源大臣彼得·沃克（Peter Walker）在谈到阿瑟·斯卡吉尔时，他们一致认为此人比较专制，很难与其他工会建立联合阵线。①

当阿瑟·斯卡吉尔成为全国煤矿工人工会的主席时，他越来越支持工会中左派势力的发展，而有意削弱右派的力量。而且在他任主席后仅一年之内，左

① Lawson N. *The View from No. 11: Memoirs of a Tory Radical*, p. 148.

派力量首次在工会中获得行政职务的绝大多数。[①]全国煤矿工人工会中的“稳健派”在 1984 年 3 月底试图通过合法途径决定是否举行煤矿工人罢工时，阿瑟·斯卡吉尔否定了这一决定，并规定由“激进派”占多数的代表会议通过决议，决定重大事务。阿瑟·斯卡吉尔的做法将很多“右派”或“稳健派”人士孤立起来，导致该工会内部力量的集团化。

这首先表现在关于煤矿工人罢工的方式上。在1982年1月，即将卸任的全国煤矿工人工会主席乔·戈姆利（Joe Gormley）通过公开发表文章的方式，倡议该工会的成员投票反对罢工行为。因此，该工会曾在 1982 年和 1983 年关于罢工问题举行过三次投票。但是三次投票都没有通过举行罢工的决定。这就迫使阿瑟·斯卡吉尔规定不通过投票的方式决定是否罢工。当时，这种决定遭到绝大多数人的反对。而一年后，当稳健派人士提倡投票表决罢工与否时，此时工会中只有三位行政官员表示赞成。

阿瑟·斯卡吉尔的这种领导风格也将自己的亲密朋友推到了敌对的一方，加大了全国煤矿工人工会内部的分裂。阿瑟·斯卡吉尔曾经的朋友——吉米·里德（Jimmy Reid）就曾公开批评他的相关决定。[②]这使他失去了该工会内部有力的支持者。

阿瑟·斯卡吉尔的领导方式削弱了罢工中煤矿工人的力量。这种状况在1983年南威尔士开始的罢工中已经初露端倪，在 1984 年的投票结果中更加清晰可见。1984年3月，各地的投票结果显示，在兰开斯特郡、中部地区、西北地区，同意罢工的比例最高只达 41%。[③]而诺丁汉的一位矿工在伦敦召集了来自各地煤矿中反对阿瑟·斯卡吉尔的矿工，公开反对该工会的罢工要求。[④]诺丁汉地方工会的行政人员罗伊·林克（Roy Lynk）和各矿区的同事，组织起反对阿瑟·斯卡吉尔的阵线。[⑤]中部地区的大多数煤矿工人也认为罢工是非法的，他们选择了继续工作。与此同时，在全国煤矿工人工会控制的核心地带，许多人在 1984 年 11 月便放弃了罢工。在 1985 年 3 月，当 9.5 万名煤矿工人开始返回工作岗位时，阿瑟·斯卡吉尔依然拒绝了工会中其他行政人员

---

① Crick M. *Scargill and the Miners*, p. 101.

② Crick M. *Scargill and the Miners*, p. 30.

③ Parker M J. *Thatcherism and the Fall of Coal*, p. 40.

④ Routledge P. *Scargill: The Unauthorized Biography*, p. 167.

⑤ Adeney M, Lloyd J. *The Miners' Strike 1984-5: Loss without Limit*, p. 28.

使用投票权决定是否继续罢工的请求。之后，一位名叫乔治·普赖斯（George Price）的地方工会主席成为第一个返回工作岗位的地方领导。靠近北威尔士的全国煤矿工人工会的行政人员也相继撤出了支持罢工的行列。全国煤矿工人工会内部的争执和分裂加速了它失败的步伐。

面对这种局面，阿瑟·斯卡吉尔组织了具有武装性质的人员，到英国各地去阻止其他煤矿工人返回工作岗位。但在苏格兰、约克郡和南威尔士，仍有很多人决定返回他们的工作岗位。①在斯坦福德（Staffordshire）北部，罢工在1984年11月已偃旗息鼓了；在黑姆希思（Hem Heath），有86%的工人在岗位；在沃尔斯坦顿（Wolstanton），有79%的人在工作；在霍尔迪池（Holditch），有93%的人在工作；在锡尔弗代尔（Silverdale），有89%的人在工作。②这种情况通过表3-1可以说明。

表3-1　1984—1985年罢工中各地区工人团结程度一览表③

地区	人数	1984年11月19日罢工中的百分比（%）	1985年2月14日罢工中的百分比（%）	1985年3月1日罢工中的百分比（%）
南威尔士	21 500	99.6	98	93
肯特	3 000	95.9	95	93
约克郡	56 000	97.3	90	83
苏格兰	13 100	93.9	75	69
考克沃克斯	4 500	95.6	73	65
东北地区	23 000	95.5	70	60
诺丁汉郡	30 000	20.0	14	22
德比郡	10 500	66.7	44	40
兰开郡	6 500	61.5	49	38
密德兰	13 000	32.3	15	23

从表3-1可以看出，尽管一些地区的数据显示参加罢工的人数只稍微下降了几个百分点，如南威尔士、肯特、约克郡、考克沃克斯和东北地区，但

① Ottey R. *The Strike: An Insider's Story*, London: Sidgwick and Jackson, 1985, p. 115.

② Selfert R, Urwin J. *Struggle without End: The 1984-85 Miners Strike in North Staffordshire*, p. 82.

③ Richards A J. *Miners on Strike: Class Solidarity and Division in Britain*, p. 109.

这表明在一些核心地区坚持罢工的人数也在减少，而不是增多。同时，具有武装性质的人员的出现更是给此次罢工打上了非法的烙印，也成了政府打击该工会的把柄。

（2）全国煤矿工人工会主席的不妥协原则影响了这次罢工的结果。在事态发展到不可收拾之前，全国煤矿工人工会的领导人有机会通过妥协的方式获得最大的利益。玛格丽特·撒切尔回忆道：她本人以及当时的政府曾竭尽全力试图避免煤矿工人罢工的发生。她曾说："除非你非常理智地自信能打赢全国煤矿工人工会，否则就不要发动针对它的战争。如果被煤矿矿工罢工击败，那么后果将是灾难性的。"[①]然而面对英国政府的隐忍态度，全国煤矿工人工会领导人坚决反对关闭老矿井，并多次拒绝了政府提出的条件。

当煤矿工人开始返回工作岗位，阿瑟·斯卡吉尔曾被问到他准备坚持多久才肯妥协时，他仍然表示要坚持原则。而就在全国煤矿工人工会还在坚持罢工时，该工会可供支配的经费已经非常拮据了。甚至当他们在拒绝劳工联合会的调停时，矿工们却在恳求用支付现金的方法来代替被相关部门保管的 800 万英镑的冻结资金。[②]

能源大臣彼得·沃克希望和阿瑟·斯卡吉尔就相关事宜达成某种共识，而阿瑟·斯卡吉尔却以"茶非常好喝，可是谈话非常糟糕"这样的方式拒绝了对方。1985 年 2 月底，放弃罢工返回工作岗位的煤矿工人超过了 50%，阿瑟·斯卡吉尔仍坚持不放弃罢工。[③]这种情况也在报纸及二十五年后披露的档案资料中被证实了。有报道称，在罢工结束前的最后一个月内，几乎有两次解决问题的谈判。首次谈判被阿瑟·斯卡吉尔取消了，原因是他认为这种谈判的条件将导致矿井被关闭。第二次谈判开始于总罢工结束前三周，在谈判中，阿瑟·斯卡吉尔的要求没有多大的变化，而全国煤炭委员会的负责人伊恩·麦格雷戈却因此丢掉了职务。[④]阿瑟·斯卡吉尔的个人因素大大地延长了罢工的时间，增加了社会风险。在很大程度上，是他独自将罢工从本该发生的结果——部分的胜利，带入了完全失败的结局。

---

① Parker M J. *Thatcherism and the Fall of Coal*, p. 14.

② Wilsher P. Macintyre D, Jones M, *Strike: Thctcher, Scargill and the Miners*, p. 246.

③ Routledge P. *Scargill: The Unauthorized Biography*, p. 181.

④ Hencke D. How Miners' Strike Twice Came Close to Being Settled, *The Guardian*, March 2009.

从上述事实中不难看出，阿瑟·斯卡吉尔和其他全国煤矿工人工会的行政人员之所以拒绝了一次又一次可以达成妥协的机会，显然是想追求完全、彻底的胜利，这是一种比较幼稚的领导理念，结果只是增加了政府打击全国煤矿工人工会势力的决心。

三、政府政策及其他影响势态发展的因素

当全国煤矿工人工会的要求和行为越来越强硬时，玛格丽特·撒切尔政府已经拥有许多有利的因素：政府的政策，她本人对该工会的态度，公众的民主力量和马尔维纳斯群岛战争等，这些因素的汇合有助于政府的胜利。

1. 玛格丽特·撒切尔政府对全国煤矿工人工会力量的打击

玛格丽特·撒切尔政府实行的私有化政策对全国煤矿工人工会而言是一种釜底抽薪的策略。玛格丽特·撒切尔执政后，她吸取了前几届政府的教训，断然拒绝了该工会提出的过分要求。同时，她也采取了一系列措施来解决政府和该工会之间的关系。

1980 年 4 月，英国政府颁布了《1980 年煤炭工业法案》。这个法案基于两个基本原则：第一，如果煤炭工业在市场上具有竞争力，并且能部分地满足英国未来能源需求市场，将会存在运行良好的煤炭市场。第二，未来工业必须立足于合理的商业和金融体系。在转型时期，工业需要政府补助。但工业必须从依靠政府财政中解脱出来，独立发展。这个法案的颁布从法理上否定了全国煤矿工人工会的财政补偿要求。

另外，政府采取措施打击和分化了全国煤矿工人工会的力量。随着 20 世纪 70 年代国际煤炭需求市场的缩小，全国煤炭委员会的主席德里克·埃兹拉于 1981 年 1 月 28 日向首相递交了一份关闭矿井的计划方案。当伊恩·麦格雷戈成为全国煤炭委员会主席时，他又向政府提出了关闭矿井计划。玛格丽特·撒切尔两次接受了这些计划。关闭矿井的措施大大削弱了该工会的力量。

与此同时，玛格丽特·撒切尔政府在 1981 年首先制定出储藏煤炭的计划，以应对煤矿工人的罢工事件。1982 年该计划开始付诸实践。英国发电厂

的煤炭储藏量从 1982 年 3 月到 1983 年 11 月增加了大约 1500 万吨。①

当 1984 年的罢工持续到年底时，煤炭供应体系的指示读数接近其最低限度，重要的煤炭储藏室也需要立即供应煤炭量。即使事态已经如此严峻，英国政府非常明确地表示，如果工会不做出重大让步，政府将不会有什么解决方案。英国政府通过使用高成本的核电和石油发电来对抗该工会的行为。在政府的打击下，全国煤矿工人工会原有的谈判砝码也逐渐失去了分量。

在罢工进行时，政府还很好地利用了媒体的宣传，并收到了应有的效果。大多数的媒体传递给民众这样的信息：绝大多数矿工要返回工作岗位。并且将政府的承诺——如果矿工们现在返回工作岗位，他们将得到假日补贴——诸如此类的话，传达给矿工。许多矿工听到这种承诺后，离开了罢工队伍。这种措施严重地分化了全国煤矿工人工会的内部力量。

除了这些因素之外，玛格丽特·撒切尔的个人因素对该工会的失败局面也产生了重要的作用。

2. 玛格丽特·撒切尔的强硬态度

玛格丽特·撒切尔个人的强硬态度对全国煤矿工人工会的失败结局也产生了重要影响。玛格丽特·撒切尔在英国历史上被冠以“铁娘子”的绰号。在她成为英国首相时，这种倔强的性格得到了展示的机会。她不愿像她的前任那样在与工会的较量中败下阵去；同时，她也希望能够改变英国煤炭工业低效的运营方式。

当她步入政坛时就开始仔细研究英国工业中存在的问题，并且坚定地认为英国工业需要转型。成为英国首相后，撒切尔毅然决然地选择了“自由企业体制”指导下的转型政策。一方面，她坚定地执行这一政策；另一方面，也利用维多利亚时期勤劳、节俭的价值观唤起人们面对困难时的自信心，并用宗教中的罪恶感打击那些一味地与政府讨价还价的工会。这种简单实在的方式，既使她的理论具有明确的目标，也将英国的一些工会推到了社会道德的对立面，她还趁机获得了公众对她反对全国煤矿工人工会提出的过分要求的支持。

在全国煤矿工人大罢工爆发后，玛格丽特·撒切尔分析了当时的形势，并立刻组建了一个由她本人任主席的内阁委员会来决定政府应对罢工的措施。而

① Parker M J. *Thatcherism and the Fall of Coal*, p. 45.

且在整个过程中，她始终表现出坚定的自信心。例如，在罢工即将结束时，当全国煤矿工人工会的行政人员同意与政府就相关问题进行磋商时，玛格丽特·撒切尔坚持认为，任何协议无论其内容是什么，都必须绝对清楚明白。

3. 无法预测的政治局势

除了上述工会内部力量的分化及政府的政策措施对全国煤矿工人工会极为不利之外，英国与阿根廷之间的马尔维纳斯群岛战争的结果也对此产生了负面影响。

（1）马尔维纳斯群岛战争加强了玛格丽特·撒切尔政府的力量。1982 年 4 月，英国和阿根廷之间因争夺马尔维纳斯群岛的主权爆发了战争。战争以英国的胜利而告终。这样的结果最有助于当时执政者的政治前途。战前，保守党的排名在民意测验中仅在联盟党之前。1982 年 4 月，保守党的支持率上升了 10%，达 41.5%，并且排名在其他政党之前，居第一位。随着战争胜利的来临，民意测验的百分点又一次升高了。玛格丽特·撒切尔的民意支持率上升到 51%。马尔维纳斯群岛战争的胜利使她获得了前所未有的权力基础，也从另一个侧面为她增加了打击全国煤矿工人工会的有利砝码。①

对保守党而言，战争最重要的后果是以撒切尔为首的保守党在 1983 年的大选中获得了 144 个席位的绝对多数。这种结局意味着在未来的几年里，玛格丽特·撒切尔能够继续她未竟的事业了。全国煤矿工人工会仍然是她想要解决的问题之一。因此，1983 年的大选结果对该工会来说是不利的。

（2）民众认可了政府管理经济的能力。1983 年，英国经济在私人公司、企业和出口以及就业等方面都有所增加。据官方统计资料显示：英国的海外债务减少了一半，工业产品得到了极大的提高，通货膨胀率从 20%下降到 1970 年以来的最低水平——4%。②就业在 1983 年第二季度初期也确实有所好转。英国民众也在一定程度上认可了政府干预经济的能力。

而在漫长的一轮接一轮的矿工罢工浪潮中，很多普通英国民众开始抱怨全国煤矿工人工会的行为。特别是在 1984 年漫长的冬季，因为矿工罢工而要大多数民众忍受严寒时，他们对矿工的同情心渐趋淡化。政府欲采取强硬措施对

① Seldon A, Collings D. *Britain under Thatcher*, Harlow: Pearson Education Limited, 2000, p. 23.

② Thatcher M. *The Downing Street Years*, p. 272.

付罢工的立场，在持续的罢工中得到了下议院议员和选举人的支持。民众的支持加重了政府打击该工会的砝码。这是决定胶着双方谁将获胜的最重要因素。归根到底是英国时局的转变最终将工会推向了失败的境地。

四、罢工的结局与结论

1984 年 3 月 12 日，全国煤矿工人工会领导的煤矿工人开始罢工，到 1985 年 3 月 3 日，该工会内部经过投票表决决定终止罢工，历时将近一年。罢工以全国煤矿工人工会的失败告终。这种结果是上述这些长期因素的必然性和短期因素的偶然性汇合促成的，这一结局不可避免。由此，我们可以从这件事情中得出以下结论。

第一，在新的历史时期，工人运动发展的环境发生了较大的变化。第二次世界大战刚刚结束时，工人运动蓬勃发展。然而，大多数西方发达国家在战后几十年的发展中，面临着将传统的以人力为主的工业体系向现代的电子化工业体系转型的问题。这些传统的大工业曾是工人队伍最为强大和集中的阵地。据统计，20 世纪 50 年代中期，英国各类工业的人数最多；1983 年，工业工人的比例与服务部门的工人的比例为 1：2。①大量的工业工人特别是制造业工人失业。在 20 世纪 60 年代早期，失业人数大概为 50 万人，而到 1974—1979 年，每年的平均失业人数为 125 万左右。②到 20 世纪 80 年代初期，这种情况没有多大改观。传统大工业的衰退和转型意味着工人曾经赖以生存的基础发生了大的变化。

政府对待工人运动的方式也在一定程度上发生了变化。它们与工人代表通过协商的方式首先达成和解，并进而通过一定的管理技巧和改变劳资关系等手段，分化了工人力量，以防他们发动工人运动。从这些方面看，工人运动在客观上已处在一个大的转型阶段，必须要以新的、灵活的方式来应对面临的新环境。

第二，在英国煤炭工业已经衰落并且要面对政府的各种手段时，全国煤炭工人工会的领导人应该改变自己强硬的姿态，从不利的局面中找到对自己发展更有利的因素，使自己摆脱被动挨打的局面。在工人运动处于低谷的时代，这

① Turner R. *The British Economy in Transition: From the Old to the New?* p. 3.

② Lawson N. *The View from No. 11: Memoirs of a Tory Radical*, p. 102.

是一种保存实力、以求长远发展的最佳方案。然而，当时全国煤矿工人工会领导人的策略失当，并没有站在矿工队伍的整体发展立场上慎重考虑罢工事宜，结果加快了工会衰落的步伐。

在罢工发生前，工会领导人应该事先组织投票表决，以决定是否进行罢工。然而，罢工是在没有投票表决的方式下进行的。这种情况肯定会引起大多数矿工对罢工的合法性和必要性的担心。在罢工过程中，工会领导人应该以最大可能组织矿工力量，团结矿工队伍。然而，却出现了工会自己大量的武装力量对付试图返回工作岗位的矿工的行为。这不但加速了工会内部的分裂，同时又给政府以武力镇压的机会。

阿瑟·斯卡吉尔当时应该充分估算工会的实力并认清当时工人运动所处的大环境，尽可能多地获得绝大多数人和集团的同情与支持。但是，他过高地估算了矿工的实力，并以工人阶级的代表自居，还毫不掩饰自己发动罢工的思想和目的，直接将矛头指向与工人阶级不同的一切阶级及当时的政府。阿瑟·斯卡吉尔称他的根本目标就是拖垮玛格丽特·撒切尔的政府。[①]他也讲出“罢工就是阶级斗争”等诸如此类的话。这种言论和立场不但为政府提供了对该工会武力相向的借口，而且也引起了其他阶级与利益集团对该工会的警惕。玛格丽特·撒切尔明确表示：阿瑟·斯卡吉尔先生的观点不仅反政府，而且反对任何人和任何站在左派对立面的事物，包括跟随他的矿工和他们的家人、警察、法庭、法律原则和议会本身。[②]结果，政府加大关闭无盈利矿井的步伐，加速削弱和分化工会力量。罢工为煤炭工业的永久私有化开辟了道路。

此外，罢工如果在冬季发生，全国煤矿工人工会也许会占据特别有利的地位。因为英国的冬季是一年中煤炭需求量最高的季节，这也正是政府最为担心的事情。但是罢工却开始于春季，这样的时机首先对工会自己不利。另外，罢工开始于马尔维纳斯群岛战争胜利后不久。很明显，绝大多数英国人仍然沉浸在战争胜利带来的荣耀和喜悦之中，他们信任政府。特别当玛格丽特·撒切尔称该工会的领导人为英国内部“敌人”的时候，更增加了人们对该工会行为的厌恶之感。

---

① Routledge P. *Scargill: The Unauthorized Biography*, p. 149.

② Thatcher M. *The Downing Street Years*, pp. 340-365.

第三，英国政府在这次罢工中抓住各种有利时机，使用各种手段来应付这次罢工。英国政府除了利用矿工罢工中的内讧，罢工时机失宜，媒体有失偏颇的宣传，大多数人对于阶级斗争的厌恶之感等外，还通过改变英国工业经济中的管理技巧和劳资关系，从根本上削弱工会的实力。用人单位常常通过与就业工人签订“无罢工”协定和工会不认可的手段来限制工会的力量。政府也通过了一些约束工会势力的立法。通过这些分化手段，使英国曾经强大的工会运动再也不能抵制政府对工业的决策行为。

此外，英国政府对煤矿工人的罢工行为也采取以退为进、迂回前进的策略。当英国的煤炭工业市场日益萧条时，全国煤矿工人工会以罢工为手段，以高额工资赔偿为目标要挟政府，使英国当时的经济形势更加严峻，这导致英国大多数民众对政府管理国家经济能力的怀疑。该工会在1972年和1974年进行了两次全国性的罢工。1972 年罢工以爱德华·希思政府的妥协而告终，而1974 年的罢工则颠覆了爱德华·希思政府。因此，英国政府对该工会的要求采取了慎重的态度。当英国政府决定在 1981—1982 财政年后关闭 23 个矿井时，煤矿工人采取了罢工的行动。①玛格丽特·撒切尔政府快速废除了关闭的决定，并宣布在更大程度上对煤炭工业进行补贴。连续三年，还有一部分额外的津贴，只有矿工除工资之外。②1984 年，政府按工作年限对失业矿工进行补助，每工作一年，补助金额为1000英镑，补助期为两年。长期在矿井工作的工人，可以在这个条件下总共拿到 3 万镑左右。③与英国煤矿工人当时年均8000镑的工资相比，这个条件是比较诱人的。

然而当各种条件对矿工罢工不利时，玛格丽特·撒切尔政府开始毫不留情地对它大加讨伐。首先，对工会在罢工后期要求谈判的条件进一步提高。这在前文中已有所反映。其次，大罢工结束后，加大矿井关闭的规模。1984 年全国煤炭委员会经营的矿井还有172个，雇佣人数为174 000个。然而到1994年中期，只有 15 个矿井在运转和产煤，一个矿井发展还不充分；总共雇用了6000名管理人员和8000名矿工。④

---

① Turner R. *The British Economy in Transition: From the Old to the New?* p. 25.

② Peter B. *The Politics of the Miners' Strike*, London: Socialist Viewpoint, 1985, p. 5.

③ Thatcher M. *The Downing Street Years*, p. 343.

④ Turner R. *The British Economy in Transition: From the Old to the New?* p. 23.

从上述几个方面看，英国煤矿工人工会在1984—1985年大罢工的失败结局是几个方面的原因造成的，这其中既有当时的大环境的艰难，也有矿工领导人决策方面的失误，但更重要的是英国政府对待这次罢工的决心和手段的多元化。

本章小结

从国有化以来，英国煤炭工业的环境加强了工会的凝聚力。当矿工利益受到损害时，罢工便频繁发生。而且20世纪60年代后期以来，大规模的矿工罢工对英国政党政治构成了极大的威胁。受罢工影响，煤炭工业的成本一再提高，不得不依靠政府的巨额财政补贴维持运营。玛格丽特·撒切尔政府针对这种局面，制定了煤炭工业发展的总体目标——在短期内实现该工业的财政收支平衡。自然地，全国煤矿工人工会又一次表示抗议。玛格丽特·撒切尔政府一改往日政府与工会之间的妥协原则，采取了迂回战术：首先，通过妥协安抚工会的激愤之情。其次，通过法律途径限制和削弱工会的力量。最后，进一步分化瓦解工会的内部力量。当然，在罢工中，政府除了使用上述手段外，也利用警力对抗工人纠察队。这些手段均有效地削弱了工会的力量，这也是玛格丽特·撒切尔政府最终取得反罢工胜利的主要原因。从玛格丽特·撒切尔政府针对全国煤矿工人工会所采取的战略战术看，政府对工会可能出现的各种行为早已有所防备。

第一，政府尽可能地利用合法手段限制工会力量的过激行为，实现对工会力量的控制。

第二，玛格丽特·撒切尔政府为了避免罢工事件的爆发，一直寻求与工会妥协的机会，以免陷入爱德华·希思政府的困境。即使当罢工成为事实时，政府也一直努力与矿工工会主席沟通，试图通过适当的让步解决问题。

第三，玛格丽特·撒切尔政府充分利用各种有利的机会削弱矿工工会的力量。政府除了分化全国煤矿工人工会内部的力量之外，也成功地说服英国劳工联合会的其他工会代表孤立全国煤矿工人工会。与此同时，玛格丽特·撒切尔作为一名训练有素的政治人物，充分利用了全国煤矿工人工会主席的失误和弱点，将阿瑟·斯卡吉尔与整个英国的法制和英国民众引以为豪的自由体制对立起来，使社会大多数既得利益者和维护英国体制的民众对他产生了反感。

在拖延的罢工中，政府的这些有针对性的措施有效地削弱了全国煤矿工人工会的力量。与政府的措施相比，全国煤矿工人工会的策略就显得杂乱，毫无章法可言。

首先，全国煤矿工人工会主席发动这次罢工的主旨目标模糊不清。这次罢工因矿井关闭计划而起，因此按理说，反对矿井关闭、维护矿工的既得利益是这次罢工的主要目标。但是，阿瑟·斯卡吉尔并没有沿着这样的路线出牌，却反而打出了“罢工是阶级斗争”的旗号。这一不符合实际的目标导致了工会内部的分裂。

其次，全国煤矿工人工会领导层对罢工的威力估计过高，导致罢工陷入僵局。全国煤矿工人工会主要通过罢工的方式要挟政府以满足自己提出的要求。因此，罢工只是一种手段。而且英国煤炭工业衰落已成定局，大量的石油、天然气以及可供选择的廉价进口煤炭削减了本土煤炭作为威胁手段的分量。在这种情况下，工会罢工的目标应该是在最短的时间内获得最大的收获。然而全国煤矿工人工会主席误将罢工看作制胜的法宝。当然全国煤矿工人工会在罢工时间选择上也非常不明智，在应对媒体的技巧方面表现非常拙劣，同时也过于乐观地估计了英国劳工联合会的态度。这些失误也罢，过错也好，齐集于全国煤矿工人工会一身，使罢工的结局成为意料中的事。

由此可见，在煤炭工业转型过程中，英国政府一方面谨小慎微地削弱全国煤矿工人工会势力；另一方面对全国煤矿工人工会罢工也是严阵以待。而全国煤矿工人工会的各种失误使罢工更像是一场飞蛾扑火的游戏。

这次罢工除了造成巨大的直接经济损失之外，对英国煤炭工业的走向产生了极大的影响。尽管有学者认为煤炭工业在罢工后的收缩皆因环境而起，但是罢工确实是煤炭工业发展的分水岭。

第四章

英国煤炭工业转型的短期后果

1984—1985 年煤矿工人大罢工结束后，英国煤炭工业加快了收缩的步伐。大量的矿井被关闭，成千上万的矿工被裁减。因此，重新安排下岗的矿工，重建被关闭的矿井地区成为英国政府的主要任务。与此同时，煤炭工业中代表劳资双方的组织机构发生了巨大的变化，英国本土资源结构也发生了较大的变化。

第一节　玛格丽特·撒切尔政府裁减煤矿工人与去工业化运动

自第一次世界大战以来，英国煤炭工业处在衰落之中。其主要原因是能源市场结构的多元化使市场需求发生了极大的变化。面对这种局势，英国煤炭工业中煤矿工人的数量随着矿井的关闭而流失。特别自 20 世纪 50 年代后期以来，矿井关闭和人员流失更加严重。1979 年，煤矿工人的数量由 70 万减少到 23 万。玛格丽特·撒切尔执掌英国政权之后，裁减人员仍然是煤炭工业的既定方针之一。1985 年 3 月，有 17.1 万煤矿工人，1990 年 9 月仅剩下大约 6.1 万煤矿工人。到 1994 年中期，只有 15 个矿井在运转和产煤，这些矿井雇用了 6000 名管理人员和 8000 名矿工。大量的被裁矿工汇入 300 多万失业大军当中，他们的技术特征与地区经济形势使其再就业并不占优势。因此，被裁煤矿工人的就业和安置问题成为许多学者关注的课题。

约翰·休厄尔考察了南威尔士的一个煤矿山谷在 20 世纪 50 年代和 60 年代因当地煤炭工业的严重萎缩对煤矿工人工作和生活的社区产生的重要影响：绝大多数年轻人被转移到山谷附近的煤矿，老年人成为被裁减的对象；煤矿工人社区的居民不再具有相同的职业背景；全国煤矿工人工会领导人的权威基础随着工业和社会多元化和煤矿工人人数的下降发生了动摇。[①]约翰·休厄尔的调查内容主要反映了早期煤矿矿井的关闭对煤矿工人和煤矿工人社区产生的影响。L. D. 斯坦普在第二次世界大战后初期也重新考证了英国煤炭产量逐年下降的原因，通过一系列的数据否认了关于第二次世界大战后英国煤炭储量已耗尽的说法，同时也认为英国煤矿产量逐年下降是由于缺乏足够的熟练矿工所致。另外，他通过城市发展史的视角对政府关闭所有没有利润的矿井的做法提出了质疑，他认为煤矿工人社区是最早的工业化城市，关闭矿井将涉及摧毁在老煤矿区建立起来的城镇。[②]埃里克·韦德分析了全国煤炭委员会对诺森伯兰矿区即将实行的裁减人员、关闭矿井的政策可能导致的直接和间接财政代价，认为其大于煤矿运营的损失，同时指出降低对社会的福利将对当地的社会和经济结构带来非常严重的影响。[③]埃里克·韦德从经济层面指出玛格丽特·撒切尔的保守党政府在矿区实施的裁减人员和关闭矿井的方针政策得不偿失。斯蒂芬·福瑟吉尔和斯蒂芬·威特在 1989 年调查了英国政府关于英国煤炭公司的私有化政策对煤矿工人社区造成的影响，在调查报告中，作者对各个地区煤炭工业的前景，可能发生进一步岗位损失的经济背景，被私有化威胁的工作损失做出的各种反应措施进行了分析，作者指出，煤炭工业私有化的开始意味着矿井的进一步关闭，随之会导致已处于贫困的煤矿工人社区又将迎来

① Sewel J. *Colliery Closure and Social Change: A Study of a South Wales Mining Valley*, p. 81.

② Stamp L D. Britain's Coal Crisis: Geographical Backgroud and Some Recent Literature, *Geographical Review,* Vol. 38, No. 2, 1948, pp. 179-193.

③ Wade E. *Coal Mining and Employment: A Study of Blyth Valley*, p. 36.

大量人员的失业，从长远看可能会导致贸易赤字大增，如果抛弃英国储量最大的能源资源——煤炭，可能会导致较高的电力价格。由此，作者提出六点建议以保护煤炭工业：第一，在 1995 年把露天煤矿的生产量降到大约 1000 万吨。第二，延期发电厂的煤炭进口。第三，取消赛兹韦尔（Sizewell）核电站。第四，约束煤气的使用。第五，在现代燃煤电厂投资。第六，保持公共所有制。[①]很显然，作者的侧重点是建议政府放弃对矿井的关闭，而扶持煤炭工业的发展。威廉·阿什沃思所著的《英国煤炭工业史》一书有部分内容对玛格丽特·撒切尔政府之前煤炭工业的矿井关闭情况进行了考察分析，对玛格丽特·撒切尔执政早期的煤炭工业政策表示担忧，指出煤炭工业在任何阶段都需要有效的政府、全国煤炭委员会以及工会之间持续的合作和积极地寻求新途径的态度。[②]威廉·阿什沃思通过发展的历史视角考察了在玛格丽特·撒切尔政府之前的煤矿收缩与发展的历程。

萨拉·蒙克参照英国钢铁公司曾经实施的培训方案，对英国煤炭公司在 1985 年引入的岗位和职业变化方案的内容以及培训的结果和影响进行了调查研究，并得出了以下结论：对失业煤矿工人的培训方案没有充分满足被裁煤矿工人的再培训需求；此方案规定再培训的八周时间太短，再培训的内容也相当肤浅且没有针对性，很少有人对此培训方案感兴趣；培训的结果是没有增加更多的工作岗位；没有充足的财政支持，因此被裁减人员没有要从事再培训的动机。针对这些结论，作者相应地提出几条建议：第一，应该改变英国煤炭公司的岗位和职业变化方案的培训内容和收入支出。第二，增加的基金应该从欧洲煤钢共同体中得到。第三，当地政府应该对可能的裁员再培训提供更多的机会。第四，煤矿工人社区应该与英国煤炭公司和其他涉及岗位创造的机构紧密地合作。第五，建议当地政府应该监控人力服务委员会和技术中心的就业影响以及他们对失业人员再培训的意义。[③]萨拉·蒙克的调查对我们研究玛格丽特·撒切尔政府如何转移和消化被裁矿工提供了宝贵的资料。

---

① Fothergill S, Witt S. *The Privatisation of British Coal: An Assessment of Its Impact on Mining Areas*, p. 16, P. 39, P. 54.

② Ashworth W, Pegg M. *The History of the British Coal Industry, Volume 5: 1946-1982: The Nationalized Industry*, p. 443.

③ Monk S. *Retraining Opportunities for Miners Who Have Been Made Redundant: A Special Report Commissioned by the Coalfield Communities Campaign*, p. 34.

然而，斯迪夫·威特在1991年发表了一份自1985年以来到1990年底关于英国煤矿工人社区在煤矿关闭之后被裁减矿工就业和生活情况的调查报告，把大量失业矿工的不幸遭遇归咎于政府关闭矿井的政策，并对英国煤炭公司的裁员政策和培训政策提出中肯的建议。①作者对煤矿工人社区的调查有助于我们深入地了解1984—1985年罢工之后英国政府针对失业矿工出台的就业政策。罗伊斯·特纳在考察中肯定了玛格丽特·撒切尔的再培训方案，对政府组建特别工作组以及再培训机构表示赞扬。②但是罗伊斯·特纳注意到，英国煤炭“去工业化”措施造成了大量矿工的失业以及其他负面影响，因此他指出：大量的现代化代价落到工人身上，少数工人在安全的、高技术的公司获得体面的薪水，而有更大比例的人被排除在劳动力市场之外，他们大多数人或者作为剩余劳动力，或者被排挤出劳动力市场，这本身对政府和社会而言都是一种潜在的灾难。③罗伊斯·特纳总体上对政府的煤炭工业转型措施表示否定。戴维·沃丁顿等人首先通过全球经济、政治发展的视角审视了英国煤炭工业的状况，并对它的衰落表示认可；接着他们又通过对唐克斯特、罗瑟勒姆和诺丁汉郡地区的几个煤矿工人社区进行实地考察，认为英国煤炭工业的收缩影响了煤矿工人与其家人的关系，也影响了煤矿工人社区的教育水平，对当地的社会秩序和经济发展产生了不良的后果。另外，他们又对20世纪90年代以来煤炭工业的重建进行了研究，认为煤矿工人的生存和工业遗产的前景并不乐观。最后，他们考察了政府在煤矿工人社区的各项经济重建措施，如土地开垦、对内投资、技术培训和基于社区的首创精神的计划，认为这些措施在减少失业方面产生的效力与加强煤矿工人社区生存能力方面产生的效力是不对等的，他们认为对煤矿工人及其家人待遇的改善要比其他措施更为有用。④戴维·沃丁顿通过实例考察了玛格丽特·撒切尔的保守党政府后期（1989年）关闭的位于德比郡北部和诺丁汉郡北部交界的沃尔索普山谷煤矿工人社区人口变化情况，认为矿井关闭产生的影响是降低了此地的凝聚力；保守党时期的私有化政策使此地的住房掌握在少数非常住房主的手中，降低了住房条件；道路和受教育条件的艰难都阻碍了

① Witt S. *When the Pit Closes: The Employment Experiences of Redundant Miners*, p.47.

② Turner R. *The British Economy in Transition: From the Old to the New*? p. 33.

③ Turner R. *The British Economy in Transition: From the Old to the New*? p. 253.

④ Waddington D, Critcher C, Dicks B, et al. *Out of the Ashes? : The Social Impact of Industrial Contraction and Regeneration on Britain's Mining Communities*, pp. 211-219.

当地的繁荣兴旺；在矿区衰落过程中，尽管包括保守党在内的历届政府对此采取了一系列复兴的措施，如托尼·布莱尔工党政府的复兴措施取得了惊人的成果，但是要恢复如初，还需要走较长的路。[①]戴维·沃丁顿的研究为我们提供了玛格丽特·撒切尔之后各届政府对煤矿工人社区的重建结果，作者对托尼·布莱尔政府的复兴措施给予了过高的评价。我们认为煤矿工人社区的衰落不是一朝一夕的事情，而复兴与重建更是需要长期的持续战略。

由地方当局发起的一次关于玛格丽特·撒切尔政府实行私有化政策以来煤矿地区在劳动力质量和劳资关系方面变化的调查，旨在检验当地劳动力市场以及对一些计划构想的怀疑和偏见，研究主要集中在过去几年里，在煤矿地区大量成功入驻的公司或分公司，最后得出了煤矿地区之所以吸引大批公司的移入或扩张，主要是当地具有包括大量煤矿工人在内的丰富的劳动力资源，且当地劳资关系良好，工会不仅能帮助消除车间冲突，而且也帮助公司的运营，员工与公司的态度是一种积极的合作态度，雇主认为当地劳工的行为、改编和动机能够与现代工业的需求相匹配。[②]从这份报告中可以看出，英国地方当局认为煤矿地区丰富的劳动力资源是吸引投资者的主要因素，劳资关系在转型中趋向良性发展，不存在历史遗留问题。这是我们看到的唯一对煤矿地区的重建持乐观、肯定态度的资料。很显然，这份资料带有官方肯定自身业绩的痕迹。M. J. 帕克认为玛格丽特·撒切尔的保守党政府从1985—1990年的大量裁员，并没有权衡裁员和煤炭工业重构的成本以及社会成本和失业成本。[③]M. J. 帕克对玛格丽特·撒切尔政府裁减矿工的政策持批判态度。

从上述研究及调查报告中可以看出，在1984—1985年煤矿工人罢工之后，英国国内关于玛格丽特·撒切尔政府对失业矿工的安排措施大致存在肯定与否定两种看法。而且，就我们所掌握的资料情况而言，否定远远大于肯定。这些调查为我们研究玛格丽特·撒切尔执政前后英国煤矿工人的再就业情况提供了宝贵的素材，然而，他们的研究并没有从一个较长时段的历史演变中看待

---

① Waddington D. *Developing Coalfields Communities: Breathing New Life into Warsop Vale*, pp. 8-25.

② PA Cambridge Economic Consultants, *First Choice: Attitudes towards the Local Workforce of Companies Choosing to Set up Business in Coalfield Areas*, pp. 6-12.

③ Parker M J. *Thatcherism and the Fall of Coal*, p. 79.

失业与就业的关系。因此，本书将通过比较玛格丽特·撒切尔执政前后英国煤矿工人就业的环境，玛格丽特·撒切尔政府私有化的主要目标，煤矿工人岗位的大量消失以及玛格丽特·撒切尔政府解决失业矿工问题的措施，以期获得英国在煤炭工业转型过程中消化大量冗员的经验及教训。

一、国有化时期煤矿工人的就业去向

玛格丽特·撒切尔执政之前英国的工业规模已经大大地缩小了，煤炭工业也不例外。煤炭工业在收缩的过程中带来的较大问题之一是矿井关闭之后如何安排原来的煤矿工人。在当时的英国，如果采取失业的措施，将是对英国“福利国家”理念的否定，也是工会组织不允许的事情。1970 年大选时，工党曾提出全国煤炭委员会披露的计划是每年增加 4200 万吨的产量，主要通过暂缓关闭煤矿，发展现存煤矿以及凿通新的矿道来实现。①甚至在 1979 年，詹姆斯·卡拉翰政府在面对大量的失业浪潮时仍然优先考虑返回全部就业的目标。②因此，当时英国政府对裁员矿工主要采取了以下措施。

（1）将他们从被关闭的矿井转移到正在运营的矿井或煤炭工业的其他岗位。受国际经济萧条的影响，自 1957 年开始直到 1969 年，英国的煤炭工业进入快速的收缩期。在此期间，全国煤炭委员会总共关闭了 505 个矿井，378 000 份岗位被削减。③仅在 1968 年，全国煤炭委员会就关闭了 55 个矿井，削减了 55 000 份工作岗位。④即使矿井被如此大规模地关闭，在煤炭工业内部也存在许多机会重新安排大多数已停业矿井的工人。346 000 名煤矿工人在 1968 年之前的 8 年内自愿离开，这对那些选择留在工业内部的人而言是极为有利的。⑤全国煤炭委员会曾经制定了许多方案，鼓励煤矿工人离开原居住地和工作地而转移到其他矿井，并对其提供诸如“自由挑选”工作地、住房等优惠条

① Waddington D, Critcher C, Dicks B, et al. *Out of the Ashes?: The Social Impact of Industrial Contraction and Regeneration on Britain's Mining Communities*, p. 11.

② *The Labour Way is the Better Way, 1979 Labour Party Manifesto*.

③ Waddington D, Critcher C, Dicks B, et al. *Out of the Ashes?: The Social Impact of Industrial Contraction and Regeneration on Britain's Mining Communities*, p. 11.

④ Crick M. *Scargill and the Miners*, p. 12.

⑤ Waddington D, Critcher C, Dicks B, et al. *Out of the Ashes?: The Social Impact of Industrial Contraction and Regeneration on Britain's Mining Communities*, p. 13.

件。[①]1968 年曾有学者对南威尔士煤矿矿区杜莱山谷 272 个当地男性的抽样调查显示，219 人（81%）正在或曾在煤炭工业就业，其中 50%有潜在经济活动的男性正在煤炭工业中就业。另据调查，在关闭当地的煤矿之前，继续住在原地以及移出山谷但仍在煤矿就业的人占 75%。[②]因此，在煤炭工业大规模收缩时，大量被关闭矿井的煤矿工人仍在煤炭工业中就业，并且在早期关闭阶段，这种矿区之间就业人员转移的数量较大，而到后期则慢慢地减小了。

（2）削减招募煤矿工人的指标。在煤炭工业收缩的过程中，除了转移被关闭矿井的煤矿工人之外，全国煤炭委员会还将每年例行新招募矿工的人数降到自然减小水平之下。因此，煤炭工业的总就业人数在不断下降。在实施招募计划时，矿井的管理层针对矿井的实际情况，招募新矿工的标准存在较大的不同，并且随着矿井关闭范围的扩大，煤炭工业的岗位也日渐减少，更多被关闭矿井的煤矿工人无法得到妥善安排，招募新煤矿工人的数量被成倍缩小了。在 1958 年，除 120 个人手不够的煤矿外，其他煤矿只招募熟练工人，而有些煤矿为了摆脱年纪较大的劳动力而只招募年轻人；1957 年，新招募了 70 711 人进入煤炭工业，1971—1972 年只有 13 722 人。[③]削减招募新矿工数量的措施在一定程度上缓解了煤炭工业收缩带来的就业压力。

（3）20 世纪 60 年代后期开始裁减矿工。矿井大规模缩减的初期，除了极小的一部分年轻矿工转移到其他工业中外，大量的煤矿工人仍在煤炭工业内部转移。[④]但是到后期，政府投入大量费用使裁员成为可能。《1967 年煤炭工业法案》第 3、4 条规定，应该对煤炭工业中被裁减的矿工给予补偿，应该返还提前退休矿工的救济金。[⑤]紧接着，政府出台了《1968 年裁减煤矿工人（补偿方案）令》规定：在 1967 年 7 月到 1971 年 3 月的任何煤矿职工，其年龄在 55—65 岁的男性职工或 60 岁以下的女性职工，裁员费用根据周工资给予一定

---

① Ashworth W, Pegg M. *The History of the British Coal Industry, Volume 5: 1946-1982: The Nationalized Industry*, pp. 261-262.

② Sewel J. *Colliery Closure and Social Change: A Study of a South Wales Mining Valley*, p. 6, p. 9, p. 32.

③ Ashworth W, Pegg M. *The History of the British Coal Industry, Volume 5: 1946-1982: The Nationalized Industry*, p. 250.

④ Ashworth W, Pegg M. *The History of the British Coal Industry, Volume 5: 1946-1982: The Nationalized Industry*, p. 260.

⑤ *Coal Industry Act 1967*.

的补偿金额。[①]这种补偿通过一定的工资等级来定，如表 4-1 内容所示。

表 4-1　1967 年 7 月—1971 年 3 月裁员前收入和周补偿额表[②]

裁员前的收入额						在裁员补偿方案规定下每周应得金额		
超过			不超过					
英镑	先令	便士	英镑	先令	便士	英镑	先令	便士
0	0	0	9	13	4	0	0	0
9	13	4	10	0	0	0	4	0
10	0	0	10	6	8	0	9	0
10	6	8	10	13	4	0	14	0
11	0	0	11	6	8	1	5	0
11	6	8	11	13	4	1	10	0
11	13	4	12	0	0	1	15	0
12	0	0	12	6	8	2	0	0
12	6	8	12	13	4	2	5	0
12	13	4	13	0	0	2	10	0
13	0	0	13	6	8	2	16	0
13	6	8	13	13	4	3	1	0
13	13	4	14	0	0	3	6	0
14	0	0	14	6	8	3	12	0
14	6	8	14	13	4	3	17	0
14	13	4	15	0	0	4	2	0
15	0	0	15	6	8	4	7	0
15	6	8	15	13	4	4	12	0
15	13	4	16	0	0	4	17	0
16	0	0	16	6	8	5	1	0
16	6	8	16	13	4	5	5	0
16	13	4	17	0	0	5	10	0
17	0	0	17	6	8	5	15	0
17	6	8	17	13	4	5	19	0
30	0	0	—	—	—	14	5	0

① *The Redundant Mineworkers (Payments Scheme) Order 1968.*

② *The Redundant Mineworkers (Payments Scheme) Order 1968.*

通过表 4-1 情况可以看出，周工资介于 9 英镑 13 先令 4 便士至 10 英镑之间的煤矿工人如果被裁减，每周可得到补偿金 4 先令；周工资介于 10 英镑至 10 英镑 6 先令 8 便士的煤矿工人，每周得到的裁员补偿金为 9 便士；周工资介于 10 英镑 6 先令 8 便士至 10 英镑 13 先令 4 便士之间的矿工，每周可得到裁员补偿金 14 便士；周工资介于 11 英镑至 11 英镑 6 先令 8 便士的矿工，每周可得到裁员补偿金 1 英镑 5 先令；最高周工资超过 30 英镑的矿工，每周可得到 14 英镑 5 先令的补偿金。因此，每位被裁煤矿工人的周补偿额度的多少，关键取决于他的周工资，而总的补偿额度与他的工作时间也相关。在随后出台的补偿方案中，这种周补偿额随着工资的上升有所下调。

在这种政策支持下，1968—1969 年曾雇用了 29 300 人的矿井被关闭时，有 20 367 人被裁员。①尽管《1967 年煤炭工业法案》和《1968 年煤矿工人裁减（补偿方案）令》将裁减矿工的时间限制在 1967 年到 1971 年，但是《1971 年煤炭工业法案》第 2 条又将裁减矿工的时间延长到 1974 年 3 月，并且对 55 岁以上的裁员年龄条件做出了调整，使裁员范围进一步扩大。②《1978 年煤矿工人裁减（补偿方案）令》中对年满 20 岁的煤矿工人的裁减补偿额的清算方法如下：年龄处于 35 岁至 35 岁 4 个月的矿工，每服务一年可得 5 英镑；年龄处于 35 岁 4 个月至 35 岁 8 个月之间的矿工，每年可得 10 英镑；年龄介于 35 岁 8 个月至 36 岁之间的矿工，每年可得 15 英镑；年龄处于 36 岁 4 个月至 36 岁 8 个月之间的矿工，每年可得 20 英镑；依次相差 5 英镑。但是 38 岁到 55 岁是一个档次，每年可得 50 英镑；55 岁到 65 岁或 60 岁之间是一个档次，每年可得 50 英镑。③因此，当较高的补偿成为可能以及煤炭工业对已关闭的矿井工人的吸纳能力非常有限时，大量煤矿工人由于相关裁减人员法案被迫自谋生路，而不是被重新安排就业。例如，早在 1974 年初，失业煤矿工人与其他工业的失业人数已超过 100 万。④从以上相关资料可以看出，这种裁员措施最初主要针对年龄较大的煤矿工人，但是后来随着煤炭工业中总岗位数的减少，它成为针对绝大多数煤矿工人的主要措施。

---

① Ashworth W, Pegg M. *The History of the British Coal Industry, Volume 5: 1946-1982: The Nationalized Industry*, p. 262.

② *Coal Industry Act 1971.*

③ *The Redundant Mineworkers and Consessionary Coal (Payments Schemes) Order 1978.*

④ *February 1974 Labour Party Manifesto.*

从上述情况可以看出，20 世纪 60 年代中期以前，英国已关闭矿井的矿工主要在煤炭工业内部不同的矿井或不同的矿区间转移，或在不同的岗位之间转换。这主要是因为当时全国煤炭委员会关闭大量枯竭的矿井和无利润矿井时，一方面其他煤矿的容纳量还能吸纳这些人员，另一方面当时对新招募矿工的指标减少了，从而解决了当时煤炭工业的难题。然而，20 世纪 60 年代中期以来，大规模矿井的关闭已无法使工业本身消化吸收亟待就业的大量矿工。特别到 20 世纪 70 年代末期，大量失业的煤矿工人与其他制造业中的失业工人一起汇集成一支庞大的失业队伍，对英国政局的稳定和社会经济的发展造成了极大的威胁。因此，玛格丽特·撒切尔执政后，政府发展煤炭工业的方向与煤矿工人的就业形势之间的关系成为当时英国国内的主要问题之一。

二、玛格丽特·撒切尔执政后裁减煤矿工人

20 世纪 70 年代后期，第二次石油危机对英国制造业造成了非常大的影响。大多数投资者从英国的制造业，如钢铁业、造船业以及化工业等领域撤资。因此，这些行业都开始大幅收缩，造成失业人数大增。1979 年 9 月，英国利兰汽车公司（British Leyland Motor Corporation）面临裁减 2.5 万个岗位的境况。[①]从 1978 年到 1983 年的短短五年时间，钢铁工业消失了 115 800 个岗位，相当于每年有 23000 个岗位被裁减掉。[②]当时，整个英国的失业人数已超过 200 万。[③]这些工业的收缩使煤炭工业的发展受到极大的影响。因此，英国煤炭工业内部已无法通过区域间劳动力的转移消化大量的煤矿工人。另外，英国政府对膨胀的工会力量心存戒备，试图通过一定的措施彻底瓦解工会力量。加之 20 世纪 80 年代初期，全球性的环境问题和英国的能源结构发生了较大的变化；20 世纪 80 年代末期，国际能源市场中石油价格的下跌对英国煤炭工业的发展亦非常不利。因此，玛格丽特·撒切尔执政之后，这几种因素汇合在一起，加快了煤炭工业的收缩速度，大量矿工在这一时期被裁减。

玛格丽特·撒切尔的保守党政府提供较丰厚的裁员费用，鼓励矿工接受煤

---

① Thatcher M. *The Downing Street Years*, p. 115.

② Monk S. *Retraining Opportunities for Miners Who Have Been Made Redundant: A Special Report Commissioned by the Coalfield Communities Campaign*, p. 8.

③ Thatcher M. *The Downing Street Years*, p. 122.

炭工业中的裁员方案。接受裁员方案的煤矿工人得到的裁员费用包括：①全国煤炭委员会必须支付的法定裁员费，这些费用一旦被支付，以后就不会再重复。②欧洲煤钢共同体支付的裁员费用。③中央政府返还的法定裁员费。④《裁减煤矿工人方案》（*Redundant Mineworkers Scheme*）下的补偿费：年龄在50—54岁的煤矿工人会收到来自《裁减煤矿工人补偿方案》（*Redundant Mineworkers Payments Scheme*）下的两笔补偿金；另外，还有一笔来自《煤矿工人养老金方案》（Miners Pension Scheme）的全额养老金以及来自《裁减煤矿工人补偿方案》每周接近 35 英镑的养老金增补额；矿工被裁减一年之后，政府给所有超过50岁的裁员矿工支付失业救济等同金，直到他们达正常的退休年龄；年龄介于16至 50 岁的煤矿工人每服务一年会得到 1000 英镑，他们没有来自《裁减煤矿工人补偿方案》下的周救济金。⑤中央政府在矿工接受裁员方案后，在其停止工作的12 个月内也会支付一笔包含对经济上不独立的矿工妻子的部分失业救济金。[①]

这些裁员费用根据一定的生活水平和工资增长幅度会有所增长。1967—1971 年的裁员周补偿额度最低为 4 先令，最高为 14 英镑 5 先令。[②]1978 年到1984 年的周裁员补偿额最低为 5.23 英镑，最高达 28.35 英镑；如果年龄在 38岁到 65 岁之间，则每服务一年，每周最高可得到 50 英镑，最低则可得到 5 英镑。[③]1973 年裁减煤矿工人的方案主要针对特定的矿工，即在 1972 年 12 月 10日到 1978 年 3 月 25 日之间裁减的矿工，而 1978 年方案规定的条款主要针对在1978 年 3 月 25 日和 1978 年 1 月 1 日至 1984 年 4 月 1 日裁减的矿工及焦炭工业中的就业人员。[④]1979 年煤矿工人的裁员周补偿额最低为 6.62 英镑，最高上升到 46.22 英镑。[⑤]大量的裁员补偿金使更多的人乐意接受裁员计划而离开煤炭工业。

玛格丽特·撒切尔执政后，为了鼓励大量的煤矿工人离开煤炭工业，又提

---

① Wade E. *Coal Mining and Employment: A Study of Blyth Valley*, pp. 36-43.

② *The Redundant Mineworkers and Concessionary Coal (Payments Schemes) Order 1968,* http://www.legislation.gov.uk/uksi/1968/987/made/data.pdf, 2011-05-18.

③ *The Redundant Mineworkers and Concessionary Coal (Payments Schemes) Order 1978,* http://www.legislation.gov.uk/uksi/1978/415/made/data.pdf, 2011-05-20.

④ *The Redundant Mineworkers and Concessionary Coal (Payments Schemes) Order 1982,* http://www.legislation.gov.uk/uksi/1982/407/made/data.pdf, 2011-05-20.

⑤ *The Redundant Mineworkers and Concessionary Coal (Payments Schemes) Order 1979,* http://www.legislation.gov.uk/uksi/1979/385/made/data.pdf, 2011-05-20.

高了煤矿工人的裁员补偿金。1980年，煤矿工人的裁员每周补偿金最低为7.37英镑，最高为50.86英镑。[①]紧接着，政府于1982年又将每周裁员补偿额提高到最低为9.93英镑，最高可达55.14英镑。[②]但是这样的方案只对年龄较大的矿工有利。因此，更多的年轻矿工并不愿意接受裁员方案。1983年12月，当伊恩·麦格雷戈成为全国煤炭委员会主席之后，他不仅提出了扩大裁员范围，而且政府对裁员矿工给予了慷慨的补偿条件：接受裁员方案的矿工，每服务一年，则一次性付清1000英镑的裁员补偿金。[③]在面对如此优厚的补偿金时，更多的矿工在这一时期接受了裁员方案。当1984—1985年矿工大罢工开始时，能源大臣彼得·沃克使裁员行动更诱人，除了每服务一年的裁员补偿费高达1000英镑之外，还将这一条件推向所有年龄在21—50岁的煤矿工人。[④]这对很多愿意离开煤炭工业的年轻矿工而言是一笔不菲的收入。因此，大罢工时期出台的裁员补偿方案促使大量的年轻矿工离开了煤炭工业。政府针对煤矿工人的裁员补偿方案为大量的被裁矿工提供了一定的生活保障，使各个年龄阶段的矿工均乐意接受裁减方案。

1984—1985年煤矿工人大罢工是玛格丽特·撒切尔裁减煤矿工人并向既定煤炭工业目标迈进的一个分水岭。早在20世纪80年代初期，全国煤炭委员会已暂停招募新矿工[⑤]，这就减少了煤矿工人的绝对数量。在大罢工之前，裁减矿工事宜受全国煤矿工人工会的罢工威胁而未能顺利执行。1981年2月事件发生之后，政府又对煤炭工业的补助费翻了一倍。[⑥]与此同时，减少矿井关闭和裁员。尽管这一时期的裁员受到全国煤矿工人工会的阻挠，但是这种裁减矿工的速度比之前工党政府时期仍然快几倍。以贝茨煤矿为例，从1971年至1979年，该矿矿工的人数从2013人下降到1901人，总共减少了112人；而从

① *The Redundant Mineworkers and Concessionary Coal (Payments Schemes) Order 1980,* http://www.legislation.gov.uk/uksi/1980/434/made/data.pdf, 2011-05-20.

② *The Redundant Mineworkers and Concessionary Coal (Payments Schemes) Order 1982,* http://www.legislation.gov.uk/uksi/1982/407/made/data.pdf, 2011-05-20.

③ Thatcher M. *The Downing Street Years*, p. 343.

④ Beckett F, Hencke D. *Marching to the Fault Line: The 1984 Miners' Strike and the Death of Industrial Britain*, p. 60.

⑤ Witt S. *When the Pit Closes-the Employment Experiences of Redundant Miners*, p. 14.

⑥ *Coal Industry Act 1982,* http://www.legislation.gov.uk/ukpga/1982/15/data.pdf, 2011-01-13.

1979 年到 1984 年，则由 1901 人下降到 1532 人，总共减少了 369 人。①另外，在罢工之前，接受裁员条件的人绝大多数年龄在 55 岁或 55 岁以上。②全国煤炭委员会 1982—1983 年的报告显示，8000 名左右自愿裁员的煤矿工人中有 95.1%的人年龄超过 55 岁。③但是，在 1983 年 12 月，当伊恩·麦格雷戈成为全国煤炭委员会主席之后，他要求煤炭工业的裁员方案将被裁煤矿工人的年龄延伸至 50 岁以下。④因此，从 1984 年开始，全国煤炭委员会的裁员方案对矿工年龄放宽了限制。1974—1979 年，英国矿井工人减少了 10 100 人，缩减了总矿工人数的 4.2%；1979—1984 年，51 000 名矿工离开了煤炭工业，缩减了总矿工人数的 22.1%。⑤然而，这仅仅是迈出了玛格丽特·撒切尔缩减煤炭工业的第一步。

1984—1985 年大罢工以全国煤矿工人工会的失败告终。这意味着阻挠政府裁员计划的因素消失了。玛格丽特·撒切尔政府旨在将英国煤炭工业推向竞争市场的政策开始发挥较大的作用。因此，大规模、全方位的裁员方案开始出现。首先，英国煤炭工业逐渐停止了招募新矿工的计划。在罢工之前，随着矿井的减少，招募工作逐渐减少，有些矿井甚至停止招募新矿工。在罢工之后，煤炭工业的招募计划整体上逐渐停止。1986 年，英国煤炭公司停止招募学校就业者，这与 20 世纪 70 年代中期大量离校的学生涌向煤炭工业的形势形成了鲜明的对比。⑥其次，这一时期煤炭工业内部裁减人员的年龄范围增大。1982—1983 年，自愿裁员的 8000 名煤矿工人中，年龄在 55 岁或以上的人几乎占 95.1%。⑦1984—1985 年大罢工结束后，年龄不再是裁减矿工的标准。1986 年，大量的年轻矿工加入到自愿裁员的行列。

因此，这一时期，煤矿工人的数量急剧减少。1985—1986 年，有 36 个高成本矿井被关闭，煤矿劳动力人数减少了 33 000 人。⑧从 1986 年 3 月到 1989 年 3 月，煤矿矿井的人数减少了 67 000—87 000 人；自罢工以来到 1989 年，人

---

① Wade E. *Coal Mining and Employment: A Study of Blyth Valley*, p. 19.

② Witt S. *When the Pit Closes-the Employment Experiences of Redundant Miners*, p. 14.

③ Witt S. *When the Pit Closes-the Employment Experiences of Redundant Miners*, p. 14.

④ Thatcher M. *The Downing Street Years*, p. 343.

⑤ Richards A J. *Miners on Strike: Class Solidarity and Division in Britain*, p. 87.

⑥ Witt S. *When the Pit Closes-the Employment Experiences of Redundant Miners*, p. 12.

⑦ Witt S. *When the Pit Closes-the Employment Experiences of Redundant Miners*, p. 14.

⑧ Parker M J. *Thatcherism and the Fall of Coal*, p. 50.

数减少了 100 000—120 000 人。[①]而且人数减少仍在继续。从 1985 年 3 月到 1991 年 3 月，英国煤矿工人人数减少了 114 000 人。[②]截至 1992 年，全国煤矿工人的数量只剩下 44 000 人；1992 年，又有 30 000 个矿井岗位被裁减。[③]因此，几乎 20 万煤矿工人的队伍在十年之内纷纷离开煤炭工业，加入到失业工人的行列中了。

如此大量的煤矿工人在短期内被裁减，造成了社会失业水平极速上升。1981 年，英国有将近 300 万失业人口。[④]在大罢工之前，裁员的煤矿工人一般主要由 55 岁以上群体构成。这些人的就业问题几乎不用过多考虑。因为他们在 60 岁或 65 岁可以领取退休金或养老金。相反，在大罢工之后，大量的年轻矿工离开了煤炭工业而寻求新的出路。但是，英国的煤矿工人是一个非常特殊的群体，曾经是国有化工业工人中工资和待遇位居第一的产业工人。然而被裁员后的矿工在劳动力市场中不占有优势地位，他们在社会中的再就业是一个较棘手的问题。因此，政府解决大量失业矿工的就业问题成为影响英国政治和经济发展的一个重要环节。在失业大军的压力之下，政府如果继续对煤炭工业实行 20 世纪 80 年代之前的就业政策，显然已不符合当时的形势。

三、玛格丽特·撒切尔解决失业矿工就业的措施

玛格丽特·撒切尔政府一方面通过裁减大量的矿工，使英国煤炭工业通过市场竞争达财政收支平衡；另一方面，政府必须采取措施解决大量失业矿工的就业问题。1984 年主要依靠煤矿的地区，其就业形势非常严峻：在达勒姆的煤矿地区，煤矿地区的总就业率为 35%；诺丁汉郡地区的就业率为 29.5%；南约克郡的就业率为 33.2%；南威尔士地区的就业率为 21.9%。1988 年一份调查表明，在整个英国表现最差的 10 个地方劳动力市场中，6 个是煤矿地区的。[⑤]然而，矿井的大规模关闭使煤矿工人不可能在煤炭工业内部转移。因此，面对包括煤矿工人在内的大批失业工人，玛格丽特·撒切尔一直承认失业是当时最普遍

---

① Pearson P. *Prospects for British Coal*, p. 3, p. 88.

② Parker M, Surry J. *Unequal Treatment: British Policies for Coal and Nuclear Power, 1979-92*, p. 16.

③ Waddington D, Critcher C, Dicks B, et al. *Out of the Ashes?: The Social Impact of Industrial Contraction and Regeneration on Britain's Mining Communities*, p. 12.

④ Gilmour I. *Dancing with the Dogma: Britain under Thathcerism*, p. 61.

⑤ Witt S. *When the Pit Closes-the Employment Experiences of Redundant Miners*, p. 11.

和最难处理的问题。[①]即使如此，玛格丽特·撒切尔的保守党政府在异常艰难的就业环境中采取了较灵活的就业措施和政策。

（1）玛格丽特·撒切尔政府对失业煤矿工人提供培训机会和培训方案，使大量的煤矿工人能迅速地转向新领域。政府对煤矿地区的重建包括对煤矿工人进行多样化技能的培训。玛格丽特·撒切尔的保守党政府在1986年和1987年创建了16支致力于小镇高失业问题的特别工作组，这些工作组在培训和再培训方面获得最高优先权；有关地方培训与企业委员会也对裁员煤矿工人提供再培训；政府通过诺丁汉郡培训和企业委员会（Training and Enterprise Council）为贝沃科茨（Bevercotes）、科利普斯顿（Clipstone）、塞尔沃希尔（Silverhill）等煤矿被裁减煤矿工人提供特别的援助，在两年多时间内援助资金达700万英镑，占当年正常预算的35%。[②]针对被裁煤矿工人年龄偏大与技术水平偏低的背景，全国煤炭委员会于1985年5月引入《岗位和职业改变方案》（Job and Career Change Scheme），该方案为被裁煤矿工人提供了为期8周的自主创业培训、职业培训，截至1986年5月，岗位职业改变方案接纳了200人。[③]与此同时，政府新的《岗位培训方案》（*Job Training Scheme*）、《社区方案》（*Community Programme*）、《企业津贴方案》（*Enterprise Allowance Scheme*）以及大量的《职业俱乐部》（*Job Clubs*）等方案的引入和启动，均为被裁煤矿工人的再培训提供了重要的资金和技术平台。[④]另外，人力资源服务委员会的培训部门曾引入了《青年机会项目》（*Youth Opportunities Programme*），后被《青年培训方案》（*Youth Training Scheme*）所代替。1979—1980年，培训费用几乎接近7亿英镑。1984—1985年超过9亿英镑花在《青年培训方案》和《社区方案》。人力资源服务委员会引入成人《培训机会方案》（*Training Opportunities Scheme*），对成年煤矿工人也提供了一定的培训平台。[⑤]另外，政府还鼓励煤矿工人参加一些私人培训部门的项目，如

① *1983 Conservative Party General Election Manifesto*.

② Turner R. *The British Economy in Transition: From the Old to the New?* p. 33.

③ Monk S. *Retraining Opportunities for Miners Who Have Been Made Redundant: A special report commissioned by the Coalfield Communities Campaign*, p. 6, p.12.

④ *1987 Conservative Party General Election Manifesto*.

⑤ Monk S. *Retraining Opportunities for Miners Who Have Been Made Redundant: A Special Report Commissioned by the Coalfield Communities Campaign*, p. 21.

独立于人力资源服务委员会的技术培训中心和劳埃德英国培训机构（Llods British Training Services）的培训项目，均为打算通过培训获得岗位的煤矿工人提供了一定的技术培训。这些培训机构提供培训的内容一般涉及文字处理、电焊、电子测试、砖瓦泥匠、木匠、空调、机动维修以及相关技术和评估，当然对于司机以及其他的一些较特殊的岗位培训要求，政府会酌情提供一定的培训经费，以资助其完成培训项目。政府在这些培训方案中的财政支出力度位居其他项目之首。截至 1983 年大选时，对失业工人的培训和特殊的措施方面，政府已花费了 20 多亿英镑。[①]从玛格丽特·撒切尔执政到 1987 年，政府花在公共医疗卫生服务方面的费用与 1979 年相比上升了 31%，国防费用上升了 23%，道路建设费用上升了 17%，每个学生的教育经费上升了 18%，警察和反犯罪的费用上升了 47%，残疾人和长期疾病费用上升了 72%，政府培训方案的费用却上升了 120%。[②]政府为被裁煤矿工人提供的培训方案以及社会其他再培训机构培训方案的启动，基本上解决了大量煤矿工人技术欠缺和技术过于偏狭的问题，使大多数裁员矿工在离开煤炭工业之后具备较好的选择岗位的条件，增加了他们就业的机会。

（2）玛格丽特·撒切尔的保守党政府鼓励被裁矿工自主创业。自主创业是玛格丽特·撒切尔的保守党政府对全体失业工人的一个主要政策。国有化时期，英国工人在工业中的就业占绝对数量，小企业的发展反而受到工业环境及政策法规的限制。但是，在 20 世纪 70 年代后期以来，工业的收缩已无法接纳大量的失业工人。在这种环境下，以玛格丽特·撒切尔为首的保守党认为创造新的工作岗位在很大程度上要依靠小企业。[③]因此，政府鼓励失业工人通过自主创业以解决大工业收缩带来的失业问题。与此同时，政府通过一系列相关政策法规和大量的贷款，保障小企业的生存发展。例如，政府削减公司税收以减轻小公司的经济负担，并加大对小公司的投资力度。截至 1983 年，政府通过《贷款保证方案》（*Loan Guarantee Scheme*）对大约 1 万个小公司的借款超过 3 亿英镑；引入《小工程公司投资方案》（*Small Engineering Firms Inverstment Scheme*）帮小公司购买新的机器；通过《新企业津贴方案》（*New Enterprise*

---

① *1983 Conservative Party General Election Manifesto.*

② *1987 Conservative Party General Election Manifesto.*

③ *Conservative General Election Manifesto 1979.*

Allowance Scheme）给大量失业人员提供津贴，以保障其自主创业。[①]因此，英国在 20 世纪 80 年代自主创业达高峰，100 万人中的 3/4 是自主创业者，其中自 1983 年以来的自主创业者中的一半在英国北方地区；自主创业者中的 1/4 是妇女。从保守党政府执政到 1987 年大选时，英国注册的公司数量每周净增 500 多家。[②]

尽管英国煤矿工人的自主创业活动受到相对封闭、孤立并且非常偏僻的单一化社区的约束，也受到煤矿地区经济活力的影响以及煤矿工人的经历与专业技术的限制，但是他们的自主创业行为同样受到各级政府的鼓励。政府允许他们用裁员补偿金启动自己的事业，并且对自主创业者提供一定的经营场所。英国煤炭公司以及其他地方企业机构等均极力强调，要在煤矿地区提高小公司和自主创业，并将它作为自己的中心目标之一。[③]英国煤炭公司为裁员的煤矿工人提供正式的自主创业培训。自主创业者启动自己的企业时会得到政府相关部门技术中心的帮助。政府将在12周内为这些小企业提供200平方英尺的有电源插座的工作空间；在此期间，煤矿工人可以获得一些必要建议和帮助，而在 12 周期满后，自主创业者可以从技术中心移到一个经营车间。[④]在这种政策的鼓舞下，一些煤矿工人开始尝试自主经营企业，并且有少数人获得了成功。例如，诺森伯兰阿什顿车间的一位煤矿工人将自己在艺术方面的兴趣转变为经营一家位于盖特什德伦敦地铁中心的手工艺商店；一位约克郡煤矿工人离开煤矿后生产他自己的录像产品，包括在煤炭工业中工作时的录像。还有一些煤矿工人自主创业的成功案例主要在餐馆、乐器修理以及动物标本制作和其他技术等方面。[⑤]另外，尽管煤矿工人的自主创业水平同其他行业人员的自主创业水平相比较低，但是它也对失业煤矿工人的就业做出了一定的贡献。1981 年，议会选民关于自主创业水平的数字显示，有10名煤矿选民名列650人名单之中。在大多数煤矿地区，自主创业岗位在所有岗位所占比例仍然超过 7%，这些自主创业者主要是以前曾在矿井管理和监督岗位上的人员以及电工；采煤工人的

---

① *1983 Conservative Party General Election Manifesto*.

② *1987 Conservative Party General Election Manifesto*.

③ Turner R. *The British Economy in Transition: From the Old to the New?* p. 32.

④ Monk S. *Retraining Opportunities for Miners Who Have Been Made Redundant: A Special Report Commissioned by the Coalfield Communities Campaign*, p. 11.

⑤ Witt S. *When the Pit Closes-the Employment Experiences of Redundant Miners*, p. 21.

自主创业约为6%，其他井下工人约为9%，地面工人约为7%，装配工约为11%，电工约为17%，行政人员约为23%。[①]这种情况说明，大多数曾在煤矿中依靠体力劳动的被裁矿工，在自主创业方面不占优势，煤矿工人中的自主创业者主要是煤矿中的行政管理层和技术人员。尽管煤矿工人的自主创业水平与玛格丽特·撒切尔在1987年大选宣言中所称的75%比例无法相提并论[②]，然而，总体而言，自主创业在一定程度上解决了部分煤矿工人的就业问题。同时，这部分人的自主创业对其他失业工人的就业起到了模范带头作用，也对当地社会的稳定做出了较大的贡献。

（3）政府提倡建立新企业、扩大服务部门以及吸引外部企业的投资以创建新的工作岗位。在煤矿地区建立新企业并扩大当地的服务业将会解决部分失业矿工的就业难题。因此，玛格丽特·撒切尔的保守党政府极力推动这一措施。在1979年保守党大选宣言中，玛格丽特·撒切尔指出，政府将更加集中精力创建较新的、较现代的、较安全的、薪水更高的岗位，这是帮助失业者的最好方法。[③]此后，保守党政府的政策坚持贯彻这一宗旨。1984年政府在一些地区引入援助体制，并保证为高失业地区提供近30万个岗位。[④]

在煤矿地区，各级政府以及欧盟区域发展基金资助建立新企业，以确保企业对社区提供最大的就业帮助。当一些企业决定进行新的投资时，政府鼓励企业首先考虑煤矿地区。因此，在这一时期，主要来自英格兰南部的企业在大量失业煤矿工人的吸引下移向煤矿地区。这些公司主要以电子工程、消费品的生产与物流、宾馆、饭店、银行和财政部门为主，同时也涉及勘探、采矿设备的生产和天然气或矿物提取部门。这种公司的经营一般对员工的专业技术要求不高，因此，员工在经过短期培训之后，便能很快上岗。这对专业技术偏狭的失业煤矿工人的就业非常有利。根据有关组织对120家公司的调查发现，这些公司的规模较小，其员工一般不超过50人；其中1/10的公司有一半以上的员工是煤矿工人，而38%的公司近1/4的员工是煤矿工人。[⑤]

① Witt S. *When the Pit Closes-the Employment Experiences of Redundant Miners*, p. 21, p. 22.

② *1987 Conservative Party General Election Manifesto*.

③ *Conservative General Election Manifesto 1979*.

④ *1987 Conservative Party General Election Manifesto*.

⑤ PA Cambridge Economic Consultants, *First Choice: Attitudes towards the Local Workforce of Companies Choosing to Set up Business in Coalfield Areas*, pp. 1-2.

政府在煤矿地区建立了企业区、自由贸易区等。扩大旅馆业、旅游景点和旅游风景区的发展，使这些部门能够提供大量的岗位以解决就业问题。1981年庞蒂弗拉克特（Pontefract）煤镇宣布建立企业区，而到 1991 年政府将靠近此工业园区的兰恩斯威特格兰奇工业区（Langthwaite Grange Industrial Eastate）规划为一个企业区。1988年，对南威尔士的煤矿地区进行大量的基础设施和环境改良的计划以及在巴恩斯利建立商业和创新中心。1993 年在南约克郡的迪尼山谷（Dearne Valley）、诺丁汉的曼斯菲尔德，在东北部的伊辛顿（Easington）均建立新的企业区。英国东北地区的达勒姆郡、泰恩（Tyne）和威尔（Wear）以及诺森伯兰郡的矿区建立了新企业及商业区。与此同时，政府加大了上述地区道路建设方面的投资，以增强这些煤矿地区的可进入度。①

2009年3月，笔者曾调查过位于西约克郡韦克菲尔德（Wakefield）市郊的国家煤矿博物馆（National Coal Mining Museum），此处现被辟为欧洲工业遗址。该博物馆的前身是18世纪七八十年代以及19世纪20年代建成的煤矿。这些矿井见证了几乎整个煤炭工业的发展史，1985 年被关闭。1988 年在重建期间，在矿井原址建成约克郡煤矿博物馆，1995 年改为全国煤矿博物馆。该博物馆保持了原来煤矿的一切建筑。现在这些建筑均成了游客访问参观必不可少的旅游资源：有一个深矿井可供游客体验井下作业的情景；也有一个游客访问中心，陈列煤矿社会和工业历史资料；还有一座图书馆，藏有大量有关整个英格兰煤炭工业的原始文献资料；另外，煤矿矿头的浴室、蒸汽吹风机房、锅炉房、筛煤厂均保存完整。为了复原一个世纪前矿井使用马匹拉煤的情景，博物馆还建有一个马厩，里面拴着几匹漂亮的小马，墙上写着：“如果这些小马在一个世纪前出生，它肯定也在为矿井工作；现在请为它们捐赠 2 英镑吧。”除此之外，博物馆有一个特别的购物中心，所有的商品均与煤矿业有关。博物馆也为游客提供餐饮。很显然，煤矿博物馆是一种煤炭文化企业，它既利用了煤矿遗留的资源，也为当地增加了财富。这些企业区的建立意图是要解决煤矿工人的就业问题。据相关数据显示，到 1990 年 8 月，科克比南部企业区的 57 个公司提供了 2120 个专职工作岗位；同年 10 月，企业区中的一个旅行用品公司，为当地矿工提供了370份工作；到1993年，威尔士煤矿地区的电子业和服

① Turner R. *The British Economy in Transition: From the Old to the New?* p. 4, p. 32, p. 33.

务业成为劳动力就业的主要根据地，这些企业大多为外资企业。[①]英国政府在煤矿地区推动的旨在解决煤矿工人就业问题的方针政策解决了部分劳动力的就业问题。这些企业区和商业中心建立之后，大多数能提供大量的临时就业岗位。这种情况与政府在 1983 年大选宣言中提倡的“鼓励失业者接受临时工作；对雇主提出岗位分离方案，将一份工作分割为两份临时岗位”[②]的方针政策相吻合。

与此同时，政府吸引大量的外资企业落户于煤矿地区以解决当地的就业问题。这种情况以威尔士最为典型。截至 1992 年，有 29 家日本制造业子公司坐落在威尔士，雇用着 13 200 人；1994 年，雇用人数攀升到了 16 700 人。[③]政府提倡建立新企业区、扩大服务部门，以及吸引外企投资，以创建工作岗位，这些方针措施改变了煤矿工人社区的单一经济构成，为大部分煤矿工人提供了就业机会。

综上所述，玛格丽特·撒切尔的保守党政府面对大量的被裁矿工，采取了各种积极措施来解决煤矿工人的就业问题。政府首先通过制定各种培训方案对失业矿工提供各种培训机会。这种培训方案由全国煤炭委员会、就业部的人力服务委员会、各地培训与企业委员会以及中央政府制定。其中全国煤炭委员会的《岗位和职业改变方案》直接针对煤矿工人的技术特点，为他们提供各种免费的技术培训和就业指导。而中央政府直接创建的特别工作组织则主要针对较小乡镇的高失业问题展开有效的就业培训和技术指导。这些培训方案为大量的被裁矿工和失业矿工的再就业提供了有用的技术技能，成为他们走上就业岗位的必备条件。

保守党政府鼓励被裁矿工自主创业，允许裁员矿工利用自己的裁员费用创业，并为他们提供津贴、技术培训和经营场地。在政府政策的鼓励之下，部分煤矿工人敢于尝试自主经营的道路，其中一部分人取得了成功。这对裁员率较高的矿区而言，无疑起到了模范作用。自主创业者的成功成为当地经济繁荣和社会稳定的中流砥柱。

针对煤矿地区高失业率的状况，政府在煤矿地区积极建立新企业，扩大服

---

① Turner R. *The British Economy in Transition: From the Old to the New?* p. 35, p. 47.

② *1983 Conservative Party General Election Manifesto.*

③ Turner R. *The British Economy in Transition: From the Old to the New?* p. 58.

务部门以及吸引外部企业投资，以创建大量的工作岗位。政府通过一系列企业投资措施，在煤矿地区建立起了新企业区和商业中心，并将外部企业引入矿区。尽管撒切尔在 1987 年承认吸引公司到高失业地区并没有非常成功地解决失业问题，但是，企业区和商业中心的建立以及外部企业的引入毕竟改变了矿区单一的经济面貌，同时又在很大程度上解决了被裁减矿工的就业问题。①因此，玛格丽特·撒切尔的保守党政府通过各种方案和措施解决煤矿地区的高失业率，在一定程度上达了预期的目标。当然，矿区的重建工作在短期内很难达高度繁荣，但是它毕竟已产生了较好的结果，对进一步建设煤矿地区打下了坚实的基础。

四、煤矿工人转型的经验总结

20 世纪 60 年代，英国煤炭工业开始收缩。20 世纪 70 年代末期，玛格丽特·撒切尔的保守党政府旨在通过市场竞争力量盘活英国煤炭工业，在此过程中，英国煤矿工人的转型成为英国煤炭工业转型最漫长的工程。从玛格丽特·撒切尔执政到她的离任，这种转型仍然成为英国政府努力经营与探索的事务之一。纵观这种转型过程，我们得出如下结论。

（1）英国工业体系从传统到现代的转型过程中，劳动力的转型是一个渐进的过程。煤炭工业转型以来，煤矿工人的转型经历了不同的阶段。当煤炭工业于20世纪60年代开始收缩以来，大量的矿井被关闭，截至1969年，英国煤矿工人的岗位被削减了 378 000 份。②起初，煤矿工人从被关闭的矿井转移到正在运营的矿井或煤炭工业的其他岗位中继续工作。与此同时，煤炭工业削减了招募煤矿工人的指标。这些措施一方面导致煤矿工人的老龄化，另一方面导致煤炭工业中生产力水平较低的状况得不到改善。

因此，从 20 世纪 60 年代后期开始，煤矿工人在不同矿井间或不同岗位间的转换逐渐被裁减矿工的措施所代替。特别自玛格丽特·撒切尔的保守党政府执政以来，煤矿工业逐渐停止了招募新矿工的计划。而裁减煤矿工人的目标成为政府对英国煤炭工业转型的第一步。玛格丽特·撒切尔通过提供丰厚的裁员

① *1987 Conservative Party General Election Manifesto*.

② Waddington D, Critcher C, Dicks B, et al. *Out of the Ashes?: The Social Impact of Industrial Contraction and Regeneration on Britain's Mining Communities*, p. 11.

费用，分阶段将绝大多数矿工置于劳动力市场中。1979 年玛格丽特·撒切尔执掌英国政权时，煤炭工业中有 23 万名矿工，到 1990 年 9 月仅剩下大约 61 000 人，并且这种裁减在随后的几年中仍在进行。

大量的矿工进入劳动力市场之后，由于专业和技术的限制，他们在获得新岗位时经历了痛苦的思想折磨与社会的无情打击。大多数矿工在裁员之后不得不接受临时工作岗位，且岗位技术含量低，待遇较差。这种情况与之前矿工位居制造业工人待遇之首的状况形成天壤之别，从而造成他们在社会中的地位较低，出现了部分人不愿重新就业，或干脆返回煤矿的情况。因此，煤矿工人在被裁减之后，短期内只有极少数矿工的转型较为成功。他们一般自主经营，或到其他行业，继续处在较好的岗位，而这部分人大多数曾是煤矿地区的管理人员或技术人员。大多数矿工在短期内不得不接受低薪的工作岗位，要么成为失业人员。煤矿工人的这种经历充分说明，人员的转型是一个大工程，它需要各种力量的合作，包括获得技术的时间、从业人员的态度、就业环境的消化能力以及政府提供的培训、生活津贴等各种保障。

（2）在传统产业向现代化转变的过程中，劳动力大军对现代化技术掌握的熟练程度将主要决定劳动力转型的成败。只有充满活力的劳动力队伍才能使传统经济不至于成为经济遗产，而成为新型经济前进的牵引力，也才能使传统工人队伍不至于成为经济盘活的主要障碍。在转型过程中，煤矿工人的技术构成非常有限，社会化技术含量不高，大多数煤矿工人为非熟练工人。因此，被裁减的煤矿工人必须接受现代化技术的再培训，才能胜任各种岗位工作。

尽管英国政府和相关机构提供了大量的培训机会，然而，更多的煤矿工人并不愿接受这种培训。例如，1985 年 5 月，全国煤炭委员会拨款 1000 万英镑，启动了旨在为 12 000—15 000 名被裁煤矿工人提供再培训机会的《岗位和职业改变方案》，尽管自 1985 年 3 月以来，超过 3 万名煤矿工人被裁减，但到 1986 年 1 月，只有 102 名煤矿工人接受了这一方案的培训课程；方案启动一年后，只有大约 200 名煤矿工人接受了这一培训方案。[①]造成这种情况的主要原因在

① Monk S. *Retraining Opportunities for Miners Who Have Been Made Redundant: A Special Report Commissioned by the Coalfield Communities Campaign*, p. 3, p. 6, p. 8.

于：政府提供的培训时间太短，大多数煤矿工人认为 8 周时间不能保证一个人掌握高质量的技术；培训的内容限于一些泛化的岗位，对大多数人而言不具有吸引力；培训时间限制在裁员后半年内进行，否则被认为放弃了培训，这使更多的被裁员工错过了培训时间；培训地点距离矿工居住地较远，大多数矿工不愿意前往；培训期间政府不提供培训津贴；培训之后将会失去失业救济金等。此外，还有大量的私人培训机构，其培训费用的昂贵使煤矿工人只能望洋兴叹。这种情况非常不利于英国煤矿工人的尽快转型。鉴于此，玛格丽特·撒切尔的保守党政府加强了对煤矿地区失业人员的再培训。例如，政府在随后的时间里组建直接针对小乡镇高失业问题的特别工作组。这些工作组既可培训被裁矿工，又可指导整个乡镇的就业事务。同时，各级政府与当地企业组织联合，为被裁矿工提供特定岗位的再培训机会。这些措施在一定程度上减少了煤矿地区失业人数，但是截至玛格丽特·撒切尔任期结束，大量的被裁矿工仍然在技术含量低的岗位工作，或仍处于失业状态。这些都说明煤炭工业的转型仍然任重道远。

（3）英国煤矿工人的转型过程充分说明传统工业中的劳动力在向现代化工业体系转变的过程中，政府的介入及引导至关重要。玛格丽特·撒切尔的保守党政府在对煤矿工人的问题上做出了大胆的“破”与“立”的改革，使矿工在英国现代化转型过程中付出沉重代价的同时，逐渐地成为掌握现代化技术的社会成员。玛格丽特·撒切尔的保守党政府大幅度裁减年轻矿工，使他们与“矿工”这一职业完全脱离关系。这打破了以往历届政府对矿工的迁就与退让。接着，政府为年轻的被裁矿工提供较丰厚的裁员补偿金，并鼓励他们利用这种经费自主创业或进入新的岗位。政府鼓励大量的煤矿工人离开原岗位的同时，又鼓励他们接受新岗位的再培训机会。还有，政府在缩减矿井岗位的同时，在煤矿地区创建了新的企业区、商业中心，并引入其他地区的企业或外资企业，为被裁煤矿工人的再就业提供大量的岗位。玛格丽特·撒切尔的保守党政府积极地介入到煤矿工人的转型问题中，使被裁矿工离开煤炭工业之后不至于造成社会大动乱。与此同时，政府对煤矿地区的经济重建使矿区的经济和社会生活不至于萧条破败。尽管煤炭工业在英国随后的发展中并没有成为经济发展的牵引力，但是它至少没有成为英国经济发展的障碍。相应地，煤矿工人在随后的发展中逐渐融入其他部门的劳动力大军之中，而不再特立独行成为阻碍英国经济转型的绊脚石。总之，在英国煤炭工业的转型中，煤矿工人的转型过程最为艰难和漫长。从20世纪60年代开始到20世纪90年代初，这种转型还有艰巨的任务没有完成。而在这漫长的转型过程中，被裁矿工对现代化技术的掌握程度直接与就业挂钩。政府在这种转型过程中的引导作用也至关重要。

第二节　煤炭工业组织及煤矿矿区的发展

英国煤炭工业从国有化转向私有化的过程中，引起了工业内部各种组织和社会结构的变化，其中包括作为国有化煤炭工业的管理机构——全国煤炭委员会在职能和性质上的变化，全国煤矿工人工会力量和职能的变化以及煤矿地区的经济和社会结构发生的较大变化。这些变化均构成了煤炭工业转型的组成部分。

一、全国煤炭委员会职能的转变

全国煤炭委员会作为英国国有化时期煤炭工业的直接管理者，它在工业的发展过程中扮演了非常重要的角色。因此，委员会在职能和性质上的变化成为煤炭工业发展走向的风向标，也直接促进了煤炭工业的私有化进程。

（1）《1946年煤炭工业国有化法案》规定全国煤炭委员会的职能。在煤炭工业国有化初期，英国政府通过《1946年煤炭工业国有化法案》，规定全国煤炭委员会的职能包括：在不列颠生产、获得煤炭以及勘探煤炭，其他任何人除外；确保煤矿工业高效发展；处理、提炼可出售的煤炭，提供或销售煤炭产品；生产、制造、供应和销售任何全国煤炭委员会为了生产煤炭需要的商品或设施；为了提高雇员的技术或提高设备的效率而由全国煤炭委员会或他人提供培训、教育和研究的设施；全国煤炭委员会有权进入任何有关英国煤炭工业的交易；确保雇员的安全、健康和个人福利；全国煤炭委员会的收入不应少于足以满足所有从业人员的开支。①从上述规定可以看出，全国煤炭委员会在英国境内全权负责任何与煤炭生产、销售、勘探以及与此相关的一切事宜，其他

① *Coal Industry Nationalisation Act 1946.*

任何私人或组织都无权在英国进行此项活动。1949 年，这一规定被再一次拓展，前提是在能源大臣的命令批准之下，全国煤炭委员会可在英国境外进行任何活动。①因此可以看出，全国煤炭委员会的职能基本上达了垄断的地步。

在国有化之后，英国煤炭工业中的绝大多数煤矿都处在全国煤炭委员会的掌控之中，只有很少一部分煤矿及一些煤矿活动可由私人所有者经营：在一些煤矿中被允许挖掘和运输必须要处理掉的煤炭。全国煤炭委员会也特许私人在其他矿井中开采煤炭，但这种开采规模很小。另外，全国煤炭委员会也会特许私人经营一些小煤矿，但这些矿井的工人不能超过 30 人。全国煤炭委员会不从事露天煤矿的开采活动，而根据《防御条例》（*Defence Regulations*）的规定，由能源大臣负责承包给私人经营，但全国煤炭委员会作为能源部的代理者负责出售露天煤矿的煤炭，并根据深矿井的价格决定其出售价格，而不是根据生产成本制定价格。②因此，在国有化的几十年时间内，私人煤矿的产煤量所占比例非常有限。1947 年初，这种被全国煤炭委员会给予特许开采权的私人煤矿总数达434个③，是委员会控制的深矿井数量的一半，而它的产量只有210万吨。④这种私人小煤矿的数量和产量浮动较小，他们的产量一般占全国煤产量的 1%。1956 年，私人煤矿上升到 540 个，产量达 270 万吨。⑤另外，《1946 年煤炭工业国有化法案》也规定全国煤炭委员会应该确保为了煤炭工业的任何生产、发展活动目的且有益于提高在职人员或即将被雇用人员的技术活动，并且为培训、教育和研究提供设备；同时，委员会应该直接保护其雇员的安全、健康和福利。⑥全国煤炭委员会关于煤矿工人安全、健康和福利的职责通过《1954 年矿山和采石场法案》进一步加强了。这一法案规定，每个煤矿和采石场所有者的职责是要提供一定的财政和其他供应以及采取其他的步骤，确保煤矿工人的安全、健康和福利。⑦煤炭工业国有化之后，由于全国煤

① *Coal Industry Act 1949*.

② Townshend-Rose H. *The British Coal Industry*, p. 42, p. 87.

③ Ashworth W, Pegg M. *The History of the British Coal Industry, Volume 5: 1946-1982: The Nationalized Industry*, p. 158.

④ Coal Authority. *Summary of United Kingdom Coal Production and Manpower from 1947*.

⑤ Ashworth W, Pegg M. *The History of the British Coal Industry, Volume 5: 1946-1982: The Nationalized Industry*, p. 159.

⑥ *Coal Industry Nationalisation Act 1946*.

⑦ *Mines and Quarries Act 1954*.

炭委员会直接控制全国绝大多数煤矿和煤炭资源，在矿工的安全、健康和福利事务上与私人煤矿所有者相比，它有更重大的责任。同时，它也有更加有利的资源和权力优势。

全国煤炭委员会在每个地区和分支机构中有安全事务方面的工程师，这些负责安全的工程师由伦敦的一位总负责安全工程师控制，在每一个较大的单个煤矿，也有一位负责安全事务的高级职员。这些人的工作由两个常设委员会——安全协商委员会（Safety Conference）和救援咨询委员会（Rescue Advisory Committee）指导。也有一个全国联合尘肺病委员会关注尘肺病涉及的各个方面。矿业安全事务研究委员会（Safety in Mines Research Board）建议大臣与煤矿安全事务有关的研究。这些委员会均由全国煤炭委员会、工会、管理人员、公务员以及皇家检察员组成，煤矿委员会中也由这几方人员代表组成。另外，全国煤炭委员会就这些安全与健康事务制定了一系列的行动指南和法规、标准化事故统计。①

除此之外，全国煤炭委员会还成立了一些具体研究安全、健康事务方面的实验室。例如，全国煤炭委员会成立了科学服务部（Scientific Department），自1948年以来，在谢菲尔德的实验室研究灰尘控制和尘肺病方面的问题。全国煤炭委员会也于1947年成立了工业医疗服务机构（Industrial Medical Service），发展到后来有将近15 000人在此机构工作。这一机构的职责是：对雇用前的煤矿工人进行医学检查；已雇用工人的周期性医学检查；建议工作环境卫生学方面的管理；建议安全医学方面的管理；急救组织；伤残疾病处理；残疾工人的再安排；健康教育；建议工人注意与他们工作相关的健康问题；与全国健康机构保持合作。②

另外，全国煤炭委员会负责矿工的福利待遇等事宜。起初全国煤炭委员会负责煤矿工人的福利事项比较笼统，到1952年，全国煤炭委员会只负责矿工的“煤矿”福利，而煤炭工业社会福利组织负责矿工的“社会福利”。“煤矿”福利主要包括矿井浴室、餐厅、自行车储存所、公共汽车候车厅、工业医

---

① Nott-Bower G, Walkerdine R H. *National Coal Board: The First Ten Years: A Review of the First Dacade of the Nationalised Coal Mining Industry in Great Britain*, p. 45.

② Nott-Bower G, Walkerdine R H. Walkerdine, *National Coal Board: The First Ten Years: A Review of the First Dacade of the Nationalised Coal Mining Industry in Great Britain*, pp. 95-98.

疗服务和煤矿招待中心，鼓励职业教育和培训，为工人提供合适的住房，提供因疾病或受伤离岗者的福利以及重新安排他们的工作。全国煤炭委员会不负责“社会福利”，但是必须为煤炭工业社会福利组织提供免费管理。1955 年，全国煤炭委员会将煤矿工人的按日计酬的工资体系引入全国按日计酬的工资体系中。自从国有化以来到 1955 年底，全国煤炭委员会增加了 70%的矿井浴室，煤矿工人在矿井洗浴的数量增加到总矿工的 90%，全国煤炭委员会为此提供了 1200 万英镑的资金。①

全国煤炭委员会也负责煤矿工人的养老金、伤残补偿事宜。1952 年，全国煤炭委员会开始运营一个纳税性的职业养老金方案，费用由服务年限决定。全国煤炭委员会还负责工人伤残补偿补充方案中的几乎所有的成本。1943 年，全国煤炭委员会《尘肺病补充方案》生效。此方案对完全残疾的人，提供同一标准的费用，一周支付一次；对部分残疾且失业的人，提供标准费用的一半，一周一付；以标准费用的 1/4 向部分工作中的残疾人提供费用。1948 年后半期，大约 34 000 人在此方案下受益。1952 年时，全年费用超过 100 万英镑；1979—1980 年，每年仍要花费大约 20 万英镑。1980 年，全国煤炭委员会就 1948 年 7 月前受伤工人的补偿和补充资金，每年仍要花费大约 50 万英镑。在住房方面，1952 年全国煤炭委员会规划建立 19 842 套住房，1955 年底完成了所有房子的建造，除此之外，全国煤炭委员会还曾规划建造 1500 套住房，到 1960 年已完成 469 套。②

（2）全国煤炭委员会由政府管理部门发展为可以独立经营某些产品的商业部门。《1946 年煤炭工业国有化法案》规定，全国煤炭委员会可以进行任何与煤炭产品有关的商业活动。因此，自从煤炭工业国有化以来，全国煤炭委员会充分利用这种职责进行一些商业活动。例如，焦炭以及焦炭的副产品和人造燃料的生产、加工，煤炭工业中使用的商品（砌砖、管道工程管、瓷砖等），计算、特殊化煤矿探测方法，煤矿咨询服务、土地、财产以及住房等。在煤炭工业国有化的规定之下，全国煤炭委员会虽然参与一些煤炭交易活动，但是，它并不负责这些交易的达成与否及其成交量的多少，也并不随着市场的

---

① Nott-Bower G, Walkerdine R H. *National Coal Board: The first ten years: A Review of the First Dacade of the Nationalised Coal Mining Industry in Great Britain*, p. 102.

② Ashworth W, Pegg M. *The History of the British Coal Industry, Volume 5: 1946-1982: The Nationalized Industry*, pp. 536-550.

需求而调整煤炭产品的价格。也就是说，全国煤炭委员会的煤炭交易并不直接放入市场机制中进行。而全国煤炭委员会围绕自己主产业的经营需要而发展的上述商业活动，则为它提供了与市场接触的机会。这为后来全国煤炭委员会直接进入市场经营奠定了一定的经验基础。

如果上述全国煤炭委员会经营的范围和产品与煤炭工业本身的发展需求有关，那么，《1966 年全国煤炭委员会（增权）法案》的相关规定则将委员会推向了与其自身行业发展毫无关联的商业活动中。《1966 年全国煤炭委员会（增权）法案》第 1 条规定：全国煤炭委员会应该有权在联合王国的领海水域探测、钻探和得到石油、天然气；获取的天然气或原油完全或部分地代表全国煤炭委员会的利益；在处理这些石油和天然气时，可以原油形式销售，或供应天然气或原油，或可以不进行交易。[①]该法案给予全国煤炭委员会全新的经营权力，而且全国煤炭委员会可任意处理自己所得的天然气或石油。这是全国煤炭委员会向商业机构发展的非常重要的一步。

紧接着，《1973 年煤炭工业法案》反映了全国煤炭委员会的资源和机构的重组。[②]依据全国煤炭委员会依据经营的主业与副业的不同，组成了全国煤炭委员会（煤炭产品）有限公司［National Coal Board（Coal Products）Ltd.］，负责此前煤炭产品机构的所有活动；另一个为全国煤炭委员会（辅助产品）有限公司［National Coal Board（Ancillaries）Ltd.］，主要控制所有非煤矿的活动。全国煤炭委员会（煤炭产品）有限公司有三个完全自有的附属公司：一个是经营焦炭和煤球业务的全国无烟煤燃料有限公司；所有次要的副产品行为属于托马斯尼斯有限公司（Thomas Ness Ltd.）；所有的北海行为——生产以及勘探属于全国煤炭委员会探测有限公司。全国煤炭委员会（煤炭产品）有限公司也有四个联合公司，其中三个公司45%的股权属于全国煤炭委员会（煤炭产品）有限公司，另一个的股权占 55%。[③]这种情况使全国煤炭委员会的名称已减弱了其作为政府管理部门的标志，而已开始有限地转变为商业运营的机构。

---

① *National Coal Board (Additional Powers) Act 1966.*

② *Coal Industry Act 1973.*

③ Ashworth W, Pegg M. *The History of the British Coal Industry, Volume 5: 1946-1982: The Nationalized Industry*, pp. 484-486.

尽管全国煤炭委员会的辅助产品有限公司有盈利，但是它的主要煤炭产品有限公司仍然处在一种运营赤字较大的状态。因此，政府的财政补贴及财政贷款额仍然较沉重地负担煤炭的运营情况。保守党领导人玛格丽特·撒切尔在 1979 年大选宣言中认为，一些国有化工业使英国公民更加贫困，应对部分国有化工业进行私有化。同时宣布政府将不再介入一些国有化工业的经营当中，并给它们设定一个更为清晰的财政约束。[①]这种财政约束对煤炭工业而言，实际上要求其能够达财政收支平衡。1981 年，新上任的能源大臣奈杰尔·劳森也代表政府的观点，他认为包括煤炭在内的能源资源就是市场中的一种交易商品。[②]因此，从撒切尔夫人的保守党政府开始，因政府不愿意再为煤炭工业提供特殊财政支持，使全国煤炭委员会又向市场中经营某种商品的商业组织迈进了一步。然而此时，它的主要煤炭产品的销售仍然依靠政府为其寻找消费客户。因此，它并没有完全成为一个商业化的独立组织存在。

（3）英国煤炭委员会向完全商业公司发展。当玛格丽特·撒切尔的保守党政府将煤炭工业置于市场力量之中，而以它的财政收支平衡与否作为考核它是否应该收缩与进一步市场化的时候，煤炭工业内部爆发了一场决定工业走向的罢工冲突。它自然地影响了全国煤炭委员会。这种影响在《1987 年煤炭工业法案》中有所反映。法案将《1946 年煤炭工业国有化法案》中规定的“全国煤炭委员会”这一名称用“英国煤炭公司”代替[③]。这预示着全国煤炭委员会下一步的发展方向——完全的市场公司。同时，此法案决定对煤炭工业进行更进一步的收缩，以使其达财政收支平衡。

因此，英国煤炭公司的职责也发生了较大的变化。此前全国煤炭委员会主要负责煤炭产品的生产及发展事宜，并对煤矿工人的健康、安全和部分福利事项负责。然而在 1984—1985 年全国煤矿工人工会大罢工结束后，英国煤炭工业的主要任务不再是收支平衡的问题，煤矿工人的健康问题在这一时期由于矿工数量的减少、煤炭工业中各方力量的努力而下降到次要的地位。矿井的安全问题也不存在较大的隐患。这一时期，煤炭工业的重心在于如何安排因大量矿井关闭而导致的失业工人的问题。因此，英国煤炭公司的主要职责也跟着

① *Conservative General Election Manifesto 1979*.

② Lawson N. *The View from No. 11: Memoirs of a Tory Radical*, p. 165.

③ *Coal Industry Act 1987*, http://www.legislation.gov.uk/ukpga/1987/3/data.pdf, 2011-01-13.

发生了变化。

首先，帮助被煤炭工业裁减的煤矿工人重新返回到劳动力市场。英国煤炭公司通过提供一定时期的工作场所和较低利率的资金，来帮助被裁减煤矿工人中的自主创业者，并提供能源、运输、餐厅等方面的服务；同时，为失业煤矿工人提供培训机会，如 1985 年《岗位和职业改变方案》为被裁矿工提供总计八周的职业培训。①尽管英国煤炭公司公布的要为矿工创建 61 640 个岗位的说法遭到质疑，但是，这也表明英国煤炭公司在帮助被裁矿工重新就业方面仍十分努力。②

其次，英国煤炭公司为煤炭工业的私有化做好了准备工作。英国电力供应工业私有化之后，英国煤炭工业也面临着市场竞争的压力。尽管煤炭工业仍在政府的照顾之中，但是它的发展去向仍然不太明朗。1990 年玛格丽特·撒切尔退出政治舞台之后，继任的保守党政府加大了煤炭工业私有化的步伐。因此这一时期，英国煤炭公司的职责主要是与政府合作，拟定煤炭工业的发展方向，包括进一步关闭矿井，清点煤炭工业的财产，解决被裁煤矿工人的就业问题。另外，《1990 年煤炭工业法案》规定，应对与露天煤矿有关的煤炭生产、勘探的许可事宜以及生活设施的保存事宜做好安排。③这是煤炭工业走向私有化的第一步。

最后，煤炭工业私有化的帷幕被拉开。煤炭工业私有化对于国有化的英国煤炭公司而言，意味着它的运行功能的终结。《1994 年煤炭工业法案》规定：建立英国煤炭局为煤炭工业的重构做好准备，对英国煤炭公司以及所有附属公司财产、权利和债务进行转交，并解散英国煤炭公司；解除国内煤炭消费者理事会；为煤矿运营的许可做准备，并准备有关运营事项；成立英国煤炭局的目的是控制、管理以及处理股息和权利及与此相关的未加工的煤炭和其他财产；执行与煤矿运营许可有关的事宜；执行与煤矿下沉以及与其他事务相关联的任何露天或其他煤矿的运营有关的功能；执行依此法案被授予的其他功能。④国有化的管理机构转向一个代理机构或服务机构，预示着政府开放煤炭

① Monk S. *Retraining Opportunities for Miners Who Have Been Made Redundant: A Special Report Commissioned by the Coalfield Communities Campaign*, pp. 3-10.

② Witt S. *When the Pit Closes: The Employment Experiences of Redundant Miners*, p. 47.

③ *Coal Industry Act 1990.*

④ *Coal industry Act 1994.*

经营权，煤炭又回到自由竞争的市场化轨道。

从国有化之初的全国煤炭委员会，到《1966 年煤炭工业法案》规定的探测、销售石油的职责，到 1973 年两大公司—— 全国煤炭委员会（煤炭产品）有限公司及全国煤炭委员会（辅助产品）有限公司的建立，再到 1987 年英国煤炭公司的建立，煤炭工业国有化时期的管理机构通过扩大它在市场中的经营范围，逐渐地将煤炭工业带入市场化的经营轨道。英国煤炭局的建立及其职责的规定，表明它只是作为一个商业控股公司参与决策，而不再负责具体的生产及其他事务。

二、全国煤矿工人工会职能的转变

全国煤矿工人工会作为代表煤矿工人利益的一个组织，其职能主要体现在：维护煤矿工人在经济方面的各种利益所得；代表煤矿工人表达其政治层面的要求；确保煤矿工人在社会生活中的便利。具体而言，就是代表煤矿工人的整体利益，参加各种与煤矿工人有利害关系的谈判；为维护煤矿工人的利益而做出相关的决定，如罢工、增加工资等；作为煤矿工人的代表参加全国性政治选举活动等。因此，全国煤矿工人工会作为煤矿工人的代表几乎涉及任何与煤矿工人利益相关的各个层面和每个事件中。

（1）煤炭工业国有化初期，全国煤矿工人工会的主要职能表现为代表工人的利益与雇主或资方就煤矿工人的待遇问题进行谈判。首先，对部分煤矿工人的待遇问题与全国煤炭委员会进行谈判，并在很大程度上达成一定的协议。例如，在 1947 年 1 月 28 日，全国煤矿工人工会要求全国煤炭委员会提高新招募者及其指导者的工资待遇；1947 年 4 月 8 日，全国煤矿工人工会与全国煤炭委员会谈判的结果是同意引入工会代表要求的每周五天工作制；1947 年 5 月 23 日，双方进一步就节假日、法定假日的薪水报酬问题达成协定。①另外，全国煤矿工人工会代表矿工要求提高现代化的矿井数量，并要求加强井下安全防范措施；要求一定的工业伤残补偿金，并对年龄在 55 岁以上的矿工提

① National Coal Board. *Memorandum of Agreement, Arbitration Awards and Decisions, Recommendations, and Interpretations Relating to National Questions Concerning Wages and Conditions of Employment in the Coalmining Industry of Great Britain,* London: National Coal Board, 1951, p. 176, p. 180, p. 182, p. 206, p. 208.

供足够的养老金；在煤矿地区建设具有高质量房屋的新村镇。[①]除此之外，全国煤矿工人工会对全国煤炭委员会针对工人的相关措施进行监督。例如，与全国煤炭委员会有关的矿业安全事务委员会、全国联合尘肺病委员会、煤矿安全事务研究委员会等均有全国煤矿工人工会的代表参加。[②]全国煤矿工人工会的这种职责大大改善了煤矿工人的劳动条件，提高了煤矿工人的待遇。

其次，煤炭工业国有化之后，全国煤矿工人工会的主要职能集中体现在它要求对所有的煤矿工人，不管其地区经济及矿井效率，均实行统一化的工资待遇。统一化工资运动在20世纪50年代到60年代后期成为煤矿工人及其工会的主要任务。关于它的主要过程，前文已有详细阐述，此不赘言。这一时期，煤矿工人的工资不仅实现了统一，而且如表4-2所示，矿工的工资水平居制造业工人工资的前列。

表4-2　1948—1966年英国某些行业成年男性平均每小时收入指数表[③]（包括假日和医病薪水）

行业	1948年	1956年	1960年	1966年
煤炭	144	149	139	130
餐饮烟草	90	90	91	95
化学	100	101	105	107
金属制造	113	113	113	108
工程	107	106	106	103
造船	103	102	102	105
车辆	115	110	125	121
纺织	93	92	92	92
出版印刷	100	118	118	119
建筑	94	96	92	96
气、电、水	95	93	96	99
交通	92	91	93	94

① *History of the National Union of Mineworkers: Nationalisation.*

② Sir Guy Nott-Bower and R. H. Walkerdine ed. *National Coal Board: The First Ten Years: A Review of the First Dacade of the Nationalised Coal Mining Industry in Great Britain*, p. 45.

③ Handy L J. *Wages Policy in the British Coalmining Industry: A Study of National Wage Bargaining*, p. 172.

从表 4-2 可以看出，1948—1966 年，尽管煤矿工人的工资水平相对有所下降，但是在这些工业中，矿工平均每小时的工资额位列第一。因此，可以看出，在维护工人工资待遇方面，全国煤矿工人工会发挥了非常大的作用。同时，全国煤矿工人工会通过要求全国煤炭委员会提高煤矿工人的待遇，统一全国煤矿工人的工资结构，使工会内部的凝聚力空前增强。这就为工会在 20 世纪 60 年代后期以及整个 20 世纪 70 年代的工人运动奠定了一定的基础。

（2）从20世纪60年代后期开始，全国煤矿工人工会组织工人通过罢工威胁全国煤炭委员会和政府，以提高矿工的待遇。20 世纪 60 年代后期，煤矿工人的待遇稍有下降。1970 年煤矿工人的每小时工资水平低于出版印刷业和车辆制造业。[①]因此，煤矿工人又要求缩短工作时间、提高工资待遇，并且这一时期伴随着频繁的非正式罢工。

1971 年，全国煤炭工人工会年度大会决定，在采煤工人 30 英镑的每周工资基础上再提高 5 英镑，在井下工人 19 英镑的每周工资基础上再提高 9 英镑，地面工人的18英镑的每周工资基础上再增加6英镑，但是，全国煤炭委员只答应每周提供 1.6 英镑。[②]因此，全国煤炭工人工会通过发起全国性的矿工大罢工，迫使全国煤炭委员会将矿工的周工资提高到采煤工人34.5英镑，其他井下工人 25 英镑，地面工人 23 英镑。

除此之外，1973 年全国煤矿工人工会引入一个延时禁令，要求提高工资待遇。当这一要求被政府拒绝时，全国煤矿工人工会发起的新一轮全国性大罢工又开始上演。爱德华·希思政府在这一罢工的胁迫下垮台。新执政的工党政府几乎全部接受了全国煤矿工人工会的要求，才平息了这样的工资要求。其结果就是煤矿工人每小时的平均工资从 1970 年的第三位又跃居第一。[③]而且，将其他行业工人的每小时平均工资远远地甩在后面。

因此，这一时期全国煤矿工人工会的权力在维护工人的利益过程中达了顶峰。在矿工工会的胁迫下，政府各方同意煤炭工业扩大生产，并且制定出《1974 年煤炭计划》。在此基础上，工会也要求政府加大对煤矿工人的疾病赔偿力度。在全国煤炭委员会和全国煤矿工人工会以及其他煤炭工业组织的

① Handy L J. *Wages Policy in the British Coalmining Industry: A Study of National Wage Bargaining*, p. 172.

② *History of the National Union of Mineworkers: The Fight Back.*

③ Handy L J. *Wages Policy in the British Coalmining Industry: A Study of National Wage Bargaining*, p. 172.

磋商下，政府在《1975年煤炭工业法案》中规定，对尘肺病矿工的补助总额提高至1亿英镑。[①]政府关于尘肺病矿工的补助在玛格丽特·撒切尔政府时期又有一定额度的增加。[②]这一时期，全国煤矿工人工会组织矿工在获取利益方面不仅影响了政局的稳定性，也恶化了经济形势。继全国煤矿工人工会通过罢工达自己的利益诉求之后，其他工业工会也纷纷效仿，导致通货膨胀极为严重。

在全国煤矿工人工会力量增长的同时，政府也调整了对煤矿工人工会及煤炭工业的发展战略，而这势必会危及煤矿工会的力量。玛格丽特·撒切尔执政后，政府不再愿意为国有化的煤炭工业担负沉重的财政包袱。政府对包括煤炭工业在内的一些国有化工业的政策是强调财政收支平衡，而煤炭工业如果要达这一点，必须要关闭部分矿井，裁减部分矿工。因此，政府制定关于关闭矿井的计划便又一次引起了1981年2月全国煤矿工人工会的罢工威胁。之后，全国煤矿工人工会主席阿瑟·斯卡吉尔得到政府的一份计划资料，这份资料显示，在未来十年，煤炭工业将有75个至95个矿井被关闭。[③]这些计划及随后全国煤炭委员会对煤矿的关闭行动，均被全国煤矿工人工会认为是对工会力量的挑衅和对煤矿工人利益的威胁。在全国煤矿工人工会领导人的号召下，煤矿工人工会发起了又一次全国性的、以捍卫煤矿工人的工作岗位为目的的非官方罢工。而且，这次罢工时间之长，在英国工业史上是绝无仅有的。当然，在这次罢工中，工会的力量在长时间的冲突中元气大伤，工人因为生计而无法支持工会拖延罢工的要求。结果，这场捍卫岗位的罢工以全国煤矿工人工会的失败而告终。这几乎是自国有化以来煤矿工人工会的首次失败。但是仅仅这一次失败，对煤炭工业发展前景和煤矿工人身份转变的影响是决定性的。

（3）在1984—1985年大罢工结束之后，全国煤矿工人工会的力量遭到极大削弱。因此，它不再对英国的政治和经济产生较大的影响。尽管全国煤矿工人工会在以后的岁月中会有一些较小的举动，但是在矿工进一步减少的趋势下，工会的职能开始转向了为其前会员要求医疗福利补偿及帮助煤矿地区社区

---

① *Coal Industry Act 1975.*

② *Coal Industry Act 1980.*

③ *History of the National Union of Mineworkers: The Great Strike.*

重建。全国煤矿工人工会从国有化以来就对煤矿工人的工作环境以及健康状况给予较大的关注。20世纪50年代，它对全国煤炭委员会关于矿井环境的灰尘抑制措施进行监督，并要求通过强硬的立法措施控制所有地区矿井的灰尘水平；矿工工会自己也进行尘肺病的调查活动，并突出被确诊的煤矿工人尘肺病的发展趋势；对尘肺病医学研究小组的调查研究给予全力支持和帮助，等等。但是，当时全国煤矿工人工会关注的重心并不是这些少数煤矿工人的福利问题。煤炭工业在整个20世纪50年代仍然有70万左右的工人，因此，全国煤矿工人工会在当时的工作重心如上文所述，有其特定性。

当大罢工结束之后，全国煤矿工人工会仍然以积极的姿态投入到维护矿工权益的活动中，但是，煤矿工人不再以一个庞大的整体存在。1994年，英国总共约有 8400 名矿工。因此，这一时期，工会的职能主要体现在实现部分煤矿工人的利益诉求方面。

全国煤矿工人工会要求全国煤炭委员会对患有支气管炎和肺气肿疾病的煤矿工人进行补偿。20 世纪 50 年代后期，整个英国每年死于支气管炎的人数大约为25 000 人，因此疾病而缺勤的人（次）数占整个缺勤人（次）数的 10%——每年导致损耗2500万个工作日。①早在20世纪50年代初期，全国煤矿工人工会就要求将矿工的支气管炎（Bronohitis）和肺气肿疾病作为职业疾病。由于对此疾病缺乏足够的病理学方面的认识，工会的这一要求在当时并没有成功。但是，工会在这方面的呼声一直存在。20 世纪 80 年代后期，在煤矿工头和代理人协会的共同努力下，工业伤残咨询理事会（Industrial Injuries Advisory Council）终于在 1993 年接受了支气管炎和肺气肿疾病是矿工职业疾病的现实。1998年，法院在煤矿工人支气管炎和肺气肿的诉讼案件中，认为英国煤炭公司没有保护它的工人免受呼吸疾病的侵袭，这一决定对超过50万的煤矿工人产生了非常积极的作用。②尽管到2005年，整个英国只有9个煤矿矿井、3000 名矿工，但全国煤矿工人工会还是积极地投入到维护矿工利益的工作中去，并且工会组织对全国的煤矿工人社区提供一流的服务。③总之，在罢工结束之后，全国煤矿工人工会仍积极地维护矿工的权益。工会的这些活动仍然对

① McIvor A, Johnston R. *Miners' Lung: A History of Dust Disease in British Coal Mining*, p. 125.

② McIvor A, Johnston R. *Miners' Lung: A History of Dust Disease in British Coal Mining*, p. 129, p. 229.

③ *History of the National Union of Mineworkers: The Struggle goes on.*

大量矿工的生活带来了较大的便利。

因此，在煤炭工业国有化之后，全国煤矿工人工会在不同阶段代表工人的利益，为他们争取了较大的权益。另外，工会在维护矿工权利时也乘机加强了自己的政治力量，导致大规模罢工的频繁爆发。罢工使整个煤炭工业在关键时刻总是处于一种被动状态。同时，工会力量的壮大也对两党政治权力构成了极大的威胁，政府在罢工中对工会力量表现出了绝不手软的立场。工会在这次与政府的较量中失败了，它不再具有追求政治诉求的力量，但是它仍然在为矿工提供一定的帮助和服务。

三、煤矿矿区的发展

英国煤矿矿区的发展与其他国家的煤矿矿区一样，一般处在偏远的山区或距离现代化工业城区较远的地区。因此，矿区周围除了矿工村镇形成的较隔离的社区之外，很少有其他居民社区。但是这些矿区在国有化以来变化较大，因此也影响了煤矿工人社区的发展走向。

（1）自 20 世纪 60 年代以来，煤矿关闭使矿区逐渐开始衰败。20 世纪 90 年代，大部分煤矿走向衰败，开始由原来的产煤区转为其他工业基地。首先，转变为新的工业区。这些工业主要从英格兰南部转向劳动力密集的煤矿地区，由轻工业和现代化的移动工业部门组成，如电子工程、物流、宾馆、饭店、银行和财政部门。这些部门的公司员工雇用量有限，80%的公司雇员一般不超过 100 人。[①]因此，这些工业进驻煤矿地区后，对当地失业有一定缓解，但其帮助是有限的，而且工作性质及待遇与当时的煤矿工人的待遇无法相比。

其次，引进国外企业投资。1990 年初，曼斯菲尔德（Mansfield）吸引了大量日本纺织股份公司的投资；1991 年，巴恩斯利吸引 5000 万英镑的日本滚珠轴承制造商投资；南威尔士也在矿井关闭之后，成功地从中央政府和欧盟那里为重构获得了财政援助。[②]除此之外，日本的电子产业——索尼、松下、夏普、日立和爱华也大量进入到矿区。尽管如此，这种成功的例子在煤矿地区并不是普遍的。因此，大量的煤矿地区仍需要进一步的重建努力。

---

① An independent study by PA Cambridge Economic Consultants. *First Choice: Attitudes towards the Local Workforce of Companies Choosing to Set up Business in Coalfield Areas*, p. 2.

② Turner R. *The British Economy in Transition: From the Old to the New?*p. 42.

再次，矿区转为他用。一些煤矿工业遗址曾被转型为现代政府机关、零售发展和休闲购物中心，如靠近利物浦、谢菲尔德、索尔福德（Salford）和伦敦的工业遗址。①韦克菲尔德一个煤矿地区后来改建成煤矿博物馆，出售很多与煤炭材料有关的小纪念品，也为客人提供食宿。同时，将一个废矿井开发为可供游客体验矿井工作环境的旅游景点。此煤矿区有大量的可供查阅的煤炭工业的发展资料。但是由于煤矿地区一般地处非常偏僻的地区，而且煤矿工业有大量的工业遗址，所以这种转型显然比较单一。

最后，政府投资煤矿地区的重建。在达勒姆郡、泰恩、威尔和诺森伯兰郡的矿区，通过英国煤炭公司、欧洲共同体和工业贸易部（Department of Trade and Industry）的合作，建立了一些公司区域、新工业和商业地产。例如，朗斯威特格兰奇工业园，靠近西约克的庞蒂弗拉克特，在1991年被指派为一个工业园区；1993年3月，政府宣布将在迪尼山谷、曼斯菲尔德和伊辛顿地区建立工业园区；花费了3900万英镑进行迪尼山谷道路建设。②政府投资煤矿地区的重建对煤矿地区的就业率有一定的提升，也对当地经济的复兴有一定的帮助，但是要产生一种繁荣的地区性经济仍远远不够。

（2）煤矿工人社区随着矿井的关闭而逐渐衰败。这些社区与煤矿工人的发展有很大的关系。因此，在矿井关闭之后，煤矿工人社区的发展也随着经济的衰败而存在诸多问题。首先，社区人口急剧减少，面临人口老龄化问题。随着大量煤矿矿井的关闭，更多的人面临失业后重新就业的首要问题。煤矿地区的就业机会非常单一，并且也几乎无法再容纳大量失业的矿工了。因此，更多的人要面临离开矿区重新就业。例如，1985年，煤矿工业中就业人数为17万人，到2005年，只有不足5000名的矿工。因此，大量的煤矿工人必须离开煤矿工人社区，另谋出路。在这些人中，年轻人的比例非常大，相反，年龄较大的煤矿工人则不愿意离开已生活了几十年的熟悉环境。这种情况很容易导致煤矿工人社区人口的老龄化。20世纪70年代初的抽样调查显示：年龄在35岁以下的煤矿工人中，有92%的人愿意离开煤炭工业；在35岁到55岁之间的煤矿工人中，有40%的人愿意离开；在55岁以上的矿工中，有21%的人愿意离开。③

① Turner R. *The British Economy in Transition: From the Old to the New?*p. 241.

② Turner R. *The British Economy in Transition: From the Old to the New?* p. 32, p. 33.

③ Sewel J. *Colliery Closure and Social Change: A Study of a South Wales Mining Valley*, p. 42.

因此，矿井的关闭带给煤矿工人社区的问题之一就是加强了社区的老龄化问题，这更加削弱了煤矿地区经济恢复的动力。

其次，煤矿工人社区居民社会身份多元化导致经济建设缺乏身份认同和社区凝聚力。煤矿工人社区的居民主要由矿工及其家属组成。但是当矿井关闭之后，政府及相关部门在对煤矿地区的重建中引进了大量的非矿工居民，导致当地社区居民身份的多元化。而且，这种多元化的社会身份较单一的煤矿居民身份而言，他们之间没有任何相互的认同感。因此，也无法产生社区建设中的凝聚力。例如，在沃尔索普出现的新一代与煤矿无关的家庭，他们自己不愿介入社区活动。[①]不仅如此，煤矿地区的老住户对新进入者产生了一种排斥的情绪。这些因素更不利于当地社区的重建。

最后，煤矿工人社区因经济衰败而产生诸多问题。例如，大部分房子的所有权掌握在非常住人口手中；房子常年失修；矿工家庭因失业而时常发生不愉快的事情；孩子上学难等问题。

鉴于此，托尼·布莱尔的工党政府制定了一个总额为3.54亿英镑的十年方案，用来解决煤矿工人社区存在的诸多问题，如制定当地官方住房投资方案，并对社区的各种服务性机构及部门采取相应的措施。[②]政府的重建工作对煤矿工人社区活力的恢复很显然产生了较大的刺激作用，但是，正如上文所述，煤矿地区的经济活力和新生力量的注入，都使它在短期内不可能恢复到国有化初期矿区的和谐与繁荣之中。

综上所述，全国煤炭委员会、全国煤矿工人工会以及煤矿工人社区均因为煤炭工业的衰落而发生了较大的变化。在这种变化过程中，全国煤炭委员会作为政府管理机构的资方代表，逐渐转为一种商业性的煤炭机构，最终在煤炭工业收缩之后被煤炭控股公司所代替。而全国煤矿工人工会在煤炭工业的发展过程中主要维护工人的利益，也就是代表矿工参与到各种各样的谈判与决策中，在很大程度上维护了工人的既得利益。但是，工会也在维护工人利益的过程中加强了自己的政治诉求，导致工会在长达一年的罢工中失去了谈判的主动权，这也奠定了工业继续收缩的命运以及工会权力被大大削减的结局。煤矿工人社

① Waddington D. *Developing Coalfields Communities: Breathing New Life into Warsop Vale*, p. 12.

② Waddington D. *Developing Coalfields Communities: Breathing New Life into Warsop Vale*, p. 3.

区的情形随着煤炭工业的衰落而衰败。因此，出现了各种各样的社会问题。这些社会问题的解决对英国政府而言将不会在一个十年方案的运行中消除，它将是一个长期的重建工程。因为，它打破了一个旧的社区，而一个新社区需要几代人的努力才能形成。

本 章 小 结

1984—1985 年，全国煤矿工人工会大罢工结束后，政府加大了煤炭工业收缩的步伐。在收缩过程中，政府的有偿裁员计划对矿工离开煤炭工业后的生活有一定的帮助，但是矿工的再就业却颇费周折。矿井的关闭使大量矿区的重建道路充满坎坷。国有化的管理部门——全国煤炭委员会最终转变为英国煤炭局。全国煤矿工人工会因矿工的流失而雄风不再。煤炭资源在英国能源结构中的比例逐渐下降。到 1994 年初，英国的煤炭产量仅为 6000 万吨，相比 1980 年初的 1.23 亿吨，煤炭产量下降了一半多。[①]煤矿工人社区也从单一转向多元。因此，煤炭工业的转型发生了巨大的变化。这种变化犹如一把双刃剑，即有正面的变化，也产生了负面的影响。

（一）积极的变化

第一，一个以“矿工”标识自己且非常庞大的群体逐渐失去了身份认同，英国工会力量遭受到极大的打击。相应地，工会力量的衰减使英国恢复到两党制的局面，有助于英国政局的稳定。1980 年英国煤矿拥有人力 23 万多人，到 1994 年仅剩余 26 700 多人，发展到 2009 年仅有 5900 人。[②]

第二，煤矿矿区的重建使当地的经济形态发生了较大变化。曾以工业帝国为标志的大不列颠也逐步转向以轻工业、服务性行业、工业文化产业、商业、金融业为主要经济形态的国家。这种变化降低了因煤炭工业造成的环境污染，有益于当地居民的身心健康。

第三，煤矿工人社区的重建改变了几个世纪以来单一、封闭的煤炭工业城市的面貌，使当地城镇居民呈现出多元化。这有效地打击了英国以行业为基础

---

① Coal Authority. *Summary of United Kingdom Coal Production and Manpower from 1947*.

② Coal Authority. *Summary of United Kingdom Coal Production and Manpower from 1947*.

的工会势力。

第四，英国煤炭产量的收缩促使英国政府积极地扶持新型能源资源的研究与开发，也促使英国政府积极地寻求提高煤炭利用率的技术和方法，减少燃煤造成的污染。洁煤技术的发展和碳减排技术使英国在煤炭领域仍保有话语权。而对低污染再生性能源的研发和利用方案再次吸引了全球关注的目光。

第五，英国煤炭工业对部分已关闭的矿井加以改造，使其继续发挥煤炭资源的社会功效。作为煤炭工业的遗产，废矿井的保存与开发一方面保留了工业社会发展的历史文化痕迹；另一方面提高了它的利用价值，也为当地居民的就业提供了帮助。

（二）消极的影响

然而，毋庸讳言，煤炭工业的转型也给英国社会带来了诸多不利的影响。

第一，作为基础性能源资源工业，玛格丽特·撒切尔政府在大罢工后对工业的收缩速度过快，导致其他部门无法顺利地吸收大量被裁减的矿工。1984年3月，煤炭工业的人力还有19万多，到1991年3月仅剩62100人[①]，人数的急剧减少充分说明了收缩的快速。

第二，煤炭工业作为成就英国工业化的基础性产业，它的收缩也意味着英国去工业化过程的结束，也代表着英国彻底地抛弃了传统“工业帝国”的称号。这就彻底打破了英国民众的主要就业场所。因此，这种“破”的行为势必会在很长时期内影响英国几代人的就业。这也是较多学者否定煤炭工业转型的原因所在。

第三，煤炭工业的收缩力度与低污染、再生性能源的投资力度并不匹配。玛格丽特·撒切尔政府将再生性能源的投资放在核工业的发展方面，而忽视了低污染再生性能源，如对风能、水能、太阳能等自然能源的研究热情不高，投入有限。

总之，英国煤炭工业的转型对英国政治、经济、环境等方面产生了积极的作用。同时，“破”与“立”节奏不统一，也产生了一些诸如就业、能源持续发展等方面的问题。这些问题将在很长时期内对英国经济产生影响。

---

① Coal Authority. *Summary of United Kingdom Coal Production and Manpower from 1947*.

结　语

英国之所以成为全球第一个工业化国家，其中一个主要的因素是它拥有丰富的煤炭资源。煤炭作为主要的动力资源和工业生产中的燃料资源，为大英帝国在殖民化时期工业产品的输出提供了重要的保证。不仅如此，在 20 世纪上半期的两次世界大战中，丰富的煤炭资源使英国立于不败之地，并且也使它从战争的废墟中很快恢复元气。因此，英国的煤炭资源与英国的发展密不可分。鉴于此，在第二次世界大战结束后，面对各国对煤炭资源需求激增的形势，英国将煤炭工业从私有转为国有。

然而，国有化之后，煤炭工业并没有能够挽回自第一次世界大战以来煤炭产量和人员规模开始下降的颓势。与此同时，国有化煤炭工业的发展较之前受到更大的阻力。除较高的生产成本使煤炭工业的运营越来越困难之外，以尘肺病为主的各种矿工职业疾病、煤炭引起的环境污染问题、能源市场的多元化发展等诸多因素均加速了它的衰落（见第一章内容）。第二次世界大战后，以法国为主的欧洲大陆国家建立的欧洲煤钢共同体以及在此基础上的欧洲一体化发展战略，极大地缩小了英国的煤炭销售市场。而国有化之后，煤炭工业的管理者——全国煤炭委员会错误的工业发展战略，逐渐强大的全国煤矿工人工会频繁发起的罢工，加速了煤炭工业衰落的步伐（见第二章的内容）。另一方面，在煤炭工业中，政府、全国煤炭委员会和全国煤矿工人工会因各自利益而形成博弈格局（见第三章的内容），加之英国能源结构在 20 世纪 70 年代中期以来发生了较大的变化，这些因素最终促使政府放弃了优先发展煤炭资源的战略决策，并开始加快收缩煤炭工业的规模，以达工业自负盈亏的目的。随着政府政策的实施，煤炭工业的规模大大地缩小了。煤矿矿井从1980年的219个下降到1995年初的60个；同时，深矿井煤矿工人的数量从23万人下降到15 000人；矿井煤炭年产量从1.1亿吨下降到2900万吨（见第四章的内容）。①

由此，在国有化之后，英国煤炭工业的发展受到各种制约因素的影响而步入衰落阶段。这些制约性因素除了煤炭工业发展中产生的资源衰竭、成本提高及疾病和污染等因素外，还存在其他因素，如强大的工会力量的存在，全国煤炭委员会持久的“生产计划”，政府日益陷入工业财政补贴的漩涡，英国北海石油、天然气的探明与开采，等等。所有这些因素对煤炭工业的影响都值得我们深思。另外，英国煤炭工业收缩期间，劳资关系的变化、政府对煤矿工人的安置、煤矿关闭后政府复兴工业基地的措施以及英国煤炭生产与消费的状况等对发展中国家的工业转型具有一定的借鉴和警示意义。

一、加速英国煤炭工业衰落的诸多因素

英国煤炭工业在发展过程中，本身产生了许多不可控制的因素。这些因素直接或间接地促使煤炭工业进入衰落阶段。

（1）煤炭工业作为一种资源消耗型产业，它的衰落是必然的。据估计，英国煤炭资源的生成面积为11 859平方英里，煤田范围为4251平方英里②。早在13世纪，英国已开始采煤活动，截至20世纪中期，英国煤炭工业已有700年的发展历史。并且随着时代的发展，英国对煤炭的开采也加快了步伐。1700年，英国的煤炭产量为300万吨；而到1800年则达上述产量的5倍，大约为1500万吨；1850年则达6300万吨；1913年达了历史最高峰——2.92亿吨。③随着英国煤炭资源被大量开采，其储量迅速减少，煤炭产量也开始迅速下降。到20世纪70年代后期，英国煤炭年产量降到1亿吨左右。

与此同时，煤炭资源的不可再生性导致煤矿矿井的枯竭。1913年，英国

---

① Coal Authority. *Summary of United Kingdom Coal Production and Manpower from 1947*.

② Leifchild J R. *Our Coal and Our Coal-pits*, London: Frank Cass & Co. LTD, 1968, pp. 13, 16.

③ Reference Services, Central Office of Information. *Energy and Natural Resources*, p. 26.

的煤矿总数为 3300 个，属于大约 1500 个所有者。[①]1943 年，煤炭总产量的 90%来自 46%的矿井。[②]1947 年，英国煤矿矿井的数量减少到 958 个。[③]煤炭工业的衰落在国有化后加快了步伐。20 世纪 70 年代后期，煤炭工业中的矿井数量只剩余 220 个左右。[④]随着矿井的减少，煤炭工业中雇用的人力也迅速地减少。1913 年，煤矿工人的队伍曾经达 113 万之众，到 1947 年已下降到 70 万人，到 20 世纪 70 年代末期，煤矿工人仅剩余 23 万。

由此可见，作为消耗型资源产业，煤炭工业的不可再生性决定了它的衰落是必然的。因此而导致工业规模的收缩也是不可避免的。

（2）以矿工尘肺病为代表的各种职业疾病对煤炭工业的正常生产造成了较大的影响。作为采掘业的煤炭工业，随着机械化作业程度的加深，矿井内产生了大量的灰尘颗粒，导致长期工作在矿井的工人感染尘肺病的概率加大。特别从 20 世纪 30 年代以来，患有矿工尘肺病的人数急速扩大。尘肺病的肆虐增加了煤矿工人的旷工率，导致煤炭工业生产率下降。而且，尘肺病的流行给工业招募新矿工带来了较大的困难。新的劳动力不能如期投入煤炭工业的生产，也导致了工业生产率的下降。全国煤炭委员会也投入大量的人力、物力和财力，通过各种方案措施降低矿井中的灰尘，以试图遏制矿工尘肺病。例如，全国煤炭委员会采取煤面注水、喷水的方法抑制灰尘的产生，并改善矿井的通风条件，研发矿工专用的防尘面罩等。[⑤]为防止尘肺病的蔓延和进一步扩散，全国煤炭委员会对进入煤炭工业的新矿工进行体检，并对所有矿工定期进行体检。另外，全国煤炭委员会也积极地投入到各种尘肺病的研究活动中。这些行为一定程度上降低了尘肺病给矿工造成的伤害。

然而，全国煤炭委员会为了不中断煤炭生产，在对待患有尘肺病的矿工时主要以提高煤炭产量为主，而忽视了他们的健康。最重要的是尘肺病导致大量矿工付出了宝贵的生命。第二次世界大战后，患有尘肺病的煤矿工人每年新增

---

① The Fabian Society. *The Nationalisation of the Coal Supply: A Study Prepared in the Fabian Reserch Department,* London: The Fabian Shop and George Allen and Unwin, Limited, 1916, p. 3.

② Ashworth W, Pegg M. *The History of the British Coal Industry, Volume 5: 1946-1982: The Nationalized Industry*, p. 8.

③ Coal Authority. *Summary of United Kingdom Coal Production and Manpower from 1947.*

④ Coal Authority. *Summary of United Kingdom Coal Production and Manpower from 1947.*

⑤ McIvor A, Johnston R. *Miners' Lung: A History of Dust Disease in British Coal Mining*, pp. 167-180.

数达1000多人，死亡数每年达700—800人。从20世纪50年代早期到20世纪60年代后期，英国患有尘肺病的煤矿工人每年的死亡人数达1600例。根据记录的数据可知，1930—1990年，英国患有尘肺病的煤矿工人死亡人数总共超过了4万人之众。①

在煤炭工业发展过程中，矿工除了受到大规模流行的尘肺病的威胁之外，其他职业疾病，如皮炎（Dermatitis）、腱鞘炎（Tenosynovitis）、支气管炎以及眼球震颤病（Nystagmus）等均对煤矿工人的健康构成了威胁。1943年，矿工中新增皮炎患者高达1207人，腱鞘炎患者为7478人，眼球震颤患者2006人；而1952年新增人数分别为3863例、11 525例和191例。②尽管到20世纪70年代初，这些疾病的上升趋势得到了遏制，但是像皮炎、腱鞘炎以及支气管炎这种与矿井工作环境有关的疾病，在矿工中仍然普遍流行。

由此可见，以尘肺病为主的矿工职业疾病，在第二次世界大战后随着机械化作业的加强，发展非常迅猛。这些疾病在侵蚀煤矿工人健康体魄的同时，也打乱了煤炭工业的生产节奏，最终影响了煤炭产量。

（3）煤炭工业产生的环境污染和破坏问题也注定了煤炭工业收缩的命运。煤炭不仅在采掘的过程中会产生大量的灰尘、破坏土壤质量、破坏当地生态平衡，而且煤炭在燃烧过程中会释放出大量的二氧化碳、二氧化硫以及氧化氮等气体，这也增加了环境的破坏程度。英国煤炭含硫量高达1.38%，因此，在燃烧过程中会产生大量的二氧化硫。③另外，英国的能源结构在20世纪50年代之前较单一，煤炭成为它的主要能源资源。1950年，英国煤炭占能源消费总量的90%。④因此，燃煤释放出二氧化硫浓度含量较高的毒气对英国环境造成较严重的污染。1952年伦敦发生了烟雾事件，导致约4000人死亡。⑤之后，英国开始加强治理由燃煤导致的污染问题。英国政府颁布了《1956年空气洁净法案》，该法案对燃煤排放的黑烟进行了限制⑥，这使更多的消费者开始选择

① McIvor A, Johnston R. *Miners' Lung: A History of Dust Disease in British Coal Mining*, p. 54.

② McIvor A, Johnston R. *Miners' Lung: A History of Dust Disease in British Coal Mining*, p. 52.

③ Bone W A. *Coal and Its Scientific Uses*, London: Longman, 1918, p.62.

④ 杨敏英：《从英国煤炭工业发展历程看我国煤炭企业的战略调整》，《数量经济技术经济研究》2001年第8期，第9—14页。

⑤ 陈利：《“雾伦敦”会在中国出现吗？》，《当代矿工》1996年第10期，第24—25页。

⑥ *Clean Air Act 1956*.

较干净的燃油代替燃煤。尽管煤炭的地位有所动摇，但是到 1960 年时，煤炭消费仍占英国能源消费总量的 63%。[①]随后不久，燃煤造成的环境污染以及破坏问题越来越受到人们的关注。与此同时，英国燃煤所产生的区域环境污染问题也受到邻国的责难。到 20 世纪 80 年代后期，英国政府又受到来自欧洲共同体内部关于燃煤释放污染环境的有毒气体的指责的压力。除了改良燃煤技术和进口低硫煤炭外，英国政府加大了本国煤炭工业收缩的步伐，试图从根本上解决燃煤引起的环境问题。

因此，人类对煤炭采掘以及使用都使它产生了不利于人类居住环境可持续发展的因素。这些因素制约了英国煤炭工业的进一步发展。

（4）煤炭作为工业化的基础资源，为其他重工业的发展提供了最重要的动力和原料来源。英国钢铁制造业的原料和燃料都离不开煤炭工业。在很长时期内，英国煤炭也是交通运输业的动力资源。另外，煤气产品和家庭取暖等均由煤炭工业供应。但是，更高效动力资源的出现以及某些工业技术的改良，减少或中止了它们对煤炭的需求量。特别是英国的原油进口量从 1947 年的 250 万吨上升到 1970 年的 1 亿吨以上。[②]20 世纪 70 年代后期，英国本土的原油、天然气又进入能源市场，极大地冲击了英国煤炭的地位。这一时期，英国煤炭工业逐渐失去了昔日与之关系密切的老行业的支持，特别是铁路运输业 1960 年的煤炭消费量达 890 万吨，而到 1978 年时则彻底退出了煤炭消费市场。另外，到 20 世纪 70 年代，因为储量丰富的天然气田的开发，曾在 1960 年煤炭消费量曾高达 2260 万吨的煤气产品永远退出了煤炭消费市场。此外，1960 年，家庭用煤量达 3550 万吨，1979 年却下降到 1050 万吨。与此同时，在政府帮助下，英国国有化煤炭工业将它的发展牢牢地拴在了电力供应工业的车轮之上。1960 年英国电力供应工业消费煤炭量为 5190 万吨，到 1979 年已达 8880 万吨。[③]这一时期，英国煤炭工业销售给发电厂的煤炭相当于全国煤炭委员会总销售量的 70%，占据了发电厂总燃料需求量的 3/4 强。[④]然而到 20 世纪 80 年代后期，电力供应工业从公有制转向私有制，政府不再操纵分配电力工业的煤炭需求，英

① 杨敏英：《从英国煤炭工业发展历程看我国煤炭企业的战略调整》，《数量经济技术经济研究》2001 年第 8 期，第 9—14 页。

② Hoopes S. M. *Oil Privatization, Public Choice and International Forces*, p. 21.

③ Manners G. *Coal in Britain*, pp. 32, 48.

④ Parker M J. *Thatcherism and the Fall of Coal*, p. 28.

国煤炭在能源市场中的地位进一步下降。

（5）1947 年英国煤炭工业实行国有化管理之后，全国煤矿工人工会的罢工也影响了煤炭工业的生产。第二次世界大战后，强大的全国煤矿工人工会的力量与疲弱的工业之间显得格格不入。全国煤矿工人工会在煤炭工业国有化发展过程中增强了自身的凝聚力，它一方面凭借自己的力量控制两党政治选举的结果，另一方面为煤矿工人要求更多的利益。因此，煤矿工人频繁地进行罢工。在 20 世纪 50 年代中期，煤矿工人的罢工占英国罢工总量的 3/4；而在第二次世界大战以来的 20 多年中，煤矿工人的罢工数量占英国罢工总量的一半。[①]到 20 世纪 60 年代后期，罢工频率下降，但是罢工规模却急剧升级。1969 年，煤矿工人的罢工人数达 121 000 人，是国有化以来规模最大的一次罢工；在 1970 年煤矿工业中有 221 次罢工。[②]除此之外，1972 年又爆发了自 1926 年以来的全国煤矿工人大罢工，这次大罢工以保守党的倒台为代价。随后，工党领导人以满足全国煤矿工人工会的一切要求为条件，组建了新的工党政府。全国煤矿工人工会的行为并没有为煤炭工业带来可持续发展的美好前景，因为工业的发展越来越受制于高昂的生产成本而显得疲弱不堪。既然工会的发展壮大捆绑在羸弱的工业之上，那么，当工业基石无法承载强大的工会力量时，工会一味地通过提高工人待遇而加强其势力的行为只能阻碍工业发展的前途。之后，随着煤炭工业的收缩，煤矿工人的罢工持续不断。1984 年 3 月到 1985 年 3 月，全国煤矿工人工会又发起了将近一年的矿工大罢工。这次大罢工使英国煤炭工业陷入瘫痪的境地。而罢工的结果是全国煤矿工人工会的元气大伤。此后，煤炭工业进一步收缩。

（6）在英国煤炭工业的衰落中，增加了各种各样违背自然规律的人为因素。第二次世界大战后初期，为了通过煤炭外交增加自己控制欧洲局势的筹码，英国政府将煤炭工业视为战略资源而转为国有产业，不仅盲目地扩大矿工队伍，而且制定了不切实际的煤炭生产计划，不利于煤炭工业的可持续发展。国有化之后，英国煤炭工业的管理者——全国煤炭委员会的权责失衡。全国煤炭委员会是国有化煤炭工业的管理者和经营者。《1946 年煤炭工业国有

① Hyman R. *Strikes*, p. 30.

② Ashworth W, Pegg M. *The History of the British Coal Industry, Volume 5: 1946-1982: The Nationalized Industry*, p. 299, p. 302.

化法案》规定该委员会拥有煤炭工业产、供、销方面几乎所有的权力。[①]然而，全国煤炭委员会并没有承担煤炭工业运营中实质性的责任。一方面，全国煤炭委员会对煤炭工业的亏损或盈利不承担具体的责任。从20世纪70年代开始，煤炭工业每年债台高筑，只有依靠政府的财政补助才能运营。例如，在1980年，煤炭工业的递延债务高达2.343亿英镑，而政府就在当年为其提供了1.593亿英镑的赤字补助金。[②]另一方面，政府、全国煤炭委员会以及全国煤矿工人工会三方力量遇到重大分歧时，全国煤炭委员会并没有站在煤炭工业可持续发展的原则上解决问题，而只是一味地维护自己作为管理者和经营者的权益。因此，全国煤炭委员会的立场常常处于摇摆状态。当全国煤矿工人工会与全国煤炭委员会的利益发生冲突时，它依靠政府的力量来解决问题。1948年，全国煤炭委员会不同意煤矿工人补充救济金计划中提出的费用，要求政府同意救济金一半的费用由煤矿工人支付，并限制救济条件。[③]后来，因为全国煤矿工人工会的强烈抗议，该委员会只能同意此计划的大部分费用由财政支付。

除此之外，该委员会对待尘肺病矿工时仍以自身的利益为主，要求政府通过法令让大多数尘肺病矿工继续待在灰尘浓度极高的工作场所。当政府的决策对煤炭工业的发展不利时，全国煤炭委员会借助工会的力量推行有利于自己的战略方案。1972年和1974年罢工结束后，工党政府、全国煤炭委员会和全国煤矿工人工会一起制定出提高产量的《1974年煤炭计划》。1980年，当玛格丽特·撒切尔要求煤炭工业在1983—1984年达财政收支平衡时，全国煤矿工人工会全体一致行动，要求政府在七天之内给全国煤炭委员会融资，并停止关闭矿井的活动，最后，政府不得不让步，大量的政府财政补贴又流入煤炭工业。[④]根据奈杰尔·劳森的说法，当时能源部统一的看法是全国煤炭委员会向工会泄露了政府关闭矿井数量的机密文件，从而导致上述事件的发生。[⑤]

全国煤炭委员会的这种立场和行为加剧了政府与工会的矛盾冲突，导致政府财政负担加重，加快了政府收缩工业规模的步伐。

---

① *Coal Industry Nationalisation Act 1946.*

② *National Coal Board Report and Accounts 1979-1980, Volume II: Accounts and Statistical Tables*, p. 65.

③ *CAB/129/26, Supplementary Injures Benefits for Miners: Memorandum by the Minister of Fuel and Power.*

④ Crick M. *Scargill and the Miners*, p. 72, p. 87, p. 88.

⑤ Lawson N. *The View From No. 11: Memoirs of a Tory Radical*, p. 141.

二、英国政府应该采取的措施

面对英国煤炭工业存在的诸多问题，英国政府应该抓住问题的本质，从根源出发，寻求解决该工业内部存在的各种问题，才能使工业在可持续发展战略之下实现良性的转型结果。

第一，根据煤炭工业必然走向衰落的这一趋势，煤炭工业的所有者与管理者应该尽可能早地制定出工业可持续发展战略。在工业革命前，英国煤炭工业的年产量仅达百万吨左右，随着工业技术的深入发展，煤炭工业的年产量达了第一次世界大战前的历史最高峰。之后，尽管煤炭工业的开采技术及机械化程度达非常高的水平，煤炭产量却呈现出步步下滑的趋势。从煤炭工业长达几个世纪的发展轨迹看，政府只有制定可持续发展的煤炭工业战略，根据实际情况有计划、有步骤地对煤炭工业的生产规模进行收缩，才可能避免因煤炭工业收缩过快而在社会能源替代、劳动力转业等方面造成较大冲击。

与此同时，针对煤炭资源的不可再生性，政府应尽快地解决煤炭资源衰竭之后的能源安全问题。只有找到一种安全、持久的代替煤炭资源的能源，才可以避免因煤炭资源在短期内快速衰竭而引起的能源消费严重匮乏的局面。

第二，科学合理地控制职业疾病，保护矿工身体。面对煤矿工人尘肺病、支气管炎以及其他职业疾病的流行，政府以及煤炭部门的管理者应该及早组织相关的医疗队伍对这些疾病进行积极研究，并本着人本主义原则给出最科学、合理的解决方案。煤矿工人的大多数职业疾病与煤炭工业相伴而行，如皮炎、眼球震颤病等均与矿井潮湿、阴暗的生产环境有关。进入 20 世纪，英国煤炭工业深矿井作业比例加大，因此，煤炭开采中机械化程度极大地提高。这种作业直接导致矿井中灰尘浓度的成倍增加，致使矿工中感染尘肺病、支气管炎的人数迅速增加。首先，面对这种情况，政府要做的事情是应该组织力量研发治疗疾病的有效药物，治病救人。其次，政府应该出台相应的法律法规，规范煤炭工业生产，使矿井的通风、湿度、光线等条件达较科学的标准，消除或降低矿工感染疾病的风险。再次，对已经患有尘肺病以及支气管炎的矿工，政府应该通过相应的法律措施，以防止他们的健康状况在原有的工作环境中继续恶化；最后，对已患职业疾病的矿工，政府应该出台相关的保障措施，给予他们一定的生活保障。

第三，及早正视煤炭工业对环境的破坏问题，并加以解决。煤炭工业发展过程中，无论是露天煤矿还是深井煤矿，均产生了污染环境和破坏土壤等问题，特别是燃煤对空气的污染遭到国内外的一致反对，这更增加了煤炭工业发展的阻力。因此，针对燃煤造成的污染，英国政府应该采取一定的措施支持和鼓励洁净燃煤的技术研发，以减少或降低燃煤造成的污染。例如，政府应从1952年伦敦烟雾事件中吸取教训，除了限制黑烟之外，更应该提倡加强洁净技术的发展。面对20世纪70年代后期以来国际力量对英国燃煤产生污染的指责，政府应该首先考虑大规模推广应用脱硫设备。研究表明，脱硫设备可减少燃煤电站二氧化碳、二氧化硫等气体排放量的90%左右；英国国内的煤炭含硫量达0.9%—1.38%，以国产煤炭搭配进口的低硫煤炭即可制造出符合装置了脱硫设备的电站所需的平均含硫量在0.5%—0.6%的煤炭；脱硫设备还可使用焦油来代替煤炭，还可以帮助英国进口含硫较高的煤炭，因此，可拓宽英国进口煤炭的选择范围。其次，政府应该考虑进口一定量的低硫煤炭，以降低燃煤污染程度。再次，政府还应该考虑能源结构多样化，以保证经济持续发展。最后，在可持续发展前提下，英国政府应该加强研发无污染的新型能源，以代替煤炭，如加强研究风能、潮汐能、水能、太阳能和其他绿色能源。

第四，煤炭工业与其他工业共生关系的走向同样说明了英国煤炭遭到其他各种工业的淘汰。煤炭消费在机械制造业以及铁路交通运输业等方面的收缩，其主要原因在于煤炭工业作为传统动力资源受到新型能源的竞争，煤炭在铁路部门收缩，还存在煤炭含硫量较高的原因。煤炭消费在钢铁业和煤气产品及家庭取暖等方面的收缩主要有两个方面的原因：一是新型能源的竞争，如煤气产品的收缩。二是英国煤炭质量较差，如英国的焦炭质量不能满足钢铁业的发展需求和质量标准，而在家庭用煤方面，英国煤炭含硫量较高，导致燃煤释放大量的二氧化硫。针对不同的情况，政府应该采取不同的政策措施。政府应该认清在一些需求动力的行业，如铁路运输部门，煤炭消费市场的收缩是一种趋势。因此，在这些行业领域的发展中，政府应该提倡寻求安全、高效、持久的新型能源，此为上策。而主要由煤炭所含成分造成煤炭消费收缩的，政府不妨通过改良技术以提高、延长煤炭的利用率。对于英国能源结构而言，通过技术改良而提高煤炭的利用率，可以避免英国国内因一种主要能源过快地收缩而引起较大的恐慌。

第五，1947 年，煤炭工业的国有化仅仅将所有权从私人手中转向国家。但是，英国传统的劳资谈判制度并没有改变。所有者从多个变为一个。也就是说，矿工工会从面对多个雇主转变为面对同一个雇主。因此，工会从各行其是的利益要求中逐渐走向团结，要求提高矿工待遇的劳资冲突愈演愈烈。而改善煤炭工业内部的劳资关系是一件非常复杂而棘手的工作。尼古拉斯·亨德森对英国工会的复杂情况有较深刻的认识：工会结构方面面临的难题有其长远的历史原因，在短时期内不可能轻易地加以解决；按行业划分的工会为了谋取本身利益而损害其他行业或整个企业利益的情况成为可能；工会数目较多，参加工会的人数占职工总人数的比例较高；各工会之间发生相互利益的冲突；英国工业企业的行政负责人要与隶属于工会联合会的 151 个工会中的众多工会同时打交道，这使企业负责人很难和工会达成协议；工厂只雇用某一工会会员；工人罢工与工资协议期满与否之间没有约束力；近年来，英国的历次罢工中，罢工者在罢工期间享受所得税减免待遇，结果也几乎总是非常有利于受雇者；英国管理生产的责任从经理手中转到工会代表手中。①

因此，政府应该根据英国工会的整体情况和全国煤矿工人工会的特殊情况，通过立法约束工会的行为。首先，从长远看，打破英国按行业划分工会的情况，可从根本上解决工会对其他行业或整个企业利益的损害。其次，限制工会数目和会员人数，既可减少各工会相互之间利益的冲突，也可减少工业企业负责人与工会的谈判，从根本上减弱工会罢工造成的负面影响。再次，打破工厂只雇用某一工会会员的状况，可以减少工会罢工的风险。然后，对工人罢工与工资协议期限应有相应的法律约束，这有利于减少罢工的数量。最后，限制工人在罢工和生产中的职责范围，有利于限制工人的罢工权利。

第六，英国煤炭工业在国有化管理之后，工业管理存在权责失衡的情况。根据这种情况，首先，政府应该通过修改法案，以限制法律赋予工业管理者的权力。其次，政府应该通过相关法案，规定管理者应该承担一定的产销责任。再次，针对煤炭资源的生命周期，政府应该通过可持续发展煤炭工业的战略计划，衡量全国煤炭委员会的管理工作，而不能仅以增加煤炭产量作为对管理者

① 〔英〕尼古拉斯·亨德森：《英国的衰落及其原因和后果——亨德森爵士的告别报告》，林华清、薛国成译注，第 51 页。

的评判标准，这既可避免管理者因提高产量而不计后果地招募大量矿工的行为，也可避免管理者为了片面追求煤炭产量而不顾资源本身的生命周期和矿工的人身安全问题。最后，政府根据工业的运营情况，应该有节奏、有计划地推进煤炭工业的国家宏观管理与市场需求相结合的步骤，这样可避免煤炭工业的管理者与工会力量结合对工业的发展造成进一步的损害。

三、英国煤炭工业转型过程中的经验教训

玛格丽特·撒切尔政府上台后，针对煤炭工业中存在的诸多问题进行了大刀阔斧的改革。改革的措施非常深入细致。改革的过程非常曲折。改革的结果是使 1960 年曾占据英国终端能源消费 63%以上的煤炭，到 1996 年时仅占 7%[①]；煤矿矿工从 1980 年的 23 万下降到 2006 年的 3000 人，矿井数量从 186 个下降到 6 个。[②]很显然，国有化的煤炭工业经过改革，已不再具有当年的规模。从结果看，英国政府在煤炭工业中的改革既取得了较大的成功，也留下了惨痛的教训。

（一）成功的经验

第一，英国政府针对煤炭工业中高昂的生产成本而对工业规模进行了大幅度收缩，主要表现在裁减冗员、关闭矿井两个方面：煤矿职工人数从 1983 年的 20.8 万人减少到 1992 年的 5.4 万人；矿井数从 219 个减少到 50 个。[③]尽管政府在短期内裁减了大量的煤矿工作人员，但是，英国政府凭借强大的经济基础加强对煤矿工人的安置措施，如提高裁员费用，租借闲置的矿区厂房，还对大部分矿工提供小额贷款，以使他们能够顺利地实现创业或就业。英国政府在 1992 年拨款 10 亿英镑，作为煤矿关闭后的善后费用，失业矿工依照工龄、服务年限和工资水平可分别得到 4000—37 000 英镑的补助。[④]英国政府的这些措

① 《世界煤炭工业发展报告》课题组：《英国煤炭工业》，《煤炭科学技术》1999 年第 5 期，第 48—52 页。

② Beckett F, Hencke D. *Marching to the Fault Line: The 1984 Miner's Strike and the Death of Industry Britain*, p. 238.

③ 《世界煤炭工业发展报告》课题组：《英国煤炭工业》，《煤炭科学技术》1999 年第 5 期，第 48—52 页。

④ 《世界煤炭工业发展报告》课题组：《英国煤炭工业》，《煤炭科学技术》1999 年第 5 期，第 48—52 页。

施在很大程度上鼓励了大多数煤矿工人自愿接受裁员这一事实，这也使英国社会较平稳地实现了工业转型。政府对大量亏损或枯竭矿井的关闭，使英国煤炭工业的生产成本降低了40%，劳动生产率提高了11%，1989—1990年度财政实现扭亏为盈，1992—1993 年度利润总额达 5.45 亿英镑，税后纯利润达 4.33 亿英镑。①

第二，英国政府加大对矿工社区的转型力度，使单一的煤矿工人社区转变为不同职业、不同身份居民组成的多元社区，使煤矿工人社区的经济、文化和社会活力都有所恢复和提高。

第三，政府通过引入外资和外地企业进入矿区，以降低因关闭矿井引起的高失业率以及避免当地经济过分衰退。

第四，政府通过将煤矿矿区改造为宾馆、旅游景点以及煤矿博物馆等，使矿区的设施被重新加以利用。在煤炭工业转型的过程中，英国政府的这些措施和方案对矿区经济的复兴和繁荣起了非常积极的作用。

第五，对于煤矿工人尘肺病，玛格丽特·撒切尔政府于 1980 年颁布的《1980 年煤炭工业法案》中规定增加 700 万英镑的经费，用于尘肺病工人的补偿方案。②另外，政府在 1983 年、1985 年、1988 年、1990 年均对患有尘肺病及其他职业疾病的人员的补偿做出了进一步规定和补充。尤其是 1988 年的规定，对由尘肺病等职业疾病致残的工人，根据其年龄和伤残级别给予 5574—35 879 英镑不等的补偿，年龄越小，补偿金额越多；同时，对死于尘肺病的矿工也依此原则给予其家属最高 16 286 英镑、最低 1263 英镑的补偿；另外，对死于扩散性间皮瘤的工人，依死者生前年龄大小，给予其家属一定的抚恤金，最高可达 16 286 英镑，最低可达 1263 英镑。这些补偿措施均在一定程度上改善了患者及其家属的生活，同时，也安抚了死于职业疾病的工人的家属，有利于工业和谐转型。

第六，在能源战略安全得到保证的前提下，政府针对煤炭污染问题加强对能源结构的调整。20 世纪 80 年代，英国石油和天然气的开采量逐渐加大，到 1996 年，天然气占能源总量的 30%，石油占 43%，核能和水电能各占 8%，

---

① 《世界煤炭工业发展报告》课题组：《英国煤炭工业》，《煤炭科学技术》1999 年第 5 期，第 48—52 页。

② *Coal Industry Act 1980.*

而煤炭仅占 11%。[①]随着能源中使用煤炭的比例逐步下降，由燃煤产生的污染程度也有所减少。另外，英国政府大量进口低硫的煤炭，以减小燃煤造成的污染程度。俄罗斯煤炭品种比较齐全，含硫量在 0.2—0.6 个百分点，是英国主要的进口煤炭来源国之一。除此之外，澳大利亚、哥伦比亚、南非、印度尼西亚均是英国进口煤炭的来源国。1975 年，英国的煤炭进口量达了 500 万吨，占英国煤炭总产量的 4%。[②]自 1984—1985 年煤矿工人大罢工以后，英国煤炭进口量迅速上升。1985—1986 年，进口煤炭占英国煤炭市场的 8%—9%；1988 年进口 1200 万吨，大约是英国煤炭市场的 11%。[③]1991—1992 年，煤炭净进口量达 1860 万吨，占英国煤炭消费量的 29.38%。[④]2006 年，英国本国产煤量只有 1776 万吨，进口量占英国煤炭总消费量的 74%，达 5130 万吨。[⑤]进口大量低硫煤炭有效地解决了英国燃煤造成的污染问题。英国政府在进口低硫煤炭的同时，也注意对本国煤炭的使用。因此，政府加强对燃煤脱硫方面的技术改进以洁净英国本土煤炭。20 世纪 90 年代，英国政府实施了 149 个洁煤项目，投资额达 2.5 亿英镑。[⑥]在治理燃煤引起的环境污染方面，脱硫设备效果非常显著。此种设备可以减少燃煤电站 90%的温室气体，成为英国洁煤方案的首选。近几年，英国又制定了新的“二氧化碳减排技术计划”，替代以前的“清洁化石燃料计划”，计划到 2020 年实现 26%—32%的碳减排目标；到 2050 年实现在 1990 年基础上的 60%的碳减排目标。[⑦]英国在洁煤技术和碳减排技术方面的研究和应用，使它近十年来经济总量增长了 28%，温室气体排放量却相应地减少了 8%。[⑧]除此之外，风能、太阳能等其他一切绿色能源也成为英国政府关注的对象。目前，英国政府将植物油能源的研发已经提上议事日程。英国政府的这些措施和方案有效地降低了英国燃

① 《世界煤炭工业发展报告》课题组：《英国煤炭工业》，《煤炭科学技术》1999 年第 5 期，第 48—52 页。

② Manners G. *Coal in Britain*, pp. 77-78.

③ Pearson P. *Prospects for British Coal*, p. 139, p. 27.

④ Reference Services, Central Office of Information. *Energy and Natural Resource*, p. 28.

⑤ 董维武：《英国煤炭开采技术与安全生产现状》《中国煤炭》2008 年第 1 期，第 77—79 页。

⑥ 《世界煤炭工业发展报告》课题组：《英国煤炭工业》，《煤炭科学技术》1999 年第 5 期，第 48—52 页。

⑦ 李宏军、刘文革、孙欣等：《英国碳减排技术的发展》，《中国煤炭》2008 年第 10 期，第 106—109 页。

⑧ 李宏军、刘文革、孙欣等：《英国碳减排技术的发展》，《中国煤炭》2008 年第 10 期，第 106—109 页。

煤引发的环境污染程度，成为发展中国家借鉴的成功经验。同时，英国积极地探索新能源的思路也为人类社会消除面临的能源危机指出一条新途径，启发了其他国家在此领域的研究。

第七，玛格丽特·撒切尔保守党政府针对强大的全国煤矿工人工会力量，逐渐实施削弱工会的措施。首先，政府通过立法限制工会的罢工行为。《1980 年就业法案》《1984 年工会法案》《1992 年工会法案》均保护工人秘密投票的权利，限制罢工中工人纠察队的暴力行为，从而牵制全国煤矿工人工会中左翼势力的发展。其次，政府通过立法削减工会力量。玛格丽特·撒切尔政府通过法律途径尝试改变工厂只雇用一种工会会员的法律规定。《1980 年就业法案》中的相关规定就体现了这一思想。另外，政府利用民法进一步支持工人削弱工会的权力。在 1984—1985 年的罢工中，全国煤矿工人工会及主席因触犯民法而受到了英国高等法庭的制裁。①根据英国工会按行业组成的特点，玛格丽特·撒切尔政府加快了煤炭工业收缩的步伐。其结果是，到 1992 年煤矿工人有 5 万多人，到 2006 年骤降至 3000 多人。很显然，全国煤矿工人工会的力量与 1980 年的 20 多万人无法相提并论。政府对煤炭工业的私有化也有利于削弱全国全国煤矿工人工会的力量。私有化使英国煤炭工业分属于不同的所有者和经营者，有效地分化了全国煤矿工人工会的力量。

第八，针对管理问题，政府对全国煤炭委员会进行了改革。玛格丽特·撒切尔执政伊始，便责成全国煤炭委员会负责煤炭工业收支平衡问题。然而，由于煤矿工人工会以罢工相逼，迫使政府放弃了这一方案。1987 年，全国煤炭委员会改为英国煤炭公司。从名称看，它更多地具有企业性质。英国煤炭公司除了负责煤炭工业的收支平衡事宜之外，主要负责被裁员工的再就业事务以及对煤炭工业的发展走向提供建议。全国煤炭委员会由一个具有管理职能的机构逐渐转向一种商业性的煤炭机构。1994 年，随着煤炭工业的私有化，英国煤炭公司被代表私人资本的控股公司——英国煤炭局所代替。至此，英国煤炭工业自玛格丽特·撒切尔政府以来进行的转型正式从国有化转向了私有化，这标志着英国煤炭将更多地通过市场竞争求发展。同时，政府将逐步减少参与或干涉煤炭的产、销事务。

---

① Thatcher M. *The Downing Street Years*, p. 368.

（二）失败的教训

第一，英国政府在面对煤炭工业走向衰落的必然趋势时并没有制定出可持续发展的煤炭工业战略，更多地出于政治层面的考虑，加快了工业收缩的步伐。

在政府控制国有化的煤炭工业中，政府与工会的博弈既是政治对抗，又是对英国煤炭工业不同发展去向的一场战略较量。对英国政治而言，工会的行为远远超出了两党选举制度的范畴。为了维护两党制这一政治制度，英国政府与全国煤矿工人工会的对峙是不可避免的。因此，当玛格丽特·撒切尔政府介入到煤炭工业的转型中时，劳资冲突被再次激化了。

在全国煤矿工人工会与政府博弈的过程中，生存能力已十分薄弱的工会受到重创，而煤炭工业则被大幅收缩。1984—1985 年罢工结束后的十年，英国煤炭资源已收缩到微不足道的地步，矿工队伍从 17 万人之众下降到了只有 14 000 人。政府的行为在较短时期内造成了大量工人失去工作岗位，增加了社会失业率和大量青年人的失业比例。这种情况增加了社会不稳定的因素，也降低了英国抵抗经济危机风险的能力。从 20 世纪 80 年代以来，英国青少年骚乱频繁发生与英国工业较快收缩的战略有相当大的关联。

因此我们说，在英国煤炭工业的发展过程中，政府与工会一样，在面对各自利益时都无视工业的衰弱状态，这在很大程度上加速了工业的衰落，也对英国的能源安全战略产生了影响。英国政府曾在 20 世纪八九十年代利用核能、石油、天然气等代替煤炭。然而，时至今日，煤炭又回归到英国能源消费结构中，并且占有重要的份额，其中煤炭消费的 70%多却需要从国外进口。这说明政府在煤炭工业转型过程中对煤炭工业的收缩过于仓促。

第二，英国政府为了解决燃煤对环境造成的污染问题而加大了核能发电的比例。

玛格丽特·撒切尔执政后，政府一度加大了资助核能研究和发展的力度，从 1979 年的 1.455 亿英镑上升到 1982 年的 2.148 亿英镑。[①]核电站曾被玛格丽特·撒切尔认为是最安全、最洁净的电力发电厂。然而，大量事实证明，核能对环境安全构成的威胁更大。因此，政府选择核能代替煤炭的做法缺乏前

① Roberts J, Elliott D, Houghton T. *Privatising Electricity: The Politics of Power*, p. 141.

瞻性。

第三，玛格丽特·撒切尔政府解决矿工尘肺病及环境污染问题的最简单有效的办法是关闭本国矿井，转而进口大量的煤炭资源。从另一角度看，英国政府的这种手段是将危机转嫁到其他国家，而并没有找到有效根除这些危机的方案。

第四，玛格丽特·撒切尔政府对工会问题的解决并不彻底。全国煤矿工人工会的强大力量随着工业的消除而消逝了。但是，英国国内以行业为单位的工会基础却并没有受到影响。工会的力量仍然影响着英国政治，2011 年 11 月 30 日的大罢工充分说明了这一点。

四、启示和警示

我国作为发展中国家，目前面临着振兴老工业基地的任务和工业转型的问题。在振兴老工业基地方面，我们首先应该认清老工业基地的性质和当地经济的发展情况，对一些曾以消耗型工业为主要经济支撑点的地区，应该借鉴英国煤炭工业的成功经验，加强工业资源的重新利用，使它成为当地经济复兴的有利因素。其次，消耗型工业地区经济在其资源衰落后转向劳动密集型的服务业经济是较为便利的。最后，这些地区除了引进外部成功企业和外资企业入驻外，也应扶植本土企业的成长，为当地经济的复兴与繁荣打下坚实的基础。因此，英国政府在煤炭工业转型中的方案和措施，可作为我们振兴老工业基地借鉴的范式。

然而英国在煤炭工业的转型过程中有一些我们必须引以为戒的方面。英国作为第一个工业化国家，遇到因矿工尘肺病以及燃煤引起的环境污染等问题，仍然沿用了发达国家惯用的转嫁危机的手段。在改革过程中，英国政府一方面积极地寻求石油、天然气、核能及其他可利用的能源资源代替煤炭资源；另一方面，它通过进口大量的煤炭资源以减少本国因煤炭生产带来的一系列问题，从而将危机转嫁到其他国家。这种转嫁危机的手段并不等于真正解决了危机，只不过是将本国的危机隐蔽地转移到了其他国家和地区。

因此，英国政府在解决由产煤和燃煤引发的疾病问题和环境污染问题方面的措施对发展中国家而言具有警示意义。目前，发展中国家正在加快步伐发展本国经济，在本国工业化过程中存在因发展高风险行业而产生的大规模职业病的流行、环境污染以及其他社会风险的可能。同时，还应警惕、防范西方国家将本国的污染性产业及其他有损于人们健康的高风险行业转嫁到发展中国家，更进一步加重发展中国家的社会危机。

此外，我们在对待英国解决矿工职业疾病及环境污染引起社会危机的途径和效果时，也应该一分为二地看待。英国政府在解决危机的过程中，通过积极地寻求新能源代替煤炭资源，从源头上解决这一危机的做法可以为更多的国家，特别是发展中国家解决相似问题提供借鉴和范式。然而英国政府在解决本国煤炭工业产生的危机时，将危机转嫁到其他国家的方式却值得我们警惕。

综上所述，由于英国煤炭工业中存在各种各样的问题，这些问题导致了它的衰落。玛格丽特·撒切尔政府根据种种问题有针对性地加以解决。英国政府的改革在某种程度上取得了一定的成效，如英国国内环境质量明显提高，洁煤技术以及绿色能源的研发技术处在世界领先水平。从这一层面讲，改革是成功的。不仅如此，煤炭工业的转型标志着英国彻底地抛弃了自工业革命以来所走的“工业帝国”路线，并且转向了以商业、金融业及包括工业文化在内的文化产业为主的发展路线。当工业技术在全球范围内普及时，发达工业国家毅然抛弃了传统的发展工业的路线，转而依靠高端技术和文化产业继续控制全球市场。英国煤炭工业的转型当属这种发展潮流。因此，玛格丽特·撒切尔政府的改革具有一定的前瞻性，值得发展中国家借鉴。与此同时，在煤炭工业转型中，英国政府也遗留了较多的问题，如工会问题、英国能源安全战略问题以及解决大量员工失业问题，仍然是其国内较突出的问题。而英国借助市场的全球化发展将其国内煤炭工业引起的危机成功且“合法”地转嫁到其他国家和地区，使之超出了一国范围，所以如何应对这种风险仍值得我们继续探究。

总之，当前能够代替煤炭的能源资源仍然是一个未知数，故作为能源资源，英国煤炭工业的转型应该是一个长时段的过程，而玛格丽特·撒切尔政府的改革仅仅拉开了转型的序幕。撒切尔时期，英国煤炭工业的改革在取得成就的同时，也带来了诸多的问题。尽管如此，改革的方向及取得的成就是值得肯定的。

参考文献

一、中文文献

（一）著作

蔡守秋主编：《欧盟环境政策法律研究》，武汉：武汉大学出版社，2002 年。

陈晓律、陈祖洲、刘津瑜等：《当代英国——需要新支点的夕阳帝国》，贵阳：贵州人民出版社，2001 年。

高家伟：《欧洲环境法》，北京：工商出版社，2000 年。

洪邮生：《英国对西欧一体化政策的起源和演变（1945—1960）》，南京：南京大学出版社，2001 年。

贾文华：《法国与英国欧洲一体化政策比较研究——欧洲一体化成因与动力的历史考察（1944—1973）》，北京：中国政法大学出版社，2006 年。

李世安、刘丽云等：《欧洲一体化史》，石家庄：河北人民出版社，2003 年。

罗志如、厉以宁：《二十世纪的英国经济——“英国病”研究》，北京：人民出版社，1982 年。

马瑞映：《疏离与合作——英国与欧洲共同体关系研究》，北京：中国社会科学出版社，2007 年。

钱乘旦、陈晓律、陈祖洲等：《日落斜阳——20 世纪英国》，上海：华东师范大学出版社，1999 年。

王振华：《撒切尔主义—— 80 年代英国内外政策》，北京：中国社会科学出版社，

1992 年。
吴学成：《战后英国经济》，北京：中国对外经济贸易出版社，1990 年。
袁纯清：《共生理论——兼论小型经济》，北京：经济科学出版社，1998 年。
赵怀普：《英国与欧洲一体化》，北京：世界知识出版社，2004 年。
朱正梅：《英国预算问题与欧洲一体化（1970—1984）》北京：中国社会科学出版社，2009 年。
〔美〕丹尼斯·W. 卡尔顿、杰弗里·M. 佩洛夫：《现代产业组织》，胡汉辉、顾成彦、沈华译，北京：中国人民大学出版社，2009 年。
〔苏〕米列伊科夫斯基等：《第二次世界大战后的英国经济与政治》，叶林、方林译，北京：世界知识出版社，1961 年。
欧洲共同体官方出版局编：《欧洲共同体基础法》，苏明忠译，北京：国际文化出版公司，1992 年。
世界环境与发展委员会：《我们共同的未来》，王之佳、柯金良等译，长春：吉林人民出版社，1997 年。
苏联科学院世界经济与国际关系研究所编：《第二次世界大战后资本主义国家经济情况（统计汇编）》，国际关系研究所翻译组译，北京：世界知识出版社，1962 年。
〔英〕A. M. 阿格拉：《欧洲共同体经济学》，戴炳然、伍贻康等译，上海：上海译文出版社，1985 年。
〔英〕J. H. 克拉潘：《现代英国经济史》下卷，姚曾廙译，北京：商务印书馆，1975 年。
〔英〕格·西·艾伦：《英国工业及其组织》，韦星译，北京：世界知识出版社，1958 年。
〔英〕尼古拉斯·亨德森：《英国的衰落及其原因和后果——亨德森爵士的告别报告》，林华清、薛国成译注，上海：上海外语教育出版社，1985 年。

（二）论文

陈利：《“雾伦敦”会在中国出现吗？》，《当代矿工》1996 年第 10 期。
陈晓律：《资本主义的历史发展与大罢工的使命——1926 年英国大罢工失败的启示》，《当代世界与社会主义》1997 年第 2 期。
董维武：《英国煤炭开采技术和安全生产现状》，《中国煤炭》2008 年第 1 期。
窦庆峰、胡予红：《英国煤炭科技政策和发展战略》，《中国煤炭》1997 年第 11 期。
窦永山、王万生：《英国的煤矿安全监察体制》，《当代矿工》2002 年第 4 期。

高麦爱、陈晓律：《试析英国全国煤矿工人工会在1984—1985年罢工中失败的原因》，《世界历史》2010年第5期。

高麦爱：《煤矿工人尘肺病与英国的福利国家政策》，《南京大学学报》（哲学·人文科学·社会科学）2011年第6期。

高麦爱：《试析玛格丽特·撒切尔执政时期英国煤炭工业收缩中的环境因素》，《淮阴师范学院学报》（哲学社会科学版）2011年第6期。

胡予红：《英国的洁净煤计划及技术进展》，《中国煤炭》2000年第12期。

李宏军、刘文革、孙欣等：《英国碳减排技术的发展》，《中国煤炭》2008年第10期。

刘向阳：《20 世纪中期英国空气污染治理的内在张力分析——环境、政治与利益博弈》，《史林》2010年第3期。

毛锐、赵万里：《玛格丽特·撒切尔政府私有化政策特点分析》，《山东师范大学学报》（人文社会科学版）2008年第6期。

《世界煤炭工业发展报告》课题组：《英国煤炭工业》，《煤炭科学技术》1999年第5期。

田宝余：《赴英矿山安全卫生科技考察与借鉴》，《中国安全科学学报》2000年第2期。

杨敏英：《从英国煤炭工业发展历程看我国煤炭企业的战略调整》，《数量经济技术经济研究》2001年第8期。

杨豫、王皖强：《论英国国有工业的改造》，《史学月刊》1997年第3期。

张麟、Potts D：《英国煤炭工业私有化改革过程及其经验教训》，《煤炭经济研究》1997年第8期。

赵康源：《近年来英国煤矿的一些变化》，《中国煤炭》1996年第4期。

赵雪梅：《英国国有企业私有化探析》，《经济评论》1999年第4期。

二、英文文献

（一）原始档案

CAB/24/167, *Workmen's Compensation (Silicosis) Bill.*

CAB/66/25/4, *Reorganisation of the Coal-Mining Industry.*

CAB/128/2, *Conclusions of a Meeting of the Cabinet held at 10 Downing Street.*

CAB/129/26, *Supplementary Injuries Benefits for Miners.*

CAB/129/35, *Effect of New Sickness and Injury Benefits upon Absenteeism in Coal Mines.*

CAB/129/41, *Involuntary Absenteeism in the Coalmining Industry.*

（二）相关机构或组织及政府部门文献

1983 Conservative Party General Election Manifest.

1987 Conservative Party General Election Manifesto.

A Better Tomorrow: 1970 Conservative Party General Election Manifesto.

Britain Will Win with Labour: October 1974 Labour Party Manifest.

British Iron and Steel Federation. *Statistics of the Iron and Steel Industries of Overseas Countries for 1952,* London: Staples Printers, 1953.

Coal Authority. *Summary of United Kingdom Coal Production and Manpower from 1947.*

Conservative Central Office. *The Right Approach: A Statement of Conservative Aims,* London, 1976.

Department of Energy, *Coal for the Future: Progress with "Plan for Coal" and Prospects to the year 2000,* London: Department of Energy, 1977.

February 1974 Labour Party Manifest.

Firm Action for a Fair Britain: February 1974 Conservative Party General Election Manifest.

History of the National Union of Mineworkers: Nationalisation.

History of the National Union of Mineworkers: The Fight Back.

History of the National Union of Mineworkers: The Great Strike.

History of the National Union of Mineworkers: The Struggle Goes on.

National Coal Board Report and Accounts 1967-1968, Volume II: Accounts and Statistical Tables, London: H. M. S. O., 1968.

National Coal Board Report and Accounts 1968-1969, Volume II: Accounts and Statistical Tables, London: H. M. S. O., 1969.

National Coal Board Report and Accounts 1979-1980, Volume II: Accounts and Statistical Tables, London: H. M. S. O., 1980.

National Coal Board Report and Accounts 1980-1981, Volume II: Accounts and Statistical Tables, London: H. M. S. O., 1981.

National Coal Board Report and Accounts 1982-1983, Volume II: Accounts and Statistical Tables, London: H. M. S. O., 1983.

National Coal Board Report and Accounts 1983-1984, Volume II: Accounts and Statistical Tables, London: H. M. S. O., 1984.

National Coal Board Report and Accounts 1984-1985, Volume II: Accounts and Statistical Tables, London: H. M. S. O., 1985.

National Coal Board Report and Accounts 1986-1987, Volume II: Accounts and Statistical Tables, London: H. M. S. O., 1987.

National Coal Board. *Memorandum of Agreement, Arbitration Awards and Decisions, Recommendations, and Interpretations Relating to National Questions Concerning Wages and Conditions of Employment in the Coalmining Industry of Great Britain,* London: National Coal Board, 1951.

National Coal Board. *Revised Plan for Coal: Progress of Reconstruction and Revised Estimates of Demand and Output,* London: National Coal Board, 1959.

National Union of Mineworkers. *Britain's Coal, Report of Study Conference,* London: National Union of Mineworkers, 1960.

Nott-Bower G, Walkerdine R. H. *National Coal Board: The First Ten Years: A Review of the First Decade of the Nationalised Coal Mining Industry in Great Britain,* London: the Colliery Guardian Company Limited, 1956.

Reference Services, Central Office of Information. *Energy and Natural Resource,* London: H. M. S. O., 1992.

The Labour Way is the Better Way, 1979 Labour Party Manifest.

Time for Decision: 1966 Labour Party Election Manifesto.

（三）调查报告

Cochrane A L, Cox J G, JarmanT F. *Pulmonary Tuberculosis in The Rhondda Fach: An Interim Report of A Survey of A Mining Community.*

Culter T, Haslam C, Williams J, et al. *The Aberystwyth Report on Coal,* Aberystwyth: University College of Wales, 1985.

Fothergill S, Witt S. The Privatisation of British Coal: An Assessment of Its Impact on Mining Areas, Barnsley: The Coalfield Communities Campaign, 1990.

Fothergill S, Andrews S, Barrett M. *The Case for Coal: Evidence Presented by CCC to the*

Hinkley Point "C" Nuclear Power Station Inquiry, Barnsley: The Coalfield Communities Campaign, 1989.

Glyn A. *The Economic Case Against Pit Closures*, Sheffield: National Union of Mineworkers, 1984.

Monk S. *Retraining Opportunities for Miners Who Have Been Made Redundant: A Special Report No. 1,* Barnsley: Coalfield Communities Campaign, 1986.

PA Cambridge Economic Consultants. *First Choice: Attitudes towards the Local Workforce of Companies Choosing to Set up Business in Coalfield Areas,* Barnsley: Coalfield Communities Campaign, 2000.

Parker M, Surry J. *Unequal Treatment: British Policies for Coal and Nuclear Power, 1979-92,* Brighton: University of Sussex, 1992.

Robinson C, Sykes A. *Privatise Coal: Achieving International Competitiveness,* London: Centre for Policy Study, 1987.

Robinson C. *The Energy "Crisis" and British Coal: The Economics of the Fuel Market in the 1970s and Beyond,* London: Institute of Economic Affairs, 1974.

Sewel J. *Colliery Closure and Social Change: A Study of a South Wales Mining Valley,* Cardiff: University of Wales Press, 1975.

The Fabian Society, *The Nationalisation of the Coal Supply: A Study Prepared in the Fabian Reserch Department,* London: The Fabian Shop and George Allen and Unwin, Limited, 1916.

Waddington D. *Developing Coalfields Communities: Breathing New Life into Warsop Vale,* Bristol: the Policy Press, 2003.

Wade E. *Coal Mining and Employment: A study of Blyth Valley,* Gosforth: Open University, 1985.

Witt S. *When the Pit Closes: The Employment Experiences of Redundant Miners*, Barnsley: The Coalfield Communities Campaign, 1990.

（四）著作

Adeney M, Lloyd J. *The Miners' Strike 1984-5: Loss without Limit,* London: Routledge and Kegan Paul, 1986.

Ashworth W, Pegg M. *The History of British Coal Industry, Volume 5: 1946-1982: The Nationalized*

Industry, Oxford: Clarendon Press, 1986.

Bamberg J. *British Petroleum and Global oil 1950-1975: The Challenge of Nationalism,* Cambridge: Cambridge University Press, 2000.

Barav A, Wyatt D A. *Yearbook of European Law 1991,* Oxford, New York: Clarendon Press, 1992.

Beckett F, Hencke D. *Marching to the Fault Line: The 1984 Miner's Strike and the Death of Industry Britain,* London: Constable and Robinson, 2009.

Beynon H. *Digging Deeper: Issues in the Miners' Strike,* London: Verso, 1984.

Boyfield K. *Put Pits into Profit: Alternative Plan for Coal,* London: Centre for Policy Studies, 1985.

Bruce C J, Carby-Hall J. *Rethinking Labour-management Relations: The Case for Arbitration,* London, New York: Routledge, 1991.

Burn D. *The Steel Industry 1939-1959: A Study in Competition and Planning,* Cambridge: Cambridge University Press, 1961.

Carr J C, Taplin W. *History of the British Steel Industry,* Oxford: Basil Blackwell, 1962.

Cooper D, Hopper T. *Debating Coal Closures: Economic Calculation in the Coal Dispute 1984-5,* Cambridge, New York: Cambridge University Press, 1988.

Cowles M G, D Dinan. *Developments in the European Union 2,* New York: Macmillan, 2004.

Crick M. *Scargill and the Miners*, New York: Penguin Books, 1985.?

Cumberbatch G, McGregor R, Brown J, et al. *Television and the Miners' Strike: A Report From the Broadcasting Research Unit*, London: Broadcasting Research Unit, 1986.

Dalton A J P. *Safety, Health and Environmental Hazards at the Workplace,* London, New York: Cassell, 1998.

Dolby N. *Norma Dolby's Diary: An Account of the Great Miners' Strike,* London: Verso, 1987.

Eric W. *Strikes and the Government 1893-1981,* London: Macmillan, 1982.

Fine B. *The Coal Question: Political Economy and Industrial Change from the Nineteenth Century to the Present Day,* London, New York: Routledge, 1990.

Franklin D, Hawke N, Lowe M, et al. *Pollution in the U. K.,* London: Sweet and Maxwell, 1995.

Gilmour I. *Dancing with the Dogma: Britain under Thathcerism, New York, London, Toronto Sydney, Tokyo, Singapore: Simon & Schuster Ltd, 1991.*

Goodman G. *The Miners' Strike*, London, Sydney: Pluto Press, 1985.

Gourvish T. *British Rail 1974-97: From Integration to Privatisation,* Oxford, New York: Oxford University Press, 2002.

Green P. *The Enemy Without: Policing and Class Consciousness in the Miners' Strike,* Milton Keynes, Philadelphia: Open University Press, 1990.

Handy L J. *Wages Policy in the British Coalmining Industry: A Study of National Wage Bargaining,* Cambridge, London, New York, New Rochelle, Melbourne, Sydney: Cambridge University Press, 1981.

Harrop J. *The Politics Economy of Integration in the European Union,* Cheltenham, Northampton: Edward Elgar, 2000.

Heath E. *The Course of My Life: My Autobiography,* London: Hodder and Stoughton, 1998.

Helm D. *Energy, the State and the Market: British Energy Policy since 1979,* Oxford: Oxford Universiy Press, 2003.

Hoopes S M. *Oil Privatization, Public Choice and International Forces,* London: Macmillan, 1997.

Hyman R.*Strikes*, London: Macmillan, 1989.

Jones N. *Strikes and the Media: Communication and Conflict,* Oxford, New York: Basil Blackwell, 1986.

Keeling B S, Wright A E G. *The Development of the Modern British Steel Industry*, London: Longman, 1964.

Kirby M W. *The British Coalmining Industry, 1870-1946: A Political and Economic History,* London, Basingstoke: Macmillan, 1977.

Lawson N. *The View From No. 11: Memoirs of a Tory Radical*, London, New York: Bantam Press, 1992.

Leifchild J R. *Our Coal and Our Coal-pits*, London: Frank Cass & Co. LTD, 1968.

Manners G. *Coal in Britain,* London, Boston: George Allen and Unwin, 1981.

May A. *Britain and Europe since 1945,* London, New York: Longman, 1999.

McIvor A, Johnston R. *Miner's Lung: A History of Dust Disease in British Coal Mining,* Aldershot, Burlington: Ashgate, 2007.

Milne S. *The Enemy within: The Secret War Against the Miners,* London, New York: Verso, 2004.

Neuberger J. Privatisation: Fair Shares for or Selling the Family Silver? London: Papermac, 1987.

Ottey R. *The Strike: An Insider's Story*, London: Sidgwick and Jackson, 1985.

Overbeek H. *Global Capitalism and National Decline: The Thatcher Decade in Perspective,* London: Unwin Hyman, 1990.

Parker M J. *Thatcherism and the Fall of Coal,* New York: Oxford University Press, 2000.

Pearson P. *Prospect for British Coal*, London: Macmillan, 1991.

Peter B. *The Politics of the Miners' Strike*, London: Socialist Viewpoint, 1985.

Reiton E A. *The Thatcher Revolution: Margaret Thatcher, John Major, Tony Blair, and the Transformation of Modern Britain, 1979-2001*, New York, Oxford: Rowman and littlefield Publishers, 2003.

Richards A J. *Miners on Strike: Class Solidarity and Division in Britain,* Oxford, New York: Berg, 1996.

Roberts J, Elliott D, Houghton T. *Privatising Electricity: The Politics of Power*, London, New York: Belhaven Press, 1991.

Roepke H G. *Movements of the British Iron and Steel Idustry, 1720 to 1951*, Urbana: the University of Illinois Press, 1956.

Routledge P. *Scargill: The Unauthorized Biography*, London: Harpper Collins, 1993.

Rowthorn R E, Wells J R. *De-industrialization and Foreign Trade*, Cambridge, New York: Cambridge University Press, 1987.

Savageand S P, Robins L. *Public Policy under Thatcher*, New York: St. Martin's Press, 1990.

Scott W H, Mumford E, McGrivering I C, et al. *Coal and Conflict: A Study of Industrial Relations at Collieries*, Liverpool: Liverpool University Press, 1963.

Seldon A, Collings D. *Britain under Thatcher*, Harlow: Pearson Education Limited, 2000.

Selfert R, Urwin J. *Struggle without End: The 1984-85 Miners Strike in North Staffordshire,* New Castle: Penrhos Publications, 1987.

Skinner D, Benn T, Clay B. *Justice: The Miners' Strike 1984-85,* London: Verso, 1986.

Stead J. *Never the Same Again: Women and Miners' Strike 1984-85,* London: The Women's Press, 1987.

Stern J P. *Natural Gas in the UK: Options to 2000*, Aldershot, Brookfield: Gower, 1986.

Stevens R. *Medical Practice in Modern England,* London: Transaction Publishers, 2003.

Supple B.*The History of the British Coal Industry, Volume 4: 1913-1946: The Political Economy of Decline,* Oxford, New York: Clarendon Press, 1987.

Taylor A. *The Trade Unions and the Labour Party,* London, Croom Helm, 1987.

Thatcher M. *The Downing Street Years*, London: Harper Collins, 1993.

N Tiratsoo. *From Blitz to Blair: A New History of Britain since 1939,* London: Weidenfeld and Nicolson, 1997.

Townshend-Rose H. *The British Coal Industry*, London: George Allen and Unwin, 1951.

Turner R. *The British Economy in Transition: From the Old to the New?* London, New York: Routledge, 1995.

Veljanovski C. *Privatisation and Competition: A Market Prospectus,* London: Institute of Economic Affairs, 1989.

Waddington D, Chas C, Bella D, et al. *Out of the Ashes?: The Social Impact of Industrial Contraction and Regeneration on Britain's Mining Communities,* London: The Stationery Office, 2001.

Wilsher P, Macintyre D, Jones M C E. *Strike: Thatcher, Scargill and the Miners,* London: Andre Deutsch, 1985.

Wilson H. *New Deal for Coal*, London: Contact, 1945.

Woodhouse R. *British Policy towards France, 1945-51,* London: Macmillan, 1995.

Wrigley C. *British Trade Unions, 1945-1995,* Manchester, New York: Manchester University Press, 1997.

（五）论文

Hencke D. How Miners' Strike Twice Came Close to Being Settled, *The Guardian*, Mar. 9, 2009.

Carruth A A, Oswald A J. Miners' Wages In Post-War Britain: An Application of a Model of Trade Union Behaviour, *The Economic Journal,* Vol. 95, No.380, 1985, pp. 1003-1020.

Gilson J C, Kilpatrick G S. Management and Treatment of Patients with Coal-Workers' Pneumoconiosis, *The British Medical Journal,* Vol. 1, No. 4920, 1955, pp. 994-999.

Hasson J A. Development in the British Coal Industry, *Land Economics,* Vol. 38, No. 4, 1962, pp. 351-361.

Heppleston A G. Prevalence and Pathogenesis of Pneumoconiosis in Coal Workers, *Environmental*

Health Perspectives, Vol. 78, 1988, pp. 159-170.

Kearns G. This Common Inheritance: Green Idealism Versus Tory Pragmatism, *Journal of Biogeography,* Vol. 18, No. 4, 1991, pp. 363-370.

Kerr Lorin E. Black Lung, *Journal of Public Health Policy*, Vol. 1, No. 1, 1980, pp. 50-63.

Medical News, *The British Medical Journal,* Vol.2, No.4722, 1951, p. 64.

Phillips J. Workplace Conflict and the Origins of the 1984-1985 Miners' Strike in Scotland, *Twentieth Century British History*, Vol. 20, No. 2, 2009, PP 152-172.

Potter C J. Europe's Coal Problem, *Proceedings of the Academy of Political Science*, Vol. 21, No. 4, 1946, pp. 28-40.

Richardson R, Wood S. Productivity Change in the Coal Industry and the New Industrial Relations, *British Journal of Industrial Relations,* Vol. 27, No. 1, 1989, pp. 33-55.

Stamp L D. Britain's Coal Crisis: Geographical Backgroud and Some Recent Literature, *Geographical Review,* Vol. 38, No. 2, 1948, pp. 179-193.

附　　录

专有名词汉英对照

一、人名

A. J. P. 多尔顿　A. J. P. Dalton

A. L. 科克伦　A. L. Cochrane

B. S. 基林　B. S. Keeling

H. 汤森-罗斯　H. Townshend-Rose

J. C. 卡尔　J. C. Carr

J. R. 韦尔斯　J. R. Wells

L. J. 汉迪　L. J. Handy

M. J. 帕克　M. J. Parker

R. E. 罗斯奥恩　R. E. Rowthorn

阿兰·福勒　Alan Fountain

阿瑟·麦克沃尔　Arthur McIvor

阿瑟·斯卡吉尔　Arthur Scargill

埃里克·韦德　Eric Wade

埃里克·维加姆　Erig Wigham

艾琳·马歇尔　Eileen Marshall

艾伦·A. 卡鲁思 Alan A. Carruth

艾伦·赛克斯 Allen Sykes

爱德华·希思 Edward Heath

安德鲁·J. 奥斯瓦尔德 Andrew J. Oswald

安德鲁·J. 理查兹 Andrew J. Richards

安德鲁·K. 德拉贡 Andrew K. Dragun

巴巴拉·卡斯尔 Barbara Castle

保罗·劳特利奇 Paul Routledge

鲍勃·克莱 Bob Clay

本·法恩 Ben Fine

比尔·施瓦兹 Bill Schwarz

彼得·克拉克 Peter Clark

彼得·威尔希尔 Peter Wilsher

彼得·沃克 Peter Walker

查尔斯·J. 波特 Charles J. Potter

查尔斯·里德 Charles Reid

戴维·豪威尔 David Howell

戴维·亨克 David Hencke

戴维·库珀 David Cooper

戴维·沃丁顿 David Waddington

丹尼斯·W. 卡尔顿 Dennis W. Carlton

丹尼斯·富兰克林 Denise Franklin

丹尼斯·斯金纳 Dennis Skinner

德里克·埃兹拉 Derek Ezra

多琳·马西 Doreen Massey

弗朗西斯·贝克特 Francis Beckett

盖伊·坎伯巴奇 Guy Cumberbatch

哈罗德·麦克米伦 Harold Macmillan

哈罗德·威尔逊 Harold Wilson

亨克·奥弗贝克 Henk Overbeek

霍华德 · G. 罗普克 Howard G. Roepke
基思 · 博伊菲尔德 Keith Boyfield
吉米 · 里德 Jimmy Reid
吉姆 · 菲利普斯 Jim Phillips
吉姆 · 普赖尔 Jim Prior
简 · 罗伯兹 Jane Roberts
杰弗里 · 古德曼 Geoffrey Goodman
杰克 · 泰勒 Jack Taylor
杰拉尔德 · 曼纳斯 Gerald Manners
金 · 豪厄尔斯 Kim Howells
卡雷尔 · 威廉斯 Karel Williams
凯文 · 巴伦 Kevin Barron
科林 · 哈斯拉姆 Colin Haslam
科林 · 鲁滨逊 Colin Robinson
克利斯皮安 · 豪特森 Crispian Hotson
克利斯托弗 · J. 布鲁斯 Christopher J. Bruce
肯尼斯 · 威格利 Kenneth Wigley
理查德 · 海曼 Richard Hyman
利昂 · 布鲁姆 Léon Blum
林顿 · 罗宾斯 Lynton Robins
罗伯特 · 舒曼 Robert Schuman
罗杰 · 伍德豪斯 Roger Woodhouse
罗纳德 · 约翰斯顿 Ronald Johnston
罗斯玛丽 · 斯蒂文斯 Rosemary Stevens
罗伊 · 奥提 Roy Ottey
罗伊 · 林克 Roy Lynk
罗伊斯 · 特纳 Royce Turner
洛林 · E. 科尔 Lorin E. Kerr
马丁 · 阿德尼 Martin Adeney
玛格丽特 · 撒切尔 Margaret Thatcher

迈克·帕克 Mike Parker
迈克尔·克里克 Michael Crick
米尔顿·弗里德曼 Milton Friedman
米克·麦加希 Mick McGahey
奈杰尔·劳森 Nigel Lawson
尼古拉斯·亨德森 Nicholas Henderson
尼古拉斯·琼斯 Nicholas Jones
诺尔玛·杜比 Norma Dolby
诺曼·特比特 Norman Tebbit
诺曼·西达尔 Norman Siddall
彭妮·格林 Penny Green
乔·戈姆利 Joe Gormley
乔·卡比–霍尔 Jo Carby-Hall
乔治·普赖斯 George Price
琼·斯特德 Jean Stead
萨拉·蒙克 Sarah Monk
瑟穆斯·米尔恩 Seumas Milne
斯蒂芬·P. 萨维奇 Stephen P. Savage
斯蒂芬·福瑟吉尔 Stephen Fothergill
斯蒂芬·威特 Stephen Witt
特雷弗·霍珀 Trevor Hopper
特里·戈尔维什 Terry Gourvish
托尼·本恩 Tony Benn
托尼·布莱尔 Tony Blair
托尼·库特 Tony Culter
威廉·阿什沃思 William Ashworth
希拉里·温赖特 Hilary Wainwright
夏尔·戴高乐 Charles de Gaulle
亚历克斯·梅 Alex May
伊恩·吉尔摩 Ian Gilmour

伊恩·麦格雷戈 Ian MacGregor
约翰·劳埃德 John Lloyd
约翰·伦图尔 John Rentoul
约翰·梅杰 John Major
约翰·切斯希尔 John Chesshire
约翰·萨利 John Surry
约翰·威廉斯 John Williams
约翰·休厄尔 John Sewel
詹姆斯·卡拉翰 James Callaghan
朱迪斯·丹尼斯 Judith Dennis
朱尔斯·莫奇 Jules Moch

二、地名

爱丁堡 Edingburgh
巴恩斯利 Barnsley
贝图斯 Betws
贝沃科茨 Bevercotes
伯明翰 Birmingham
布莱斯山谷 Blyth Valley
布罗德斯沃斯 Brodsworth
达勒姆 Durham
德比郡 Derbyshire
迪尼山谷 Dearne Valley
东安哥利亚 East Anglia
杜雷斯山谷 Dulais Valley
黑姆希思 Hem Heath
霍尔迪池 Holditch
加的夫 Cardiff
坎伯兰 Cumberland
科顿伍德 Cottonwood

科克比 Kirkby

科利普斯顿 Clipstone

肯特 Kent

朗达凡切 Rhondda Fach

罗瑟勒姆 Rotherham

马克姆梅恩 Markham Main

曼斯菲尔德 Mansfield

南约克郡 South Yorkshire

诺丁汉郡 Nottinghamshire

诺森伯兰 Northumberland

庞蒂弗拉克特 Pontefract

萨默塞特 Somerset

塞尔比 Selby

塞尔沃希尔 Silverhill

赛兹韦尔 Sizewell

什罗普郡 Shropshire

斯德哥尔摩 Stockholm

斯肯索普 Scunthorpe

斯坦福德 Staffordshire

苏格兰 Scotland

苏伊士运河 Suez Canal

索尔福德 Salford

索尔特利 Saltley

泰恩 Tyne

唐克斯特 Doncaster

威尔 Wear

威尔士 Wales

韦克菲尔德 Wakefield

沃尔斯坦顿 Wolstanton

沃尔索普山谷 Warsop Vale

锡尔弗代尔 Silverdale
谢菲尔德 Sheffield
欣克利角 Hinkley Point
伊辛顿 Easington
约克郡 Yorkshire

三、机构或组织名称

RJB 采矿有限公司 RJB Mining Ltd
安全协商委员会 Safety Conference
工业贸易部 Department of Trade and Industry
工业伤残咨询理事会 Industrial Injuries Advisory Council
工业医疗服务机构 Industrial Medical Service
国家尘肺病联合委员会 National Pneumoconiosis Joint Committee
国家煤矿博物馆 National Coal Mining Museum
技术咨询委员会 Technical Advisory Committee
救援咨询委员会 Rescue Advisory Committee
科学服务部 Scientific Department
矿业安全事务研究委员会 Safety in Mines Research Board
矿业矿井安全研究机构 Safety in Mines Research Establishment
劳埃德英国培训机构 Llods British Training Services
劳工联合会议 Trades Union Congress
煤矿工人社区运动协会 Coalfield Communities Campaign
民主煤矿工人工会 Union of Demoratic Mineworkers
欧洲共同体 European Community
欧洲经济共同体 European Economic Community
欧洲煤钢共同体 European Coal and Steel Community
欧洲原子能共同体 European Atomic Energy Community
培训和企业委员会 Training and Enterprise Council
全国联合尘肺病委员会 National Joint Pneumoconiosis Committee
全国煤矿工人工会 National Union of Mineworkers

全国煤炭委员会 National Coal Board

全国煤炭委员会（辅助产品）有限公司 National Coal Board（Ancillaries）Ltd.

全国煤炭委员会（煤炭产品）有限公司 National Coal Board（Coal Products）Ltd.

人力资源服务委员会 Manpower Services Commission

托马斯尼斯有限公司 Thomas Ness Ltd.

医学研究委员会 Medical Research Council

英国利兰汽车公司 British Leyland Motor Corporation

英国煤炭公司 British Coal Corporation

英国煤炭局 Coal Authority

职业医学研究所 Institute of Occupational Medicine

四、其他专有名词

尘肺病 pneumoconiosis

尘肺病实地研究 Pneumoconiosis Field Research

赤字补助金 Deficit Grant

邓杰内斯 B 号 Dungeness B

递延债务 Deferred Liabilities

多米诺骨牌效应 Domino Effect

肺气肿 Emphysema

哈特尔普 I 号 Hartlepoo I

货币主义 Monetarism

腱鞘炎 Tenosynovitis

兰恩斯威特格兰奇工业区 Langthwaite Grange Industrial Estate

慢性支气管炎 Chronic Bronchitis

皮炎 Dermatitis

去工业化 De-Industrialization

赛兹韦尔 B 号 Sizewell B

希舍姆 I 号 Heysham I

眼球震颤病 Nystagmus

支气管炎 Bronchitis

五、法案、法令以及政府和其他机构文件

《1943 年工人补偿法案》 Workmen' s Compensation Act 1943

《1946 年煤炭工业国有化法案》 Coal Industry Nationalisation Act 1946

《1946 年国家工业伤残保险法案》 National Insurance (Industrial Injuries) Act 1946

《1954 年国民保险法案》 National Insurance Act 1954

《1954 年矿山和采石场法案》 Mines and Quarries Act 1954

《1956 年空气洁净法案》 Clean Air Act 1956

《1962 年煤炭工业法案》 Coal Industry Act 1962

《1965 年煤炭工业法案》 Coal Industry Act 1965

《1966 年全国煤炭委员会（增权）法案》 National Coal Board（Additional Powers）Act 1966

《1967 年煤炭工业法案》 Coal Industry Act 1967

《1968 年煤矿工人裁减（补偿方案）令》 The Redundant Mineworkers（Payments Scheme）Order 1968

《1971 年煤炭工业法案》 Coal Industry Act 1971

《1972 年威尔伯福斯报告》 Wilberforce Report

《1973 年煤炭工业法案》 Coal Industry Act 1973

《1974 年工资委员会报告》 Pay Board Report

《1974 年煤炭计划》 Plan for Coal 1974

《1975 年煤炭工业法案》 Coal Industry Act 1975

《1978 年煤矿工人裁减（补偿方案）令》 The Redundant Mineworkers and Concessionary Coal（Payments Schemes）Order 1978

《1980 年煤炭工业法案》 Coal Industry Act 1980

《1982 年就业法案》 Employment Act 1982

《1982 年煤炭工业法案》 Coal Industry Act 1982

《1983 年煤炭工业法案》 Coal Industry Act 1983

《1984 年工会法案》 Trade Union Act 1984

《1985 年煤炭工业法案》 Coal Industry Act 1985

《1988 年工会投票资金（第 2 号修正）条例》 The Funds for Trade Union Ballots（Amendment No. 2）Regulations 1988

《1988 年就业诉讼法庭（补充）条例》 The Employment Appeal Tribunal（Amendment）Rules 1988

《1989 年电力法案》 Electricity Act 1989

《1990 年环境保护法案》 Environmental Protection Act 1990

《1990 年煤炭工业法案》 Coal Industry Act 1990

《1994 年煤炭工业法案》 Coal industry Act 1994

《裁减煤矿工人方案》 Redundant Mineworkers Scheme

《裁减煤矿工人补偿方案》 Redundant Mineworkers Payments Scheme

《贷款保证方案》 Loan Guarantee Scheme

《防御条例》 Defence Regulations

《岗位和职业变化方案》 Job and Career Change Scheme

《岗位培训方案》 Job Training Scheme

《加班禁令》 Overtime Ban

《紧急工作令》 Essential Work Order

《煤矿工人养老金方案》 Miners Pension Scheme

《培训机会方案》 Training Opportunities Scheme

《普列文计划》 Pleven Plan

《企业津贴方案》 Enterprise Allowance Scheme

《青年机会项目》 Youth Opportunities Programme

《青年培训方案》 Youth Training Scheme

《全国动力负载协定》 National Power Loading Agreement

《社区方案》 Community Programme

《小工程公司投资方案》 Small Engineering Firms Inverstment Scheme

《新企业津贴方案》 New Enterprise Allowance Scheme

《职业俱乐部》 Job Clubs

后　　记

拙作《英国煤炭工业转型研究（1979—1992）》以我的博士学位论文为基础修改而成，在它即将面世之际，我感慨良深。它不仅镌刻着我的汗水，也浸润着诸多良师益友的关爱与帮助。

陈晓律先生作为我在南京大学攻读博士学位的指导老师，在我写作本书的过程中始终给予精心的指导和无私的帮助，使我较顺利地完成了本书的写作。先生是“严师慈父”的典范。在生活中，当我遇到困难时，先生总是给予我最慷慨的帮助。我对先生的感激之情无法言表。本书的写作也离不开其他老师的帮助。多年来，李庆余老师、陈仲丹老师、杨春龙老师、刘金源老师、于文杰老师、刘成老师、舒小昀老师、闵凡祥老师、陈日华老师等均给予了我论文写作方面的指导，谢谢各位老师！在本书资料收集过程中，英国牛津大学的保罗・贝茨（Paul Betts）教授给予我极大的帮助，衷心感谢教授的无私指导！英国国家煤矿博物馆的朱迪斯・丹尼斯（Judith Dennis）女士，英国萨塞克斯大学、牛津大学、南京大学等图书馆的老师们也都为我提供了莫大的帮助，在此表示感谢！我特别要感谢的是王荣华、李丽颖夫妇，我与他们是兰州大学的校友，多年来他们无论在学习中还是生活中一直给予我情同手足的帮助。本书初稿的编校工作大多也是由师兄王荣华牺牲自己宝贵的学习、休息时间帮我完成的。在此对师兄再次表示感谢！本书撰写中还得到诸多亲朋好友的帮助与鼓励，在此深表谢意！另外，特别感谢我的大学同学陈玉柱将本书大力引荐给科学出版社。感谢科学出版社的编辑在本书出版过程中的辛勤付出！

感谢我的孩子，他是我写作此书的主要动力！一本书犹如人生，它不仅仅呈现出我个人的研究成果，更承载着如此深厚的情感，驱使我砥砺前行、无法懈怠！

高麦爱

2018年7月26日